도표로 보는
정통 중국어
문법

도표로 보는

정통 중국어 문법

김종호

HUEBOOKs

차례

4장 품사

5장 구

6장 문장

머리말

이 책은 필자의 졸저(2007)의 오류를 교정하고, 연습문제를 보충하여 출판된 것이다.

중국어는 문법현상이 영어처럼 굴절(屈折)적으로 드러나거나 한국어처럼 각종 조사나 활용을 위한 보조성분 등에 의한 교묘한 배합이 잘 드러나지 않는 면이 있다. 이는 좁은 의미의 형태표지가 적기 때문이다. 이 때문에 어떤 사람들은 중국어에 문법이 있는가라고 묻기도 한다. 또 무작정 따라하는 수밖에 없다는 식으로 말하기도 한다. 그러나 외국어로 중국어를 배우고자하는 많은 사람들은 이미 이런 방식으로 접근하기에는 나이가 들어버렸다. 무작정 따라할 나이는 12-3세 전이어야 한다고 말한다. 또 어떤 문법서들은 체계적인 접근보다 지나치게 알맹이 위주로 접근하는 경향이 있다. 당장 삼키기는 쉽겠지만 중국어문법의 큰 줄기에 접근하여 체계적인 맥락을 잡는 데는 도움을 주지 못할 소지가 많다. 특히 중국어를 전공하거나 체계적으로 공부하고자하는 이들에게는 단편적인 사실 위주의 내용물을 많이 접하면 접할수록 질리게 만들 소지가 있다.

이 책은 이러한 문제점들을 어떻게 극복하고 중국어 문법에 재미를 붙여 체계적으로, 그리고 지속적으로 학습할 수 있도록 도울 수 있을까 고심한 끝에 '도해식'을 하게 되었다. 그러나 이는 해결해야 할 두 가지의 문제를 안고 있다. 그 하나는 '어떻게 요약할 것인가?'이며, 다른 하나는 요약하면서 '어떻게 중국어 문법 체계를 전반적으로 다룰 수 있는가?'의 문제이다. 이는 결국 동전의 앞뒤 면과 같은 내용이다. 한 편으로는 더욱 간략히 도표화해야 되겠고, 다른 한 편으로는 더 자세히 논리적인 설명을 해야 한다. 이는 필자가 이 책을 지으며 계속적으로 생각한 것이다. 그럼에도 불구하고 '정통(正统)'이라는 용어를 쓴 것은 '중국어 문법'의 큰 줄기를 놓치지 않겠다는 필자의 의지표현이다.

중국어 문법은 여기서 그 세세한 이야기를 할 필요는 없겠지만 그 운용이 한국어 문법과 매우 다르다. 이처럼 다를 때는 '특징'적인 것을 통한 이해가 효과적이다. '다름'에 대한 이해는 바로 '특징'에 대한 이해이며, 이러한 이해의 축적은 '원리에 대한 이해' 혹은 '가능성'을 추구해가는 재미를 안겨준다. 이는 30년의 세월 동안 저자가 질리지 않고 이 길을 갈 수 있도록 한 원동력이다. 이 책에서 오류가 있다면 필자의 학문이 얕기 때문이며, 후일의 개정을 기약한다.

이 책을 지으며 여러 사람들의 도움을 받았다. 가르침을 주신 여러 은사님들, 서로 힘이 되어준 많은 동학들에게 감사드린다. 한어병음을 꼼꼼히 넣어준 강희명 선생과 안소영 선생에게 감사의 뜻을 전한다. 또 존경하는 부모님께 감사드리며, 가장으로서의 책무에 소홀한 필자에게 힘이 되어준 아내와 가족에게도 고마운 마음을 전한다. 허물이 많음에도 불구하고 끊임없이 용기와 지혜를 주시는 하나님께 감사드린다. 좋은 책을 만들기에 힘을 아끼지 않는 한국외국어대학교 출판부 관계자들과 한티미디어 관계자들께 감사의 마음을 전한다.

다시 한 번 이 책을 읽는 독자 여러분의 건승을 기원하며, ……

2012. 8월

김종호 삼가 적음

일러두기

이 책에서 사용한 부호 및 약어는 다음과 같다.

1. "X" : 겹따옴표 속의 말은 중국어 혹은 중국식 명칭 등이다.
   예 : "已经", "状语"
2. 'Y' : 홑따옴표 속의 말은 이 책에서의 강조점이다.
3. <XY> : 괄호 안의 내용은 문법 설명을 최대한 압축한 형태이다.
4. → : 전환될 수 있음, 설명의 간략화, 혹은 이 책의 다른 곳 참고를 의미한다.
5. ⇌ : 상호 전환될 수 있음을 의미한다.
6. * : 문장이나 구가 성립되지 않음을 의미한다.
7. [-A] : A는 형태소 차원에서는 형태소임을 표시한다. 또 의미특징 차원에서는 A의 의미특징이 없음을, [+A]는 A의 의미특징이 있음을 표시한다.
8. [B] : B는 단어임을 표시한다.
9. 영문 약어의 의미
   1) S: 주어 2) V: 동사 3) A: 형용사 4) O: 목적어 5) C: 보어
   6) NP: 명사구 7) VP: 동사구

01 서론

1. 현대중국어

'현대중국어'란 현대 중국인들이 사용하는 언어 전체를 가리키는 추상적인 말이다. 학계에서 정의하고 사용하는 '중국어'의 명칭에 대해 알아보자.

◆ 중국어 명칭분석표

분석 중국어의 명칭			정의 및 내용
명칭	官话 Guānhuà		'관화'란 관청에서 사용하는 말이란 뜻으로, 전통적으로 표준어 개념으로 사용되어 온 명칭이다.
	国语 Guóyǔ		'국어'란 台湾에서 표준어 개념으로 쓰는 명칭이다.
	华语 Huáyǔ		'화어'란 싱가폴 등 동남아 지역에서는 중국인이 쓰는 언어라는 관점에서의 명칭이다.
	汉语 Hànyǔ		국에서는 '한어'라는 명칭과 '보통화'라는 명칭이 많이 사용된다. '한어'란 한족들이 쓰는 언어라는 의미에서의 명칭이고, '보통화'란 '표준어 개념'에서의 명칭이다.
	普通话 Pǔtōnghuà	어음	北京语音'을 '기준'으로 한다.
		어휘	北方方言'의 어휘를 '기초'로 한다.
		문법	모범적인 '现代白话文' 저작의 문법현상을 '규범'으로 한다.

설명

표에서 보듯 여러 명칭이 있기 때문에 우리가 흔히 말하는 '중국어'라는 명칭에 대하여 오해하기 쉽다. 대륙의 중국인들은 "한어"라는 말을 흔히 쓰지만 표준어라는 개념에서는 "普通话"라는 명칭이 가장 적절한 말이다.

용어

현대백화문

현대 중국인들의 입말체에 근거한 서면어(글말체)의 한 가지다. 원래는 송원(宋元)시대 이래로 북방의 입말체를 기초로 하여 발전하였다. 백화문과 상대적인 "문언문(文言文)"도 선진(先秦) 시기의 입말체에서 시작되었으나 사회가 발전·변화하였음에도 그 변화를 수용하지 않는 바람에 시대가 흐를수록 당시의 입말체와 거리가 생기게 되었고, 반동적으로 시기마다 '당시의 입말체에 근거한 서면어(즉, 백화문)'의 등장이 있게 되었다.[1)]

tip

■ 중국의 방언

12억이 넘는 인구가 전체 유럽만큼 큰 면적에서 살다보니 방언이 없을 수 없다. 중국어의 방언은 북경을 중심으로 하는 "관화방언(官话方言[北方方言])", 상해를 중심으로 하는 "오방언(吴方言)", 호남성 장사(长沙)를 중심으로 하는 "상방언(湘方言)", 강서성 남창(南昌)을 중심으로 하는 "감방언(赣方言)", 복건성 복주(福州)와 하문(厦门)을 중심으로 하는 "민방언(闽方言)", 광동성 광주(广州)를 중심으로 하는 "월방언(粤方言)", 광동성 매현(梅县) 등을 중심으로 하는 "객가방언(客家方言)" 등의 7대 방언으로 분류한다.[2)]

---

1) 《中国语言学大辞典》编委会(1991:635) 참조
2) 박홍수(2004:13) 참고

2. 중국어의 문법특징

››› 현대중국어 문법 특징

<table>
<tr><th colspan="4">분석
현대중국어의 문법적 특징</th><th>분석내용</th></tr>
<tr><td>ⓐ</td><td colspan="3">형태표지의 빈약성</td><td>각종 접사의 수가 적기도 하지만, 어휘가 문장 가운데서 운용될 때 형태변화를 하지 않는다는 점이 가장 핵심적인 특성이다.</td></tr>
<tr><td rowspan="8">ⓑ</td><td rowspan="8">어순의
중요성</td><td colspan="2" rowspan="2">기본어순</td><td>[주어(Subject)+술어(Verb)+목적어(Object)]</td></tr>
<tr><td>我Wǒ+爱ài+你nǐ</td></tr>
<tr><td colspan="2" rowspan="2">보어의 위치</td><td>[주어+술어(+보어)+목적어+(+보어)]</td></tr>
<tr><td>我听懂他的这话了。(나는 그의 이 말을 이해했다.)
Wǒ tīng dǒng tā de zhè huà le.</td></tr>
<tr><td rowspan="4">수식어의
위치</td><td rowspan="2">관형어수식</td><td>[(관형어+)주어+술어+(관형어+)목적어]</td></tr>
<tr><td>勇敢的他+喜欢+聪明的你。
Yǒnggǎn de tā xǐhuan cōngmíng de nǐ.
(용감한 그가 똑똑한 당신을 좋아합니다.)</td></tr>
<tr><td rowspan="2">부사어수식</td><td>[주어+(부사어+)술어+목적어]</td></tr>
<tr><td>他+非常爱+你。(그는 당신을 매우 사랑합니다.)
Tā fēicháng ài nǐ.</td></tr>
<tr><td rowspan="7">ⓒ</td><td rowspan="7">단어의
문장성분
충당의
다양성</td><td rowspan="4">실사
“春节”의
경우</td><td>주어</td><td>春节到了。Chūnjié dào le.(설이 되었다.)</td></tr>
<tr><td>목적어</td><td>我在北京过春节。(나는 베이징에서 설날을 보낸다.)
Wǒ zài Běijīng guò Chūnjié.</td></tr>
<tr><td>관형어</td><td>春节晚会开得不错。(설날 파티는 아주 훌륭했다.)
Chūnjié wǎnhuì kāi de bú cuò.</td></tr>
<tr><td>술어</td><td>明天春节。Míngtiān chūnjié.(내일이 설이다.)</td></tr>
<tr><td rowspan="3">허사성
“在”의
겸류현상</td><td>동사, 술어</td><td>小李不在家。(이군은 집에 있지 않다.)
Xiǎolǐ bú zài jiā.</td></tr>
<tr><td>전치사</td><td>小李在家里看电视。(이군은 집에서 텔레비전을 본다.)
Xiǎolǐ zài jiā lǐ kàn diànshì.</td></tr>
<tr><td>부사</td><td>小李在吃饭。(이군은 밥을 먹고 있다.)
Xiǎolǐ zài chīfàn.</td></tr>
</table>

<table>
<tr><td rowspan="12">ⓓ</td><td rowspan="12">문법 단위구조의 공통성</td><td rowspan="6">'단어' 구조</td><td colspan="2">연합식</td><td>兄＋弟 → 兄弟 xiōng＋dì → xiōngdì (형제)</td></tr>
<tr><td rowspan="2">수식식</td><td>관형어성수식</td><td>工＋业 → 工业 gōng＋yè → gōngyè (공업)</td></tr>
<tr><td>부사어성수식</td><td>回＋顾 → 回顾 huí＋gù → huígù (돌이켜 보다)</td></tr>
<tr><td colspan="2">술목식</td><td>担＋心 → 担心 dān＋xīn → dānxīn (걱정하다)</td></tr>
<tr><td colspan="2">술보식</td><td>提＋高 → 提高 tí＋gāo → tígāo (향상시키다)</td></tr>
<tr><td colspan="2">주술식</td><td>地＋震 → 地震 dì＋zhèn → dìzhèn (지진)</td></tr>
<tr><td rowspan="6">'구' 혹은 '문장' 구조</td><td colspan="2">연합식</td><td>兄弟＋姐妹 → 兄弟姐妹(。) (형제자매)
xiōngdì＋jiěmèi → xiōngdì jiěmèi(.)</td></tr>
<tr><td rowspan="2">수식식</td><td>관형어 수식</td><td>工业＋大学 → 工业大学(。) (공업대학)
gōngyè＋dàxué → gōngyè dàxué(.)</td></tr>
<tr><td>부사어 수식</td><td>认真＋学习 → 认真学习(。) (열심히 공부하다.)
rènzhēn＋xuéxí → rènzhēn xuéxí(.)</td></tr>
<tr><td colspan="2">술목식</td><td>担心＋失业 → 担心失业(。) (실업을 걱정하다.)
dānxīn＋ shīyè → dānxīn shīyè (.)</td></tr>
<tr><td colspan="2">술보식</td><td>提高＋得＋快 → 提高得快(。) (빠르게 향상되다.)
tígāo＋de＋kuài → tígāo de kuài(.)</td></tr>
<tr><td colspan="2">주술식</td><td>地震＋多了 → 地震多了(。) (지진이 많아졌다.)
dìzhèn＋ duō le → dìzhèn duō le(.)</td></tr>
<tr><td rowspan="5">ⓔ</td><td rowspan="5">허사의 다양성</td><td rowspan="3">동태 표현</td><td colspan="2">진행</td><td>他在写一篇文章。(그는 한 편의 글을 쓰고 있다.)
Tā zài xiě yì piān wénzhāng.</td></tr>
<tr><td colspan="2">완료와 변화</td><td>他写了一篇文章了。(그는 한 편의 글을 썼다.)
Tā xiě le yì piān wénzhāng le.</td></tr>
<tr><td colspan="2">경험</td><td>他曾写过一篇文章。(그는 일찍이 한 편의 글을 쓴 적이 있다.)Tā céng xiě guo yì piān wénzhāng.</td></tr>
<tr><td rowspan="2">어투 표현</td><td colspan="2">의문</td><td>他写一篇文章吗? (그는 한 편의 글을 씁니까?.)
Tā xiě yì piān wénzhāng ma?</td></tr>
<tr><td colspan="2">회상</td><td>他写一篇文章来着。(그는 한 편의 글을 쓰고 있었지.)
Tā xiě yì piān wénzhāng láizhe.</td></tr>
<tr><td rowspan="3">ⓕ</td><td rowspan="3">화제 어순구조의 상용성</td><td colspan="3">화제(topic)</td><td>문장의 맨 앞에 위치하여 문장의 진술대상이 되는 성분</td></tr>
<tr><td rowspan="2">화제 구조</td><td rowspan="2">NP1 비행위자 진술대상</td><td>"NP1＋VP"형식</td><td>书已经买来了。(그 책은 이미 사왔다.)
Shū yǐjīng mǎi lái le.</td></tr>
<tr><td>"NP1＋NP2＋VP"형식</td><td>这本书大学生们都很欢迎，因为内容精彩，分析简单明了，特别是便于检索。
Zhè běn shū dàxuéshēngmen dōu hěn huānyíng, yīnwèi nèiróng jīngcǎi, fēnxī jiǎndān míngliǎo, tèbié shì biànyú jiǎnsuǒ.(이 책은 대학생들이 모두 환영한다. 왜냐하면 내용이 좋고, 분석이 간단명료하며, 특히 검색이 편리하기 때문이다.)</td></tr>
</table>

설명

중국어의 문법특징에 대한 도표의 내용을 정리해보자.

1) 문법적 형태표지가 적다

중국어 문법특징을 만들어내는 핵심은 좁은 의미에서의 형태표지가 매우 적다는 점이다. ⓐ의 영향은 ⓒ까지 직접적으로 미친다. 즉 중국어는 문법적으로 형태표지가 적기 때문에 단어가 문장 가운데서 차지하는 위치가 중요한 문법적 의미를 가진다.

2) 어순의 중요성

중국어는 어순에 의한 문법기능을 매우 중시하는 언어이다. ⓑ의 내용을 보자. 단어가 문장 가운데서 가지는 위치는 해당 단어로 하여금 위치에 걸 맞는 문장성분화를 통하여 문법기능을 하게 한다. 그리고 문장성분의 위치는 결국 어순의 문제와 직결된다. 중국어 문장성분 간의 위치(어순)는 상당히 고정적이다. 즉 주어는 술어 앞에, 술어는 목적어 앞에 위치한다. 이들의 위치는 특별한 표현을 위한 전치나 후치가 아니면 항상 지켜진다. 또 보어는 항상 술어의 뒤에. 관형어와 부사어는 항상 피수식어의 앞에 위치한다. 여기서 '항상'이라는 말을 쓸 정도가 된다는 것 자체가 바로 어순의 고정성을 말하는 것이다. ⓑ에서 보어가 목적어의 뒤에 위치하는 경우 역시 술어의 뒤에 위치하는 것이며, 이것도 방향보어의 일부에 국한된다. 단, 목적어의 위치는 비교적 이동이 자유스럽다. 이점은 ⓕ '화제어순의 상용성'을 유발하는 한 요인이 된다.

3) 단어의 문장성분 충당의 다양성

ⓒ의 내용을 보자. 중국어의 단어는 형태변화 없이 문장 속에서 처한 위치에 따라 각종 문장성분으로 충당될 수 있다. 이는 ⓐ와 ⓑ의 원인으로 빚어진 결과이다. 즉 문장 가운데서 단어의 위치는 '문장성분으로서의 문법의미'를 결정짓기 때문에 매우 중요하다. '단어의 문장성분 충당의 다양성' 문제는 이후 품사와 구의 문법기능을 이해하는 핵심이 된다.

ⓒ에서 예를 든 "春节"가 각종 문장성분으로 충당되는 예를 보자. 이는 결국 단어의 위치문제와 직결된다. 또 "在"가 보이는 "겸류현상"은 단어가 문장 가운데서 여러 기능을 가질 가능성을 잘 설명해준다.

4) 문법단위 구조의 공통성

ⓓ의 내용을 보자. 중국어의 단어, 구 혹은 문장의 '구조방식'은 기본적으로 일치한다. 그 구조방식은 이후 단어의 구성 및 구의 구조를 이해하는데 계속적으로 필요한 내용이다. 특히 여기서는 수식식 단어구조를 '관형어성 수식'이라고도 하고 '관형어 수식'이라도 한 이유는 형태소 차원에서 '단어구성'과 단어차원에서의 '구' 구성을 구별

하기 위함이다. '부사수어성 수식'과 '부사어 수식'도 같은 의미에서 구별하여 쓴다.

5) 허사의 다양성

ⓔ의 내용을 보자. 중국어는 도표에서 예를 든 '동태'나 '어투' 표현뿐만 아니라 각종 조사, 전치사, 접속사 등 '허사'를 통한 문법적 표현수단이 다양하다. 중국어는 이처럼 '활용'을 통한 어형구성이 아닌 '허사'라는 '단어자격'이 있는 기능어로써 단어와 단어, 구와 구, 문장과 문장을 조직화하는 특성이 있는 언어이다.

ⓔ의 동태표현 부분을 다시보자. 현대중국어에서 '동태표현'은 물론 '임박태', '개시태', '지속태' 등이 더 있다. 또 어투표현도 매우 다양하다. '문장의 동태표현'은 이 책의 6장의 4.2에서, '문장의 어투 표현'은 4장의 11과 6장의 4.4에서 자세히 설명한다.

6) 화제어순구조의 상용성

ⓕ의 내용을 보자. 이는 상당한 정도 발화자의 의도나 처한 상황에 의거한 어순의 변화를 의미하므로 일정 부분 화용론과 관련이 있다. 그러나 역시 통사적인 형식으로 나타나므로 문법특징의 하나로 잡는다.

현대중국어 입말체에서는 특히 "NP_1+NP_2+VP" 형식의 구문이 자주 사용된다. 또, "NP_1+VP" 구조, 즉 '주어+술어' 구조의 구가 문장에서 각종 문장성분(주어, 술어, 목적어, 보어, 관형어, 부사어)으로 쓰이는 예가 많다. 이러한 내용은 이 책 5장의 2.1.5를 비롯하여 6장의 2.1.2와 2.2.1 등에서 자세히 설명한다.

ⓕ에서 말하는 '수사자 진술대상'이란 무인가? 이 책에서는 '행위자(施事者)가 주어가 되는 경우'를 제외한 '모든 진술대상', 즉 '비행위자 주어'를 말한다. 행위자가 주어가 되면 주어는 진술대상으로서의 의미보다 행위를 지배하는 주동자의 의미가 강하다. 표에서 예를 든 비행위자 주어인 "这本书"는 4개의 진술내용을 가지는 '수사자(受事者) 진술대상'이다.

这本书(NP_1)大学生们(NP_2)都很欢迎(VP_1)，因为[∅]内容(NP_3)精彩(VP_2)，[∅]分析(NP_4)简单明了(VP_3)，[∅]特别是便于检索(VP_4)。

화제어인 "这本书"는 '대학생들이 환영하는 것이고', '(그것은) 내용이 좋고', '(그것은) 분석이 간단명료하며', '(그것은) 검색에 있어 편리한' '대상'인 것이다. "이처럼 '수사자 진술대상화'는 현대중국어의 커다란 특징이다. 또 화제(진술대상)는 긴 내용을 논리적으로 연결하는 '꿰미'나 '고리' 등의 역할을 한다. 그렇다고 하여 주어(극소수를 제외하고 모두 화제로 기능함)와 술어 사이 혹은 절과 절 사이에 영어처럼 시제나 수(数) 혹은 의미적으로 어떤 강력한 선택성을 가지는 것은 아니다.

용어

“依句辨品, 离句无品 Yī jù biàn pǐn, lí jù wú pǐn”이란?

이는 “(단어가)문장에 의거해야 품사를 구분할 수 있으며 문장을 떠나면 품사를 구분할 수 없다”는 말로 중국어 단어가 가지는 품사적 특성을 간명하게 요약한 말이다.

중국에서 최초로 품사를 구분한 저작은 라틴문법 모방한 马建忠(1898)의 《马氏文通》 이다. 이는 문법서다운 문법서가 없던 당시의 현실에서 처음으로 품사를 구분하였다는 점에서 획기적인 저작임에 틀림없다. 그러나 예문이 古文이라는 점이 근본적인 문제이다. 이에 黎锦熙(1924)는 영문법을 모방하고 현대중국어의 구어(口语)를 예로 하여 《新著国语文法》 을 저술하였다. 그는 이 책에서 “依句辨品, 离句无品”설을 제시하였다.

겸류현상이란?

먼저 도표의 ⓒ에서 예를 든 “在”가 세 가지의 품사성을 가지는 것을 상기하자. ‘하나의 단어가 두 개 이상의 품사적인 속성을 겸하여 가지는 현상’을 ‘겸류현상(“兼类现像”)’이라 한다.

중국어의 대다수 단어는 한 낱말만 놓고 볼 때 실제적으로 어떤 품사인지 말하기 어려운 경우가 많다. 낱말의 품사성은 해당 낱말이 문장 가운데서 어떤 기능을 가지느냐로 구분되며, 이는 낱말이 문장 속에서 어떤 위치에 놓이느냐와 연계된 문제이기 때문이다. 중국어의 낱말중 상당수의 실사는 문장에서 어느 위치에 놓이느냐에 따라 아무런 형태변화 없이 주어, 술어, 보어, 관형어, 심지어 부사의 기능까지 담당한다. 이는 형태변화에 민감한 한국어나 영어와 크게 다른 현상이다.

3. 현대중국어의 접사

이 내용은 표 2의 ⓐ, 즉 중국어는 ‘문법적 형태표지가 적다’는 내용에 대한 보충이다. 이는 중국어 문법특징을 야기하는 가장 핵심적인 요소로 제시된 것이다. 그렇다면 중국어에는 형태표지가 어느 정도 있는가? 또 그 기능은 한국어와 비교해서 어떤 차이가 있을까? 다음 표를 통해 살펴보자.

◆ **현대중국어 접사의 분류표**

현대중국어 접사의 분류				단어의 예
접두사	ⓐ	[第-]	순서	第一 dì yī (첫째), 第二 dì èr (둘째), 第三 dì sān (셋째)
	ⓑ	[初-]	처음	初一 chū yī (초하루), 初二 chū èr (초이틀), 初三 chū sān (초사흘)
	ⓒ	[老-]	항렬	老大 lǎodà (첫째), 老二 lǎo èr (둘째)
			호칭	老李 Lǎo Lǐ (이씨), 老师 lǎoshī (선생님)
			동물	老虎 lǎohǔ (호랑이), 老鼠 lǎoshǔ (쥐)
	ⓓ	[小-]	호칭	小王 Xiǎo Wáng (왕군), 小姐 xiǎojiě (아가씨)
	ⓔ	[阿-]	호칭	阿妈 āmā (엄마), 阿哥 āgē (형), 阿姨 āyí (이모)
접요사	ⓕ	[-里-]	폄하	糊里糊涂 hú li hútu (어리벙벙하다), 傻里傻气 shǎ li shǎqì (미련하다), 小里小气 xiǎo li xiǎoqì (소심하다)
접미사	ⓖ	[-们]	복수화	我们 wǒmen (우리들), 你们 nǐmen (당신들), 同学们 tóngxuémen (학생들)
	ⓗ	[-子]	명사화	椅子 yǐzi (의자), 个子 gèzi (키)
	ⓘ	[-儿]		画儿 huàr (그림), 花儿 huār (꽃)
	ⓙ	[-头]		木头 mùtou (나무토막), 想头 xiǎngtou (생각)
	ⓚ	[-然]	형용사화	突然 tūrán (갑작스럽다), 当然 dāngrán (당연하다)
			부사화	忽然 hūrán (갑자기), 果然 guǒrán (과연)
	ⓛ	[-是]	부사화	总是 zǒngshì (결국/언제나), 只是 zhǐshì (다만)
			접속사화	要是 yàoshi (만일…라면), 但是 dànshì (그러나)
	ⓜ	[-来]	부(/명)사화	从来 cónglái (지금까지), 原来 yuánlái (원래/알고 보니), 本来 běnlái (본래)
	ⓝ	[-着]	전치사화	趁着 chènzhe (~을 틈타), 随着 suízhe (~에 따라)
	ⓞ	[-化]	동사화	绿化 lǜhuà (녹화[하다]), 美化 měihuà (미화[하다])

설명

흔히 중국어는 '형태표지가 결핍된 언어'라는 점을 문법특징으로 든다. 그러나 이 책은 접사적 성격을 보이는 예를 가능한 한 많이 들어보고자 한다. 이는 어휘학습 측면에서 도움이 될 수 있기 때문이다. 그럼에도 불구하고 도표 전체에서 보듯 중국어에는 '문법기능성' 접사의 수가 적을 뿐만 아니라 그 기능 또한 상당히 '제한적'이라는 점에서 '유사접사'라는 용어를 쓰기도 한다. 좀 더 구체적으로 살펴보자.

1) 접두사

접두사 ⓑ의 경우를 보자. 이는 한국어에서와 마찬 가지로 '처음 며칠'의 경우에만 쓴다. {초하루, 초이틀, 초사흘, … ??초엿새, ??초이레, *초여드레, *초아래}

접두사 ⓒ-ⓔ의 경우는 기본적으로 '호칭'과 관련이 있으며, 상용도가 매우 높다는 공통점이 있다.

2) 접요사

접요사는 그 수가 희소하다. ⓕ의 접요사 "-里-"는 "A里AB"의 중첩식으로 단어를 이루며, 이렇게 구성된 단어는 어떤 속성이나 상태에 대하여 낮잡아 이르는 어감이 있다. 어떤 학자들은 가능보어{예 "看得/(不)见"}를 이끄는 "得/不"가 이 구조를 단어화하는 예가 있으며, 이때 "得/不"는 '할 수 있(/없)다'라는 추상적인 의미를 나타내는 기능이 있다는 점을 들어 '접요사'로 보기도 한다.

3) 접미사

접미사 ⓖ-ⓞ의 예를 보자. ⓗ의 "[-们]"은 사람이거나 의인화한 사물에 쓰여 '복수'의 의미를 나타낼 수 있다. 그러나 그 결합 면적(단어 파생능력)이 좁으며, 또 단어 조합 속에서의 운용 또한 제약이 있다(위의 예에서 '我们', '你们'등은 단어화하는 경우이지만, '同学们'은 구를 만드는 경우로 구별된다. 즉, 전자는 '构词'형태소이고, 후자는 '构形'형태소이다. 4장의 1.2 '명사의 수' 표현 부분 참조). ⓗ-ⓘ의 접사들은 문법기능상 어휘를 명사화시키기는 단어 파생능력도 상당하다. ⓚ-ⓞ의 접사들은 단어 파생능력상 한계가 있다.

용어

형태표지란?

형태표지에는 넓은 의미의 형태표지와 좁은 의미의 형태표지가 있다. 넓은 의미의 형태표지는 언어 가운데 일정한 문법 양상을 표현해주는 모든 요소를 이른다. 반면 좁은 의미의 형태표지는 단어 가운데 '접사+어근'이나 '어근+접사'의 형태로 분절(分节)될 경우의 접사(affix)를 이른다. 어근의 앞에 놓이는 접사를 접두사(prefix), 어근의 뒤에 놓이는 접사를 접미사(suffix)라 한다. 또 어근 사이에 끼인 접사도 있는데 이를 접요(/중)사(infix)라 한다.

'접사'와 '조사'는 어떤 차이가 있나?

접사는 '단어 구성요소'이고, 조사는 '어형 구성요소'이다. 즉 중국어의 "[-然], [-来], [-是], [-着]" 등은 접사(적)이고, "地"는 조사이다. 형태소 차원에서 말하자면 전자는 그냥 형태소이고, 후자는 형태소이자 단어인 경우이다. 따라서 "地"는 단독적으로 다른 단어나 어구와 결합관계를 이룰 수 있지만, "[-然], [-来], [-是]" 등은 다른 형태소와 결합하여 단어를 구성한 이후에나 단어 자격으로 다시 다른 단어들과 결합관계를 가지게 된다. 결국 다음과 같이 요약할 수 있다.

◆ 접사와 조사의 차이 예시 표

자격과 기능 / 접사와 조사의 차이	자격	기능	
		기타성분과 결합 전	기타성분과 결합 후
접사 : [-然], [-来], [-是]	형태소	부사화 접미사	부사(단어)
조사 : 地	단어	부사어화 조사	부사어(구, 문장성분)

여기서 한 가지 분명히 해야 할 점이 있다. 단어를 파생시키는 접사를 문장성분의 문법기능을 표시해주는 어미와 혼동하면 안 된다는 점이다. 예를 들어 "[-然], [-来], [-是]" 등을 '부사화형태표지'의 하나로 간주할 때, 대응하는 한국어의 경우는 '갑자기, 미리, 매우'등처럼 어휘화되는 경우이다. 또 중국어의 "地"는 한국어의 '-아/게/지/고' 등 각종 부사형의 어형(语形)변화를 이끄는 것과 대응시킬 수 있겠다. 이런 점에서 부사어형과 관형어형("명사+的")을 만드는 방법은 중국어나 한국어나 별 차이가 없다. 그러나 한국어는 부사어형이나 관형어형 뿐만 아니라 '명사형(어근+[-ㅁ]/[-이]/[-기] 등)', '동사형([-하다])', '형용사형([-스럽다])' 등을 비교적 쉽게 만들어 각각 필요에 따라 문장성분으로 활용할 수 있다. 다시 말해 한국어는 품사전환을 가능하게 하는 '접사'도 발달한 언어이지만 중국어와 더욱 차별적인 점은 이처럼 어형변화를 표시하는 현상이 활발히 일어나는 언어라는 점이다.

중국어 역시 적지 않은 접사들이 있지만 어휘화와 관련된 것들이고, 또 이렇게 구성된 어휘라 하더라도 문장에서의 위치에 따라 그 기능이 달라진다. 또 어형변화를 가능하게 하는 "地, 的, 得" 등도 그 운용의 폭이 한국어에 비해 넓지 않다.

결국, 중국어는 어떤 한 단어가 문장의 어느 위치에 오느냐를 매우 중시하는 '어순중시형 언어'이며 한국어는 어형변화를 통하여 문법기능을 표시하는 기능이 매우 발달한 언어라 하겠다.

tip

접사는 단어 파생 측면에서 중요한 기능을 한다. 이는 단어학습 차원에서 많은 도움을 줄 수 있다. 어떤 학자들은 "-者, -家, -员, -性, -化" 등도 접미사로 본다. 이들은 자립적으로 운용될 수 없으며, 파생능력이 비교적 큰 점을 고려하여 본서에서는 유사접사("类似接词")로 처리 한다(자세한 내용은 본서의 2장의 2.3을 참조하라).

4. 형태변화의 문제

한국어의 경우는 하나의 단어가 문장 속에서 어떤 문장성분으로 쓰이려면 반드시 형태변화를 거쳐야 하나 중국어의 경우는 형태변화가 없이 그 위치로써 문법기능이 표현된다. 다음 표를 보자.

◆ **중국어와 한국어 문장성분상의 형태(식)변화의 차이 표**

문장성분 형식변화의 차이		ⓐ 술어	ⓑ 관형어	ⓒ 주어	ⓓ 부사어
중국어	[老实]	老实 lǎoshi	老实 lǎoshi	老实 lǎoshi	老实 lǎoshi
한국어	[성실]	성실하다	성실한	성실함	성실하게

설명

위의 표에 대한 실제 예를 보자.

ⓐ 小张很老实。<술어> (장군은 성실하다.)
XiǎoZhāng hěn lǎoshi.

ⓑ 小张是老实的人。<관형어> (장군은 성실한 사람이다.)
XiǎoZhāng shì lǎoshi de rén.

ⓒ 老实比虚伪好。<주어> (성실함[3]은 꾸밈보다 좋다.)
Lǎoshi bǐ xūwěi hǎo.

ⓓ 你得老实告诉我。<부사어> (너는 나에게 성실하게 말해 주어야 한다.)
Nǐ děi lǎoshi gàosu wǒ.

ⓐ-ⓓ에서 보듯 "老实"라는 하나의 단어가 문장 속에서 형태변화 없이 오로지 위치변화에 의해서 각각 술어, 관형어, 주어, 부사어 등 여러 가지의 문장성분으로 쓰인다. 이러한 사실은 형태변화 혹은 어형변화에 민감한 우리에게 의아스럽게 느껴지게 하고, 어떤 사람은 '중국어는 문법이 없다'라는 과격한 말을 하는 근거가 되기도 한다. 그러나 언어는 각각의 특성으로 이해해야할 대상이지 자기가 아는 사실이나 눈높이의 지식으로 판단할 대상은 아니다.

---

3) 한국어는 [성실(하다)]가 주어가 되기 전에 먼저 명사형(품사가 아님) '성실함'으로 활용되어 주어가 될 조건을 만든다. 이처럼 한국어는 단순히 단어(품사)를 만드는 접사로서의 기능뿐만 아니라 품사형을 만드는 '어미'가 발달했으며, 그 적용범위가 아주 넓다.

용어

문장성분이란?

문장을 구성하는 '직접적인 성분'을 말한다. 거꾸로 말하면 문장을 분석하는 직접적인 단위이다. 예를 들어 하나의 단어도 문장을 구성하는 직접적인 성분이 되면 문장성문이다. 그러나 주어를 제외하고는 실제적으로 하나의 단어가 문장성분으로 구성되는 데는 한계가 있으므로 대개 '여러 개의 단어들'이 조합되어 문장성분을 구성한다. 따라서 문장성분이란 문장 내에서의 기능적 특성에 근거하여 '하나하나의 단어'에게 명칭을 부여하는 품사와는 '개념과 등급 차원'에서 다르다.

중국어의 문장성분은 '주어, 술어, 목적어'를 주요성분으로 하며, '보어, 관형어, 부사어'를 보조성분(이들은 다른 성분과 연대해야만 쓰일 수 있다하여 "연대성분"이라는 용어를 쓰기도 함)으로 한다. (본서 6장의 1을 참고하라)

5. 문법단위

우리는 언어구조에 대하여 문법적인 분석을 가하여 그 구조성분을 가려낼 수 있다. 또 그것들을 각각 그 등급(/크기)에 따라 나눌 수 있다. 이때 등급에 따라 나뉜 단위를 '문법단위'라 한다. 현대 중국어 문법에서는 통상 '형태소', '단어', '구', '문장', '단락'의 다섯 단위로 나눈다. 이들은 그 등급(/크기) 차원에서 다음과 같이 표시할 수 있다.

문법단위 크기 표

형태소 (语素/词素) yǔsù/císù	<	단어 (词) cí	<	구 (短语/词组) duǎnyǔ/cízǔ	<	문장 (句子) jùzi	<	단락 (句群) jùqún

'단락'을 제외한 이들 문법단위에 대한 정의와 개략적인 분류 내용을 표로 살펴보자.

◆ 각 문법단위에 따른 분류 · 명칭 · 정의 표

<table>
<tr><th colspan="2">분류근거·내용정의
문법 단위</th><th colspan="2">분류근거와 명칭</th><th rowspan="2">정 의</th></tr>
<tr><th></th><th></th><th>분류근거</th><th>명 칭</th></tr>
<tr><td rowspan="4">ⓐ</td><td rowspan="4">형태소
(语素)
(词素)</td><td rowspan="2">음절의 수</td><td>단음절 형태소</td><td rowspan="4">음과 의미가 결합된 최소의 문법 단위</td></tr>
<tr><td>복음절 형태소</td></tr>
<tr><td>의미의 실재성 유무</td><td>실질형태소 : 형식형태소</td></tr>
<tr><td>자립성 유무</td><td>자립형태소 : 비자립형태소</td></tr>
</table>

<table>
<tr><td rowspan="8">ⓑ</td><td rowspan="8">단어
(词)</td><td rowspan="3">형태소의 수</td><td colspan="2">단일(/순)어</td><td rowspan="8">일정한 의미와 고정적인 어음형식을 가지고 독립적으로 운용될 수 있는 최소의 문법 단위</td></tr>
<tr><td rowspan="2">복합어</td><td>합성어</td></tr>
<tr><td>파생어</td></tr>
<tr><td rowspan="2">어휘 의미 및 기능</td><td colspan="2">실사(/내용어)</td></tr>
<tr><td colspan="2">허사(/기능어)</td></tr>
<tr><td rowspan="3">문법 기능
(체언·용언, 품사)</td><td>체언</td><td>명사, 대체사, 수사, 양사</td></tr>
<tr><td>용언</td><td>동사, 조동사, 형용사 및 일부의 대체사</td></tr>
<tr><td>기타</td><td>부사, 전치사, 조사
접속사, 감탄사, 의성사</td></tr>
<tr><td rowspan="15">ⓒ</td><td rowspan="15">구
(短语)
(词组)</td><td rowspan="10">구조 형식</td><td rowspan="5">기본 구조</td><td>연합식</td><td rowspan="15">두 개 이상의 단어와 단어를 일정 한 결합 방식에 의해 조합시킨 비교적 큰 문법 단위</td></tr>
<tr><td>수식식</td></tr>
<tr><td>술목식</td></tr>
<tr><td>술보식</td></tr>
<tr><td>주술식</td></tr>
<tr><td rowspan="5">특수 구조</td><td>연동식</td></tr>
<tr><td>겸어식</td></tr>
<tr><td>부가식</td></tr>
<tr><td>중첩식</td></tr>
<tr><td>고정식</td></tr>
<tr><td rowspan="4">문법 기능</td><td colspan="2">명사구</td></tr>
<tr><td colspan="2">동사구</td></tr>
<tr><td colspan="2">형용사구</td></tr>
<tr><td colspan="2">부사구</td></tr>
<tr><td>구의 의미</td><td colspan="2">시간, 방위, 수량, 전치사구 등등</td></tr>
<tr><td rowspan="6">ⓓ</td><td rowspan="6">문장
(句子)</td><td rowspan="2">구조 형식</td><td colspan="2">단문</td><td rowspan="6">일정한 어조(语调)를 가지며, 하나의 비교적 완정한 의미를 나타내는 문법 단위</td></tr>
<tr><td colspan="2">복문</td></tr>
<tr><td rowspan="4">기능(/어투)</td><td colspan="2">서술문</td></tr>
<tr><td colspan="2">의문문</td></tr>
<tr><td colspan="2">명령문</td></tr>
<tr><td colspan="2">감탄문</td></tr>
</table>

설명

이 책의 3-6장은 문법단위 가운데 제일 작은 단위, 즉 '형태소'부터 시작하여 '단어', '구', '문장'의 순서로 전개된다. 이를 통해 각 문법단위의 세부항목에 대해 자세히 분류하고, 특징적인 '문법기능'을 설명한다.

용어

형태소(morpheme)를 가리키는 "语素"와 "词素" 그리고 구(phrase)를 가리키는 "短语와 词组"는 같은 말인가?

그렇다. 다만 "语素"와 "短语는 언어의 전체의 구조적 맥락 차원에서, "词素"와 "词组"은 특히 단어(词)의 구성과 그 결합관계 차원에서 이르는 것이다.

'단일어'와 '단순어'

모두 '하나의 형태소로 이루어진 낱말, 즉 단어'를 이르는 명칭이다. 용어상의 차이에 불과하다. 이 책은 '단일어'라는 말을 쓰며 상대적인 개념, 즉 두 개 이상의 형태소로 이루어지는 단어에 대해서는 '복합어'라고 한다. 그러나 중국인들이 저술한 중국어 문법책에서는 일반적으로 복합어 개념을 설정하지 않고 직접 '합성어'를 단일어의 대칭적인 개념으로 설정한다. 이러한 설정은 소위 '파생어'에 대해 설명할 내용이 적기 때문에 그렇게 한 것으로 보인다. 이 책은 접사에 대해 중시하며, 그로 인해 구성되는 파생어에 대해서도 중시한다. 이는 특히 어휘학습 측면에서 유리한 점을 제공해 줄 수 있기 때문이다.

'어투'와 '어기'

중국어에는 어투를 나타내는 기능을 가진 일군의 어휘들이 있다. 조사의 한 갈래로 "어기조사", 또 부사의 한 갈래로 "어기부사"가 그것이다. 이런 성분들은 문장에서 화자의 각종 심리적 태도를 표시하는 '어투'를 나타낸다. 결국 '어투'는 한국어에서 상용하는 것이고, "어기(语气)"는 중국어에서 상용하는 표현이다. 이 책에서는 용어로 말할 때는 "어기조사", "어기부사"라는 말을 쓰지만 '문장 상에서 화자의 심리적 태도나 감정을 표시하는 개념으로는 모두 '어투'라는 한국식 용어를 쓴다.

연습 1

1. 다음 괄호 안에 적당한 말을 넣으시오.

우리가 흔히 말하는 '중국어'라는 명칭에 대해 대륙에서는 '汉语' 혹은 ①(　　　)라고 한다. 반면 台湾에서는 ②(　　　)라는 명칭을 쓰며, 싱가폴 등 동남아 지역에서는 ③ (　　　)라는 명칭을 주로 쓴다.

2. 중국어의 문법적 특징에 대하여 예를 들어 설명하시오.

3. 중국어의 문법단위를 그 등급 차원에서 작은 등급에서 큰 등급 순으로 적으시오.

4. 다음의 a와 b의 예문(구)을 비교하여 어순에 의한 의미차이를 확인해 보자.

(1) a. 她喜欢小李。
　　b. 小李喜欢她。
(2) a. 鲁迅写的文章
　　b. 写鲁迅的文章
(3) a. 他完全没有懂。
　　b. 他没有完全懂。
(4) a. 再谈一会儿。
　　b. 一会儿再谈。

MEMO

02 형태소

1. 형태소와 한자 그리고 단어 사이의 관계

앞에서 제시한 형태소의 정의를 다시 한 번 상기해보자. 형태소란 '음과 의미가 결합된 최소의 문법 단위'이다. 먼저 형태소와 자음, 자의, 한자와의 관계를 밝힌 표를 보자.

◆ **형태소, 한자, 단어 사이의 대응관계**

대응관계 형태소의 예	어음	字音	字意	字形	形態素	漢字	명칭 글자차원	명칭 단어차원
ⓐ 吃(먹다) 喫(먹다)	chī chī	同	同	异	1	2	异体字	동일어
ⓑ 会(모이다) 会(…할 수 있다)	huì huì	同	异	同	2	1	多义字	다의어
ⓒ 妨(방해하다) 妨(방해하다)	fāng fáng	异	同	同	1	1	多音字	다음어
ⓓ 行(줄, 열) 行(가다)	háng xíng	异	异	同	2	1	多音· 多义字	다음· 다의어
ⓔ 行(가다) 走(가다)	xíng zǒu	异	同	异	2	2	同义字	동의어 유의어
ⓕ 圆(둥글다) 元(처음의)	yuán yuán	同	异	异	2	2	同音字	동음어
ⓖ 奥运会(올림픽대회) 奥林匹克(올림픽)	Àoyùnhuì Àolínpíkè	异	同	异	3 1	3 4		동의어/ 유의어

(이 표는 필자가 吕叔湘(1990:491)을 원용하고 첨삭하여 작성한 것임)

설명

흔히 중국어를 형태·유형학적 입장에서 '고립어', '단음절 언어'라는 등의 말을 쓴다. 이는 바꾸어 말하면 하나의 '음절'이 하나의 구체적인 '의미'를 가지며, 하나의 '단어'로써 기능하며, 기본적으로 이러한 원리에 의해 언어가 운용된다는 말이다. 이를 "一词(/字)一音一义(/意)"의 원칙이라고 한다.

도표에 표시된 구체적인 사항들을 점검해보자.

ⓐ에서 "吃"과 "喫"은 음과 의미가 같은 하나의 형태소인데 글자만을 달리 쓴 경우이므로 글자 차원에서는 '이체자'라 하고, 어휘차원에서는 '동일어'라고 한다.

ⓑ에서 각각의 "会"는 음과 글자의 모양은 같지만 의미가 다르므로 두 개의 형태소이므로 글자 차원에서는 '다의자'라 하고, 어휘차원에서는 '다의어'라고 한다.

ⓒ에서 각각의 "妨"은 음만 다를 뿐 의미가 같은 하나의 형태소이므로 글자 차원에서는 '다음자'라 하고, 어휘차원에서는 '다음어'라고 한다.

ⓓ에서 각각의 "行"은 글자의 형태만 같을 뿐 음과 의미 모두 다른 두 개의 형태소이므로 글자 차원에서는 '다음·다의자'라 하고, 어휘차원에서는 '나음·나의어'라고 한다.

ⓔ에서 "行"과 "走"는 의미만 같으므로(의미가 같다하여 같은 형태소가 아니다. 형태소란 음과 의미의 결합체임을 분명히 하라) 글자차원에서는 '동의자'라 하고, 어휘차원에서는 '동의(유의)어'라고 한다.[4)]

ⓕ에서 "圆"과 "元"은 음만 같을 뿐이므로 글자차원에서는 '동음자'라 하고, 어휘차원에서는 '동음어'라고 한다.

ⓖ에서 "奥运会"는 "奥林匹克(Olympic)+运动+会"의 세 개의 형태소 결합으로 이루어진 단어이다. 혹자는 "世运会"라는 용어를 쓰기도 하는 바, 이는 의역(意译)과 음역겸의역(音译兼意译)의 차이를 보여준다. 이들 "奥运会", "奥林匹克", "世运会"등은 의미하는 바가 같으므로 '동의(/유의)어' 관계이다.

tip

중국어에는 동음이의(同音异义) 현상이 매우 많이 존재한다. 이는 중국어의 숙명이다. 표준중국어에서 음절수가 400개 남짓한 상황에서 6만자 이상의 한자를 어떻게 다 표현하겠는가? 할 수 없이 성조를 써서 의미를 구분할 수밖에 없다. 다시 4개의 성조에 의해 의미를 구분해도 음이 겹치는 동음현상을 극복하기란 역부족이다. 이는 가뜩이나 성조개념이 없는 한국어 모어 학습자가 중국어를 공부

4) 어휘간의 지시적 의미가 같다 해도 그 쓰임새들을 고려하면 완전히 같은 어휘인가의 문제는 논의의 대상이다. 따라서 이 책은 비슷한 말이라는 의미의 '유의어(类义语)'라는 말도 함께 쓴다.

하는데 어렵게 하는 요인이다. 그러나 어찌하겠는가? 중국어의 특징인 것을……

2. 형태소의 분류

'형태소'에 대한 이해가 왜 필요한가? 형태소는 단어의 의미를 결정짓는 핵심 요소이며, 문법적 기능을 보이는 경우도 있다. 즉, 형태소에 대한 이해는 '단어의 의미와 구조'를 이해하는 데 필수적이다. 먼저 형태소 분류표를 보자.

◆ 형태소 분류표

<table>
<tr><th colspan="4">형태소의 분류</th><th>형태소의 예</th></tr>
<tr><td rowspan="6">ⓐ
음절에
따른
분류</td><td colspan="3">단음절 형태소</td><td>他 tā, -们 men, 都 dōu, 是 shì, 二 èr, 年 nián,
级 jí, 的 de, 学 xué, 生 shēng, 吗 ma</td></tr>
<tr><td rowspan="5">복음절
형태소</td><td rowspan="2">연면사</td><td>쌍성</td><td>彷佛 fǎngfú, 参差 cēncī, 琉璃 liúlí</td></tr>
<tr><td>첩운</td><td>徘徊 páihuái, 玫瑰 méigui, 蜻蜓 qīngtíng, 犹豫 yóuyù</td></tr>
<tr><td colspan="2">외래어</td><td>葡萄 pútáo, 菩萨 púsà, 胡同 hútòng, 咖啡 kāfēi,
逻辑 luójí, 巧克力 qiǎokèlì, 奥林匹克 Àolínpíkè</td></tr>
<tr><td colspan="2">의성어</td><td>丁当 dīngdāng, 扑通 pūtōng, 呼噜 hūlū,
轰隆隆hōnglōnglōng, 哇啦哇啦 wālā wālā,
噼里啪啦 pīlipālā</td></tr>
<tr><td colspan="2">첩음사</td><td>太太 tàitai, 猩猩 xīngxing</td></tr>
<tr><td rowspan="2">ⓑ
의미에
따른
분류</td><td>실질
형태소</td><td colspan="2">실사</td><td>父 fù, 年 nián, 北 běi, 他 tā, 出 chū, 吃 chī,
想 xiǎng, 红 hóng, 大 dà, 高 gāo, 新 xīn</td></tr>
<tr><td>형식
형태소</td><td colspan="2">접사/준접사</td><td>老-, 小-, 阿-, -们, -子, -头, -来,
-是, -化, -着</td></tr>
<tr><td rowspan="7">ⓒ
기능에
따른
분류</td><td rowspan="2">자립
형태소</td><td colspan="2">실사성</td><td>人 rén, 树 shù, 家 jiā, 马 mǎ, 爱 ài, 听 tīng,
说 shuō, 大 dà</td></tr>
<tr><td colspan="2">허사성</td><td>啊, 吗, 了, 的(得/地), 了, 着, 过,
已, 把, 但</td></tr>
<tr><td rowspan="5">비자립
형태소</td><td rowspan="2">전치</td><td>실사성</td><td>半-, 超-, 反-, 非-, 前-, 可-</td></tr>
<tr><td>접사성</td><td>老-, 小-, 阿-</td></tr>
<tr><td rowspan="3">후치
기타</td><td>실사성</td><td>-夫, -家, -生, -手, -士, -员, -匠, -长,
-汉, -工, -迷, -族, -星, -翁, -鬼</td></tr>
<tr><td>실사성</td><td>-观, -派, -界, -角, -度, -率, -气, -类, -品,
-件, -具, -性, -型, -式, -号, -热, -业, -厅</td></tr>
<tr><td>접사성</td><td>-们, -子, -头, -来, -是, -化, -着</td></tr>
</table>

2.1 음절에 따른 분류

형태소는 하나의 음절로 이루어지는 단음절 형태소와 두 개 이상의 음절로 이루어지는 복음절 형태소로 나뉜다. 이미 '2장의 1'에서 언급한 바와 같이 중국어는 일반적으로 한 음절이 하나의 일정한 의미를 가지며, 단어로서 기능한다. 그러나 일부의 경우는 그렇지 않다.

중국어에는 소수이지만 복음절 형태소도 있다. 즉 고대중국어에서부터 줄곧 생명력을 유지하며 이어져 내려온 소위 연면사("联绵词"), 외래어, 의성어, 첩음사("叠音词")등이 그러하다. 이들 복음절 형태소는 하나의 형태소이므로 갈라놓으면 음(音)은 있지만 (최소의) 의미가 무엇인지 확인할 수 없기 때문에 형태소로서의 자격을 상실한다.

연면사의 예를 보자.

a. 彷佛(fǎngfú), 参差(cēncī), 琉璃(liúlí)
b. 徘徊(páihuái), 玫瑰(méigui), 蜻蜓(qīngtíng), 犹豫(yóuyù)

연면사는 두 음절 사이에 a처럼 소위 쌍성("双声")관계인 경우(두 음절의 성모가 같은 경우)와 b처럼 첩운("叠韵")관계인 경우(두 운모가 같거나 유사한 경우)가 대부분이다.

한편 외래어와 의성어의 경우도 여러 개의 음절(글자)로써 하나의 형태소이자 단어(단일어라 함)를 이룬다.(의성사 → 4장 13 참조)

2.2 의미에 따른 분류

형태소는 그 자체에 실재(实在)적인 의미가 있는 '실질형태소'와 의미가 없이 문법기능상의 의미만 있는 '형식형태소'로 나뉜다. 여기서는 '형식형태소'의 문제를 집중적으로 살펴보자.

형식형태소는 자체에 실재(实在)적인 의미가 없는 경우이다. 따라서 실질형태소(혹은 단어, 구, 문장 등)와 결합하여 각종 성분 간에 나타나는 형식적인 의미, 즉 문법의미를 나타낸다. 문법기능의 차이에 의하여 다음과 같이 세분할 수 있다.

a. [老-], [小-], [阿-], [-们], [-子], [-头], [-然], [-来], [-是], [-着], [-化]
b. 啊, 吗, 的, 了, …
c. 的(得/地), 了, 着, 过

a류를 보자. 이미 1장에서 살펴본 바와 같이 '접사류의 형태소'로서 실재적인 의미가 없다. 다만 다른 실질형태소와 결합될 때만 모종의 문법적인 의미'를 나타낸다. 이들 가운데

특히 붉은색의 경우 일반문법서에 언급이 잘 안 되는 것들이다. 그러나 이들도 접(미)사로서의 기능이 있음을 살펴보자.

◆ [-来], [-是], [-着], [-化]의 접사성

접사 예	단어의 예
[-来]	从来 cónglái (지금까지), 本来 běnlái (본래), 原来 yuánlái (원래/알고 보니), 近来 jìnlái (근래/요즘), 将来 jiānglái (장래), 历来 lìlái (예로부터), 向来 xiànglái (본래부터), 后来 hòulái (그 후/그 뒤로), 由来 yóulái (예전부터/유래)
[-是]	就是 jiùshì (설사…라도/바로…이다/…하면 그만이다/…뿐이다), 要是 yàoshi (만일…라면), 正是 zhèngshì (바로…이다), 但是 dànshì (그러나), 倒是 dàoshì (오히려/의외로), 可是 kěshì (그러나), 总是 zǒngshì (반드시/결국/언제나), 只是 zhǐshì (다만/그러나)
[-着]	本着 běnzhe (…에 따라/…에 근거하여), 凭着 píngzhe (…의거하여), 随着 suízhe (…에 따라), 趁着 chènzhe (…을 틈타), 向着 xiàngzhe (…향하여), 朝着 cháozhe (…향하여), 沿着 yánzhe (…을 따라), 对着 duìzhe (…대하여), 顺着 shùnzhe (…에 따라), 为着 wèizhe (…을 위하여)
[-化]	绿化 lǜhuà (녹화[하다]), 美化 měihuà (미화[하다]), 净化 jìnghuà (정화[하다]), 同化 tónghuà (동화[하다]), 现代化 xiàndàihuà (현대화[하다]), 民主化 mínzhǔhuà (민주화[하다]), 大众化 dàzhònghuà (대중화[하다]), 规范化 guīfànhuà (규범화[하다]), 经常化 jīngchánghuà (정상화/일반화[하다])

"[-来]", "[-是]", "[-化]" 등이 접사적인 기능을 보이는 경우의 예이다. 이들에 의해 구성된 도표의 단어들을 보자. "[-来]", "[-是]", "[-化]" 등은 동사로서의 구체적인 의미를 완전히 상실한 것으로 보인다. "[-来]", "[-是]", "[-化]" 등이 각각 어떤 어휘적인 의미가 있는가? 이들은 접사로서의 기능을 보임으로써 파생어를 구성하고 있을 뿐이다. 또 "[-化]"의 경우도 결합되는 어휘를 '동사화'시키는 기능을 보임으로써 단순히 '-하다/시키다'의 '추상적인 의미'만을 가지고 있다.

한편 예 b-c류의 형태소를 보자. 이들은 허사류의 형태소로서, '형태소이자 단어'이다. 그러나 역시 실재적인 의미를 말하기 어렵다. 결국 문장 속에서 일정한 위치를 점하고 결합대상을 만나야만 자신들의 의미(추상적인 문법의미)를 드러낼 수 있다. b의 경우(어기조사)를 보자. 이들은 문미에서 문장과 결합해야만 각종 어투를 나타낼 수 있다. c의 경우(구조조사 및 동태조사)를 보자. 이들은 문장성분들 사이 즉 관형어와 중심어 사이, 부사어와 수어의 사이, 술어와 보어 사이, 동사와 목적어 사이 등등에서만 각종 기능적 의미를 나타낼 수 있다.

결국, '형식형태소'는 '실재적인 의미를 가지는 성분들과 결합할 때' 모종의 문법의미를 나타낼 수 있는 형태소이다. 따라서 이들을 '문법형태소'라고도 한다.

2.3 기능에 따른 분류

형태소는 '기능상 자립할 수 있는가'의 여부에 따라 '자립형태소'와 '비자립형태소'로 나뉜다. 또 '자립'이란 독립적으로 단어자격이 있느냐의 문제와 관련된다. 우리가 중시하는 점은 앞의 <형태소 분류표> 중 ⓒ에 해당하는 '비자립형태소'의 운용문제이다. 여기서는 도표의 ⓒ를 재분류하고 그 예에 대하여 구체적으로 살펴보자. 단 접사의 경우에는 이미 언급이 되었으므로 언급하지 않는다. 먼저 다음 표를 보자.

◆ **비자립 형태소의 재분류**

<table>
<tr><th colspan="3">비자립 형태소의 분류</th><th>단어의 예</th></tr>
<tr><td rowspan="6">전치 구조</td><td colspan="2">[半-]</td><td>半封建 bànfēngjiàn (반봉건), 半文盲 bànwénmáng (반문맹), 半自动 bànzìdòng (반자동)</td></tr>
<tr><td colspan="2">[超-]</td><td>超音速 chāoyīnsù (초음속), 超高能 chāogāonéng (특수고에너지), 超自然 chāozìrán (초자연)</td></tr>
<tr><td colspan="2">[反-]</td><td>反比例 fǎnbǐlì (반비례), 反作用 fǎnzuòyòng (반작용/역효과), 反封建 fǎnfēngjiàn (반봉건)</td></tr>
<tr><td colspan="2">[非-]</td><td>非金属 fēijīnshǔ (비금속), 非卖品 fēimàipǐn (비매품), 非法 fēifǎ (불법적인)</td></tr>
<tr><td colspan="2">[前-]</td><td>前总统 qiánzǒngtǒng (전임대통령), 前校长 qiánxiàozhǎng (전임교장)</td></tr>
<tr><td colspan="2">[可-]</td><td>可爱 kě'ài (사랑스럽다), 可靠 kěkào (믿음직스럽다), 可口 kěkǒu (입에 맞다)</td></tr>
<tr><td rowspan="15">후치 구조</td><td rowspan="15">'사람' 표시</td><td>[-夫]</td><td>大夫 dàifu (의사), 船夫 chuánfū (뱃사공), 农夫 nóngfū (농부)</td></tr>
<tr><td>[-家]</td><td>画家 huàjiā (화가), 专家 zhuānjiā (전문가), 老人家 lǎorénjiā (어르신)</td></tr>
<tr><td>[-生]</td><td>医生 yīshēng (의사), 先生 xiānsheng (선생), 学生 xuésheng (학생)</td></tr>
<tr><td>[-手]</td><td>歌手 gēshǒu (가수), 能手 néngshǒu (명인), 选手 xuǎnshǒu (선수)</td></tr>
<tr><td>[-士]</td><td>女士 nǚshì (여사), 护士 hùshi (간호사), 博士 bóshì (박사)</td></tr>
<tr><td>[-员]</td><td>成员 chéngyuán (구성원), 会员 huìyuán (회원), 队员 duìyuán (대원)</td></tr>
<tr><td>[-匠]</td><td>木匠 mùjiang (목수), 巨匠 jùjiàng (거장), 漆匠 qījiang (페인트공)</td></tr>
<tr><td>[-长]</td><td>校长 xiàozhǎng (교장), 部长 bùzhǎng (장관), 家长 jiāzhǎng (학부모)</td></tr>
<tr><td>[-汉]</td><td>好汉 hǎohàn (사내대장부), 穷汉 qiónghàn (가난뱅이), 男子汉 nánzǐhàn (사나이)</td></tr>
<tr><td>[-工]</td><td>瓦工 wǎgōng (기와장이), 电工 diàngōng (전기기술자), 月工 yuègōng (월급장이)</td></tr>
<tr><td>[-迷]</td><td>戏迷 xìmí (연극광), 球迷 qiúmí (구기운동팬), 歌迷 gēmí (노래광)</td></tr>
<tr><td>[-族]</td><td>打工族 dǎgōngzú (아르바이트족), 上班族 shàngbānzú (샐러리맨), 追星族 zhuīxīngzú (오빠부대)</td></tr>
<tr><td>[-星]</td><td>明星 míngxīng (인기스타), 影星 yǐngxīng (영화배우), 歌星 gēxīng (유명가수)</td></tr>
<tr><td>[-翁]</td><td>富翁 fùwēng (부호), 渔翁 yúwēng (늙은 어부), 不倒翁 bùdǎowēng (오뚝이)</td></tr>
<tr><td>[-鬼]</td><td>烟鬼 yānguǐ (골초), 酒鬼 jiǔguǐ (술고래), 懒鬼 lǎnguǐ (게으름뱅이)</td></tr>
</table>

구분	형태소	예
기타	[-观]	客观 kèguān (객관적이다), 悲观 bēiguān (비관적이다)
	[-论]	唯物论 wéiwùlùn (유물론), 进化论 jìnhuàlùn (진화론)
	[-派]	学派 xuépài (학파), 乐天派 lètiānpài (낙천주의자)
	[-界]	报界 bàojiè (신문계), 文艺界 wényìjiè (문예계)
	[-角]	英语角 yīngyǔjiǎo (영어캠프/영어구역), 集邮角 jíyóujiǎo (우표수집 장소)
	[-度]	温度 wēndù (온도), 高度 gāodù (고도/너비)
	[-率]	比率 bǐlǜ (비율), 概率 gàilǜ (확률)
	[-气]	热气 rèqì (열기), 冷气 lěngqì (냉기/냉방장치)
	[-类]	门类 ménlèi (부문별/분류), 部类 bùlèi (부류), 种类 zhǒnglèi (종류)
	[-品]	成品 chéngpǐn (완제품), 果品 guǒpǐn (과일류)
	[-件]	邮件 yóujiàn (우편물), 附件 fùjiàn (부속품/별지)
	[-具]	工具 gōngjù (도구), 雨具 yǔjù (우비), 玩具 wánjù (완구/장난감)
	[-子]	分子 fēnzǐ/fènzǐ (분자/사람), 原子 yuánzǐ (원자), 电子 diànzǐ (전자)
	[-性]	弹性 tánxìng (탄성/유연성), 酸性 suānxìng (산성)
	[-型]	轻型 qīngxíng (경량형/소형), 重型 zhòngxíng (중형/대형), 类型 lèixíng (유형)
	[-式]	公式 gōngshì (공식), 样式 yàngshì (양식/모양)
	[-牌]	扇牌 shànpái (부채표), 名牌 míngpái (유명상표), 国外牌 guówàipái (외제상표)
	[-号]	大号 dàhào (대형 사이즈), 中号 zhōnghào (중형 사이즈)
	[-热]	出国热 chūguórè (출국 붐), 旅游热 lǚyóurè (관광 붐) 汉语热 Hànyǔrè (중국어 교육열)
	[-业]	农业 nóngyè (농업), 商业 shāngyè (상업), 事业 shìyè (사업)
	[-厅]	客厅 kètīng (객실/응접실), 舞厅 wǔtīng (춤추는 홀), 餐厅 cāntīng (식당)

설명

'비자립형태소'란 혼자서는 단어로 기능하지 못하는 형태소[5]를 이르는 말이다. 따라서 도표에서 말하는 '실사성 비자립형태소'란 의미의 실재성은 인정되지만 자립할 수 없는 형태소라는 뜻이다. 그 의미를 '실사'라고 표시된 자립형태소와 비교해보자. 예를 들어 "人"은 실재적인 의미를 가지고 자립적으로 단어를 이룬다. 상대적으로 비자립형태소 "[-星]"을 예로 보자. 이 역시 '사람'을 지칭하나 그 범주가 '(어떤 분야에서 잘 나가는)사람'이다. 머릿속에 그 추상적인 모습을 그릴 수는 있겠지만 그 기준이 사람마다 다를 수도 있다. 이렇게 보면 비자립형태소 중 '실사성'이라고 한 것들의 의미는 접사나 허사에 비해 실재적이라는 말이지 사실은 매우 '추상적'이다.

5) 이런 관점에서 '접사'는 독립적으로 단어를 구성하지 못하므로 당연히 '비자립형태소'이다. 문제는 '허사'이다. 허사는 단어는 단어로되 어떤 '실재(实在)'적인 의미가 있는 어구와의 결합을 통해서만 자신의 의미(매우 추상적인 문법의미)를 나타낼 수 있는 '단어'들의 집합체이다.(→ 3장의 1.2 참조)

'비자립형태소'는 또 어떤 다른 구체적인 의미를 가지는 형태소와의 결합 이후에만 단어로서 성립한다. 이는 '접사'와 유사한 기능이다. 이런 점에서 '비자립형태소'를 유사접사("类似接词")라고도 한다. 이것은 그 자립성의 결여와 단어파생능력을 동시에 고려한 명칭이다.

비자립형태소의 운용은 단어학습에 큰 도움을 줄 수 있으므로 잘 숙지해야 한다.

연습 2

1. 다음 괄호 안에 적당한 말을 넣으시오.

형태소란 '일정한 ⓐ(　　)와 ⓑ(　　)이 결합된 말의 가장 작은 단위, 즉 의미를 지닌 더 작은 요소로 더 이상 나뉠 수 없는 제일 작은 ⓒ(　　)'이다.

2. 다음 용어에 대하여 자음, 자의, 자형, 형태소와의 관계성 속에서 다음 용어를 예를 들어 설명하시오.

ⓐ 이체자란?
ⓑ 다의어란?
ⓒ 동의어란?

3. "연면사"로 이루어진 복음절형태소의 예를 4개 이상 쓰시오.

4. 단어를 구성할 때 후치되어 '사람'의 의미를 나타내는 비자립형태소의 예를 10개 이상 쓰시오.

5. 단어를 구성할 때 후치되어 '문법의미'를 나타내는 비자립형태소 3개를 결합의 예를 들어 쓰시오.

ⓐ
ⓑ
ⓒ

MEMO

03 단어

1. 단어란

단어란 '음과 의미가 결합되어 독립적으로 운용될 수 있는 최소의 문법단위'이다.

1.1 독립운용이란?

단어가 '독립적으로 운용된다'는 의미는 무슨 뜻인가? 이는 문장 차원에서 설명할 때 명쾌해진다.

첫째, 단독적으로 문장을 이룰 수 있음을 의미한다. 아래의 "谁"와 "我"는 모두 단독적으로 문장이 된다.

A : 谁? (누구야?)
Shéi?
B : 我。(나야)
Wǒ.

둘째, 문장 가운데서 자체적으로 일정한 구조성분을 이루는데 참여할 자격이 있음을 의미한다.

[大家] [已经] [来] [了]。(모두들 이미 왔다.)
Dàjiā yǐjīng lái le.

예문은 4개의 단어로 이루어진 문장이다. "大家"는 주어로, "已经"은 부사어로, "来"와 "了"는 술어의 일부분으로 각각 쓰인다.

셋째, 자립 단위인 '단어나 구 혹은 문장'과 결합하는 성분을 의미한다.

이는 위의 내용과 연관되는 것이다. 먼저 다음 문장을 보고 몇 개의 단어로 이루어졌는가 살펴보자.

[他们] [都] [已经] [来] [了] [吗]? (그들은 모두 이미 왔습니까?)
Tāmen dōu yǐjīng lái le ma?

총 6개의 단어로 구성된 문장이다. "他"는 물론 독립적으로 단어로 쓰일 수 있지만 위의 예문에서는 단어가 아니다. 접사"-们"이 붙어 비로소 함께 하나의 단어를 이루기 때문에 "他"는 형태소 자격이기 때문이다. 또 "已"와 "经"의 경우도 각각 단어기능을 가질 수는 있지만 위의 예문에서는 각각의 형태소로 기능할 뿐이다. 즉 두 형태소가 결합하여 하나의 단일한 의미를 나타내는 단어 "已经"을 구성한다.

결국, 단어가 '독립적으로 운용된다'는 의미는 독립적으로 문장이 되거나 단어보다 큰 각종 구조 구성차원에서 독립적으로 기능한다는 말이다.

1.2 허사도 단어인가?

허사는 단어이다.
다음 예를 보자.

[他们] [都] [已经] [来] [了] [吗]? (그들은 모두 이미 왔습니까?)
Tāmen dōu yǐjīng lái le ma?

소위 허사(虚词)인 부사 "[都], [已经]"나 조사 "[了], [吗]" 등은 단어인가 아닌가? 이들도 당연히 단어이다. 왜냐하면 이들은 위에서 언급한 他"와 "-们" 혹은 "已"와 "经"처럼 형태소와 결합되는 것이 아니라 여타의 '단어'나 '구' 혹은 '문장'과 결합하기 때문이다. 즉 "[都]"는 주어의 범위를 총괄하며 부사어로서 술어인 [来]와 결합한다. 또, "[已经]"은 술어의 시제적의미를, "[了]"는 동작의 '완료'와 '변화'라는 동태적 의미를 각각 나타내며 술어 [来]와 결합한다. 한편 "[吗]"는 진술되어진 문장의 내용에 대하여 '의문'을 나타내며 전체문장과 결합한다. 결국, 모든 허사는 그 결합대상이 단어이상의 독립성을 가지는 문법단위이다.

허사는 당연히 단어이다. 그러나 결적정인 특징은 단독적으로 문장 혹은 문장 성분을 이룰 수 없다는 것이다. 그러나 유의해야할 점은 예외적으로 부정부사가 질문의 답으로 쓰일 때는 단독적으로 문장을 이룰 수 있다는 것이다.

A : 他们都已经来了吗? (그들은 모두 이미 왔습니까?)
Tāmen dōu yǐjīng lái le ma?
B : 没有。(아니오.)
méiyou.

또 일부의 부사("马上, 一定") 등도 질문의 답으로 쓰여 단독적으로 문장을 이룰 수 있다고 보는 경우도 있다.

또 '허사'는 허사에 속하는 부사가 독립적으로 '부사어'로 쓰이고, 부사 가운데 더 이상 예를 찾을 수 없는 두 예("很"과 "极了")만이 '보어'로 쓰일 수 있는 것을 제외하면 반드시 여타의 단어 이상의 실체와 결합할 때만이 문장성분으로 쓰일 수 있을 뿐이다.

결국 허사는 자체적인 독립운용보다는 단어 이상의 실체와 결합하여 문법기능을 전담하기 위한 어휘를 총칭하는 말이라 하겠다.

2. 단어분류

2.1 구조에 따른 분류

단어는 그 '구조'와 '기능'에 따라 분류할 수 있다. 먼저 구조에 따른 분류표를 보자.

◆ 단어의 구조에 따른 분류표

<table>
<tr><th colspan="5">단어의 구조</th><th>단어의 예</th></tr>
<tr><td rowspan="5">단일어</td><td colspan="4">단음절</td><td>人 rén (사람), 山 shān (산), 他 tā (그)</td></tr>
<tr><td rowspan="4" colspan="3">복음절</td><td>연면사</td><td>琉璃 liúlí (유리), 玫瑰 méigui (장미)</td></tr>
<tr><td>외래어</td><td>逻辑 luójí (논리), 咖啡 kāfēi (커피)</td></tr>
<tr><td>의성어</td><td>丁当 dīngdāng (땡그랑), 扑通 pūtōng (풍덩), 呼噜 hūlū(드르렁)</td></tr>
<tr><td>첩음사</td><td>太太 tàitai (부인), 猩猩 xīngxing (오랑우탕)</td></tr>
<tr><td rowspan="9">복합어</td><td rowspan="9">합성어와 그 구조</td><td colspan="3">ⓐ 연합식</td><td>人民 rénmín (국민), 开关 kāiguān (스위치), 手足 shǒuzú (수족/형제)</td></tr>
<tr><td rowspan="3">ⓑ 수식식</td><td rowspan="3">중심형태소</td><td>명사성</td><td>马路 mǎlù (도로), 黑板 hēibǎn (칠판), 来信 láixìn (보내온 편지),
纸张 zhǐzhāng (종이)</td></tr>
<tr><td>동사성</td><td>云集 yúnjí ([구름처럼]모여들다/운집하다), 重视 zhòngshì (중시하다),
互助 hùzhù (서로 돕다), 流动 liúdòng (흐르다)</td></tr>
<tr><td>형용사성</td><td>雪白 xuěbái ([눈처럼]새하얗다), 鲜红 xiānhóng (선홍색),
透明 tòumíng (투명하다)</td></tr>
<tr><td colspan="3">ⓒ 술목식</td><td>出席 chūxí (출석하다), 开幕 kāimù (개막하다), 注意 zhùyì (주의하다)</td></tr>
<tr><td colspan="3">ⓓ 술보식</td><td>打倒 dǎdǎo (타도하다), 改善 gǎishàn (개선하다), 促进 cùjìn (촉진하다)</td></tr>
<tr><td colspan="3">ⓔ 주술식</td><td>头痛 tóutòng (머리가 아프다), 年轻 niánqīng (젊다), 胆小 dǎnxiǎo (겁이 많다)</td></tr>
<tr><td colspan="3">ⓕ 중첩식</td><td>妈妈 māma (엄마), 哥哥 gēge (오빠/형), 常常 chángcháng (자주)</td></tr>
<tr><td colspan="3">ⓖ 종합식</td><td>图书馆 túshūguǎn (도서관), 红绿灯 hónglǜdēng (신호등),
照相机 zhàoxiàngjī (사진기), 计算机 jìsuànjī (컴퓨터),
人行道 rénxíngdào (인도), 豆制品 dòuzhìpǐn (콩으로 만든 식품),
说明书 shuōmíngshū (설명서),</td></tr>
</table>

	파생어와 그 구조	접두사		第一 dì yī (첫째), 初一 chū yī (초하루), 老虎 lǎohǔ (호랑이), 阿妈 āmā (엄마)
		접요사		糊里糊涂 hú li hútu (어리벙벙하다), 傻里傻气 shǎ li shǎqì (미련하다)
		접미사	복수화	我们 wǒmen (우리들), 你们 nǐmen (당신들), 他们 tāmen (그들)
			명사화	椅子 yǐzi (의자), 花儿 huār (꽃), 想头 xiǎngtou (생각), 本来 běnlái (본래)
			형용사	突然 tūrán (갑작스럽다), 自然 zìrán (자연스럽다)
			부사화	忽然 hūrán (갑자기), 仍然 réngrán (여전히), 从来 cónglái (지금까지), 原来 yuánlái (알고 보니), 总是 zǒngshì (결국/언제나), 只是 zhǐshì (다만)
			접속사화	但是 dànshì (그러나), 要是 yàoshi (만일…라면)
			전치사화	趁着 chènzhe (~을 틈타), 随着 suízhe (~에 따라)
			동사화	绿化 lǜhuà (녹화[하다]), 美化 měihuà (미화[하다]/미국화 되다)

설명

단어의 구조에 대해 알아보자.

1) 단일어와 복합어

단어는 단어를 구성하는 형태소의 개수와 형태소간의 결합구성방식에 따라 나뉜다. 형태소가 1개이면 '단일어', 2개 이상이면 '복합어'라 한다. 복합어는 다시 구성성분(형태소)이 가지는 의미의 허화 정도나 문법기능성에 근거하여 '합성어'와 '파생어'로 나뉜다.

2) 합성어와 파생어

(1) 합성어

합성어는 실재적인 의미를 가지는 두 개 이상의 형태소에 의해 구성되며, 그 구성방식은 문법특징 부분에서 이미 제시한 바 있듯이 '공통적인 일정한 방식', 즉 연합식, 수식식, 술목식, 술보식, 주술식, 중첩식, 종합식 등으로 이루어진다.

도표에서 ⓐ의 예를 보자. '연합식'이란 두 실재적인 형태소를 나란히 병렬시키는 결합방식이다. '병렬식' 혹은 '나열식'이라고도 한다. 의미상 앞의 형태소와 뒤의 형태소의 '지위'가 대등한 결합이다.

도표에서 ⓑ의 예를 보자. '수식식'이란 앞의 형태소가 뒤의 형태소를 수식하는 결합방식이다. 이때 중심이 되는 성분을 정("正"), 수식 혹은 제한하는 성분을 편("偏")이라 하여 편정식("偏正式")이라고도 한다. 중심이 되는 성분에 근거하여 도표에서와 같이 세 가지로 구분하여 볼 수 있다. 명사성 형태소가 중심어가 되면 대개 명사를 구성한다. 이 가운데 "纸张"은 '명사성 형태소+양사성 형태소'의 특이한 수식구조이다(문법특징 부분에서 말한 '수식성분은 항상 앞에 위치한다'라고 말한 것을 상기하라). 즉 앞에 위치하는 명사 형태소가 뒤에 위치하는 양사 형태소의 수식을 받는 예외적인 구조이다. 이런 예는 "船只(선박), 车辆(차량), 花朵(꽃/꽃송이), 煤块(석탄), 房间(방), 马匹(말), 人口(인구)" 등으로 아주 제한적이다. 한편 동사성형태소가 중심형태소가 되면 대개 동사를 구성한다.

도표에서 ⓒ의 예를 보자. '술목식'이란 의미적으로 앞의 형태소가 어떤 행위나 동작을 나타내고, 뒤의 형태소는 동작이나 행위의 지배대상을 나타내는 결합방식이다. 따라서 "동사성 형태소+명사성 형태소"의 구조이며 주로 동사가 된다. 동빈식("动宾式") 혹은 지배식("支配式")이라고도 한다.

도표에서 ⓓ의 예를 보자. '술보식'이란 의미상 앞의 형태소는 어떤 동작이나 행위를 나타내고, 뒤의 형태소는 동작이나 행위의 결과를 보충하는 결합방식이다. 보충식("补充式")이라고도 한다.

도표에서 ⓔ의 예를 보자. '주술식'이란 의미상 앞의 형태소가 진술대상이 되고, 뒤의 형태소는 진술내용이 되는 결합방식이다. 따라서 "명사성 형태소+동사/형용사성 형태소"의 구조이다. 주로 명사나 형용사가 된다. 주위식("主谓式")이라고도 한다.

도표에서 ⓕ의 예를 보자. '중첩식'이란 동일한 형태소를 중첩시켜 낱말을 이루는 결합방식이다.

도표에서 ⓖ의 예를 보자. '종합식'이란 주로 세 음절의 단어에서 그 구조가 '두 가지 이상의 층차(논리적 결합관계)로 이루어지는 경우'를 이른다. 이 합성어는 '명사성 형태소'가 중심이 된다. 따라서 이 구조의 단어는 앞의 두 형태소가 뒤의 중심어를 '수식'하는 구조이며, 대개 '명사'가 된다. 예를 들어 "图书馆"은 '연합식'으로 구성된 "图书"가 다시 "馆"과 '수식식' 관계로 결합된 것이다. 또 "人行道"는 먼저 '주술식'으로 결합된 "人行"이 다시 "道"와 '수식식' 결합관계를 가진다.

(2) 파생어

'파생어'란 '어근'과 '접사(접두사, 접요사, 접미사)'의 결합으로 이루어지는 단어구성 형식이다. '부가식("附加式")복합어'라고도 한다. 파생어는 1개의 실재적인 의미를 가지는 형태소와 문법기능의미만을 전담하는 허화(虛化)된 1개의 접사(역시 형태소자격임)의 결합으로 이루어진다.

파생어의 기능적 특성은 품사성이 확정될 수 있다는 점이다. 예를 들어 "[-儿]"은 일부의 동사나 형용사의 뒤에 부가되어 "盖(덮다) → 盖儿(덮개/마개); 尖(날카롭다) → 尖儿(뾰쪽한 것/끝/촉/으뜸)"처럼 단어를 '명사화'시키는 기능을 할 수 있다. 또 접사 "-然"과 결합된 파생어도 '형용사나 부사'로 품사성이 확정되며, 복수의미를 나타내는 "-们"과 결합된 파생어도 역시 '단수 → 복수'의 변화가 생긴다.

한편 접사 '-儿'을 통한 파생어는 "信件(편지) → 信儿(소식); 头(머리) → 头儿(끝/결말)"처럼 '의미차이'를 발생시키기도 하고, "小鸡(닭) → 小鸡儿(병아리); 花(꽃) → 花儿(꽃송이)"처럼 '작고 귀여운 느낌'을 나타내기도 한다.

용어

'첩음사'란?

"太太", "猩猩"등은 각각 하나의 단어인가 두 개의 단어인가? 하나의 단어이다. 의미는 없고 음만 같은 것을 중첩하여 하나의 단어를 만든 것이다. 따라서 형태소가 하나인 단일어이다.

'중첩사'란?

"常常"은 하나의 단어인가 두 개의 단어인가? 하나의 단어이다. 그러나 갈라놓아도 각각 하나의 단어이다. 즉 두 개의 형태소이자 단어인 것들이 결합하여 이루어진 복합어(합성어)이다. 따라서 첩음사의 경우와는 다르다. 이러한 것은 같은 형태소를 중첩하였다 하여 '중첩사'라하며, 이러한 결합방식을 '중첩식'이라 한다.

2.2 기능에 따른 분류

단어(어휘)는 '문장 가운데서 어떤 성분으로 쓰일 수 있는가', 혹은 구를 이루는 '결합관계 상에서 어떤 기능적 특징을 보이는가' 등의 문법기능에 따라 구분할 수도 있다.6) 이렇게 구분된 낱말을 그 기능상의 특성에 의거하여 '품사'라는 말로 묶는다.

의미나 음절 등으로 낱말을 분류할 경우는 해당 낱말들의 문법기능에 대하여 확인하기가 어렵다. 왜냐하면 같은 의미의 낱말이라 할지라도 그 문법기능이 다를 수 있기 때문이다. 다음 예문을 보자.

① a. 他突然走了。(그는 갑자기 떠났다.)
Tā tūrán zǒu le.

6) 형태변화가 있는 언어는 낱말의 형태변화에 의거하여 '품사'를 구분할 수 있다. 즉 영어처럼 낱말의 형태변화가 있다면 품사를 구분하는 일은 비교적 간단한 일이다. 그러나 중국어는 위에서 살펴 본 바와 같이 단지 일부분의 명사에 "[-啊], [-老], [-儿], [-子], [-头]" 따위의 접사를 붙일 수 있고, 사람을 의미하는 일부분의 명사에 "[-们]"을 덧붙여 '복수'를 나타낼 수 있으며, 동사에 "了, 着, 过" 따위의 조사를 덧붙임으로써 동사임을 나타낼 수 있을 뿐이다. 이처럼 중국어는 낱말의 품사성을 확정시켜주는 형태표지가 매우 적을 뿐만 아니라 위에서 예시한 것들도 강제성이 강하지 않다. 따라서 어휘의 형태변화에 근거하여 중국어의 품사를 구분한다는 것은 실효성이 높지 않다.

b. 他忽然走了。(그는 갑자기 떠났다.)
Tā hūrán zǒu le.

위의 예문에서 "突然"과 "忽然"은 같은 뜻이다. 위의 예만을 가지고는 양자의 차이를 말하기가 어렵다. 이것이 바로 '의미'에 근거한 분류의 한계이다. 그러나 이 두 낱말은 문법기능면에 있어서 뚜렷한 차이를 보인다.

② a. 这件事突然吗? <술어> (이 일은 갑작스럽습니까?)
Zhè jiàn shì tūrán ma?
b. *这件事忽然吗?

③ a. 我并不感到突然。<목적어> (나는 결코 갑작스러움을 느끼지 않는다.)
Wǒ bìng bù gǎndào tūrán.
b. *我并不感到忽然.

예문 ②-③의 a를 보자. "突然"은 '술어'나 '목적어'로 충당될 수 있다. 그러나 "忽然"은 예문 ①b에서 살펴본 바와 같이 오직 '부사어'로만 충당될 뿐이다. 이외에도 "突然"은 "忽然"과는 달리 직접적으로 "很"나 "不"의 수식을 받을 수 있다. 의미적으로는 동일(혹은 유사)하다 할지라도 이러한 뚜렷한 차이점을 고려할 때, 이 두 낱말을 같은 부류에 넣는다는 것은 곤란하다. 따라서 "突然"은 '형용사'로, "忽然"은 '부사'로 분류한다. 이와 같이 낱말을 그 문법적 기능에 의거하여 분류한 것을 '품사'라 한다.

품사는 낱말의 문법기능을 반영한 구별이다. 낱말의 문법기능이란 위에서 살펴본 바와 같이 '문장 가운데서 어떠한 성분으로 충당될 수 있는가'와 '낱말과 낱말 사이의 조합능력'을 의미한다.

또 '낱말의 조합능력'에 대하여 세 낱말 "书, 新, 很"을 예로 들어 보자. 이 경우 각 단어의 결합으로 조합될 수 있는 경우는 "新书", "书新", "很新" 등이다. "很书", "书很", "新很", "新很" 등은 성립되지 않는다. 여기서 "新"은 중심어로 쓰인 명사 "书"를 꾸밀 수 있으며, 주어로 쓰인 명사 "书"의 술어가 될 수 있다. 또 "很"은 술어(또는 관형어)로 쓰일 수 있는 "新"을 수식할 수 있다. 이와 같이 위의 세 낱말이 가지는 문법적 기능을 통하여 각각 '书 → 명사', '新 → 형용사', '很 → 부사'로의 품사분류가 가능하다.

이 책은 이상의 방법에 근거하여 품사를 13개로 분류한다. 또 중국학계의 전통적인 어휘 분류 방법에 의거하여 '실사'와 '허사'를 분류한다. 또 기능상 주어와 목적어로 쓰이는 어휘들을 '체언'의 개념으로, 술어로 쓰이는 어휘들을 '용언'의 개념으로 분류한다.

이상의 내용을 종합하여 다음의 표로 제시한다.

◆ **중국어 어휘 분류표**

<table>
<tr><th colspan="4">단어(어휘)</th></tr>
<tr><th rowspan="2"></th><th colspan="2">실사</th><th rowspan="2">허사</th></tr>
<tr><th>체언</th><th>용언</th></tr>
<tr><td rowspan="6">품사</td><td>명사</td><td>동사</td><td>부사</td></tr>
<tr><td>대체사(대부분)</td><td>대체사(일부분)</td><td>전치사</td></tr>
<tr><td>수사</td><td>조동사</td><td>접속사</td></tr>
<tr><td rowspan="3">양사</td><td rowspan="3">형용사</td><td>조사</td></tr>
<tr><td>감탄사</td></tr>
<tr><td>의성사</td></tr>
</table>

(표에서 '대체사'를 체언과 용언에 각각 포함시킨 이유와 예는 4장의 2 대체사 부분을 참고바람)

3. 단어의 경계

중국어는 형태표지도 없고, 띄어쓰기도 없으므로 '단어'와 '구'의 경계가 모호한 면이 있다. 단어와 구를 구분해보자.

3.1 '확장' 가능여부에 따른 판별

단어나 구 가운데는 동일한 성분(형태소)간의 조합으로 이루어진 것이라도 경우에 따라 확장될 수도 있고 불가능한 경우도 있다. '확장되지 않으면 단어'로서의 의미와 기능을 가지며, '확장되면 구'로서의 의미와 기능을 가진다. 다음 표를 보자.

◆ **확장법에 의한 단어와 구의 판별 표**

<table>
<tr><th colspan="2">단어 : 구
예(확장/의미)</th><th>단어일 경우</th><th>구일 경우</th></tr>
<tr><td rowspan="2">炒蛋
chǎodàn</td><td>확장</td><td>–</td><td>+</td></tr>
<tr><td>의미</td><td>[炒蛋] chǎodàn (계란부치미)</td><td>炒了蛋 chǎo le dàn (계란을 부쳤다)</td></tr>
<tr><td rowspan="2">头痛
tóutòng</td><td>확장</td><td>–</td><td>+</td></tr>
<tr><td>의미</td><td>[头痛] tóutòng (두통)</td><td>头很痛 tóu hěn tòng (머리가 아프다)</td></tr>
</table>

설명

결국 중국어는 발화나 문맥 속에서 해당 어구의 의미와 기능을 함께 고려하여 단어인지 구인지를 판별해야 한다.

3.2 이합동사("离合动词")의 경우

다음의 "이합동사"는 단어인가? 구인가?

[洗∥澡] (목욕하다)
xǐzǎo

- 洗个冷水澡 (찬물로 목욕 하다)
  Xǐ ge lěngshuǐ zǎo
- 澡已经洗好了 (목욕은 이미 다했다)
  Zǎo yǐjīng xǐ hǎo le

[上∥当] (속다/속임수에 걸리다)
shàngdàng

- 上了他的当 (그의 속임수에 걸려들었다)
  Shàng le tā de dàng
- 这个当上得太大了 (이번 속임수는 너무 크게 당했다)
  Zhè ge dàng shàng de tài dà le

설명

소위 이합동사는 '확장'되어질 수 있다는 측면에서는 구에 가깝다. 그러나 이들 어휘를 구성하는 두 형태소간에는 고정적이고 긴밀한 선택 관계가 있다. 구조적으로도 서로 간의 도움 하에서만 합쳐지고 갈라지는(离合) 관계를 유지하며 좀 떨어져 있다 해도 서로 결합되어 '하나의 단어로서의 의미'를 나타낸다. 이러한 측면에서 단어에 가깝다.

결국, "이합동사"는 단어와 구의 중간단계에 속하는 특징이 있다. 따라서 이 책에서는 이합동사의 형태소가 붙어있는 경우는 하나의 단어로, 확장되어 갈라져 있는 상태는 구로 본다.

연습 3

1. 다음 현대중국어 단일어의 종류에 따라 구체적인 예를 2개씩 쓰시오.

① 외래어
② 의성어
③ 첩음사

2. 다음 어휘를 보고 그 구조방식을 왼쪽의 빈 칸에 밝히시오.

<table>
<tr><td colspan="3"></td><td>人民，开关，手足</td></tr>
<tr><td rowspan="3"></td><td rowspan="3">중심형태소</td><td></td><td>马路，黑板，来信，纸张</td></tr>
<tr><td></td><td>云集，重视，互助，流动</td></tr>
<tr><td></td><td>雪白，鲜红，透明</td></tr>
<tr><td colspan="3"></td><td>出席，开幕，注意</td></tr>
<tr><td colspan="3"></td><td>打倒，改善，促进</td></tr>
<tr><td colspan="3"></td><td>头痛，年轻，胆小</td></tr>
<tr><td colspan="3"></td><td>妈妈，哥哥，常常</td></tr>
</table>

3. 다음 어휘의 결합방식을 예와 같이 분석하시오.

예) 图书馆 → {(图 + 书) + 馆} → {(연 합) + 수 식 }

① 红绿灯 → {(+) + } → {( )+ }
② 计算机 → {(+) + } → {( )+ }
③ 人行道 → {(+) + } → {( )+ }
④ 说明书 → {(+) + } → {( )+ }
⑤ 豆制品 → { + (+)} → { + (+)}

04 품사

1. 명사

각종 사물의 명칭, 시간, 장소, 방위 등을 나타내는 낱말들을 통틀어 이른다.

1.1 명사의 분류

◆ 명사분류 표

<table>
<tr><th colspan="4" rowspan="2">명사의 분류</th><th colspan="2">단어 예</th></tr>
<tr><th>단음절</th><th>복음절</th></tr>
<tr><td rowspan="8">명사</td><td rowspan="8">명칭 표시 명사</td><td rowspan="2">ⓐ</td><td>고유</td><td>元 Yuán (나라이름)</td><td>北京 Běijīng (베이징), 韩国 Hánguó(한국)
诸葛亮 Zhūgě Liàng (제갈량)</td></tr>
<tr><td>일반</td><td>天 tiān (하늘), 水 shuǐ (물)</td><td>学校 xuéxiào (학교), 城市 chéngshì (도시)</td></tr>
<tr><td rowspan="2">ⓑ</td><td>사람</td><td>人 rén (사람), 我 wǒ (나)</td><td>朋友 péngyou (친구), 大夫 dàifu (의사),
工人 gōngrén (노동자)</td></tr>
<tr><td>동식물</td><td>牛 niú (소), 鱼 yú (물고기)
草 cǎo (풀), 树 shù (나무)</td><td>老虎 lǎohǔ (호랑이), 大象 dàxiàng
(코끼리), 玫瑰 méigui (장미),
葡萄 pútáo (포도)</td></tr>
<tr><td rowspan="2">ⓒ</td><td>구체</td><td>山 shān (산), 纸 zhǐ (종이)</td><td>电灯 diàndēng (전등), 松树 sōngshù
(소나무), 香瓜 xiāngguā (참외),
椅子 yǐzi (의자)</td></tr>
<tr><td>추상</td><td>事 shì (일), 龙 lóng (용)</td><td>思想 sīxiǎng (사상), 友谊 yǒuyì (우정),
经济 jīngjì (경제), 科学 kēxué (과학)</td></tr>
<tr><td rowspan="2">ⓓ</td><td>개체</td><td>书 shū (책), 笔 bǐ (붓)</td><td>学校 xuéxiào (학교), 教室 jiàoshì (교실),
桌子 zhuōzi (탁자), 电脑 diànnǎo (컴퓨터)</td></tr>
<tr><td>집단</td><td>鱼 yú (물고기),</td><td>人民 rénmín (백성), 书籍 shūjí (서적),
花草 huācǎo (화초), 树木 shùmù (나무)</td></tr>
</table>

<table>
<tr><td rowspan="7"></td><td rowspan="2" colspan="2"></td><td rowspan="2">ⓔ</td><td>가산</td><td>鸟 niǎo (새), 刀 dāo (칼)</td><td>黄瓜 huánggua (오이), 问题 wèntí (문제), 东西 dōngxi (물건), 朋友 péngyou (친구)</td></tr>
<tr><td>비가산</td><td>酒 jiǔ (술), 风 fēng (바람)</td><td>面粉 miànfěn (밀가루), 空气 kōngqì (공기)</td></tr>
<tr><td colspan="4">시간명사</td><td>春 chūn (봄), 夏 xià (여름), 秋 qiū (가을), 冬 dōng (겨울)</td><td>早晨 zǎochén (새벽), 去年 qùnián (작년), 星期一 xīngqīyī (월요일)</td></tr>
<tr><td colspan="4">장소명사</td><td></td><td>上海 Shànghǎi (상하이), 亚洲 Yàzhōu (아시아), 图书馆 túshūguǎn (도서관)</td></tr>
<tr><td rowspan="2">방위명사[7]</td><td colspan="3">단순</td><td>上 shàng (위), 前 qián (앞), 左 zuǒ (왼쪽), 外 wài (바깥) 里 lǐ (안), 旁 páng (옆)</td><td></td></tr>
<tr><td colspan="3">복합</td><td></td><td>上边 shàngbian (위쪽), 以外 yǐwài (이외), 南面 nánmian (남쪽), 前头 qiántou (앞)</td></tr>
</table>

설명

도표에서 ⓐ-ⓔ를 보자. 명사의 분류는 의미에 따른 이분법적 분류가 비교적 용이하다. 음절별로 볼 때, 단음절어는 모두 '단일어'이며, 복음절의 경우는 대개 '복합어'이다.[8] 한편, 단음절 교유명사, 추상명사, 장소명사 등은 그 수가 많지 않으며, 복합방위명사의 경우는 단음절어가 없다.

'방위명사'는 '방향성'과 '위치성'을 표시하는 명사이며, 형태소의 수에 따라 '단순방위명사'와 '복합방위명사'로 나뉜다. 복합방위명사는 단순방위명사 "上, 中, 下, 前, 后, 左, 右, 内, 外, 西, 南, 东, 北, 里, 旁" 등과 접사성 형태소 "-边, -面, -头" 등이나 "以-, 之-" 등의 결합으로 이루어진다.

◆ 복합방위명사 표

	东	南	西	北	上	下	前	后	左	右	里	外	内	中	旁
以-	+	+	+	+	+	+	+	+	−	−	−	+	+	−	−
之-	−	−	−	−	+	+	+	+	−	−	−	+	+	+	−
-边	+	+	+	+	+	+	+	+	+	+	+	+	−	−	+
-面	+	+	+	+	+	+	+	+	+	+	+	+	−	−	−
-头	+	+	+	+	+	+	+	+	−	−	+	+	−	−	−

7) '방위명사(方位名词)'란 '방향'과 '장소' 개념을 공유하는 명사를 이른다. 따라서 '장소'와 '명칭' 개념을 공유하는 "北京, 学校, 公园" 등의 '장소명사'와는 성격이 다르다.

8) 앞에서 살펴본 다음절 형태소의 예, 즉 "연면사"나, 외래어, 의성어, 첩음사의 예는 전체 어휘에 대비해 볼 때 그 수가 매우 적으며, 이미 예를 들었으므로 다시 예를 들지 않는다.

설명

접사성(비자립) 형태소 "-边, -面, -头" 등은 '…쪽, …편, …측' 등으로 번역하면 된다.

1.2 명사의 문법기능

1.2.1 명칭표시 명사

◆ 명칭표시 명사의 문법기능 표

<table>
<tr><th colspan="3">명칭표시 명사의 문법기능</th><th>예문 및 예구</th></tr>
<tr><td rowspan="8">ⓐ 문장성분</td><td colspan="2">주어</td><td>首尔是大韩民国的首都。(서울은 대한민국의 수도이다.)
Shǒuěr shì Dàhán Mínguó de shǒudū.</td></tr>
<tr><td colspan="2">목적어</td><td>大家讨论问题。Dàjiā tǎolùn wèntí. (모두가 문제를 토론한다.)</td></tr>
<tr><td colspan="2">관형어</td><td>汉语语法不太难。(중국어 문법은 그다지 어렵지 않다.)
Hànyǔ yǔfǎ bú tài nán.</td></tr>
<tr><td rowspan="5">술어</td><td>본적</td><td>他北京人。Tā Běijīng rén. (그는 베이징사람이다.)</td></tr>
<tr><td>날씨</td><td>今天晴天。Jīntiān qíngtiān. (오늘은 맑은 날이다.)</td></tr>
<tr><td>가격</td><td>一斤三十五块钱。Yì jīn sānshíwǔ kuài qián. (한 근에 35원이다.)</td></tr>
<tr><td>날자</td><td>昨天星期日。Zuótiān xīngqītiān. (어제는 일요일이다.)</td></tr>
<tr><td>특징</td><td>他黄头发、蓝眼睛。(그는 노란 머리칼에 파란 눈이다.)
Tā huáng tóufà, lán yǎnjīng.</td></tr>
<tr><td>ⓑ 성(性) 표시</td><td colspan="2">'구별형용사성 형태소'의 부가</td><td>男同学 nán tóngxué (남학생) : 女同学 nǚ tóngxué (여학생),
公鸡 gōngjī (수탉) : 母鸡 mǔjī (암탉)
雄兔 xióng tù (수토끼) : 雌兔 cí tù (암토끼)</td></tr>
<tr><td rowspan="5">ⓒ 수 표시</td><td>수량구조</td><td>가산</td><td>一个朋友 yí ge péngyou (한 명의 친구),</td></tr>
<tr><td rowspan="2">부가</td><td>명사</td><td>一本书 yì běn shū (한 권의 책)</td></tr>
<tr><td>비가산 명사</td><td>很多水果 hěn duō shuǐguǒ (많은 과일), 这些糖 Zhèxiē táng (이 사탕들),
一碗饭 yì wǎnfàn (밥 한 그릇)</td></tr>
<tr><td colspan="2">접사 [-们] 부가</td><td>同学们 tóngxuémen (같은 반 친구들), 朋友们 péngyoumen (친구들)</td></tr>
<tr><td colspan="2">범위부사</td><td>客人都来了。Kèrén dōu lái le. (손님들은 모두 왔다.)</td></tr>
<tr><td rowspan="2">ⓓ 중첩</td><td rowspan="2">'각각'
'하나하나'
'매번'</td><td>단음절</td><td>家家都把国旗挂在门口。(집집마다 국기를 문 앞에 걸었다.)
Jiājiā dōu bǎ guóqí guà zài ménkǒu.</td></tr>
<tr><td>두음절</td><td>方方面面 fāngfāng miànmiàn (각 방면마다),
子子孙孙 zǐzǐ sūnsūn (자자손손마다)</td></tr>
</table>

설명

1) 명사의 성(性) 표현

ⓑ처럼 ‘구별형용사성’ 형태소를 부가하여 성을 구별한다. 이에 대한 자세한 내용은 이 책 4장 7.1 ‘구별형용사’ 부분을 참고하라.

2) 명사의 수 표현

ⓒ의 ‘비가산명사’를 보자. 셀 수 없는 명사를 말한다. 이때는 개수로서 셀 수 없으므로 특정량이나 일정한 양을 표시하는 방법을 쓴다. 따라서 ‘부정량사(“些”, “点儿”)’나 ‘차용양사’를 사용한다. 이에 대한 더 자세한 내용은 이 책 4장의 ‘미정량표시 양사’와 ‘차용 양사’ 부분을 참고하라.

명사의 수표시 가운데, 특히 접사 “[-们]”을 부가하여 복수를 나타내는 경우를 조심하자.

* 三个同学们(×) → 三个同学(○)
* 很多朋友们(×) → 很多朋友(○)

예에서 보듯 명사 앞에 복수의 의미나 구체적인 수량이 있으면 복수표시 접미사 “[-们]”을 부가하지 않는다.

1.2.2 시간, 장소 및 방위명사

◆ **시간, 장소 및 방위명사의 문법기능 표**

<table>
<tr><th colspan="3">‘시간·장소·방위’ 명사의 문법기능</th><th>예문 및 예구</th></tr>
<tr><td rowspan="5">ⓐ 시간명사</td><td rowspan="5">문장성분</td><td>주어</td><td>一年有十二个月。(일년은 12개월이다.)
Yì nián yǒu shíèr ge yuè.</td></tr>
<tr><td>목적어</td><td>这个月有二十八天。(이번 달은 28일이다.)
Zhè ge yuè yǒu èrshíbā tiān.</td></tr>
<tr><td>술어</td><td>现在已经七点钟了。(지금 이미 일곱 시가 되었다.)
Xiànzài yǐjīng qī diǎn zhōng le.</td></tr>
<tr><td>관형어</td><td>我们上半年的生产任务还没完成。
Wǒmen shàng bànnián de shēngchǎn rènwù hái méi wánchéng.
(우리는 올해 상반기의 생산 임무를 아직 완성하지 못했다.)</td></tr>
<tr><td>부사어</td><td>我们从七月一日开始放暑假。(우리는 7월 1일부터 여름방학이 시작한다.) Wǒmen cóng qī yuè yí rì kāishǐ fàng shǔjià.</td></tr>
</table>

<table>
<tr><td rowspan="2"></td><td rowspan="2"></td><td rowspan="2">보어</td><td>지속동사
<지속량></td><td>他睡了一个钟头。(그는 한 시간 동안 잠을 잤다.)
Tā shuì le yí ge zhōngtóu.</td></tr>
<tr><td>비지속
동사
<연속량></td><td>我们家已经搬走了一个月了。(우리 집이 이사한지 이미 한 달이 되었다.) Wǒmen jiā yǐjīng bānzǒu le yí ge yuè le.</td></tr>
<tr><td rowspan="4">ⓑ
장소
명사</td><td rowspan="4">문장
성분</td><td colspan="2">주어</td><td>北京有故宫。Běijīng yǒu Gùgōng. (베이징은 고궁이 있다.)</td></tr>
<tr><td colspan="2">목적어</td><td>故宫在北京。Gùgōng zài Běijīng. (고궁은 베이징에 있다.)</td></tr>
<tr><td colspan="2">관형어</td><td>香港的夜景很漂亮。(홍콩의 야경은 매우 아름답다.)
Xiānggǎng de yèjǐng hěn piàoliang.</td></tr>
<tr><td colspan="2">부사어</td><td>他在香港住了两年。(그는 홍콩에서 2년 동안 살았다.)
Tā zài Xiānggǎng zhù le liǎng nián.</td></tr>
<tr><td rowspan="5">ⓒ
방위
명사</td><td rowspan="5">단순</td><td colspan="2">짝을 이루는
표현</td><td>长城西起嘉峪关，东至山海关。
Chángchéng xī qǐ Jiāyùguān dōng zhì Shānhǎiguān.
(만리장성은 서쪽 가욕관에서 시작하여 동쪽 산해관에 이른다.)</td></tr>
<tr><td colspan="2">명사의 장소화</td><td>书放在桌子上。Shū fàng zài zhuōzi shang. (책은 택상 위에 놓여 있다.)</td></tr>
<tr><td rowspan="2">전치사의
목적어</td><td>东</td><td>食堂由此往东去。(식당은 여기서 동쪽으로 갑니다.)
Shítáng yóu cǐ wǎng dōng qù.</td></tr>
<tr><td>左・右</td><td>从左往右数第三个门就是我家。
Cóng zuǒ wǎng yòu shǔ dì sān ge mén jiùshì wǒjiā.
(왼쪽에서 오른 쪽으로 세어 세 번째 문이 바로 우리 집이다.)</td></tr>
<tr><td colspan="2">장소・시간
어구와의 결합</td><td>前两年 qián liǎng nián (맨 앞에서 2년)，两年前 liǎng nián qián (2년 전)，
上星期 shàng xīngqī (지난 주)，起飞后 qǐfēi hòu (이륙 후)，
屋里 wūli (방안/실내)，屋外 wūwài (실외)</td></tr>
</table>

설명

ⓐ의 시간명사는 각종 문장성분으로 두루 쓰일 수 있다. 그중 특히 조심해야할 점은 보어로 쓰일 때이다. ⓑ의 장소명사는 문장에서 '술어'나 '보어'로 충당되지 못한다. ⓒ의 방위명사를 보자. 방위명사는 그 쓰임새가 다양하다. 특히 단음절 방위명사는 '짝을 이루는 표현', '명사의 장소화', '고정구를 이루는 표현', '글말체' 등에 두루 쓰인다. 복합방위명사의 경우도 장소명사와 유사하게 '술어'나 '보어'로 충당되지 못한다.

■ 명사의 장소화

방위명사는 지시대체사와 더불어 명사를 장소화하는 기능이 있다. 다음 표를 보자.

◆ '일반명사'나 '인칭대체사'를 장소화하는 방법

장소표현 요소와 의미			예문
방위명사	上	장소를 '면'으로 인식	书放在桌子上。(책은 택상 위에 놓여 있다.) Shū fàng zài zhuōzi shang.
	里	장소를 '공간'으로 인식	屋里有五口人。(집 안에는 다섯 사람이 있다.) Wūli yǒu wǔ kǒu rén.
지시대체사	这儿	가까운 곳으로 인식	那本书不在我这儿。(그 책은 내게 있지 않다.) Nà běn shū bú zài wǒ zhèr.
	那儿	먼 곳으로 인식	那本书在他那儿。(그 책은 그에게 있다.) Nà běn shū zài tā nàr.

방위사구에 자세한 내용은 5장의 2.3.2를 참고하라.

MEMO

연습 4

1. 다음 주어진 단어를 적합한 위치에 넣으시오.

⑴ 在十几年的作家生涯中，_A_他写_B_得_C_最成功_D_。

这部小说

⑵ 南方的梅雨季节_A_，雨_B_一下就是_C_几个_D_，家里的衣服、被子都潮了。

星期

⑶ _A_你站在_B_街_C_的天桥_D_上，马路太宽，我看不到你的表情，不知道你在想什么。

对面

2. 다음 보기에서 적당한 단어를 골라 문장의 빈칸을 채우시오.

<보 기>

会议室 / 上 / 衣服 / 天天 / 现在

⑴ __________有天堂，下有苏杭。

⑵ 学生们一个个走进了__________。

⑶ 姐姐洗了__________之后，就出去了。

⑷ 老李__________都骑自行车去上班。

⑸ 从上个月到__________，我已经在北京大学学习半年了。

3. 다음 두 문장 중에서 틀린 문장을 고르시오.

(1) A. 老师把学校的决定告诉了我们班的人人。 (　　)
B. 老师把学校的决定告诉了我们班的每个人。 (　　)

(2) A. 妈妈把那张全家福挂在屋子的墙里了。 (　　)
B. 妈妈把那张全家福挂在屋子的墙上了。 (　　)

(3) A. 现在已经11点过15分了。 (　　)
B. 现在已经15分过11点了。 (　　)

4. 다음 주어진 단어를 이용하여 그림에 맞는 문장을 만드시오.

(1)  ▷ 朋友们

(2)  ▷ 上面

(3)  ▷ 天气

2. 대체사

대체사("代词")란 어떤 다른 품사(내용)을 대신하는 품사란 뜻이다. 대개 명사를 대체하여 인칭이나 의문사항을 대체하기 때문에 '대명사'로 번역하는 경우가 많다. 그러나 중국어의 "代词"는 '인칭'이나 '의문' 뿐만 아니라 '상태나 동작' 혹은 '정도성' 등에 대한 대체 기능이 있다. 이때 문장 상에서 이들 대체사는 '술어'나 '부사어'로 기능한다. 이는 명사를 대체하는 경우가 아니다. 이 책에서 '대명사'라고 하지 않고 '대체사'로 명명하는 이유이다.

2.1 인칭대체사

1) 분류

◆ **인칭대체사 분류 표**

수 / 인칭	단 수	복 수
1인칭	我 wǒ	我们 wǒmen, 咱们 zánmen
2인칭	你 nǐ, 您 nín	你们 nǐmen
3인칭	他 tā, 她 tā, 它 tā	他们 tāmen, 她们 tāmen, 它们 tāmen
기 타	人家 rénjiā, 大家 dàjiā, 自己 zìjǐ, 别人 biérén	

표에서 '기타'는 인칭이나 수를 말하기에 곤란한 경우이다.

2) 문법기능

◆ **인칭대체사의 문법기능**

인칭대체사의 문법기능		예문 및 설명
ⓐ 문장 성분	주어	我站起来要走，他拉住了我。 Wǒ zhàn qǐlái yào zǒu, tā lāzhù le wǒ. (내가 일어서서 가려하는데, 그가 나를 잡아 당겼다.)
	목적어	我爱他。 Wǒ ài tā. (나는 그를 사랑한다.)
	관형어	原来他是我的同乡呢。 (알고 보니 그는 내 고향 사람이더군.) Yuánlái tā shì wǒ de tóngxiāng ne.

구분	항목	세부	예문
ⓑ 상용 대체사의 구별	화자 청자 포함 여부	"我们" 모두 포함 가능	我们(/*咱们)今天去参观展览，你们明天去。 Wǒmen jīntiān qù cānguān zhǎnlǎn, nǐmen míngtiān qù. (우리는 오늘 전람회에 참관하고, 너희들은 내일 간다.)
		"咱们" 모두 포함	要是咱们(/我们)一块儿去，车也许坐不下。 Yàoshi zánmen(/wǒmen) yíkuàir qù, chē yěxǔ zuò bu xià. (우리가 함께 간다면, 차에 아마도 앉을 수 없을 것이다.)
	"你"과 "您"		"您 nín"은 "你 nǐ"의 존칭형
	"自己"와 "本人" zìjǐ běnrén		용법이 유사함
	"人家"와 "别人" rénjiā biérén		我是听人家(/别人)说的，不是亲眼见的。 Wǒ shì tīng rénjiā(/biérén) shuō de, bú shì qīnyǎn jiàn de. (나는 다른 사람이 말한 것을 들은 것이지, 직접 본 것은 아니다.)
			他们正等着这封信呢，快给人家(*/别人)送去吧。 Tāmen zhèng děngzhe Zhè fēng xìn ne, kuài gěi rénjiā sòng qù ba. (그들이 마침 이 편지를 기다리고 있어요, 빨리 그들에게 가져다주세요.)
			人家(*/别人)老宋发了财啦! 看不起人啦! (그 송가가 돈 좀 벌었구나! 사람 무시하는군!) Rénjiā LǎoSòng fā le cái la! kànbuqǐ rén la!
			还有别人(/*人家)没有? Hái yǒu biérén méiyǒu? (다른 사람이 있었습니까?)
ⓒ 화용적 응용	"大家"의 지시성	화자·청자 모두 포함	今天下午两点大家都到这儿来一起去长城。 Jīntiān xiàwǔ liǎng diǎn dàjiā dōu dào zhèr lái yìqǐ qù Chángchéng. (오늘 오후 2시에 여러분 모두 여기에 와서 함께 만리장성에 갑니다.)
		청자측만 포함	我代表我们班向大家表示热烈的欢迎。 Wǒ dàibiǎo wǒmen bān xiàng dàjiā biǎoshì rèliè de huānyíng. (제가 우리 반을 대표 해서 여러분께 열렬한 환영을 표합니다.)
		화자측만 포함	大家都希望您来上课。(모두들 당신이 수업하러 오기를 바랍니다.) Dàjiā dōu xīwàng nín lái shàngkè.
		모두 포함하지 않음	你看大家都很支持咱们这么做。 Nǐ kàn dàjiā dōu hěn zhīchí zánmen zhème zuò. (보시오, 모두들 우리가 이렇게 하는 것을 지지합니다.)
	"人家"의 지시성		A：你到底去不去? Nǐ dàodǐ qù bú qù? (너 도대체 가니 안 가니?) B：人家不去嘛! Rénjiā bú qù ma! (난 안 간다니까!)
	"我(们)"의 수(数)	복수 → 단수	今天我们讲第七课。(오늘 나는 제 7과를 강의 한다.) Jīntiān wǒmen jiǎng dì qī kè.
		단수 → 복수	我国有五十五个少数民族。(우리나라에는 55개 소수민족이 있습니다.) Wǒ guó yǒu wǔ shí wǔ ge shǎoshù mínzú.

설명

인칭대체사는 사람을 가리키는 말이며 그 '지시성'에 대하여 이해해야 한다. "咱们"은 화자와 청자를 모두 포함하는 경우에만 쓰일 수 있다. "大家"의 경우는 한국어로 '모두'로 번역되는 경우가 대부분이지만 그 지시대상은 서로 다를 수 있으므로 조심해야 한다. ⓒ에서 "人家"는 '남'이라는 뜻이고, "别人"은 '다른 사람/여느 사람'이라는 뜻이기 때문에 같이 쓰일 때도 있지만 구체적인 언어환경 하에서는 표에서 보듯 '지시성'의 차이가 발생한다.

2.2 지시대체사

1) 분류

◆ 지시대체사 분류 표

지시대상 / 지시의 원근	사람 사물	장소	시간	정도	수단 방식	기타
가까운 것(이)	这 zhè	这里 zhèlǐ 这儿 zhèr	这会儿 zhèhuìr	这么 zhème	这样 zhèyàng	这么样 zhèmeyàng 这么着 zhèmezhe
먼 것(그/저)	那 nà	那里 nàlǐ 那儿 nàr	那会儿 nàhuìr	那么 nàme	那样 nàyàng	那么样 nàmeyàng 那么着 nàmezhe

2) 문법기능

비교적 특수한 기능을 보이는 지시대체사를 중심으로 그 기능에 대하여 살펴보자.

◆ 지시대체사의 문법기능

<table>
<tr><th colspan="4">지시대체사의 문법기능</th><th>예문</th></tr>
<tr><td rowspan="5">각종 대체 기능</td><td rowspan="4">시간 대체</td><td rowspan="2">这会儿
zhèhuìr</td><td>현재</td><td>这会儿他在家，你去找他吧。
Zhèhuìr tā zài jiā, nǐ qù zhǎo tā ba.
(지금 그가 집에 있으니, 네가 찾아 가 보아라.)</td></tr>
<tr><td>과거</td><td>昨天这会儿我还在学校呢。
Zuótiān zhèhuìr wǒ hái zài xuéxiào ne.
(어제 이맘때에도 저는 학교에 있었는걸요.)</td></tr>
<tr><td>那会儿
nàhuìr</td><td>과거</td><td>那会儿我还没上大学。
Nàhuìr wǒ hái méi shàng dàxué.
(그때 나는 아직 대학에 들어가지 않았었다.)</td></tr>
<tr><td></td><td>미래</td><td>到那会儿你可就成年了。(그때가 되면 너는 성년이 된다.)
Dào nàhuìr nǐ kě jiù chéngnián le.</td></tr>
<tr><td>장소 보충 대체</td><td>这儿(/这里)
zhèr / zhèlǐ
那儿(/那里)
nàr / nàlǐ</td><td>인칭 대체사 목적어</td><td>那本书不在我这儿，在他那儿。
Nà běn shū bú zài wǒ zhèr, zài tā nàr.
(그 책은 내게 있지 않고, 그에게 있다.)</td></tr>
</table>

	방식 정도 대체	这么 zhème 那么 nàme	방식 지시	这个字不是那么写，是这么写。 Zhè ge zì bú shì nàme xiě, shì zhème xiě. (이 글자는 그렇게 쓰지 않고, 이렇게 쓴다.)
			'정도'가 높음 지시	他今天为什么这么不高兴? Tā jīntiān wèishénme zhème bù gāoxìng? (그는 오늘 왜 이렇게 즐겁지 않니?)
	각종 문장 성분 대체	这样 zhèyàng 那样 nàyàng	주어	这样比那样舒服。Zhèyàng bǐ nàyàng shūfu. (이렇게 하는 것이 그렇게 하는 것보다 편하다.)
			술어	他总那样，怎么说也不改。 Tā zǒng nàyàng, zěnme shuō yě bù gǎi. (그는 늘 그렇게 하며, 아무리 말해도 고치지 않는다.)
			목적어	你要这样，他要那样，大家老不一致。 Nǐ yào zhèyàng, tā yào nàyàng, dàjiā lǎo bù yízhì. (너는 이렇게 하려하고, 다른 이는 그렇게 하려 하면, 모두가 늘 일치 하지 않는다.)
			보어	他怎么病得这样，还不去看医生? Tā zěnme bìng de zhèyàng, hái bú qù kàn yīshēng? (그는 어째서 이 정도로 앓으면서, 아직 진찰받으러 가지 않았니?)
		"这么着" zhèmezhe "那么着" nàmezhe	술어	他整天趴在桌子上写字，要是老这么着，眼睛会坏的。 Tā zhěngtiān pā zài zhuōzi shang xiě zì, yàoshi lǎo zhèmezhe, yǎnjīng huì huài de. (그는 하루 종일 책상에 엎드려 글자를 쓰니, 늘 이렇게 하면 눈이 나빠질 것이다.)
			주어	这么着比那么着更能持久。 Zhèmezhe bǐ nàmezhe gèng néng chíjiǔ. (이렇게 하는 것이 그렇게 하는 것보다 더 오래 지속할 수 있다.)
			목적어	他喜欢这么着。Tā xǐhuān zhèmezhe. (그는 이렇게 하기를 좋아 한다.)

설명

중국어 대체사의 기능은 우리의 대명사와 일치하지 않는 점이 적지 않다. 위의 표를 보면서 이 책에서 왜 굳이 '대체사'라는 용어를 쓰고자하는지 알 수 있을 것이다. 체언 성분을 대체할 때는 당연히 '대명사'라는 용어를 쓸 수 있지만 '술어나 부사어'를 대체하는 경우도 '명사'라는 용어를 쓸 수 있을까? 그럴 수는 없다.

2.3 의문대체사

1) 분류

◆ **의문대체사 분류 표**

의문대상 종류와 의미	사람	사물	시간	장소	수량	방식 상태 원인
종류	谁 shéi 什么人 shénme rén 哪 nǎ	什么 shénme 哪 nǎ	多会儿 duōhuìr 哪会儿 nǎhuìr	哪儿 nǎr 哪里 nǎlǐ	多少 duōshao 几 jǐ 多 duō	怎么 zěnme 怎样 zěnyàng 怎么样 zěnmeyàng 怎么着 zěnmezhe
의미	누구 어떤 어느	어떤 어느	언제	어디	얼마 몇	어떻게 어째서

2) 의문대체사의 문법기능

◆ **의문대체사의 문법기능 표**

<table>
<tr><th colspan="4">의문대체사의 문법기능</th><th>예 문</th></tr>
<tr><td rowspan="5">의문내용 및 어투</td><td rowspan="4">ⓐ 사람</td><td>谁
shéi</td><td>호칭</td><td>A：刚才谁给你打电话? (방금 누가 너에게 전화를 걸었니?)
Gāngcái shéi gěi nǐ dǎ diànhuà?
B：小李。XiǎoLǐ. (이군이요.)</td></tr>
<tr><td rowspan="2">什么
shénme</td><td>직위</td><td>A：什么人参加下午的会议?
(어떤 사람이 오후의 회의에 참여하지요?)
Shénme rén cānjiā xiàwǔ de huìyì?
B：各班的班长。Gè bān de bānzhǎng.(각 반의 반장입니다.)</td></tr>
<tr><td>친족
관계</td><td>A：他是你的什么人?Tā shì nǐ de shénme rén?
(그는 너와 어떤 관계니?)
B：他不是我的什么人，是个朋友。(그는 나와 친척이 아니라, 나의 친구야.) Tā bú shì wǒde shénme rén, shì ge péngyou.</td></tr>
<tr><td>哪 nǎ</td><td>선택성</td><td>哪个学生昨天没来? (어느 학생이 어제 오지 않았나요?)
Nǎ ge xuéshēng zuótiān méi lái?</td></tr>
<tr><td>ⓑ 시간</td><td>哪会儿
nǎhuìr
多会儿
duōhuìr
什么时候
shénme shíhou</td><td>시점</td><td>他哪会儿(/什么时候)走的? (그는 언제 떠나니?)
Tā nǎhuìr (/shénme shíhou) zǒu de?</td></tr>
</table>

ⓒ 장소	哪儿 nǎr 哪里 nǎlǐ	장소	您是哪儿的人? Nín shì nǎr de rén? (당신은 어디 사람입니까?)
ⓓ 방식 원인	怎么 zěnme	방식	这个菜味道很好, 是怎么做的? Zhè ge cài wèidào hěn hǎo, shì zěnme zuò de? (이 요리는 맛이 아주 좋은데, 어떻게 만든 것입니까?)
	怎么 zěnme 怎么了 zěnme le 怎么一回事 zěnme yì huí shì	원인	屋里怎么这么热? Wūli zěnme zhème rè? (집이 어째서 이렇게 덥지?)
			你们怎么了? 为什么都不说话? Nǐmen zěnme le? Wèishénme dōu bù shuōhuà? (너희들이 어쩐 일이니? 왜 모두 말하지 않는 거야?)
ⓔ 각종 질문	怎么样 zěnmeyàng	상황	你认识小李? 小李那个人怎么样? Nǐ rènshi XiǎoLǐ? XiǎoLǐ nà ge rén zěnmeyàng? (당신은 이 군을 압니까? 이군 그 사람 어떻습니까?)
		동의	我想买件大衣, 你陪我去, 帮我拿拿主意, 怎么样? Wǒ xiǎng mǎi jiàn dàyī, nǐ péi wǒ qù, bāng wǒ náná zhǔyì, zěnmeyàng? (내가 외투 한 벌을 사고 싶은데, 너 나와 함께 가서 좀 봐주면 어때?)
ⓕ 수량	多少 duōshao 几 jǐ 多 duō	얼마	你身上有多少钱? (너에게 돈이 얼마나 있니?) Nǐ shēnshang yǒu duōshao qián?
		몇	你有几个兄弟姐妹? (너는 몇 명의 형제가 있니?) Nǐ yǒu jǐ ge xiōngdì jiěmèi?
		얼마	您多大年纪了? (당신은 연세가 얼마나 드셨습니까?) Nín duō dà niánjì le?
ⓖ 특수 용법	哪儿 nǎr	반문	我哪儿知道你是这个意思! Wǒ nǎr zhīdao nǐ shì zhè ge yìsī! (내가 어떻게 너의 뜻이 이런지 알겠느냐!)
	哪儿 nǎr	임의성	他哪儿也不想去。(그는 어디에도 가고 싶어 하지 않는다.) Tā nǎr yě bù xiǎng qù.
	의문 대체사의 연용	동일 사물 혹은 방법	谁想去谁就来报名。(누구든 가고 싶으면 신청하러 오라.) Shéi xiǎng qù shéi jiù lái bàomíng. 你喜欢买什么就买什么吧。(당신이 사고 싶은 대로 사세요.) Nǐ xǐhuān mǎi shénme jiù mǎi shénme ba. 该怎么办就怎么办。(마땅히 해야 할 대로 한다.) Gāi zěnme bàn jiù zěnme bàn.
	不怎么 bù zěnme 不怎么样 bù zěnmeyàng 没什么 méi shénme	정도성	天气还不怎么热。(날씨가 아직은 그다지 덥지 않다.) Tiānqì hái bù zěnme rè. 那本小说不怎么样。(그 소설은 그저 그렇다.) Nà běn xiǎoshuō bù zěnmeyàng. 你这么办没什么好, 当然也没什么不好。 Nǐ zhème bàn méi shénme hǎo, dāngrán yě méi shénme bù hǎo. (네가 이렇게 하는 것이 그다지 좋을 것도 없지만, 당연히 나쁠 것도 없다.)
	什么 shénme 什么的 shénme de	열거 어투	什么苹果啊, 香蕉啊, 橘子啊, 他买了一大堆。 Shénme píngguǒ a, xiāngjiāo a, júzǐ a, tā mǎi le yí dà duì. (뭐, 사과나, 바나나, 귤을 그는 한 보따리 샀다.)

설명

ⓔ의 "怎么样"은 각종 질문에 쓰일 수 있다. 특히 '동의'를 구하는 경우는 위의 예처럼 '부가의문문'의 형식이다.

ⓕ의 의문대체사들은 모두 수량에 대한 의문을 나타낸다. "多少[얼마?]"는 수량이 많다고 여겨지는 경우에 '양사 없이' 쓰이는 경우가 많다. 반면 "几[몇?]"는 적다고 여겨지는 경우, 즉 십 이하의 수에 '양사와 함께' 사용한다. 한편 "多[얼마?]"는 "大, 高, 长, 宽" 등 단음절이며 적극적(긍정적 방향 혹은 큰 쪽)인 형용사들 앞에서만 의문을 나타내는 특수한 기능을 가진다.

ⓖ의 "哪儿"은 '임의성(all)'의 의미를 나타내며, 부정어가 개입된 의문대체사 "不怎么", "不怎么样", "没什么" 등은 의문의 뜻이 없이 '정도'를 지시하며 '술어'나 '부사어'로 쓰인다.

이상 '인칭·지시·의문대체사'를 문법기능의 각도에서 다시 총괄해보자.

◆ 각종 대체사의 문법기능 표

<table>
<tr><th colspan="3" rowspan="2">대체사
문법기능</th><th rowspan="2">인칭대체사</th><th rowspan="2">의문대체사</th><th colspan="2">지시대체사</th></tr>
<tr><th>근지</th><th>원지</th></tr>
<tr><td rowspan="6">명사기능</td><td rowspan="4">인칭</td><td>1인칭</td><td>我 wǒ, 我们 wǒmen
咱们 zánmen</td><td rowspan="4">谁 shéi
什么 shénme
哪 nǎ</td><td rowspan="4">这 zhè</td><td rowspan="4">那 nà</td></tr>
<tr><td>2인칭</td><td>你 nǐ, 您 nín, 你们 nǐmen</td></tr>
<tr><td>3인칭</td><td>他 tā, 她 tā, 它 tā, 他们 tāmen, 她们 tāmen, 它们 tāmen</td></tr>
<tr><td>기 타</td><td>人家 rénjiā, 大家 dàjiā,
自己 zìjǐ, 别人 biérén</td></tr>
<tr><td colspan="2">장소</td><td></td><td>哪儿 nǎr
哪里 nǎli</td><td>这儿 zhèr</td><td>那儿 nàr</td></tr>
<tr><td colspan="2">시간</td><td></td><td>多会儿 duōhuìr
哪会儿 nǎhuìr</td><td>这会儿
Zhèhuìr</td><td>那会儿
nàhuìr</td></tr>
<tr><td colspan="3">수사기능</td><td></td><td>几 jǐ
多少 duōshao</td><td>这么些
zhème xiē</td><td>那么些
nàme xiē</td></tr>
<tr><td colspan="3">동사/형용사기능</td><td></td><td>怎样 zěnyàng
怎么 zěnme
怎么样
zěnmeyàng</td><td>这样
zhèyàng
这么样
zhèmeyàng</td><td>那样
nàyàng
那么样
nàmeyàng</td></tr>
<tr><td colspan="3">부사기능</td><td></td><td>多 duō</td><td>这么zhème</td><td>那么nàme</td></tr>
</table>

설명

중국어에서 "대사((代词)"란 사람, 사물, 장소 및 상태나 동작 등을 대신하여 지적하는 단어들이다. 그러나 한국어의 "대명사"는 사람이나 사물을 대신하는 체언의 한 가지이다. 즉, 중국어의 대체사("代词")는 특히 '상태나 동작' 등에 대한 지시 기능이 있다. 이것은 분명히 명사를 대체하는 경우가 아니다. 따라서 이 책은 '대체사'로 명명하며, '체언'과 '용언'으로 가를 때는 '대부분의 대체사는 체언'으로, '일부의 대체사는 용언'으로 가른다.

연습 5

1. 다음 주어진 단어를 적합한 위치에 넣으시오.

(1) 儿子_A_考上了大学，_B_金老师_C_比当年_D_考上大学还高兴。
自己

(2) _A_这话说起来_B_容易，真正_C_做到则不_D_简单。
那么

(3) 今天_A_我们本来是要出去_B_逛街的，可_C_会想到老天竟会下雨_D_!
哪里

2. 다음 보기에서 적당한 단어를 골라 문장의 빈칸을 채우시오.

<보 기>

这么 / 那么 / 怎么 / 什么 / 哪儿 / 谁

(1) 如果已经准备好了，__________就赶快着手做吧。

(2) 他又没有做错什么，你生气__________呀!

(3) 我常想，这里的人__________这么懒呢?

(4) 我在想古代人是怎么将__________重的石头运到山上去的呢?

(5) 不管在__________工作都可以发挥自己的才能。

3. 다음 두 문장 중에서 틀린 문장을 고르시오.

(1) A. 春游时，老师把全班同学分成四组，每组各十个人。 (　　)
B. 春游时，老师把全班同学分成四组，各组各十个人。 (　　)

(2) A. 去动物园在什么地方换272路公共汽车？ (　　)
B. 去动物园在哪里地方换272路公共汽车？ (　　)

(3) A. 我们要自己的基础上，用我们自己的方法解决我们自己的问题。(　　)
B. 我们要自己的基础上，用咱们自己的方法解决我们自己的问题。(　　)

4. 다음 주어진 단어를 이용하여 그림에 맞는 문장을 만드시오.

(1)  ▷ 大家

(2)  ▷ 多少

(3)  ▷ 这样

3. 수사

각종의 수를 표시하는 품사이다.

◆ **수사의 분류 및 수 읽기 표**

수사의 분류 및 수읽기			표기 방법 및 읽기
ⓐ 기수	정수	22	二十二 èr shí èr (단 단위와 십 단위의 "2" → 二로 읽음)
		102	一百零二 yì bǎi líng èr
		110	一百一十 ("百, 千, 万" 앞의 "一" → 반드시 읽음) yì bǎi yì shí
		10002(세 자리 수 이상의 수 중간의 "0")	一万零二 yí wàn líng èr (한 번만 읽음)
		22222	两万两千二百二十二 liǎng wàn liǎng qiān èr bǎi èr shí èr (단위 "千", "万", "亿" 등이 맨 앞자리에 쓰일 때→"两"으로 읽음)
	분수	$3\frac{2}{3}$	三又三分之二 sān yòu sān fēn zhī èr
		22%	百分之二十二 bǎi fēn zhī èr shí èr
	소수	0.01	零点零一 líng diǎn líng yī
	배수	两倍	两倍 liǎng bèi (2배)
ⓑ 서수	접사성 기능어 사용	[第-]	第二名 dì èr míng (2등)
		[头-]	头一名 tóu yì míng (1등)
		[前(/后)-]	前(/后)三等 qián(/hòu) sān děng (앞[/뒤]에서 3등)
		[初-]	初二 chū èr (초이틀)
		[老-]	老大 lǎodà (맏이), 老三 lǎosān (셋째)
		[首-]	首次 shǒucì (첫 번째), 首届 shǒujiè (제 1차)
		[大-]	大儿子 dà'érzi(장남), 大哥 dàgē (맏형)
	접사성 기능어 사용 안함	年月日이나 曜日 표시	1998年 2月 11日 星期三 (1998년 2월 11일 수요일) yī jiǔ jiǔ bā nián èr yuè shíyī hào xīngqīsān
		行列 표시	二叔 èrshū (둘째 숙부), 三叔 sānshū (셋째 숙부)
		편제(编制) 표시	二班 èrbān (2반), 五号 wǔhào (5번), 六楼 liùlóu (6층)
		열거 표시	一. 开会 kāihuì (1. 개회), 二. 报告 bàogào (2. 보고)
		등급 표시	头等 tóuděng (1등), 二等 èrděng (2등)
		기타 어구	末位 mò wèi (꼴찌), 最后的一个 zuì hòu de yí ge (최후의 하나/꼴찌)

<table>
<tr><td rowspan="9">ⓒ 개략수</td><td rowspan="2">수사 연용</td><td>잇닿은 수 연용</td><td>两三个月 liǎng sān ge yuè (이삼개월),
三四公斤 sān sì gōngjīn (3~4㎏)</td></tr>
<tr><td>잇닿지 않은 수 연용</td><td>三五天 sān wǔ tiān (3일내지 5일)</td></tr>
<tr><td rowspan="2">"来" 부가</td><td>수사+"来"+양사+(명사)</td><td>十来个人 shí lái ge rén (10명 정도)</td></tr>
<tr><td>수사+양사+"来"+명사</td><td>十块来钱 shí kuài lái qián (10원 정도)</td></tr>
<tr><td rowspan="4">접사성 기능어 사용</td><td>[-多]</td><td>四十多岁 sìshí duō suì (40여 세),
一百多公斤 yì bǎi duō gōngjīn (100여 ㎏)</td></tr>
<tr><td>[-左右]/[-上下]/[-前后]</td><td>四十(岁)左右/上下/前后 (40세 가량)
sìshí (suì) zuǒyòu/shàngxià/qiánhòu</td></tr>
<tr><td>[-把]</td><td>千把块钱 qiān bǎ kuài qián (천원 쯤의 돈)</td></tr>
<tr><td>[-以上(/下)]</td><td>四十岁以上 sìshí suì yǐshàng (40세 이상),
五十岁以下 wǔshí suì yǐxià (50세 이하)</td></tr>
</table>

4. 양사

양사 분류는 비교적 복잡하다. 우선 그 종류가 많을 뿐만 아니라 각 분류된 양사 내에서도 다시 세분화가 가능하기 때문이다. 다음 전체 양사에 대한 표를 보자.

◆ 전체 양사 일람표

<table>
<tr><th colspan="3">양사의 총 분류</th><th>수량구의 대표 예</th></tr>
<tr><td rowspan="11">명량사</td><td rowspan="8">전용</td><td>개체</td><td>一个人 yí ge rén (한 사람)</td></tr>
<tr><td>집체</td><td>一群人 yì qún rén (사람 한 무리)</td></tr>
<tr><td>도량형</td><td>一公里 yì gōnglǐ (1 Km)</td></tr>
<tr><td>시간</td><td>一个小时 yí ge xiǎoshí (한 시간)</td></tr>
<tr><td>화폐</td><td>一块钱 yí kuài qián (일원)</td></tr>
<tr><td>글(문장)</td><td>一篇文章 yì piān wénzhāng (문장 한 편)</td></tr>
<tr><td>미정("不定")</td><td>一些人 yìxiē rén (몇몇의 사람)</td></tr>
<tr><td>복합양사</td><td>人次 réncì (연인원)</td></tr>
<tr><td rowspan="3">차용</td><td>용기(容器)</td><td>一壶茶 yì hú chá (한 주전자의 차)</td></tr>
<tr><td>신체</td><td>一头(的)汗 yì tóu (de) hàn (온 이마에 가득한 땀)</td></tr>
<tr><td>사물</td><td>一桌子(的)菜 yì zhuōzi (de) cài (한상 가득한 요리)</td></tr>
<tr><td rowspan="3">동량사</td><td colspan="2">전용</td><td>大吃一顿 dà chī yí dùn (크게 한 끼 먹다)</td></tr>
<tr><td rowspan="2">차용</td><td>신체 일부</td><td>看一眼 kàn yì yǎn (눈길을 한번 주다)</td></tr>
<tr><td>일반 명사</td><td>切两刀 qiē liǎng dāo (두 번 자르다)</td></tr>
</table>

이상의 분류에 근거하여 쓰임새의 차이에 따라 양사를 재분류한다.

4.1 명량사

1) 전용 명량사

(1) 개체(명)량사

◆ **개체(명)량사 표**

개체양사	용 법	결합되는 명사의 예
ⓐ 把 bǎ	손잡이가 있는 물건 "자루"	刀 dāo (칼), 椅子 yǐzi (의자), 扇子 shànzi (부채), 雨伞 yǔsǎn (우산)
	일부의 추상적 사물	年纪 niánjì (나이), 力气 lìqi (힘)
ⓑ 本 běn	서적 따위 "권"	书 shū (책), 杂志 zázhì (잡지), 笔记本 bǐjìběn (노트)
ⓒ 层 céng	건물의 "층"이나 사물의 "겹"	楼 lóu (다층건물/빌딩), 玻璃窗 bōlichuāng (유리창)
ⓓ 顶 dǐng	모자	帽子 màozi(모자)
ⓔ 朵 duǒ	꽃이나 구름 따위 "송이, 떼"	花 huā (꽃), 云 yún (구름)
ⓕ 封 fēng	편지 "통"	信 xìn (편지)
ⓖ 个 gè	일반적인 사물이나 사람의 개체 "개"	人 rén (사람), 碗 wǎn (그릇), 梦 mèng (꿈), 问题 wèntí (문제), 思想 sīxiǎng (사상)
ⓗ 根 gēn	가늘고 긴 물건 "가닥"	线 xiàn (실), 针 zhēn (바늘), 头发 tóufa (머리카락)
ⓘ 家 jiā	상점	商店shāngdiàn (상점)
ⓙ 架 jià	다리나 기계가 부착된 물건 "대"	飞机 fēijī (비행기), 钢琴 gāngqín (피아노)
ⓚ 间 jiān	방 "칸"	屋子 wūzi (방), 房子 fángzi (집)
ⓛ 件 jiàn	개체 사물 표시 "개, 건"	衣服 yīfu (옷), 礼物 lǐwù (선물)
ⓜ 棵 kē	식물 표시 "그루, 포기"	树 shù (나무), 青菜 qīngcài (야채)
ⓝ 块 kuài	덩어리 모양의 물건 "덩어리"	糖 táng (사탕), 地 dì (땅), 肉 ròu (고기), 石头 shítou (돌멩이), 肥皂 féizào (비누)
ⓞ 粒 lì	낟알로 된 물건 "톨, 알"	米 mǐ (쌀), 沙子 shāzi (모래)
ⓟ 辆 liàng	차량 "대"	汽车 qìchē (자동차), 自行车 zìxíngchē (자전거)
ⓠ 匹 pǐ	말 "마리", "필"	马 mǎ (말)
ⓡ 片 piàn	조각을 이루는 물건	面包 miànbāo(빵), 肉 ròu (고기), 饼干 bǐnggān(과자)
	땅이나 수면 따위	草地 cǎodì(잔디밭), 汪洋 wāngyáng(바다가 넓고 큰 모양)
	현상, 소리, 마음 따위	歌声 gēshēng (노래소리), 真心 zhēnxīn (진심)
ⓢ 台 tái	기계 따위의 "대"	电脑 diànnǎo (컴퓨터), 电视机 diànshìjī (텔레비전)
	연극	戏 xì (연극)

ⓣ 条 tiáo	긴 형태의 동물이나 물건	鱼 yú (물고기), 蛇 shé (뱀), 裤子 kùzi (바지), 毛巾 máojīn (수건)
	긴 모양의 부설물이나 하천	路 lù (길), 铁路 tiělù (철도), 河 hé (강)
	인체의 부위, 생명, 목숨, 운명	命 mìng(생명), 心 xīn(심장/마음), 命运 mìngyùn(운명)
	분리 가능 내용물, 조문 따위	烟 yān(담배), 新闻 xīnwén(뉴스), 规定 guīdìng(규칙)
ⓤ 头 tóu	소 "마리"	牛 niú (소)
ⓥ 位 wèi	사람(존칭의 의미가 있음) "분"	客人 kèrén (손님), 先生 xiānsheng (~씨)
ⓦ 张 zhāng	납작한 사물을 계량할 때 "장"	画 huà(그림), 纸 zhǐ(종이), 票 piào(표), 桌子 zhuōzi (탁자)
ⓧ 支 zhī	필기류 따위의 계량 "개, 대"	铅笔 qiānbǐ (연필), 圆珠笔 yuánzhūbǐ (볼펜)
ⓨ 枝 zhī	식물 따위의 "가지"	梅花 méihuā (매화)
ⓩ 只 zhī	짝이 되는 사물의 한 쪽 "척, 짝"	鞋 xié (신발), 手套 shǒutào (장갑), 袜子 wàzi (양말), 小船 xiǎochuán (쪽배)
	球技 종목의 득점 "골"	球 qiú (공)
	짝을 이루는 신체의 일부 "쪽"	手 shǒu (손), 脚 jiǎo (발), 眼睛 yǎnjing (눈)
	동물 "마리"	鸡 jī (닭), 狗 gǒu (개), 鸟 niǎo(새), 老虎 lǎohǔ (호랑이), 兔子 tùzi (토끼)
㉮ 座 zuò	크고 무거운 것	山 shān (산), 大楼 dàlóu (빌딩), 桥 qiáo (다리)

설명

어떤 명사는 어떤 양사와 결합한다는 원칙이 있다. 그러나 동일한 사물일지라도 그 변화된 '모양'이나 화자의 '표현의도'에 따라서는 양사를 달리 쓸 수도 있다. 예를 들어 "肉"는 모양에 따라 ⓝ의 "块"이나 ⓡ의 "片"을 쓸 수 있다. 또 "人, 思想, 方法" 등은 ⓖ의 "个"나 '집체양사'인의 "种"을 쓸 수 있다.

(2) 집체(명)량사

쌍이나 집합을 표시하는 양사를 말한다.

◆ 집체(명)량사 표

집체양사	용 법	결합되는 명사의 예
把 bǎ	한 줌의 수량	米 mǐ (쌀), 芹菜 qíncài (미나리)
打 dá	물품을 12개씩 셀 때 "다스"	铅笔 qiānbǐ (연필), 毛巾 máojīn (수건)
对 duì	짝이 되는 사람이나 물건의 "쌍"	夫妻 fūqī (부부), 花瓶 huāpíng (꽃병)
副 fù	조를 이루는 물건 "켤레"	手套 shǒutào (장갑), 对联 duìlián (대련)
	얼굴의 표정	笑脸 xiàoliǎn (웃는 얼굴), 面孔 miànkǒng (얼굴)

批 pī	"일군, 일단"	旅客 lǚkè (여행객)
	무더기, 덩어리	货 huò (돈/화물)
群 qún	사람이나 동물 "무리"	人 rén (사람), 牛 niú (소), 孩子 háizi (아이)
双 shuāng	짝을 이루는 물건	鞋 xié (신발), 筷子 kuàizi (젓가락), 袜子 wàzi (양말)
套 tào	"벌, 조 세트"	家具 jiājù (가구), 办法 bànfǎ (방법), 衣服 yīfu (옷)
种 zhǒng	사람 또는 사물의 종류	人 rén (사람), 画报 huàbào (화보), 看法 kànfǎ (견해), 态度 tàidù (태도)

(3) 도량형 (명)량사

◆ **도량형 (명)량사 표**

도량형 양사 / 분류내용	양 사	영·미식
길이	公里 gōnglǐ	km
	公尺(米) gōngchǐ (mǐ)	m
	公分(厘米) gōngfēn (límǐ)	cm
	毫米 háomǐ	mm
면적	平方公里 píngfāng gōnglǐ	㎢
	平方米 píngfāng mǐ	㎡
	平方厘米 píngfāng límǐ	㎠
무게	吨 dūn	t
	公斤 gōngjīn	kg
	克 kè	g
용량	(公)升 (gōng) shēng	ℓ
	厘升 líshēng	dℓ
	毫升 háoshēng	mℓ
체적	立方米 lìfāngmǐ	㎥
	立方厘米 lìfāng límǐ	㎤

(4) 기타(시간, 화폐, 글) 명량사

'시간, 화폐, 글' 등도 단위로써 이해할 수도 있고, 더 큰 단위로는 명사 단위로 이해할 수도 있다. 모두 함께 묶어서 도표화 한다.

◆ 기타 명량(/단위)사 표

기타 단위 양사 단위 내용	기타 단위 양사의 예
시간	年 (년) nián > 月 (월) yuè > 日·号 (일) rì · hào > 点 (시) diǎn > 刻·分 (15분) (분) kè · fēn > 秒 (초) miǎo
화폐	元 · 块 (원) yuán · kuài > 角 · 毛 (10전) jiǎo · máo > 分 (전) fēn
글(문장)	篇 (편) piān > 章 (장) zhāng > 节 (절) jié > 段 (단락) duàn > 行 (줄) háng > 句 (마디) jù > 词 (단어) cí > 字 (글자) zì

tip

1. 시간 단위를 나타내는 말 중, "刻"는 '15분'을 단위로 하며, "分"은 '1분'을 단위로 한다.
2. "元 : 块", "角 : 毛"의 차이

모두 같은 단위의 돈을 말하지만 일반적으로 "块, 毛"는 입말체이고, "元, 角"는 글말체에 쓰인다.

(5) 미정량 표시 명량사("不定量词")

그 양이 확정적이지 않을 때 쓰이며, 일반적으로 '소량'을 표시한다.

◆ 미정량 표시 양사표

미정량 표시량사			예 문
소량	사물	一些 (약간) yìxiē	这个展览印象很深，使我们对现代中国生活有了一些感性认识。 Zhè ge zhǎnlǎn yìnxiàng hěn shēn, shǐ wǒmen duì xiàndài Zhōngguó shēnghuó yǒu le yìxiē gǎnxìng rènshi. (이 전시는 인상적이어서 우리로 하여금 현대중국생활에 대해 적지 않게 실감할 수 있게 했다.)
		一点儿 (조금) yìdiǎnr	我在大学读书的时候，只学过一点儿中文，根本没学会。 Wǒ zài dàxué dúshū de shíhou, zhǐ xué guo yìdiǎnr Zhōngwén, gēnběn méi xuéhuì. (나는 대학에서 공부할 때 중국어를 단지 조금 익혔을 뿐 완전히 익히진 못했습니다.)
	시간	一会儿 (잠깐) yíhuìr	请稍等一会儿，让我查查。(좀 기다려주시지요, 제가 찾아보겠습니다.) Qǐng shāo děng yíhuìr, ràng wǒ cháchá.
		一下(儿) (좀) yíxià(r)	你们先等一下，我去叫出租汽车。 Nǐmen xiān děng yíxia, wǒ qù jiào chūzū qìchē. (당신들은 우선 좀 기다리십시오, 제가 택시를 불러 오겠습니다.)

설명

'미정량'을 표시하는 양사는 이 네 가지 밖에 없다. 여기서 한 가지 이해해야 할 점은 "一些"나 "一点儿"은 모두 '조금'의 뜻이지만, 전자는 '많다는 느낌'에서, 후자는 '적다는 느낌'에서 말하는 차이가 있다는 점이다.

(6) 복합 명량사

두 개의 양사가 결합되어 이루어진 양사를 '복합양사'라 한다. 몇몇 상용되는 것을 예로 들면 보이면 다음과 같다.

◆ **복합양사 표**

복합양사		예 문
人次 réncì	연인원	参观的人达三十多万人次。 Cānguān de rén dá sānshí duō wàn réncì. (참관한 사람들은 연인원 삼십여만 명에 달한다.)
秒立方米 miǎolìfāngmǐ	m^3/s	汉江的流量为××秒立方米。(한강의 유량은 초당 ×× 입방미터이다.) Hànjiāng de liúliàng wéi ×× miǎolìfāngmǐ.
架次 jiàcì	연횟수	我们的空军出动了三百架次。(우리 공군은 연 삼백차례 출격했다.) Wǒmen de kōngjūn chūdòng le sān bǎi jiàcì.

설명

기타 개체(명)량사와 달리 복합(명)량사 뒤에는 '명사를 대동하지 않는다'.

2) 차용 명량사

적당한 양사가 없기 때문에 계량하는 대상과 관련이 있는 용기(容器)나 일반 명사를 빌어다가 양사로 대용하는 경우, 이것을 차용양사라 한다.

미정량표시량사		예 구
ⓐ 용기(容器) 차용	壶 hú	一壶茶 yì hú chá (차 한 주전자)
	瓶 píng	两瓶酒 liǎng píng jiǔ (술 2병)
	碗 wǎn	三碗饭 sān wǎn fàn (밥 3그릇)
	杯 bēi	四杯咖啡 sì bēi kāfēi (커피 4잔)

ⓑ 신체 차용	手 shǒu	两手(的)油 liǎng shǒu (de) yóu (기름투성이의 두 손)
	头 tóu	一头(的)汗 yì tóu (de) hàn (이마에 가득한 땀)
	口 kǒu	三口人 sān kǒu rén (세 식구)
		一口(的)饭 yì kǒu (de) fàn (밥 한술)
	脚 jiǎo	两脚(的)泥 liǎng jiǎo (de) ní (진흙투성이의 두 발)
	肚子 dùzi	一肚子(的)话 yí dùzi (de) huà (뱃속에 가득한 말)
ⓒ 일반 사물 차용	屋子 wūzi	一屋子(的)烟 yì wūzi (de) yān (방안 가득한 연기)
	桌子 zhuōzi	一桌子(的)菜 yì zhuōzi (de) cài (한 상의 가득한 요리)
	车 chē	几车货 jǐ chē huò (화물 몇 트럭)

설명

특히 신체 차용의 경우 수사 "一"나 "两"과 결합하여 '가득 참, 전체'의 의미가 있으므로, 직역하여 '하나'라고 하기보다는 적당한 의역이 필요하다.

4.2 동량사

동작의 횟수를 계량하는 양사를 이른다.

1) 전용 동량사

◆ 동량구 배합 표

동량사	용법 (의미)	동량구의 예
遍 biàn	일정한 과정이 있는 동작의 차수, 회수 "(한)차례"	这本小说我看了一遍 Zhè běn xiǎoshuō wǒ kàn le yí biàn (이 소설을 나는 두 번 보았다)
次 cì	동작의 차수, 회수	去过那儿两次 qù guo nàr liǎng cì (그곳에 두 번 간 적이 있다.)
场 chǎng	집체성의 회수 "(한)바탕"	下了一场雨 (한 바탕 비가 내렸다) xià le yì chǎng yǔ
顿 dùn	식사 혹은 질책 따위의 회수 "끼니, 차례"	大吃一顿 dà chī yí dùn (한 끼 잔뜩 먹다)
番 fān	일련의 사태 혹은 연속 동작의 회수 "번"	研究一番 yánjiū yì fān (한 차례 연구하다)
回 huí	일반적인 동작의 차수, 회수 "회"	哭了一回 kū le yì huí (한 번 울었다)
声 shēng	말의 회수 "번, 마디"	说了一声 shuō le yì shēng (한 번 말하다)

趟 tàng	동작의 차수, 회수 “차례, 탕”	请你来一趟 qǐng nǐ lái yí tàng (당신이 한 차례 오시기를 바랍니다)
下儿 xiàr	동작의 차수, 회수	钟敲了三下儿 (시계가 두 번 울렸다) zhōng qiāo le sān xiàr
遭 zāo	(만남, 부닥침의) 회수	看过一遭 kàn guo yì zāo (한 번 만나다)
阵 zhèn	일정하게 지속적인 동작 회수 “(한) 바탕”	刮了一阵风 (비가 한 바탕 내렸다) guā le yí zhèn fēng

2) 차용동량사

행위와 관련된 ‘신체’나 ‘도구’ 등을 차용하는 동량사로 관용적인 표현이다.

◆ 차용 동량사 배합표

차용 동량사		예 구
신체 차용	眼 yǎn	看一眼 kàn yì yǎn (한번 쳐다보다/눈길을 한번 주다)
	口 kǒu	咬一口 yǎo yì kǒu (한 입 베물다)
	脚 jiǎo	踢一脚 tī yì jiǎo (한번 걷어차다)
	拳 quán	打一拳 dǎ yì quán (주먹으로 한 대 치다)
	巴掌 bāzhang	掴一巴掌 guāi yì bāzhang (손바닥으로 한 대 때리다)
	指头 zhǐtou	捅一指头 tǒng yì zhǐtou (손가락으로 한번 콕 찌르다)
일반 명사 차용	笔 bǐ	划两笔 huà liǎng bǐ (필기도구로 몇 번 긋다)
	枪 qiāng	放三枪 fàng sān qiāng (세 방 쏘다)
		开一枪 kāi yì qiāng (한 방 쏘다)
	刀 dāo	切两刀 qiē liǎng dāo (두 번 자르다)
	针 zhēn	缝几针 féng jǐ zhēn (몇 바늘 꿰메다)

설명

동량사란 동작의 횟수를 계량하는 낱말을 이른다. 동량사도 위의 표에서 보듯 ‘전용동량사’와 ‘차용동량사’로 나눌 수 있다. 차용동량사의 경우는 동작이나 행위와 밀접한 관계가 있는 신체부위나 명사가 쓰인다.

MEMO

연습 6

1. 다음 주어진 단어를 적합한 위치에 넣으시오.

(1) 那几张纸_A_我已经_B_仔细地看过_C_了，没有你要找的_D_文件。
一张一张

(2) 我的_A_表_B_比公司的钟要_C_快_D_。
一点儿

(3) _A_刚才_B_下了_C_大雨_D_，院子里到处都是水。
一阵儿

2. 다음 보기에서 적당한 단어를 골라 문장의 빈칸을 채우시오.

<보 기>

股 / 条 / 件 / 场 / 段 / 家 / 所

(1) 我感谢你给我留下了一_________美好的回忆。

(2) 我想起过去几年的生活，感觉就像一_________梦。

(3) 他有着一_________金子般的心。

(4) 我闻着教室里有一_________臭味，把窗户打开一下吧。

(5) 我们住的地方有三_________小学，明明上学很不方便。

3. 다음 두 문장 중에서 틀린 문장을 고르시오.

⑴ A. 我今天上午吃了二个包子和一碗粥。 (　　)
B. 我今天上午吃了两个包子和一碗粥。 (　　)

⑵ A. 他一个月多没有接到家里的电话了。 (　　)
B. 他一个多月没有接到家里的电话了。 (　　)

⑶ A. 我已经学了三半个月的英语了。 (　　)
B. 我已经学了三个半月的英语了。 (　　)

4. 다음 주어진 단어를 배열하여 문장을 만드시오.

⑴ 书店 / 女儿 / 我 / 前天 / 书 / 十 / 本 / 多 / 去 / 买 / 给 / 了

☞ ____________________

⑵ 俩 / 我们 / 好朋友 / 成 / 一对 / 很快 / 就 / 了

☞ ____________________

⑶ 中国 / 我 / 两年半 / 时间 / 在 / 学习 / 左右 / 了 / 的

☞ ____________________

5. 동사

5.1 동사의 중요성

동사는 어느 언어에서나 중요한 품사이듯 중국어에서도 예외가 아니다. 동사는 문장 구성에 있어 중심적인 위치와 기능을 가진다. 부사어가 동사를 수식하는 관계는 물론이고, 보어는 동사를 보충하는 관계이고, 목적어는 동사의 지배대상이 되는 관계이다. 즉 동사를 중심으로 하여 그 앞뒤로 수식성분, 보충성분, 목적어성분들이 각각 위치한다.

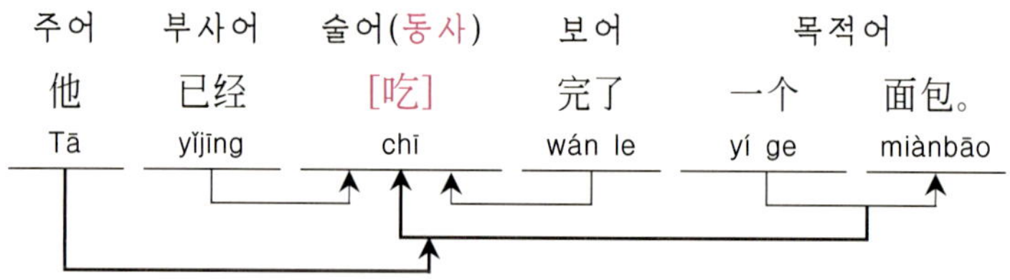

이처럼 동사는 문장에서 중요한 '위치'를 차지한다.

또 문장에 있어 각종 문법현상은 동사를 중심으로 발생한다. 예를 들어 각종 수식어의 부가, 조동사의 부가, 동태표현, 보어의 부가, 목적어와의 관계, 주어와 관계 등등은 모두 동사를 중심으로 발생하는 것이다.

5.2 동사의 분류

동사는 의미와 기능 측면에서 다양한 분류가 가능하다. 우선 동사분류표를 보자.

◆ 동사 분류 표

분류(근거)			동사의 예(음절수)	
			단음절	복음절(쌍음절)
어휘 의미	동작 동사		看 kàn (보다), 写 xiě (쓰다) 说 shuō (말하다)	
	행위 동사			表示 biǎoshì (나타내다), 保卫 bǎowèi (보위하다), 禁止 jìnzhǐ (금지하다)
	심리동사	일반	爱 ài (사랑하다), 想 xiǎng (생각하다/그리워하다)	喜欢 xǐhuan (좋아하다), 希望 xīwàng (희망하다)
		지각		知道 zhīdao (알다), 理解 lǐjiě (이해하다)

<table>
<tr><td rowspan="2"></td><td colspan="2">관계동사</td><td>是 shì (…이다), 有 yǒu (가지고 있다),
在 zài (…에 있다), 像 xiàng (닮다)</td><td></td></tr>
<tr><td colspan="2">방향동사</td><td>上 shàng (오르다), 下 xià (내려가다)
进 jìn (앞으로 나아가다/안으로 들다)
出 chū (나가다/나오다), 起 qǐ (일어서다),
过 guò (지나다), 回huí
(돌아오다/돌아가다)
来 lái (오다), 去 qù (가다)</td><td></td></tr>
<tr><td rowspan="4">목적어 유무</td><td rowspan="2">자동사</td><td>비이합</td><td>活 huó (살다),
醒 xǐng (깨다)</td><td>休息 xiūxi (쉬다),
工作 gōngzuò (일하다)</td></tr>
<tr><td>이합</td><td></td><td>结婚 jiéhūn (결혼하다),
毕业 bìyè (졸업 하다)</td></tr>
<tr><td rowspan="2">타동사</td><td>목적어 1개</td><td>吃 chī (먹다), 看 kàn (보다)
写 xiě (쓰다)</td><td></td></tr>
<tr><td>목적어 2개</td><td>给 gěi (주다),
教 jiāo (가르치다)</td><td>告诉 gàosu (알려주다),
买给 mǎigěi (사주다)</td></tr>
<tr><td rowspan="2">보어의 시간량</td><td colspan="2">지속량
(지속동사)</td><td>吃 chī (먹다), 哭 kū (울다)
等 děng (기다리다)</td><td>研究 yánjiū (연구하다)</td></tr>
<tr><td colspan="2">연속량
(비지속동사)</td><td>到 dào (…에 이르다), 死 sǐ (죽다),
丢 diū (잃다/ 잃어버리다), 懂 dǒng (알다)</td><td>结束 jiéshù (끝맺다),
知道 zhīdao (알다)</td></tr>
</table>

(타동사와 비지속 동사의 더 많은 예는 뒤의 분류를 참고하라.)

설명

1) 의미에 따른 분류

동사가 나타내는 의미는 참으로 다양하다. '동작, 행위, 심리활동, 상태의 발전이나 변화, 동작의 방향, 판단, 소유, 존재' 등을 나타낼 수 있다.

2) 통사적 특징에 따른 분류

목적어의 유무에 따라 타동사와 자동사로 나뉜다.

(1) 타동사

첫째, 한 개의 목적어를 가지는 타동사

■ **타동사 표(1)**

V	+	O(사람/사물)
看 kàn		朋友 péngyou(친구를 만나다)
		电视 diànshì (TV를 보다)
		小说 xiǎoshuō (소설을 보다)
吃 chī		饭 fàn (밥을 먹다)
		点心 diǎnxin (간식을 먹다)
		药 yào (약을 먹다)

둘째, 두 개의 목적어를 가지는 타동사

이때 앞의 목적어는 수여의 대상, 뒤의 목적어는 수여되는 사물을 각각 나타낸다. 따라서 이들 동사를 '수여동사'라고도 한다.

■ **타동사 표(2)**

V		O_1 (사람)	+	O_2 (사물)	
给 gěi	+	我 wǒ	+	书 shū	(나에게 책을 주다)
教 jiāo	+	朋友 péngyou	+	汉语 Hànyǔ	(친구에게 중국어를 가르치다)
问 wèn	+	老师 lǎoshī	+	问题 wèntí	(선생님께 문제를 여쭈어보다)
告诉 gàosu	+	他们 tāmen	+	事情 shìqing	(그들에게 사건을 알려주다)

동사 가운데 뒤에 "给"을 더하여 두 개의 목적어를 가지는 경우가 있다. 이들은 두 개의 형태소 결합에 의한 것이므로 '복합 수여동사'라 한다. 복합수여동사와 목적어 간의 결합관계에 대하여서는 6장의 2.2.1을 참고하라.

买给 mǎigěi (사주다), 拿给 nágěi (갖다 주다), 寄给 jìgěi (부쳐주다),
画给 huàgěi (그려주다), 写给 xiěgěi (써주다), 留给 liúgěi (남겨주다),
交给 jiāogěi (건네주다), 让给 rànggěi (넘겨주다), 还给 huángěi (돌려주다),
介绍给 jièshàogěi (소개시켜주다)

(2) 자동사

직접적으로 목적어를 가지지 못하는 동사를 이른다.

첫째, 비이합동사("非离合动词")인 자동사

活 huó ([삶을]살다), 醉 zuì ([술에]취하다), 病 bìng ([병을]앓다),
醒 xǐng ([잠에서]깨다), 哭 kū ([울음을]울다), 躺 tǎng ([몸을]드러눕다),
休息 xiūxi ([쉼을]쉬다), 工作 gōngzuò ([일을]하다), 劳动 láodòng ([노동을]하다),
逃跑 táopǎo ([도망을]가다), 考试 kǎoshì ([시험을]보다), 咳嗽 késou ([기침을]하다)
胜利 shènglì ([승리를]하다), 前进 qiánjìn ([전진을]하다), 失败 shībài ([실패를]하다)
后退 hòutuì ([후퇴를]하다), 出发 chūfā ([출발을]하다)

약간 어색한 번역이 될 수도 있지만 이 동사들이 목적어를 가지지 않는 이유가 될 수 있다고 보아 '[ ]' 속에 목적어적인 내용을 살렸다.

둘째, 이합동사인 자동사

이합동사는 '[V+O]' 구조의 단어로 이미 목적어성 형태소가 존재하는 동사이다. 이합동사에 동태조사 "了, 着, 过"나 보어 등이 오면 일반적으로 '[V+O]' 구조의 중간, 즉 V의 뒤에 위치한다. 이합동사의 확장문제는 3장의 3에서 살펴본 바 있다.

结婚 jiéhūn (결혼을 하다), 照相 zhàoxiàng (사진을 찍다), 毕业 bìyè (졸업을 하다)
就业 jiùyè (취직을 하다), 失业 shīyè (직업을 잃다), 吹牛 chuīniú(허풍을 떨다)
上当 shàngdàng (꾐에 빠지다), 吃亏 chīkuī (손해를 보다), 洗澡 xǐzǎo (목욕을 하다)
鞠躬 jūgōng (절을 하다), 睡觉 shuìjiào (잠을 자다), 帮忙 bāngmáng (일손을 돕다)

3) 동작의 지속성 유무에 따른 분류[9]

동사 뒤의 시간량이 지속성인가의 여부에 따라 '지속동사'와 '비지속동사'로 나뉜다.

(1) 지속동사

동작이나 행위가 지속될 수 있는 동사이다. 시작, 지속, 마감의 세 과정이 있다.

吃了半小时了。(30분 동안 먹었다.)
Chī le bàn xiǎoshí le.

等了一个小时了。(1시간 동안 기다렸다.)
Děng le yí ge xiǎoshí le.

研究了一整天了。(하루 종일 연구하고 있다.)
Yánjiū le yì zhěngtiān le.

9) 李临定(1990 : 65-72) 참조

지속동사는 시간보어를 가짐으로써 동작이나 '행위가 지속되는 시간량("持续量")'을 나타낸다. 이것을 '시간의 지속량'이라 한다.

(2) 비지속동사

동작이나 행위가 지속될 수 없는 동사이다. 시작, 지속, 마감의 세 과정이 없이 동작의 '시작과 끝이 중복되는 특성'을 가진다.

到 dào(도착하다/…에 이르다), 丢 diū (잃다/잃어버리다), 完 wán (끝나다), 来 lái (오다)
死 sǐ (죽다), 懂 dǒng (이해하다), 胜 shèng (이기다), 败 bài (지다), 见 jiàn (만나다),
断 duàn (끊다), 走(离开) zǒu (떠나다), 跑(逃跑) pǎo (도망가다), 离开 líkāi (떠나가다),
批准 pīzhǔn (비준하다), 牺牲 xīshēng (희생하다), 成立 chénglì (성립하다), 结束 jiéshù (끝나다)
公布 gōngbù (공포하다), 同意 tóngyì (찬성하다), 停止 tíngzhǐ (중지하다), 知道 zhīdao (알다),
通过 tōngguò (건너가다), 发明 fāmíng (발명하다), 完成 wánchéng (완성하다)

비지속동사도 시간보어를 가질 수 있다. 그러나 지속동사와는 달리 동작의 지속량을 표시하는 것이 아니라 '동작이 완료되고 난 후의 시간량("连续量")'을 표시한다. 이것을 '시간의 연속량'이라 한다.

到了两个半小时了。(도착한지 두 시간 반이 되었다.)
Dào le liǎng ge bàn xiǎoshí le.

丢了一个月了。(잃어버린지 일 개월이 되었다.)
Diū le yí ge yuè le.

来了半个小时了。(온지 30분 되었다.)
Lái le bàn ge xiǎoshí le.

离开了半年了。(떠난 지 반년이 되었다.)
Líkāi le bàn nián le.

知道一个星期了。(안지 일주일이 되었다.)
Zhīdao yí ge xīngqī le.

용어 및 강조

이상의 분류 가운데 문법적으로 특히 중시해야 할 점에 대해 알아보자.

1. 심리동사

심리동사는 기타 동사와 달리 '정도부사'의 수식을 받을 수 있으며, 일반적으로 "不"로 부정한다.

2. 동작의 지속성 유무

이는 여러 가지 문법현상을 야기하는 매우 중요한 문제이다. 즉 시간보어의 시간량에 대한 해석문제, 동태조사 "了, 着, 过"의 부가 가능여부 및 의미 차이 등이 모두 이 동작의 지속성 유무로부터 발생한다. 따라서 특히 '비지속동사'에 대해 민감하게 반응할 필요가 있다. 이는 동작이나 행위의 시간량과 태(aspect)의 의미를 파악하는 길이기 때문이다.

5.3 동사의 중첩과 그 의미

먼저 음절에 따른 동사중첩의 예를 보자.

◆ 동사 중첩 표

A (단음절)	AA 식	听听 tīngtīng (좀 들어보다), 想想 xiǎngxiǎng (잠시 생각해보다)
	A一A 식	听一听 tīng yi tīng (좀 들어보다), 想一想 xiǎng yi xiǎng (잠시 생각해보다)
	A了A 식	听了听 tīng le tīng (좀 들어보았다), 想了想 xiǎng le xiǎng (잠시 생각해 보았다)
	A了一A 식	听了一听 tīng le yì tīng (좀 들어봤다), 想了一想 xiǎng le yì xiǎng (잠시 생각해봤다)
AB (복음절)	ABAB 식	研究研究 yánjiū yánjiū (좀 연구하다), 整理整理 zhěnglǐ zhěnglǐ (좀 정리하다), 打扫打扫 dǎsǎo dǎsǎo (청소를 좀 하다), 讨论讨论 tǎolùn tǎolùn (좀 토론을 하다)
	AAB 식	聊聊天 liáo liáo tiān (이야기를 좀 나누다), 散散步 sàn sàn bù (잠시 산보를 하다), 帮帮忙 bāng bāng máng (좀 도와주다), 注注意 zhù zhù yì (잠시 주의를 기울이다)
A(B)来A(B)去식		想来想去 xiǎng lái xiǎng qù (이리저리 생각해보다), 走来走去 zǒu lái zǒu qù (왔다갔다하다)

설명

1) 중첩형식

단음절 동사중첩의 기본식은 'AA'의 형식이나 그 사이에 '一', '了', '了一' 따위를 부가할 수 있다. "了"가 부가되면 완료태를 나타낸다.

한편 두 음절 동사중첩의 기본식은 'ABAB'의 형식이나 'AAB' 식도 있는데 후자는 일반적으로 '술목식 구조'의 단어에 나타나는 형식이다.

또 동사에 방향보어를 넣은 'A(B)来A(B)去'[10]의 중첩식이 있다.

동사중첩은 단음절 동사가 두음절 동사에 비해 비교적 활발하다. 또 이상에서 중첩된 동사의 후반부 및 "A(B)来A(B)去" 형식의 "来"와 "去"는 경성(轻声)이 된다.

중첩이 불가능한 동사도 많다. 그 기본 원칙은 '비지속성' 동사는 일반적으로 중첩할 수 없다는 것이다. 따라서 '비지속 동사' "死, 完, 忘", '관계'를 표시하는 동사 "是, 有, 在", 심리・지각동사 "爱, 恨, 怕, 明白, 觉得", 의지로 조절이 불가능한 동사 "病, 丢" 등등은 중첩하지 않는다.

2) 동사중첩의 문법의미

동사중첩의 문법의미는 '짧은 지속이나 진행과 시도성(试图性)'의 두 의미로 표현된다.

(1) 동작이나 행위의 '짧은 지속이나 진행'을 표시하는 경우

a. 我进去换换衣服。(내가 들어가서 옷을 좀 갈아입을 게요.)
Wǒ jìn qù huànhuàn yīfu.

b. 我们再商量商量。(우리 다시 의논 좀 해봅시다.)
Wǒmen zài shāngliáng shāngliáng.

(2) '시도'나 어떤 가벼운 '어투'를 표현하는 경우

c. 穿穿看合适不合适。〈시도〉(맞는지 안 맞는지 한번 입어 보자.)
Chuānchuān kàn héshì bù héshì.

d. 进来坐坐吧。〈가벼운 권유의 어투〉(들어와 좀 앉으세요.)
Jìnlái zuòzuò ba.

예문 c의 경우는 '한번 해보다'의 의미로 중첩동사 뒤에 조사 "看"을 더함으로써 그러한 의미를 강조한다. d는 "吧"와 호응하여 비교적 부드럽고 '가벼운 권유의 어투'가

---

10) 이 형식은 중간에 쉼이 없으며 특히 '행위의 반복'을 의미한다.
想来想去还是想不出他的名字来。(이리저리 생각해도 그의 이름을 생각해낼 수 없다.)
走来走去像是在想什么心事。(왔다갔다하는 것이 무슨 시름에 잠긴 듯하다.)

잘 드러난다.

5.4 동사의 문법기능

동사가 문장 속에서 어떤 기능을 할 수 있는지 살펴보자.

◆ 동사의 문법 기능 표

문장성분	예 문
술어	我送他中文杂志。 (나는 그에게 중국어 잡지를 보낸다.) Wǒ sòng tā zhōngwén zázhì.
보어	大家都没听懂。 Dàjiā dōu méi tīng dǒng. (모두들 알아듣지 못하였다.)
주어	讨论已经结束了。 Tǎolùn yǐjīng jiéshù le. (토론은 이미 끝났다.)
관형어	请的客人都来了。 Qǐng de kèrén dōu lái le. (초청한 손님은 모두 왔다.)
목적어	现在开始讨论。 Xiànzài kāishǐ tǎolùn. (지금 토론을 시작한다.)

설명

이미 언급된 바이지만 동사는 형태변화 없이 문장 상에서의 위치에 따라 '부사어'를 제외한 각종 문장성분으로 두루 쓰일 수 있다.

단, 동사가 관형어로 쓰일 때는 동사 뒤에 구조조사 "的"를 반드시 붙여야한다.

这是喝的水。(이것은 마시는 물이다.)
Zhè shì hē de shuǐ.

买的书都在这儿。 (산 책은 모두 여기에 있다.)
Mǎi de shū dōu zài zhèr.

提的意见很正确。 (제기한 의견은 정확하다.)
Tí de yìjiàn hěn zhèngquè.

6. 조동사

6.1 조동사의 분류

조동사는 필수적으로 동사의 앞에서 동사의 각종 양태를 보조해주는 품사이다. 먼저 의미에 따른 분류표를 보자.

◆ **조동사의 분류와 의미특성 표**

조동사의 의미특성 및 예		한국어 의미
가능성	能 néng, 会 huì, 能够 nénggòu, 可能 kěnéng	~할 것이다
능력이나 기능	能 néng, 能够 nénggòu, 会 huì	~할 수 있다
당위성	应该 yīnggāi, 应当 yīngdāng, 该 gāi, 要 yào	마땅히 ~해야 한다
필요성	必需 bìxū, 得 děi	~해야 한다
주관적인 희망	想 xiǎng, 要 yào, 愿意 yuànyì, 肯 kěn	~하고 싶다
기 타	敢 gǎn	감히~하다
	别 bié	~하지 마라

(이 책은 "别"를 '금지'를 나타내는 조동사로 본다)

설명

조동사는 소위 "능원동사(能愿动词)"라고도 하는데 이 명칭에서 보듯이 의미가 '할 수 있다(能)'와 '원하다(愿)'의 두 가지로 크게 나뉜다. 이는 조동사의 의미적 특징을 중시한 이름이다.

그러나 조동사는 문법적으로 동사를 도와주는 것을 가장 큰 기능으로 한다. 이 책은 그 기능성을 중시하여 '조동사'라 명명한다.

조동사와 일반 동사 사이에는 특징을 비교한 다음 표를 보자.

◆ **조동사와 일반동사의 문법기능 비교 표**

조동사 : 일반동사 문법 기능	조동사 能 néng / 愿意 yuànyì	일반동사 来 lái / 看 kàn
동사 앞의 보조성분으로 충당가능한가	+	−
'很' 수식 여부	+	−
'别' 수식 여부	−	+
명사성 목적어 동반 여부	−	+
중첩 여부	−	+
'了, 着, 过' 동반 여부	−	+

설명

'조동사'는 의미적으로 심리성이 있는 품사답게 일반적으로 정도부사 '很'의 수식을 받을 수 있다는 점이 일반동사와 다른 큰 특징이다.

6.2 조동사의 문법기능

1) 상용 조동사의 문법기능과 그 차이

다음 표를 통해 살펴보자.

◆ **상용 조동사 문법기능 및 차이 표**

문법기능		조동사와의 결합 여부							
		能 néng	会 huì	可以 kěyǐ	要 yào	想 xiǎng	愿意 yuànyì	应该 yīnggāi	得 děi
정도부사 수식	"很"의 수식	+	+	−	−	+	+	−	−
부정	不	+	+	(+)	(−)	+	+	+	−
	没有	+	−	−	−	+	−	−	−
	不X不 (이중부정)	+	+	−	−	−	−	+	+(dé)

('X'는 조동사를 가리킴)

설명

'개괄하면, 조동사는 일반적으로 정도부사의 수식을 받을 수 있고, "不"에 의해 부정된다고 할 수 있다. 또 일부의 조동사는 이중부정의 "不X不" 형식으로 강조의 의미를 표시할 수도 있다.

그러나 조동사의 '부정용법'에서는 생각할 점이 있다. 위의 표에서 '(+)'는 일반적으로 가능하지만 주의해야 할 점이 있어서 한 표기이며, '(-)'는 다른 의미(즉, 금지)로 쓰일 때 가능할 뿐 조합이 불가능한 경우이다. 이 두 가지 사항에 대하여서는 밑에서 살펴보자.

이중부정 "不X不" 형식에서 "得"와 결합하는 경우, 즉 "不得不(부득불 ~해야만 한다)"의 "得"는 [dé]로 읽는다.

2) 조동사 "**可以**"와 "**要**"의 부정표현

조동사 가운데는 비교적 독특한 의미가 있기 때문에 부정형식이 단순히 "不"만 부가한 형태가 아닌 경우가 있다.

(1) "可以"

동사의 의미에 '가능'의 의미, 혹은 도리상 '허가'의 의미를 부가해준다.

我可以进屋里吗? 〈허가표시〉 (내가 집안으로 들어가도 됩니까?)
Wǒ kěyǐ jìn wūli ma?

부정은 일반적으로 "不能"이나 "不行"으로 한다.

A：这个蔬菜可以生吃吗? (이 채소는 생으로 먹을 수 있습니까?)
Zhè ge shūcài kěyǐ shēng chī ma?

B：这个蔬菜不能(*可以)生吃。(이 채소는 생으로 먹을 수 없다.)
Zhè ge shūcài bù néng(*kěyǐ) shēng chī.

A：我可以跟他谈谈吗? (내가 그와 이야기를 나눌 수 있을까요?)
Wǒ kěyǐ gēn tā tántán ma?

B：不行, 他在开会呢。(안됩니다, 그는 회의 중입니다.)
Bù xíng, tā zài kāihuì ne.

단, '반드시 ~하지 않아야한다'의 강조의 의미로 쓰일 때는 직접적으로 "不"의 부정도 가능하다.

学生无故旷四节课, 是不可以的。(학생이 이유 없이 4시간 수업에 빠지면 안 된다.)
Xuéshēng wúgù kuàng sì jié kè, shì bù kěyǐ de.

(2) "要"

동사의 의미에 어떤 일을 하고자 하는 주관적인 '바램', '~해야 함', '~하려함' 등의 의미를 부가해 준다.

a. 我要回老家去看看。〈희망 표시〉(나는 고향에 돌아가 보고 싶다.)
Wǒ yào huí lǎojiā qù kànkan.

b. 要下工夫, 才能学好。〈당위성 표시〉(노력을 해야만 비로소 잘 배울 수 있다.)
Yào xià gōngfu, cái néng xué hǎo.

c. 明天要考试了。〈'발생하려함' 표시〉(내일 시험을 보려한다.)
Míngtiān yào kǎo shì le.

d. 那个比这个要好。〈'판단, 추측'의 어투〉(그것이 이것보다 좋겠다.)
Nà ge bǐ zhè ge yào hǎo.

특히, d의 경우는 비교의미가 있는 문장에서 형용사성 용언에 '판단, 추측' 따위의 의미를 부가 해준다. 이때 한국어로의 해석은 그 의미가 잘 드러나지 않는 특징이 있다.

조동사 "要"의 부정문은 "不想"이나 "不打算"을 쓴다.

A：我要看这本书。你呢？(나는 이 책을 보고 싶다.)

Wǒ yào kàn Zhè běn shū. Nǐ ne?

B：我不想(*不要)看书。(나는 책을 보고 싶지 않다.)

Wǒ bù xiǎng (*búyào) kàn shū.

A：他要去中国, 你呢？(그가 중국에 간다던데, 당신은요?)

Tā yào qù Zhōngguó, nǐ ne?

B：我不打算(*不要)去中国。(나는 중국에 갈 생각을 하지 않습니다.)

Wǒ bù dǎsuàn (*búyào) qù Zhōngguó.

연습 7

1. 다음 중 빈칸에 들어갈 알맞은 말을 고르시오.

⑴ 父母最高兴的事就是一家人＿＿＿＿＿＿＿＿＿＿吃一顿饭。

A. 团圆　　B. 团团圆圆地

C. 很团圆　　D. 团圆团圆

⑵ 我弟弟踢球受伤了，不能去上课，＿＿＿＿＿＿＿＿＿＿。

A. 请了一个星期假　　B. 请了一个星期假

C. 请了假一个星期　　D. 请一个星期假了

⑶ 我能从他们说话的口音，＿＿＿＿＿他们是从哪儿来的。

A. 听见　　B. 听到

C. 听出　　D. 听过

2. 다음 두 문장 중에서 틀린 문장을 고르시오.

⑴ A. 上海比首尔暖和，所以不必要冬天的衣服。　(　　)

B. 上海比首尔暖和，所以冬天的衣服不必要。　(　　)

⑵ A. 时间过得很快，不知不觉到我该回国的时候了。　(　　)

B. 时间走得很快，不知不觉到我该回国的时候了。　(　　)

⑶ A. 我知道现在你工作没有了。　(　　)

B. 我知道现在你没有了工作。　(　　)

3. 다음 주어진 단어를 배열하여 문장을 만드시오.

(1) 我　老公　昨天　吵　一架　跟　了

☞ ______________________________

(2) 他　我　这样　问题　问　奇怪的　竟然　了　一个

☞ ______________________________

(3) 他　自己的　将来　开始　认真　考虑　终于　了

☞ ______________________________

4. 다음 주어진 단어를 이용하여 그림에 맞는 문장을 만드시오.

(1) 

▷ 可以

(2) 

▷ 不想

(3) 

▷ 别

7. 형용사

7.1 형용사의 분류

먼저 다음 분류표를 보자.

◆ **형용사의 분류**

형용사의 예 형용사의 분류			단음절	복음절
형용사	일반형용사	성질형용사	好, 大 高, 矮	美丽, 正确 优秀, 清楚
		상태형용사		雪白, 黑乎乎 好好儿的, 慢慢儿的
	구별형용사		男, 女 双, 单 公, 母	公共, 唯一 彩色, 黑白

설명

1) 성질형용사

사물의 각종 성질 혹은 모양을 나타내는 형용사이다. 정도부사(很등)의 수식을 받을 수 있다.

好 hǎo (좋다), 大 dà (크다/많다/세다), 高 gāo (높다/크다/비싸다), 整齐 zhěngqí (단정하다), 美丽 měilì (아름답다), 正确 zhèngquè (정확하다), 伟大 wěidà (위대하다), 优秀 yōuxiù (우수하다), 清楚 qīngchǔ (분명하다), 仔细 zǐxì (자세하다)

이 형용사들은 일반적으로 사람이나 사물에 대한 '성질'이나 '속성' 등을 나타내며 '판단성'이 있다. 따라서 일반적으로 상대적인 의미쌍이 존재한다.

好 hǎo (좋다) ↔ 坏 huài (나쁘다)
大 dà (크다/많다/세다) ↔ 小 xiǎo (작다/좁다/약하다)
高 gāo (높다/크다) ↔ 低/矮 dī/ǎi (낮다/작다)

2) 상태형용사

사물의 각종 상태를 나타내는 형용사이다.

通红 tōnghóng (온통 새빨갛다), 雪白 xuěbái ([눈처럼]새하얗다), 金黄 jīnhuáng (황금빛), 鲜红 xiānhóng (선홍색), 冰凉 bīngliáng ([얼음같이]차디 차다), 笔直 bǐzhí (매우 곧다), 黑乎乎 hēihūhū (시커멓다), 喜洋洋 xǐyángyáng (몹시 기쁘다), 好好儿的 hǎohāorde (좋다), 慢慢儿的 mànmānrde (느릿하다)

이 형용사들은 일반적으로 상태에 대한 '묘사성'을 강하게 나타낸다. 따라서 성질형용사와 달리 정도부사(很등)의 수식을 필요로 하지 않는다.

3) 구별형용사

각종 사물이나 상태에 대한 '구별'의 의미를 표시[11]하는 형용사를 이른다.

男 nán (남성의) ↔ 女 nǚ (여성의), 正 zhèng (정/정식의) ↔ 副 fù (부/보조의), 双 shuāng (짝수의) ↔ 单 dān (홀수의), 公 gōng (수컷의) ↔ 母 mǔ (암컷의), 雌 cí (암컷의) ↔ 雄 xióng (수컷의), 公共 gōnggòng (공공의) ↔ 唯一 wéiyī (유일한), 彩色 cǎisè (천연색의) ↔ 黑白 hēibái (흑백의)

'구별성'때문에 이들 형용사는 상대적인(반드시 '반대'라는 의미는 아님) 의미쌍이 제일 확실하게 드러난다. 이 형용사들은 기능적으로 술어로 쓰이지 못하고 단지 관형어로만 쓰이므로 비술어형용사("非谓形容词")라고도 한다.

한편 '명사의 성(性)표시 부분'에서 이미 살펴본 바와 같이 구별형용사들은 다른 단어와 결합하여 다시 단어화 하는 경우가 많다. 예를 들어 구별형용사가 부가된 "男生(남학생), 女生(여학생), 公鸡(수탉), 母鸡(암탉)" 등이 하나의 단어인가 두 개의 단어인가? 결국, 구별형용사들은 형태소적 특성이 강하며, 술어기능을 못하는 비교적 특수한 어휘라고 하겠다.

7.2 형용사 중첩과 그 의미

먼저 음절에 따른 중첩구조와 그 예를 보자.

◆ **형용사의 중첩양상 표**

A (단음절)	AA 식	大大 dàdā (크디 큰), 高高 gāogāo (높고 높은), 红红 hónghōng (붉은), 好好 hǎohāo (좋은/훌륭한), 慢慢 mànmān (천천히/느릿느릿)
	AXX 식	红通通 hóngtōngtōng (새빨갛다), 绿油油 lǜyōuyōu (짙푸르다), 亮晶晶 liàngjīngjīng (반짝반짝하다), 油光光 yóuguāngguāng (반들반들하다)

11) 이 형용사는 의미나 기능적인 면에서 일반 형용사와 차이가 많이 나므로 "区别词"라 하여 품사의 일종으로 구분하기도 한다. 陆俭明 등(1993 : 279) 참고.

AB (복음절)	AABB 식	干干净净 gāngan jìngjìng (깨끗하다), 漂漂亮亮 piàopiao liàngliàng (아주 예쁘다), 马马虎虎 mǎma hūhū (아무렇게나 대충하다), 清清楚楚 qīngqing chǔchǔ (매우 분명하다), 明明白白 míngming báibái (명명백백하다), 痛痛快快 tòngtong kuàikuài (시원스럽다), 高高兴兴 gāogao xìngxìng (즐겁다)
	ABAB 식	雪白雪白 xuěbái xuěbái (새하얗다), 漆黑漆黑 qīhēi qīhēi (칠흑같이 검다), 笔直笔直 bǐzhí bǐzhí (똑바르다), 冰冷冰冷 bīnglěng bīnglěng (차디차다)
	A里AB 식	糊里糊涂 hú li hútu (어리벙벙하다), 马里马虎 mǎ li mǎhǔ (건성건성하다) 土里土气 tǔ li tǔqì (촌티가 나다), 傻里傻气 shǎ li shǎqì(바보스럽다)

설명

표에서 'A'와 'B'는 각각 임의의 음절을 표시하며, 'XX'는 형용사의 접미사적 성격이 있는 경우를 의미한다. 'AA' 형식의 두 번째 음절은 1성으로 변조(变调)된다.

형용사중첩식은 원래의 형식에 비하여 의미상 '생동감'이 있으며, 또 '정도'를 강조하거나 '감정색채'를 띠는 경우도 있다.

7.3 형용사의 문법기능

◆ 형용사의 문법기능표

문장성분	예 문
관형어	我不想看旧杂志。Wǒ bù xiǎng kàn jiù zázhì. (나는 옛 잡지를 보고 싶지 않다.)
술어	他很着急。Tā hěn zháojí. (그는 매우 조급하다.)
부사어	主人热情地接待我们。Zhǔrén rèqíng de jiēdài wǒmen. (주인은 친절하게 우리를 접대한다.)
보어	黑板没擦干净。Hēibǎn méi cā gānjìng. (칠판이 깨끗이 지워지지 않았다.)
주어	骄傲不好。Jiāoào bù hǎo. (교만스러움은 좋지 않다.)
목적어	女孩子爱漂亮。Nǚ háizi ài piàoliang. (여자 애들은 예쁜 것을 좋아한다.)

설명

형용사 역시 형태변화 없이 문장 상에서의 '위치'에 따라 모든 문장성분으로 두루 쓰일 수 있다. 품사만 놓고 본다면 문장성분 충당 기능은 형용사가 가장 강하다.

7.4 형용사와 동사의 차이

먼저 다음 비교표를 보자.

◆ **형용사와 동사의 문법기능 비교표**

문법 특징	형용사			동사	
	일반형용사		구별 형용사		
	성질형용사	상태형용사		타동사	자동사
목적어 대동 여부	−	−	−	+	−
"很" 수식 여부	+	−	−	(-)	
중첩의 기본형식	AA식 AABB식	AXX ABAB A里AB	−	AA식 ABAB식 A(B)来A(B)去	
중첩의미	정도의 '심화'나 '적당'함		-	단기 '지속성', '시도성'	
개괄적인 의미	'성질'이나 '상태'의 의미		'구별'기능	'동작', '행위', '심리', '관계' 등의 의미	

설명

표에서 볼 수 있듯이 형용사와 동사를 문법기능이나 의미 차원에서 부분적인 유사성이 있지만 역시 적지 않은 차이를 보인다. 가장 두드러진 차이는 '성질형용사'와 '타동사'간에 보이는 차이이다. 목적어 대동여부와 "很"의 수식여부 및 두 음절어의 중첩에서 차이를 보인다. 타동사로 정도부사의 수식을 받을 수 있는 경우는 '심리동사' 뿐이다.

한편 형용사 내부에서도 성질형용사와 상태형용사간의 차이도 크다. 이들 사이에도 "很"의 수식여부 및 두 음절어의 중첩에서 분명한 차이를 보인다. 특히 구별형용사간의 차이는 매우 크다. 이러한 차이 때문에 "구별사(区别词)"라는 품사를 달리 설정하는 학자도 있다.

연습 8

1. 다음 중 빈칸에 들어갈 알맞은 말을 고르시오.

⑴ 大家整天____________________，很就没联系了。

A. 忙忙碌碌的　　B. 忙碌忙碌

C. 忙忙碌碌了　　D. 很忙忙碌碌

⑵ 听说你有喜事，快说出来，让我们也____________________。

A. 高高兴兴　　B. 高兴高兴

C. 高兴了高兴　　D. 高高兴

⑶ 那天晚上没有月光，教室里____________________。

A. 漆黑黑　　B. 漆漆的

C. 漆黑的　　D. 漆黑漆黑的

2. 다음 두 문장 중에서 틀린 문장을 고르시오.

⑴ A. 我的汉语不太好，在中国生活遇到很多麻烦。　(　　)

B. 我的汉语不太好，在中国生活遇到有多麻烦。　(　　)

⑵ A. 这几座楼的建筑风格都是西方的。　(　　)

B. 这几座楼的建筑风格都是西式的。　(　　)

⑶ A. 我听得很清楚，老师确实是这样讲的。　(　　)

B. 我听得清楚了，老师确实是这样讲的。　(　　)

3. 다음 주어진 단어를 배열하여 문장을 만드시오.

(1) 我　觉　睡　一　现在　躺　想　真　就　在床上　舒舒服服地

☞ ________________________________

(2) 我　你　事情　想　商量　有　重要　跟　的

☞ ________________________________

(3) 他男朋友　我们的　邀请　愉快　接受　地　了

☞ ________________________________

4. 다음 그림에 알맞는 문장을 찾아 연결하시오.

(1)  ·　　· (a) 妈妈，真好玩儿！再高一点儿！

(2)  ·　　· (b) 她今天穿了一条漂亮的裙子。

(3)  ·　　· (c) 小黑狗丢了，她难过地哭了。

(4)  ·　　· (d) 我先尝尝，看看好吃不好吃。

(5)  ·　　· (e) 让我看看，谁的手洗得最干净？

8. 부사

부사는 문장내에서 극 소수의 경우를 제외하고 부사어를 이룰 뿐 기타 문장성분을 이루지 못하는 품사의 일종으로, 본서는 허사의 한 종류로 친다.

8.1 부사의 분류

1) 의미에 따른 분류

(1) 정도부사

정도부사는 각종 성질이나 상태에 대한 [+정도성]을 나타내는 부사를 총칭하여 이른다. 이책은 '주관적인 정도성'을 나타내는 부사, '대상과의 비교정도'를 나타내는 부사, '수량에 대한 정도성', '동작에 대한 정도성'을 나타내는 부사 등으로 분류한다.[12] 어휘목록을 도표화하면 다음과 같다.

◆ **정도부사의 분류표**

부사의 분류		부사의 예
정도부사	주관적인 정도성	很 hěn (매우), 挺 tǐng (아주), 太 tài (몹시), 满 mǎn (대단히), 非常 fēicháng (대단히), 格外 géwài (특별히), 十分 shífēn (충분히), 相当 xiāngdāng (상당히), 好(不) hǎo(bù) (매우), 极为 jíwéi (극히)
	대상과의 비교 정도성	最 zuì (가장), 特别 tèbié (특히), 更 gèng (더욱), 愈(越) yù(yuè) (더욱더), 比较 bǐjiào (비교적), 更加 gèngjiā (한층), 越加 yuèjiā (더욱), 尤其 yóuqí (더우기), 较为 jiàowéi (비교적), 最为 zuìwéi (제일)
	수량에 대한 정도성	稍 shāo (약간), 稍微 shāowēi (다소), 起码 qǐmǎ (최소한/최저한도로), 至多 zhìduō (많아야/최대한), 至少 zhìshǎo (최소한/적어도), 有点儿 yǒudiǎnr (조금), 差不多 chàbuduō (거의), 几乎 jīhū (거의)
	동작에 대한 정도성	极力 jílì (극력), 竭力 jiélì (전력), 尽量 jǐnliàng (가능한), 尽情 jǐnqíng (마음껏)

(2) 시간 및 빈도부사

시간부사는 각종 상태에 대한 '시간성'을 나타내는 부사를 총칭하여 이른다. 본서는 시간부사를 '화자가 발화(发话)할 때를 기준'으로 하여 과거(甲류), 현재(乙류), 미래(丙류), 미확정시("不定时", 丁류) 등의 네 가지로 분류한다.[13] 어휘목록을 도표화하면 다음과 같다.

---

12) 물론 개별 부사가 지니는 의미의 다양성으로 인하여 의미상 서로 중복되는 경우가 있다. 따라서 의미에 따른 분류법이 절대적인 것이라고 볼 수는 없다. 이는 정도부사뿐만 아니라 의미에 근거하여 어휘를 분류할 때 일반적으로 발생하는 문제이다.

13) 그렇다고 하여 '부사'가 시제(时制)를 확정할 정도로 강력한 시제의미를 가지는 것은 아니다. 자세한 내용은 이 책 6장 4.1과 4.2의 '시제와 동태' 부분을 참고하라.

◆ 시간 및 빈도부사의 분류표

부사의 분류			부사의 예
시간 및 빈도부사	甲. 과거	ⓐ 시역	向来 xiànglái (본래부터), 素来 sùlái (평소부터), 从来 cónglái (지금까지), 历来 lìlái (예로부터)
		ⓑ 과거	已(经) yǐ(jīng) (이미), 曾(经) céng(jīng) (일찌기), 刚(刚) gāng(gāng) (지금 막)
	乙. 현재		正$_1$ zhèng (한창), 正在 zhèngzài (마침), 在 zài (지금 막)
	丙. 미래	ⓐ 미래	将要 jiāngyào (막… 하려하다), 快要 kuàiyào (곧… 하다)
		ⓑ 시역	早晚 zǎowǎn (조만간), 迟早 chízǎo (조만간), 眼看 yǎnkàn (곧)
	丁. 미확정시 ("不定")	ⓐ 시역	永远 yǒngyuǎn (늘), 始终 shǐzhōng (처음부터 한결같이), 老(是) lǎo(shì) (항상), 总(是) zǒng(shì) (언제나), 一直 yìzhí (줄곧)
		ⓑ 즉시	立刻 lìkè (즉시), 马上 mǎshàng (당장), 一下(儿/子) yíxia (r/zi) (단번), 就 jiù (바로)
		ⓒ 빨리	赶紧 gǎnjǐn (서둘러), 赶快 gǎnkuài (얼른), 连忙 liánmáng (급히)
		ⓓ 우선	预先 yùxiān (미리), 尽早 jǐnzǎo (되도록 일찍), 及早 jízǎo (일찌감치)
		ⓔ 빈도	常(常) cháng(cháng) (자주), 往往 wǎngwǎng (왕왕), 又 yòu (또), 也 yě (또한), 再 zài (다시), 再三 zàisān (재삼), 屡次 lǚcì (누차)
		ⓕ 시점 강조어투	正$_2$ zhèng (바로), 正好 zhènghǎo (마침), 恰好 qiàhǎo (마침), 正巧 zhèngqiǎo (공교롭게도), 刚好 gānghǎo (알맞게), 恰巧 qiàqiǎo (때마침), 刚巧 gāngqiǎo (때마침)

설명

도표에서 甲ⓐ류, 丙ⓑ류, 丁ⓐ류 등은 시간의 구역, 즉 '시역(时域)'의 의미가 있는 부사들이다. 丁ⓒ의 부사들은 '빨리'의 의미가 있으며 [+意志性]을 수용할 수 있는 동사류와 잘 호응하는 경향이 있다. 丁ⓔ의 부사들은 [+빈도성]이 있으므로 '빈도부사'로 따로 분류해도 되나 '빈도'는 시간성과 밀접한 관계가 있다고 보아 함께 묶었다. 한편 丁ⓕ류는 '시점에 대한 강조의 어투'를 나타낸다. 따라서 '어기부사'로 분류해도 무방하겠다. 이처럼 미확정시의 부사들은 [+시간성] 의미 외에 각종 독특한 의미를 가지고 있다.

(3) 상태부사

상태부사는 '주어의 행위나 상태가 어떠함'을 나타내는 부사이다. '평가성의 의미'가 있는 부사(甲류)와 '시간의 변화에 따른 존재상태'를 나타내는 부사(乙류), '흡사/전례대로'의 의미를 나타내는 부사(丙류) 등으로 나눈다. 특히 전자는 일반적으로 문두에 위치하지 못한다.

◆ 상태부사의 분류표

부사의 분류			부사의 예
상태부사	甲. 평가성		自然 zìrán (자연히), 毅然 yìrán (의연히), 亲自 qīnzì (직접), 擅自 shànzì (제멋대로), 贸然 màorán (무턱대고), 轻易 qīngyì (가벼이), 欣然 xīnrán (기꺼이), 私下 sīxià (몰래), 暗暗 àn'àn (암암리에), 默默 mòmò (묵묵히), 公然 gōngrán (공공연히), 特地 tèdì (특히)
	乙. 존재성 상태성	ⓐ 여전히	仍然 réngrán (여전히), 仍旧 réngjiù (변함없이), 依然 yīrán (전과 다름없이), 依旧 yījiù (예전대로)
		ⓑ 점점	渐渐 jiànjiàn (점점), 逐步 zhúbù (차츰차츰), 逐渐 zhújiàn (점차)
		ⓒ 갑자기	忽然 hūrán (갑자기), 忽地 hūdì (별안간), 猛然 měngrán (뜻밖에)
		ⓓ 우연히	偶尔 ǒu'ěr (간혹, 우연히)
	丙. 흡사/전례대로		彷佛 fǎngfú (마치[…인 듯하다]), 照例 zhàolì (관례대로)

설명

이미 언급한 바와 같이 상태부사는 '주어'의 '상태가 어떠함'에 대한 평가성 수식을 한다. 따라서 일반적으로 주어의 뒤에 위치한다. 이는 문두에 위치하여 문장의 전체 내용에 대한 '화자'의 심리적 태도나 평가적인 의미로 수식기능을 하는 문장수식부사와는 다르다. 상태부사 중 [+시간성]이 있는 乙ⓑ류 만이 문장수식기능이 있다. 상태부사는 주어의 상태에 대한 수식기능을 가진다는 것을 꼭 기억하자.

乙류 가운데 ⓐ류는 '불변', ⓑ류는 '점진적인 변화', ⓒ류는 '갑작스런 변화', ⓓ류는 '우연' 등의 의미로 각각 분류한다.

(4) 범위부사

범위부사는 각종 사물이나 사람에 대해 그 범위를 제한하거나 수식하는 기능을 가진 부사를 총칭하여 이른다. 범위부사는 '총괄'의 의미를 나타내는 것, '단지, 겨우, 개별' 등의 의미를 나타내는 것, '공통'의 의미를 나타내는 것, '장소'의 의미를 나타내는 것 등으로 분류한다. 어휘목록을 보이면 도표와 같다.

◆ **범위부사 분류표**

부사의 분류		부사의 예
범위부사	총괄	都 dōu (모두), 全 quán (전부), 凡是 fánshì (대체로), 统统(通通) tǒngtǒng(tōngtōng) (모두 다), 总共 zǒnggòng (전부), 大都 dàdōu (대부분), 大致 dàzhì (대체로), 大体 dàtǐ (대략)
	단지, 겨우 개별	就₁(是) jiù(shì) (단지…일 뿐), 单(单) dān(dān) (오직), 光(是) guāng(shì) (단지…뿐만), 只(是) zhǐ(shì) (다만), 仅(仅) jǐn(jǐn) (단지), 独自 dúzì(단독으로), 唯独 wéidú (유독)
	공통	一共 yígòng (합쳐서), 一起 yìqǐ (같이), 一块儿 yíkuàir (함께), 一概 yígài (모조리), 一并 yíbìng (전부), 一律 yílǜ (일률적으로)
	장소	到处 dàochù (곳곳마다), 处处 chùchù (도처에), 满处 mǎnchù (여기저기에)

(5) 부정부사

문장 가운데서 술어의 앞에 위치하여 문장의 원래 의미에 '부정'의 의미를 부가하는 기능을 가진 부사를 총칭하여 이른다(부정부사와 술어와의 호응관계 및 수식양상에 대하여 6장의 4.3 '문장의 부정'에서 자세히 설명한다).

{ 不 bù, 没(有) méi(yǒu) }

(6) 어기부사("语气副词"[14])

'어기부사'는 어투를 나타내는 부사이다. '긍정, 가능, 필연' 등의 어투를 나타내는 부사[15], '의심, 의문' 등의 어투를 나타내는 부사, '추측'의 어투를 나타내는 부사, '다행'의 어투를 나타내는 부사, '의도, 의외' 등의 어투를 나타내는 부사, '반전(反转), 결연함' 등의 어투를 나타내는 부사로 분류한다. 어휘목록을 보이면 다음과 같다.

---

14) 이 책에서는 '용어'로서는 "어기조사"라는 말을 쓰지만 발화자의 정서를 말하는 경우에는 모두 '어투'라는 말을 쓴다. '어투'에 대해서는 6장의 4.4 '문장의 어투' 부분에서 상세히 다룬다.

15) 이 부사들은 공통적으로 '긍정성' 어투를 나타낸다. 그러나 각각의 어투특성에 따라 다시 '확신, 인정, 감탄, 정도성, 필연' 등으로 재분류할 수 있다.

◆ **어기부사 분류표**

부사의 분류			부사의 예
어기부사	긍정	확신 인정	其实 qíshí (사실은), 准(保) zhǔn(bǎo) (틀림없이), 确(实) què(shí) (확실히), 的确 díquè (분명히), 一定 yídìng (반드시), 明明 míngmíng (분명히), 敢情 gǎnqing (당연히), 果然 guǒrán (과연), 果真 guǒzhēn (진실로), 难怪 nánguài (어쩐지), 最好 zuìhǎo (가장 좋기는), 只好 zhǐhǎo (부득불/하는 수 없이)
		감탄	可 kě (꽤), 就$_3$ jiù (바로), 实在 shízài (참으로), 简直 jiǎnzhí (그야말로)
		필연	必定 bìdìng (기필코), 势必 shìbì (필연코), 务必 wùbì (필히), 千万 qiānwàn (절대로)
	의심, 의문		岂 qǐ (어찌), 难道 nándào (설마), 到底 dàodǐ (도대체), 究竟 jiūjìng (대관절), 何必 hébì (구태여)
	추측		大概 dàgài (아마도), 大约 dàyuē (대략), 也许 yěxǔ (어쩌면), 或许 huòxǔ (혹시), 兴许 xīngxǔ (혹은)
	다행		幸亏 xìngkuī (다행히), 好在 hǎozài (다행히도), 幸而 xìng'ér (운좋게도), 幸好 xìnghǎo (요행으로)
	의도, 의외		偏偏 piānpiān (뜻밖에도), 居然 jūrán (뜻밖에도), 竟然 jìngrán (의외로), 原来 yuánlái (알고 보니)
	반전, 결연함		倒 dào (도리어), 却 què (그러나), 反而 fǎn'ér(오히려), 反正 fǎnzhèng (어쨌든), 索性 suǒxìng (아예)

2) 수식기능에 따른 분류

부사의 '수식기능'이란 문장 속에서 부사의 위치와 수식범위 차원의 기능을 말한다. 먼저 표를 통해 '성분수식부사'와 '문장수식부사'의 수식기능 차이에 대해 알아보자.

◆ **성분수식부사와 문장수식부사의 수식기능 차이표**

위치 · 수식기능		예 문
성분수식 부사	정도	雨下得太[大]了，先别出去。(비가 너무 세게 내린다. 우선 나가지 마라.) Yǔ xià de tài [dà] le, xiān bié chū qù.
	시간량	水就开，你稍[等一会儿]。(물이 곧 끓을 것이니 조금만 기다려 주세요.) Shuǐ jiù kāi, nǐ shāo [děng yíhuìr].
	부정	我以后不[去]了。Wǒ yǐhòu bú [qù] le. (나는 이후에는 안 갈래.)
문장수식 부사	확신	的确，[在小屋里，我感到了异样的幸福、欢乐、自由。] Díquè, [zài xiǎo wūli, wǒ gǎn dào le yìyàng de xìngfú、huānlè、zìyóu. (확실히, 나는 이 작은 집에서 특이한 행복과 기쁨과 자유를 느낀다.)
	다행	幸而[村长脑筋清楚]。(다행히 촌장의 머리는 명석했다.) Xìng'ér [cūnzhǎng nǎojīn qīngchǔ].
	깨닫게 됨	原来[他是个须发全白了的老人，花甲？古稀?] Yuánlái [tā shì ge xūfà quán bái le de lǎorén, huājiǎ? gǔxī?] (알고 보니 그는 귀밑머리가 하얀 노인이었다, 회갑? 아니면 고희쯤 되었을까?)

예문을 통해 '성분수식 부사'와 '문장수식 부사'의 '위치'와 '수식기능'에 대해 살펴볼 수 있다.

(1) 성분수식 부사

문장 내에서 어느 한 성분만을 수식하는 기능을 가지는 부사를 이른다. 위에서 제시한 정도부사, 범위부사, 상태부사, 시간 및 빈도부사, 부정부사 등의 대부분이 여기에 해당한다. 어휘 목록은 이미 언급한 것으로 대체한다.

(2) 문장수식 부사

문두에 위치하여 문장 전체의 내용에 대하여 화자의 각종 심리적 태도를 나타내는 부사를 총칭하여 이른다. 문장수식부사는 대부분 '어기부사'로 구성되지만 소수의 '정도부사, 상태부사, 시간부사' 등도 문장수식 기능을 할 수 있다. 그 어휘 목록은 다음과 같다.

◆ **문장수식부사 목록표**

부사의 분류		부사의 예
문장수식부사	어투성	其实 qíshí (사실은), 准(保) zhǔn(bǎo) (틀림없이), 确(实) què(shí) (확실히), 的确 díquè (분명히), 明明 míngmíng (분명히), 敢情 gǎnqing (당연히), 果然 guǒrán (과연), 果真 guǒzhēn (진실로), 难怪 nánguài (어쩐지), 一定 yídìng (반드시), 势必 shìbì (필연코); 难道 nándào (설마), 到底 dàodǐ (도대체), 何必 hébì (구태여); 大概 dàgài (아마도), 大约 dàyuē (대략), 也许 yěxǔ (어쩌면), 或许 huòxǔ (혹시), 兴许 xīngxǔ (혹은); 幸亏 xìngkuī (다행히), 多亏 duōkuī (덕분에), 好在 hǎozài (다행히도), 幸而 xìng'ér (운좋게도), 幸好 xìnghǎo (요행으로) 偏偏 piānpiān (뜻밖에도), 居然 jūrán (뜻밖에), 竟然 jìngrán (의외로), 原来 yuánlái (알고 보니); 倒是 dàoshì (의외로), 反正 fǎnzhèng (어쨌든)
	정도성	尤其 yóuqí (더우기), 起码 qǐmǎ (최소한/최저한도로), 至少 zhìshǎo (최소한/적어도), 至多 zhìduō (많아야/최대한), 差不多 chàbuduō (거의), 几乎 jīhū (거의), 尽量 jǐnliàng (가능한)
	시간성	向来 xiànglái (본래부터), 素来 sùlái (평소부터), 从来 cónglái (여태껏), 历来 lìlái (예로부터), 早晚 zǎowǎn (조만간), 迟早 chízǎo (조만간), 眼看 yǎnkàn (곧), 一直 yìzhí (줄곧), 立刻 lìkè (당장), 马上 mǎshàng (즉시), 正好 zhènghǎo (마침), 正巧 zhèngqiǎo (공교롭게도), 恰好 qiàhǎo (마침), 恰巧 qiàqiǎo (때마침), 刚好 gānghǎo (알맞게), 刚巧 gāngqiǎo (때마침)
	상태성	渐渐 jiànjiàn (점점), 逐渐 zhújiàn (점차), 照例 zhàolì (관례대로)

설명

표에서 볼 수 있듯이 문장수식부사의 대부분은 어기부사로써 이루어진다. 그러나 시간부사에서 특히 '시역'의 의미를 나타내는 경우 및 '시점' 강조의 어투를 나타내는 경우는 상당수의 어휘가 문장수식기능이 있다. 또 상태성으로 분류한 경우도 그 의미를 보면 '시간성'을 가진다. 이러한 점에서 문장수식부사는 주로 '어투 표현성', '시간성' 및 '정도성'과 관련된 '수량'의미의 부사들로 이루어진다는 것을 알 수 있다.

8.2 부사의 문법기능

수식어로서 부사는 '항상' 피수식어(중심어) 앞에 위치한다. 다음표를 보자.

◆ 부사 수식관계에 있어서의 위치 표

부사 수식어	피수식어(Y)		
	문장	문장성분	품사
수식어 (부사어) (X)	명제	술어 주어 관형어 부사어	동사 형용사 명사 동사 부사

설명

도표는 중국어의 부사수식어(X)가 그것이 문장이던 문장성분이던 아니면 품사이던 간에 '항상' 피수식어(Y) 앞에 위치함을 보여준다. 이처럼 현대중국어 부사는 분포적으로 항상 피수식어 앞이라는 특징을 보인다.

다음 예문을 보자.

a. 我想再[听听]那张唱片。〈성분수식〉 (나는 그 테이프를 다시 좀 듣고 싶다.)
Wǒ xiǎng zài tīng tīng nà zhāng chàngpiàn.

b. 就[他]会说英语。〈성분수식> (그만이 영어를 할 수 있다.)
Jiù tā huì shuō Yīngyǔ.

c. 反正[我不再和他来往]。〈문장수식> (어쨌든 나는 그와 다시 사귀지는 않겠다.)
Fǎnzhèng wǒ bú zài hé tā láiwǎng.

a의 '빈도성'이 있는 부사 "再"는 "听"의 앞에서 수식한다. 또 b의 범위부사 "就"는 "他"만을 꾸며주며, c의 문장수식부사 "反正"은 문장 전체가 서술하는 내용 "我不再和他来往"에 대하여 "어쨌든(간에)"라는 화자의 심리상의 태도를 표시한다. 여기서 보듯 각종 부사어는 모두 피수식어 앞에 위치한다. 이는 현대중국어 부사어 수식구조에 있어 보이는 매우 강력한 특징이다.

MEMO

연습 9

1. 다음 주어진 단어를 적합한 위치에 넣으시오.

(1) 我__A__不知道我妹妹__B__为什么到现在__C__不结婚，大概是__D__因为工作太忙。
还

(2) __A__我__B__陪你去，__C__发生了什么意外，也好__D__有个帮忙的人。
万一

(3) 既然你已经__A__决定了__B__要辞职，我们__C__就__D__不留你了。
也

2. 다음 보기에서 적당한 단어를 골라 문장의 빈칸을 채우시오.

<보 기>

还 / 再 / 又 / 也 / 都 / 才 / 就

(1) ________一年开始了，我该怎样走自己的路呢?

(2) 他们早上________出发了，你们怎么现在________来?

(3) 他们俩对中国文学________很感兴趣。

(4) 有机会，我________想________去一次西藏。

(5) 想到这里，我再________躺不下去了。

3. 다음 두 문장 중에서 틀린 문장을 고르시오.

(1) A. 晚上，常常都大家睡了，才妈妈睡。 (　　)
B. 晚上，常常大家都睡了，妈妈才睡。 (　　)

(2) A. 为了学习和工作，哥哥一直到40岁就结婚了。 (　　)
B. 为了学习和工作，哥哥一直到40岁才结婚了。 (　　)

(3) A. 您讲得非常精彩，还给我们说一说吧。 (　　)
B. 您讲得非常精彩，再给我们说一说吧。 (　　)

4. 다음 주어진 단어를 이용하여 그림에 맞는 문장을 만드시오.

(1)  ▷ 太…了

(2)  ▷ 快…了

(3)  ▷ 曾经…过

9. 전치사

전치사("介词")는 항상 어떤 명사구의 앞에 위치하여 그 명사구를 목적어로 취하고 자신이 가지는 문법의미를 부여하는 허사 중의 하나이다. 따라서 전치사는 전치사구를 구성해야만 그 문법적인 의미가 드러난다.

9.1 전치사의 분류

다음 전치사 분류표를 보자.

◆ 전치사 분류 표

<table>
<tr><th colspan="2">총괄적 의미</th><th>전치사</th><th>의 미</th></tr>
<tr><td colspan="2" rowspan="5">시간
장소
방향
표시</td><td>从 cóng, 自 zì, 打 dǎ, 由$_1$ yóu, 离 lí</td><td>~로부터</td></tr>
<tr><td>到 dào, 至 zhì</td><td>~로, ~까지</td></tr>
<tr><td>在 zài, 于 yú, 当 dāng</td><td>~에서, ~즈음하여</td></tr>
<tr><td>沿 yán, 沿着 yánzhe, 顺着 shùnzhe,
连同 liántóng</td><td>~을 따라, ~을 좇아</td></tr>
<tr><td>向 xiàng, 往 wǎng, 朝 cháo,
向着 xiàngzhe, 朝着 cháozhe, 对着 duìzhe</td><td>~를 향하여, ~쪽으로</td></tr>
<tr><td colspan="2" rowspan="4">근거
표시</td><td>本 běn, 凭 píng, 靠 kào, 根据 gēnjù,
本着 běnzhe, 凭着 píngzhe</td><td>~근거하여, ~에 의거하여</td></tr>
<tr><td>按 àn, 依 yī, 据 jù, 按照 ànzhào,
依照 yīzhào, 依靠 yī kào</td><td>~대로, ~에 의하면</td></tr>
<tr><td>趁 chèn, 趁着 chènzhe, 乘 chéng</td><td>~을 틈타서, ~하는 김에</td></tr>
<tr><td>随 suí, 随着 suízhe</td><td>~에 따라</td></tr>
<tr><td colspan="2" rowspan="2">수단이나
방법 표시</td><td>用 yòng, 拿 ná, 以 yǐ</td><td>~로써</td></tr>
<tr><td>经 jīng, 经过 jīngguò, 通过 tōngguò</td><td>~를 통하여</td></tr>
<tr><td colspan="2">원인 표시</td><td>因 yīn, 因为 yīnwèi, 由 yóu, 由于 yóuyú</td><td>~때문에, ~로 인하여</td></tr>
<tr><td colspan="2">목적 표시</td><td>为$_1$ wèi, 为着 wèizhe, 为了 wèile</td><td>~을 위하여</td></tr>
<tr><td rowspan="3">대상
표시</td><td>공동행위</td><td>跟 gēn, 和 hé, 与 yǔ, 同 tóng</td><td>~와, ~과</td></tr>
<tr><td>행위주체</td><td>由$_2$ yóu</td><td>~가</td></tr>
<tr><td>관계</td><td>对 duì, 关于 guānyú</td><td>~에 대하여, ~관하여</td></tr>
</table>

	전치	把 bǎ, 将 jiāng	~을
	피동	被 bèi, 给1 gěi	~에게 (당하다)
	수여	给2 gěi	~에게 (주다)
	비교	比 bǐ	~보다, ~에 비해
	제외	除 chú, 除了 chúle	~을 제외하고
	대리	替 tì	~대신
	봉사	为2 wèi, 给3 gěi	~를 위해
	어투	连 lián	~조차

설명

표의 분류는 전치사사 전치사구를 만들 때 나타내는 의미에 근거한 것이다. 그러나 위와 같은 분류가 완벽할 수는 없다. 왜냐하면 어휘의미이던, 문법적 의미이던 간에 의미에 근거한 분류는 상당부분 중복(/교착)되는 양상을 피할 수 없기 때문이다. 이점에 대해 좀 더 살펴보자.

1) 전치사 내부의 교착현상

(1) 일정한 문법의미를 나타내는 전치사가 한두 개가 아니다. 예를 들어 '근거'를 나타내는 전치사는 위의 표에서 보듯 17개나 된다.

(2) 하나의 전치사가 여러 개의 문법적 의미를 나타낼 수 있다. 예를 들어 "从"과 "在"는 시간과 공간의 의미를 모두 나타낼 수 있다. 또 "由"는 '장소'의 기점뿐만 아니라 '행위의 주체' 대상을 나타낼 수 있다. 또 "为"도 '목적'과 '봉사'의 대상을 나타낼 수 있다. 특히 "给"은 '피동', '수여', '봉사' 등의 여러 대상을 나타낼 수 있다.[16]

2) 전치사와 기타 품사와의 교착현상

전치사는 동사의 의미가 허화(虛化)되어 이루진 것으로 설명된다. 그렇다보니 동사와 겸류현상을 보이는 경우가 적지 않다.

또 전치사는 위치적으로 주어의 뒤에 위치하여 자체적으로 명사구를 가지므로 '명사구+전치사+명사구'의 구조이므로 같은 위치에서 문법기능을 하는 '접속사'와 겸류현상을 보이기도 한다(이점에 대해서는 접속사 부분에서 다룬다). 전치사의 성격을 규명하기 위해서는 이러한 면에 대한 이해가 필요하다. 여기서는 '전치사와 동사의 겸류현상'에 대하여 살펴보자.

---

16) 글자 뒤의 작은 숫자는 각각의 기능 차이에 근거하여 붙인 것이다.

상용도가 높은 몇몇 어휘의 겸류현상을 표로 나타내면 다음과 같다.

◆ **전치사와 동사 겸류현상 표**

겸류 어휘	전치사		동사	
	용례	의미	용례	의미
在 zài	在家看书 zài jiā kàn shū	~에서	他在家 tā zài jiā	있다
到 dào	到北京去 dào Běijīng qù	~(으)로	他到北京 tā dào Běijīng	가다
给 gěi	给我买 gěi wǒ mǎi	~에게	他给我钱 tā gěi wǒ qián	주다
用 yòng	用毛笔写 yòng máobǐ xiě	~로	他用铅笔 tā yòng qiānbǐ	사용하다
依 yī	依计划办 yī jìhuà bàn	~대로	他依你 tā yī nǐ	따르다
对 duì	对你好 duì nǐ hǎo	~에게, ~대하여	面对面 miàn duì miàn	마주하다

계속해서 전치사와 동사 사이의 문법기능을 비교해보자.

◆ **전치사와 동사의 문법기능 비교표**

문법기능	전치사	동사
목적어 대동 여부	+	+
문장성분 충당 여부	−	+
단독 운용 여부	−	+
중첩 가능 여부	−	+
동태조사 대동 여부[17]	−	+

목적어를 수반한다는 공통점 외에는 너무나 극명한 대조를 보인다. 즉 전치사는 허사로서 다른 성분들(전치사의 목적어)과의 결합을 통해서 어떤 문법적 의미와 기능을 나타낸다. 반면 동사는 문장의 행위와 동작을 전담할 뿐만 아니라 그 위치에 따라서는 각종 문장성분으로도 충당되는 실사이다.

17) 단, "着"는 접사적 기능이 강하며, "接着, 来着, 随着, 跟着"등 꽤 많은 전치사를 구성할 수 있다.

9.2 상용 전치사구 용례

◆ 전치사구 용례표

전치사의 의미		예 문
ⓐ 시간 장소 방향 표시	시간 '기점'	这雨从昨天晚上一直下到现在。(이 비는 어제 저녁부터 지금까지 내린다.) Zhè yǔ cóng zuótiān wǎnshang yìzhí xià dào xiànzài.
	'시점'	我是在你走了以后才去的。(나는 네가 떠난 후에야 갔다.) Wǒ shì zài nǐ zǒu le yǐhòu cái qù de.
	구체 장소 '기점'	由$_1$天安门经前门到琉璃厂。(천안문에서 전문을 통과해 유리창에 도달한다.) Yóu Tiān'ānmén jīng Qiánmén dào Liúlíchǎng.
	추상적 단계・과정의 '장소'	在中学教育的基础上还要进行两年专业培训。 Zài zhōngxué jiàoyù de jīchǔ shang hái yào jìnxíng liǎng nián zhuānyè péixùn. (중학교 교육의 기반 위에서 2년간 전문 교습을 해야 한다.)
	'근접'	欢迎你们到北京来。(당신들이 베이징에 오신 것을 환영합니다.) Huānyíng nǐmen dào Běijīng lái.
	'이탈'	北京饭店离机场远吗? (베이징 호텔은 비행장에서 멉니까?) Běijīng fàndiàn lí jīchǎng yuǎn ma?
	'지나감'	他们沿着375路向西直门方向骑去。 Tāmen yán zhe sān qī wǔ lù xiàng Xīzhímén fāng xiàng qí qù. (그들은 375 번 길을 따라 시즈먼 방향으로 자전거를 타고 간다.)
ⓑ '근거' 표시		根据我方产品的具体情况, 我们认为在电视上播放为好。 Gēnjù wǒfāng chǎnpǐn de jùtǐ qíngkuàng, wǒmen rènwéi zài diànshì shang bōfàng wéihǎo. (우리 상품의 구체적인 상황에 근거하여, 우리들은 텔레비전에서 방송하는 것이 좋다고 여겨집니다.)
		那就按你说的买。Nà jiù àn nǐ shuō de mǎi. (그러면 당신이 말하는대로 사지.)
ⓒ '수단'이나 '방법' 표시		你不是要用信用卡提款吗? (당신은 신용카드로 돈을 찾으려는 것 아닙니까?) Nǐ bú shì yào yòng xìnyòngkǎ tíkuǎn ma?
ⓓ '원인' 표시		他因病没有上班。(그는 병 때문에 출근하지 못했다.) Tā yīn bìng méiyǒu shàng bān.
ⓔ '목적' 표시		谢谢, 为友谊干杯! Xièxiè, wèi yǒuyì gānbēi! (감사합니다, 우정을 위해 건배!)
ⓕ 대상 표시	공동행위 "跟, 同"	那家公司同中国有商业往来。(그 회사는 중국과 사업 거래가 있습니다.) Nà jiā gōngsī tóng Zhōngguó yǒu shāngyè wǎnglái.
	행위주체 "由$_2$"	什么时候去由我们定。(언제 갈 것인지는 우리가 정한다.) Shénme shíhou qù yóu wǒmen dìng.
	관계 "对, 关于"	他对我点点头表示同意。(그는 나에게 고개를 끄덕이며 동의를 표한다.) Tā duì wǒ diǎn diǎn tóu biǎoshì tóngyì.
	전치 "把, 将"[18]	昨天把王府井的几家时装店都跑遍了。 Zuótiān bǎ Wángfǔjǐng de jǐ jiā shízhuāngdiàn dōu pǎo biàn le. (어제 왕후징의 몇몇 옷가게를 모두 뛰어 다녔다.)

18) "将"은 "把"에 비해 글말체에 주로 쓰인다.

	피동 "被, 给$_1$"	衣服被雨淋湿了。Yīfu bèi yǔ línshī le. (옷이 비에 젖었다.)
	수여 "给$_2$"	你有事可以给我打电话。(일이 있으면 내게 전화해도 된다.) Nǐ yǒu shì kěyǐ gěi wǒ dǎ diànhuà.
	비교 "比"	依我看，比中档的高级不了多少。(내 보기에, 중급품보다 얼마 고급일 수 없어.) Yī wǒ kàn, bǐ zhōngdàng de gāojí bù liǎo duōshao.
	제외 "除, 除了"	阅览室里除报纸以外还有杂志。(열람실에는 신문이외에 잡지도 있다.) Yuèlǎnshìlǐ chú bàozhǐ yǐwài hái yǒu zázhì.
	대리 "替"	明天我替他讲课。Míngtiān wǒ tì tā jiǎng kè. (내일 나는 그 사람 대신 수업한다.)
	봉사 "为$_2$, 给$_3$"	我在北京饭店给你们订了个房间。 Wǒ zài Běijīng fàndiàn gěi nǐmen dìng le ge fángjiān. (저는 베이징호텔에 여러분을 위해 방을 예약해 놓았습니다.)
	어투 "连"	他们连一句话也没说。(그들은 한 마디도 안했다.) Tāmen lián yí jù huà yě méi shuō.

설명

이책은 '전치사+목적어' 구조에서 나타나는 의미를 대략 23가지로 분류한다. 이상의 예를 통해 볼 때 전치사와 관련을 맺는 체언성분의 종류는 매우 많다. 이러한 전치사구는 기본적으로 '부사어'가 되어 행위양식을 설명하는 경우가 대다수이다. 따라서 좀 더 풍부하고 섬세한 표현을 위해서는 전치사에 대한 이해와 숙지가 필요하다.

MEMO

연습 10

1. 다음 중 빈칸에 들어갈 알맞은 말을 고르시오.

⑴ 那位阿姨认识到自己不对，忙着＿＿＿＿＿我道歉。

A. 对　　B. 向
C. 为　　D. 给

⑵ ＿＿＿＿＿大减价，我去给你买条牛仔裤吧!

A. 对着　　B. 顺着
C. 趁着　　D. 当着

⑶ ＿＿＿＿＿这点，我写了一篇论文。

A. 对于　　B. 通过
C. 经过　　D. 关于

2. 다음 두 문장 중에서 틀린 문장을 고르시오.

⑴ A. 这段时间的学习对我很有帮助。 (　　)
B. 这段时间的学习给我很有帮助。 (　　)

⑵ A. 我从百货商场买来一台笔记本电脑。 (　　)
B. 我买来一台笔记本电脑从百货商场。 (　　)

⑶ A. 我爸爸因为身体不好，每天早上坚持锻炼。 (　　)
B. 我爸爸为了身体不好，每天早上坚持锻炼。 (　　)

3. 다음 주어진 단어를 배열하여 문장을 만드시오.

(1) 我　明天早上　打算　开始　跑步　从　起

☞ ______________________________

(2) 你　老师　说　去　复习　就　按照　的　吧

☞ ______________________________

(3) 同学们　这件事　经验　不少　学到　从　中　了

☞ ______________________________

4. 다음 주어진 단어를 이용하여 그림에 맞는 문장을 만드시오.

(1)  ▷ 把

(2)  ▷ 被

(3)  ▷ 连

10. 접속사

접속사("连词")는 단어와 단어, 구와 구, 문장과 문장을 이어주는 기능을 하는 품사이다. 접속사를 분류를 하고 겸류현상을 보이는 전치사와의 기능적 차이에 대하여 살펴보자

10.1 접속사의 분류

먼저 논리관계에 근거한 접속사 분류표를 보자.

◆ **접속사 분류표(1)**

논리 관계		접 속 사	의 미
연합관계	병렬관계	和 hé, 跟 gēn, 同 tóng, 与 yǔ	~와, ~과(전치사와 겸류)
		并 bìng, 并且 bìngqiě, 以及 yǐjí	~고, 또한
	선택관계	还是 háishi, 或 huò, 或者 huòzhě	혹은, 아니면, ~인가 ~인가
	점층관계	而 ér, (不但) (búdàn) …而且 érqiě	~뿐만 아니라, 또한
		越 yuè ~ 越 yuè …	~할수록 더 …하다
	승접관계	并 bìng, 并且 bìngqiě	아울러
		于是 yúshì, 然后 ránhòu	이리하여, 이에, 그런 후에
수식관계	역접관계	不过 búguò, 可是 kěshì, 虽然 suīrán …(但是) (dànshì)	그러나, 하지만
	인과관계	因为 yīnwèi …(所以) (suǒyǐ), 因此 yīncǐ	~때문에, 그러므로
		因而 yīn, 由于 yóuyú	~때문에
	조건관계	只有 zhǐyǒu …才 cái	오직 ~해야만
		只要 zhǐyào …就 jiù	오직 ~하기만 한다면
		既然 jìrán …就 jiù	기왕 ~한 바에야
	가정관계	如果 rúguǒ, 要是 yàoshi,	만일(/가령) ~라면
		否则 fǒuzé, 要不 yàobu, 不然 bùrán	그렇지 않으면
	목적관계	以便 yǐbiàn	~하기에 편하도록
		省得 shěngde, 以免 yǐmiǎn, 以防 yǐfáng	~하지 않도록
	양보관계	宁可 nìngkě …(也) (yě)	~할 바에야 차라리(~하겠다.)
		即使 jíshǐ …也 yě	설령 ~일지라도(~하겠다.)

설명

'연합관계'란 접속되는 두 대상 간에 주종관계가 없이 대등한 경우이며, '수식관계'란 주종관계가 있는 경우이다. 한편 '조건관계'나 '양보관계'등을 나타낼 때에는 필수적으로 '부사'의 도움이 필요하다. 이런 부사를 '접속부사'라고 한다.

접속사의 문장접속기능은 복문에서 가장 잘 드러나므로 6장 3.1.2 '복문'에서 자세히 다룬다.

용어

'접속부사'란?

이는 '관련부사'라고도 하며 접속사와 결합하여 모종의 논리관계를 나타내는 부사를 말한다. 다음을 보자.

只有 zhǐyǒu …… 才 cái, 如果 rúguǒ …… 就 jiù, 既然 jìrán …… 就 jiù
只要 zhǐyào …… 就 jiù, 宁可 nìngkě …… 也 yě, 不论 búlùn …… 也 yě
无论 wúlùn …… 都 dōu, 不管 bùguǎn …… 都 dōu

이 '접속부사'는 두 절 사이의 '논리관계'를 이루는데 있어 매우 중요한 역할을 하므로 일반적으로 생략하지 않는다.

a. (既然)下雨，我就不去了。(비가 온 이상, 나는 가지 않겠다.)
(Jìrán) xià yǔ, wǒ jiù bú qù le.

b. (只要)下雨，我就不去。(비가 오기만 하면, 나는 가지 않는다.)
(Zhǐyào) xià yǔ, wǒ jiù bú qù.

c. (只有)下雨，我才不去。(비가 와야만, 나는 안 간다.)
(Zhǐyǒu) xià yǔ, wǒ cái bú qù.

a-c는 모두 '조건' 관계를 나타낸다. 그러나 예의 해석에서 보듯 두 개의 절 사이에 각각 어떤 접속사와 어떤 부사를 삽입하느냐에 따라 서로 조금씩 다른 논리관계를 형성시킬 수 있다. 이때 접속사는 생략이 가능한 경우가 있지만 '접속부사'는 일반적으로 생략할 수 없다.

10.2 접속사와 전치사의 차이

중국어의 접속사와 전치사는 문장에서의 위치와 의미상 혼동되기 쉽다.

a. 我和他 ‖ 一起看电影。〈접속사〉 (나와 그는 함께 영화를 본다.)
   Wǒ hé tā ‖ yìqǐ kàn diànyǐng.

b. 我 ‖ 和他一起看电影。〈전치사〉 (나는 그와 함께 영화를 본다.)
   Wǒ ‖ hé tā yìqǐ kàn diànyǐng.

접속사와 전치사가 위치적으로 유사한 위치에 놓이기 때문이다. 그러나 양자는 각각의 기능 면에서 분명한 차이를 보인다. 다음 표를 보자.

◆ 접속사와 전치사의 문법기능 비교표

<table>
<tr><th colspan="2">문법 기능</th><th>접속사</th><th>전치사</th></tr>
<tr><td rowspan="2">수식어 대동여부</td><td>일반부사</td><td>불가</td><td>小李刚跟小王打了电话。
(이군은 막 왕군과 통화를 했다)</td></tr>
<tr><td>부정부사</td><td>불가</td><td>小李不跟小王打电话。
(이군은 왕군과 통화하지 않는다)</td></tr>
<tr><td colspan="2">앞뒤 단어와의 관계</td><td>小李跟小王打了电话。<대등성분>
(이군과 왕군은 통화를 했다)</td><td>대등성분이 아님</td></tr>
<tr><td colspan="2">병렬표시 문장부호 대체여부</td><td>小王、小李在通电话。
(왕군과 이군은 통화 중이다.)</td><td>불가</td></tr>
</table>

설명

접속사는 앞과 뒤로 접속대상을 필요로 한다. 따라서 기능상 양쪽으로 팔을 벌리는 특징이 있다. 이때 이미 제시된 접속될 구조와 짝을 이루는 비슷한 구조를 요구한다. 즉 이미 제시된 구조가 명사구이면 역시 명사구를, 이미 제시된 구조가 동사구이면 역시 동사구를 각각 요구한다. 둘 사이에 다른 성분이 끼어들면 접속에 방해를 받는다.

상대적으로 전치사는 앞의 내용과 관계없이 뒤쪽으로만 팔을 뻗어 목적어를 요구한다. 따라서 전치사의 앞은 빈 공간이 되므로 '각종 수식어가 그 위치'에 온다.

MEMO

연습 11

1. 다음 주어진 단어를 적합한 위치에 넣으시오.

⑴ __A__ 来中国以后，__B__ 我每天想家，__C__ 吃不下饭，__D__ 睡不着觉。
所以

⑵ 只有 __A__ 收集到足够的研究数据，__B__ 能 __C__ 证明你的假设 __D__ 是对的。
才

⑶ __A__ 关于他吵架的事 __B__ 你可以去问他 __C__ ，__D__ 他不一定愿意说。
不过

2. 다음 보기에서 적당한 단어를 골라 문장의 빈칸을 채우시오.

<보 기>

就是 / 然后 / 要是 / 即使 / 难免 / 不但

⑴ __________你有充分的理由，也不能随便请假。

⑵ 你__________不戒酒的话，身体就不可能康复。

⑶ 来中国留学，要先向学校提出入学申请，__________才能去大使馆签证。

⑷ 东西用的时间长了，__________有点发旧。

⑸ 妹妹跟人家吵架的事情，__________我不说，爸爸也会知道的。

3. 다음 어구들을 순서에 맞게 배열하시오.

(1) A 学会接受别人的批评
B 然后才会变得更优秀
C 才能发现自己的缺点

(2) A 不管在外面的世界遇到什么困难
B 家永远是我们心中最安全的地方
C 因为我们总是能够在家里找到爱和幸福

(3) A 因为红色能更好地保护皮肤
B 按照经验，人们往往认为夏天应该多穿白色衣服
C 但有研究证明，其实穿红色的更好

4. 다음 주어진 단어를 이용하여 그림에 맞는 문장을 만드시오.

(1)  ▷ 一…就…

(2)  ▷ 越…越…

(3)  ▷ 否则

11. 조사

‘조사’는 ‘관형어 구조’, ‘부사어 구조’, ‘보어 구조’등을 만들거나 동사 뒤에서 태(态)를 나타내거나 문장의 끝에 위치하여 어투 등을 나타내는 허사의 일종이다. 조사는 품사 가운데 자립성이 제일 약하고, 어휘의미가 극도로 추상화된 허사이다.

11.1 조사의 분류

먼저 조사의 분류표를 보자.

◆ 조사의 분류표

조사의 종류		조사의 예
조사	구조조사	的, 地, 得, 所, 似的(/地)
	동태조사	了, 着, 过
	어기조사	啊, 吧, 了, 吗, 呢, 的, 罢了, 就是了, 着呢

설명

‘구조조사’ “的”에 대하여서는 관형어 부분에서 자세히 다룬다. 또 부사어화 조사 “地”에 대하여서는 부사어 부분에서 자세히 다룬다. 또 정도보어를 이끌어 주는 조사 “得”에 대하여서는 보어 부분에서 상세히 다룬다. 여기서는 ‘동태조사’와 ‘어기조사’에 대하여 약간의 설명을 가한다(이것들도 각각 ‘문장의 동태표현’부분과 ‘문장의 어투 표현’부분에서 자세히 다룰 것이다).

1) 동태조사(动态助词)

동태(动态)와 시제(时制)는 서로 다른 개념이다. 즉 동태는 본질적으로 과거, 현재, 미래 등을 표시하는 시제와 관련 없이 일정한 형식으로 동사위에 표현되어지는 각종 양태를 말한다.

(1) 동태조사 “了”

동태조사 “了”는 문장에서 어떤 위치에 오느냐에 따라 그 동태적 기능이 달라진다. 아래 a처럼 ‘V+了+O’구조에 오는 경우를 ‘완료’표시의 “了$_1$”으로, b처럼 ‘S+了。’의 경우를 ‘변화’표시의 “了$_2$”로 나눈다. 또 c처럼 동사술어로 끝나는 문장에 오는 경우를 “了$_{1+2}$”로 나눈다. 한편 d처럼 두 개의 “了”가 오는 경우는 동작의 현재적 완료와 새로운 상황으로의 전개 의미를 표시하기도 한다.

a. 他开门见山地说明了来意。〈"了$_1$"〉 (그는 단도직입적으로 온 이유를 밝혔다.)
Tā kāiménjiànshān de shuōmíng le láiyì.

b. 他没有死, 他活了。〈"了$_2$"〉 (그는 죽지 않고, 살아났다.)
Tā méiyǒu sǐ, tā huó le.

c. 饭吃了, 钱付了。〈'V+了。' : '완료와 변화의 동시성(了$_{1+2}$)'〉 (밥은 먹었고, 돈은 지불했다.)
Fàn chī le, qián fù le.

d. 作完了诗了, 快拿戏单来! 〈"了$_1$"과 "了$_2$"의 동시 출현: '완료(了$_1$)+변화(了$_2$)'〉
Zuò wán le shī le, kuài ná xìdān lái!
(시를 다 지었으니, 어서 연극 프로그램을 가져와라!)

(2) 동태조사 "着"

동작이나 행위, 상태 등을 나타내는 동사나 형용사의 뒤에서 진행이나 지속의 동태적 의미 나타낸다. 이 책은 '지속'의 동태의미를 나타내는 경우를 "着$_1$"로, '진행'의 의미를 나타내는 경우를 "着$_2$"로 나눈다.

a. 家家户户都挂着一面国旗。〈지속, "着$_1$"〉 (집집마다 모두 국기가 걸려 있습니다.)
Jiā jiā hù hù dōu guà zhe yí miàn guóqí.

b. 墙上的挂钟, 单调地走着 〈진행, "着$_2$"〉 (벽에 걸린 시계가 단조롭게 가고 있다.)
Qiáng shang de guàzhōng, dāndiào de zǒu zhe.

위의 예 a에서 보듯이 이 경우 술어 "挂"는 그 자체적으로 지속될 수 없는 [-비지속성]이다. 여기에 동태조사 "着"을 부가하면, '동작이 완료되고 어떤 상태가 시간적으로 지속되는 의미'를 나타낸다. 이를 '지속태'라 한다. 반면 예 b의 술어 "走"는 동작을 지속할 수 있는 [+지속성]이다. 여기에 동태조사 "着"을 부가하면, '동작이 계속 진행됨'을 나타낸다. 이를 '진행태'라 한다. 따라서 '비지속동사'의 경우와 달리 술어동사는 일반적으로 '진행을 표시하는 부사' "在", "正", "正在"등을 수반할 수 있다. 이 내용을 다음과 같이 정리한다.

비지속성 동사 + "着$_1$" → 상태의 '지속'
지속성 동사 + "着$_2$" → 행위의 '진행'

한편 "동사+着"의 운용으로 '과거부터 현재까지의 진행', '한 동작의 진행 도중 출현한 다른 동작 표시'등을 할 수 있다. 이점은 6장의 4.2 '문장의 동태표현'부분에서 자세히 설명하겠다.

(3) 동태조사 "过"

동태조사 "过"는 "경험"이나 "완료"의 동태를 나타낸다.

'경험'을 나타내는 경우를 "$过_1$"로, '완료'를 나타내는 경우를 "$过_2$"로 나누어 다음 예문들을 살펴보자.

a. 北京他曾经去过几次。〈"$过_1$", 경험〉(베이징은 그가 일찍이 몇 차례 간 적이 있다.)
Běijīng tā céngjīng qù guò jǐ cì.

b. 她洗过了脸, 走进餐厅。〈"$过_2$", 과거완료〉(그녀는 세수를 마치고 식당으로 걸어 들어갔다.)
Tā xǐ guò le liǎn, zǒu jìn cāntīng.

c. 明天咱们吃过早饭就去上班。〈"$过_2$", 미래완료〉(내일 우리는 아침식사를 하고 출근한다.)
Míngtiān zánmen chī guò zǎofàn jiù qù shàngbān.

예 a에서 보듯 "$过_1$"는 지금 현재와는 직접적인 관련이 없는 일이 되어 버린 과거의 '경험'이라는 동태를 나타낼 수 있다. 이때에는 과거표시 시간부사 "曾经"과 잘 호응한다. 한편 예문 b-c에서 보듯 "$过_2$"는 강세("重音")가 있으며, 각종 시제에서 '완료'의 동태를 나타낼 수 있다. 이는 "$了_1$"와 유사한 기능이다.

2) 어기조사("语气助词")

'어기조사'는 문미에 위치하여 화자의 어투를 표현하는 일종의 허사이다.

먼저 '어기조사'의 분류표를 보자.

◆ **'어기조사'의 분류표**

어기조사의 음	어기조사의 종류
[a] 및 그 변체	啊, 呀, 哇, 哪, 呕, 哟
[ba] 및 그 변체	吧, 罢, 呗
[ba le]	罢了
[de]	的
[jiu shi le]	就是了
[le] 및 그 변체	了, 啦, 咯, 喽
[ma] 및 그 변체	吗, 么, 嘿, 嘛
[ne] 및 그 변체	呢, 呐, 哪, 哩, 咧
[zhe ne]	着呢

다시 상용 어기조사의 기능을 분류한 다음 표를 보자.

◆ 상용 어기조사 문법기능 표

위치 분류	어기 조사	개괄 어투	개별 어투	예 문
A	的 de	진술	확신	我们不会忘记你们的。(우리는 당신들을 잊지 못할 것입니다.) Wǒmen bú huì wàngjì nǐmen de.
B	了 le	진술	결심	我先走了。Wǒ xiān zǒu le. (나는 먼저 가겠다)
		명령	권고	你别说了。Nǐ bié shuō le. (당신은 말하지 마세요)
C	吗 ma	의문	의문	你到过北京吗? (너 베이징에 가본 적이 있니?) Nǐ dào guo Běijīng ma?
	呢 ne	의문	의문	小王还要问什么呢? (왕군이 무엇을 물어보려고 하나요?) XiǎoWáng hái yào wèn shénme ne?
		진술	과장	我没什么, 你才辛苦呢。Wǒ méi shénme, nǐ cái xīnkǔ ne. (저는 괜찮습니다, 당신이야말로 고생이시죠.)
			진행	他正在吃饭呢。(그는 지금 밥을 먹는 중이다.) Tā zhèngzài chīfàn ne.
	吧 ba	의문	추측	听口音, 您是北京人吧? Tīng kǒuyīn, nín shì Běijīngrén ba? (발음을 들어보니, 당신은 베이징사람이시죠?)
		진술	상의	咱们这样吧。Zánmen zhèyàng ba. (우리 이렇게 하죠.)
			동의	好吧! 就这样吧。(좋아요! 이렇게 합시다.) Hǎo ba! Jiù zhèyàng ba.
		명령	청유	那我们现在就走吧。(그럼 우리 지금 떠납시다.) Nà wǒmen xiànzài jiù zǒu ba.
	啊[19] a	감탄	각종 감정 색채	时间过得真快啊! (시간이 정말 빨리 지나는구나!) Shíjiān guò de zhēn kuài a!
		의문		谁呀? 是你呀, 是他呀? (누구야? 너야, 그야?) Shéi ya? Shì nǐ ya, shì tā ya?
		명령		来呀, 请坐呀! lái ya, qǐng zuò ya! (들어와, 앉으세요!)
		진술		我管不了哇! Wǒ guǎnbuliǎo wa! (저는 어쩔 도리가 없어요.)

위의 표에서 보듯 "了, 呢, 吧, 啊" 등이 한 개 이상의 어투를 표현하고 있다. 표에서 어기조사를 A, B, C로 분류한 이유는 이들을 중첩하여 사용할 때의 순서를 보여주기 위함이다. 일반적으로 A류가 B류와 C류에 앞서며, B류는 C류보다 앞선다.

北京, 小王已经去过的吧? (베이징은 왕군이 이미 가 본적이 있겠죠?)
Běijīng, XiǎoWáng yǐjīng qù guò de ba?

你要让学校知道了, 对你会有影响的啊! (네가 학교에서 알게 한다면 너한테 안 좋을 줄 알아!)
Nǐ yào ràng xuéxiào zhīdào le, duì nǐ huì yǒu yǐngxiǎng de a!

妈, 你看人家的信了吧? (엄마, 제 편지 보셨죠?)
Mā, nǐ kàn rénjiā de xìn le ba?

19) "啊"는 중국어에서 연음(连音)법칙이 적용되는 특수한 예이다. 즉 앞의 음절이 "u"로 끝나면 "哇"로, "i"나 "a"로 끝나면 "呀"로, "n"으로 끝나면 "哪"로 변음된다.

11.2 조사의 문법기능

이상 조사에 대하여 살펴본 내용을 종합하여 '조사 문법기능 총괄표'를 작성한다.

◆ 조사의 문법기능 총괄표

<table>
<tr><th colspan="4">조사의 종류</th><th>조사의 용례</th></tr>
<tr><td rowspan="14">조사</td><td rowspan="5">ⓐ 구조조사</td><td colspan="2">的</td><td>校长的办公室在楼上二层。(교장실은 건물의 2층에 있습니다.)
Xiàozhǎng de bàngōngshì zài lóu shang èr céng.</td></tr>
<tr><td colspan="2">地</td><td>他们连说带笑地走过来了。(그들은 웃고 떠들며 걸어왔다.)
Tāmen lián shuō dài xiào de zǒu guò lái le.</td></tr>
<tr><td colspan="2">得</td><td>他把汉字写得非常好看。(그는 한자를 아주 잘 쓴다.)
Tā bǎ Hànzì xiě de fēicháng hǎokàn.</td></tr>
<tr><td colspan="2">所</td><td>他是广大群众所喜爱的影视演员。
Tā shì guǎngdà qúnzhòng suǒ xǐ'ài de yǐngshì yǎnyuán.
(그는 수많은 대중이 좋아하는 영화배우이다.)</td></tr>
<tr><td colspan="2">似的(/地)</td><td>他好像有什么心事似的，不声不响地走了。
Tā hǎoxiàng yǒu shénme xīnshì shìde, bù shēng bù xiǎng de zǒu le.
(그는 무슨 고민이 있는 것처럼 아무 말 없이 갔다.)</td></tr>
<tr><td rowspan="9">ⓑ 동태조사</td><td rowspan="3">了</td><td>“了$_1$”
완료</td><td>他开门见山地说明了来意。
Tā kāiménjiànshān de shuōmíng le láiyì.
(그는 단도직입적으로 온 이유를 밝혔다.)</td></tr>
<tr><td>“了$_2$”
변화</td><td>他已经五十岁了。(그는 이미 오십이 되었다.)
Tā yǐjīng wushí suì le.</td></tr>
<tr><td>'동사+了'
완료와
변화</td><td>饭吃了，钱付了。(밥은 먹었고, 돈은 지불했다.)
Fàn chī le, qián fù le.</td></tr>
<tr><td rowspan="2">着</td><td>지속“着$_1$”</td><td>家家户户都挂着一面国旗。(집집마다 모두 국기가 달려 있다.)
Jiā jiā hù hù dōu guà zhe yí miàn guóqí.</td></tr>
<tr><td>진행“着$_2$”</td><td>墙上的挂钟，单调地走着。(벽에 걸린 시계가 단조롭게 가고 있다.)
Qiáng shang de guàzhōng, dāndiào de zǒu zhe.</td></tr>
<tr><td>过</td><td>“过$_1$”
경험</td><td>北京他曾经去过几次。(베이징은 그가 일찍이 몇 차례 간 적이 있다.)
Běijīng tā céngjīng qù guo jǐ cì.</td></tr>
<tr><td></td><td>“过$_2$”
완료</td><td>明天咱们吃过早饭就去上班。<미래>
Míngtiān zánmen chī guò zǎofàn jiù qù shàngbān.
(내일 우리는 아침식사를 하고 출근한다.)</td></tr>
</table>

	ⓒ 어기 조사	진술	的	昨天上午大家都同意这样做的。<확신> Zuótiān shàngwǔ dàjiā dōu tóngyì zhèyàng zuò de. (어제 오전에 모든 사람들이 이렇게 하는데 동의했었습니다.)
			了	我也不去了。Wǒ yě bú qù le. <결심> (저도 안 갑니다.)
		의문	吗	你也不去吗? Nǐ yě bú qù ma?(당신도 안 갑니까?)
		명령	吧	您忙您的吧! <권유> (당신은 당신 일이나 보세요!) Nín máng nín de ba!
		감탄	啊	时间过得真快啊! (시간이 정말 빨리 지나는구나!) Shíjiān guò de zhēn kuài a!

설명

이상 조사에 대하여 살펴본 내용을 종합하여 중국어 예문이 포함된 문법기능 총괄표를 작성해 보았다. 그러나 이는 전체 조사에 대한 윤곽을 잡아보자는 의도에서 시도한 것이다. ⓐ의 구조조사("的", "地", "得")는 각각 관형어, 부사어 그리고 보어 부분에서 자세히 설명된다. 또 ⓑ의 동태조사는 문장의 동태표현 부분에서, ⓒ의 어기조사는 문장의 어투 부분에서 자세히 설명한다.

ⓐ의 구조조사 중 "所"는 서면어적이다. "所+동사+的"의 구조를 잘 이루며 명사구로서 기능한다.

연습 12

1. 다음 중 빈칸에 들어갈 알맞은 말을 고르시오.

⑴ 那个演员说，这几年来，日子过__________一天比一天好。

A. 的　　B. 得

C. 地　　D. 所

⑵ 我从小到现在，我连一双好鞋也没有给妈妈买__________。

A. 了　　B. 着

C. 过　　D. 的

⑶ 要是明天下雨，我就不去展览会__________。

A. 的　　B. 嘛

C. 呢　　D. 了

2. 다음 두 문장 중에서 틀린 문장을 고르시오.

⑴ A. 小王让我带一些特产给了他的老师。 (　　)

B. 小王让我带了一些特产给他的老师。 (　　)

⑵ A. 不努力发展生产，就不能有幸福地生活。 (　　)

B. 不努力发展生产，就不能有幸福的生活。 (　　)

⑶ A. 我只学过三个月的汉语，怎么能看懂中文杂志了。 (　　)

B. 我只学过三个月的汉语，怎么能看懂中文杂志呢。 (　　)

3. 다음 주어진 단어를 배열하여 문장을 만드시오.

(1) 李连杰　人们　功夫演员　是　喜爱　所　的

☞ ______________________________

(2) 妈妈　我　知道　上网　干什么　好像　似的

☞ ______________________________

(3) 我　事实　明明白白的　讲出来　不过是　把　罢了

☞ ______________________________

4. 다음 주어진 단어를 이용하여 그림에 맞는 문장을 만드시오.

(1)  ▷ 我的

(2)  ▷ 高兴地

(3)  ▷ 累得

12. 감탄사

감탄사("叹词")는 문장의 밖, 주로 앞에 위치하여 말하는 이의 '감탄'어투를 나타내는 일종의 허사이다.

12.1 감탄사의 분류

감탄사는 음을 중심으로 다음과 같이 분류할 수 있다.

◆ 감탄사 분류 표

감탄사의 음	감탄사의 종류
[a] 및 그 변체	啊, 阿, 嗬, 呀, 啊呀
[ai], [ei] 및 그 변체	哎, 嗳, 唉, 哎呀, 哎哟
[o] 및 그 변체	噢, 喔, 哦, 呕
[wei]	喂
[yi]	咦
[yo] 및 그 변체	哟, 呦
[ha]	哈
[hai], [hei] 및 그 변체	嗨, 咳, 嘻, 嘿
[he] 및 그 변체	嗬, 喝, 吓, 嚄
[hng]	哼
[ng]	嗯
[pei]	呸

설명

감탄사는 문장의 '독립성분'이다. 따라서 '문장의 밖, 주로 앞쪽'에 위치한다.

12.2 상용 감탄사의 어투

다시 상용하는 감탄사의 감탄어투를 표로 요약해보자.

◆ 상용 감탄사의 어투표현

상용감탄사의 어투표현			예 문
啊	[ā]	요구어투	妈妈，让我出去玩玩吧，啊！ Māma, ràng wǒ chū qù wánwán ba, ā! (엄마, 나가서 좀 놀게 해주세요. 응!)
	[á]	의문어투	啊，你说什么？我没听清楚！ Á, nǐ shuō shénme? Wǒ méi tīng qīngchǔ! (응, 무슨 이야기야? 잘 안 들려!)
		놀람의 어투	啊，他没来！Á, tā méi lái! (어, 그 사람 안 왔네!)
	[ǎ]	놀람과 의아함의 어투	啊，弄到这个地步了！(아, 이 지경이 되었구나!) Ǎ, nòng dào zhè ge dìbù le!
	[à]	별안간 깨달음의 어투	啊，原来是这么回事！(아하, 알고 보니 이렇게 된 일이로군!) À, yuánlái shì zhème huí shì!
		감탄의 어투	啊，风景太美了！(아, 경치가 너무 아름답구나!) À, fēngjǐng tài měi le!
		동의나 허락의 어투	啊，好吧，你先走吧。(응, 좋아, 너 먼저 가.) À, hǎo ba, nǐ xiān zǒu ba.
哎呀		놀라움이나 불만의 어투	哎呀，真疼！你踩了我的脚了。 Āiyā, zhēn téng! Nǐ cǎi le wǒ de jiǎo le. (아야, 아퍼라! 당신이 내 발을 밟았어요.)
噢		'이해나 납득'의 어투	噢！原来是你呀！(오라, 알고 보니 너였구나!) Ō! Yuánlái shì nǐ ya!
喂	[wéi]	(전화상)사람을 부를 때	喂，你是谁呀？Wéi, nǐ shì shéi ya? (여보세요, 누구세요?)
	[wèi]	사람을 부를 때	喂，你上哪儿去啊？(어이, 자네 어디 가는 거야?) Wèi, nǐ shàng nǎr qù a?
咦		놀람의 어투	咦，这是怎么回事？(어라, 이게 어떻게 된 거야?) Yí, zhè shì zěnme huí shì?
哈哈		기쁘거나 화날 때의 어투	哈哈！你竟敢骂我。(하하! 네가 감히 나를 욕해.) Hāhā! Nǐ jìng gǎn mà wǒ.
嗨		애석함이나 동정의 어투	嗨，想不到他病得这么重。 Hāi, xiǎngbudào tā bìng de zhème zhòng. (허, 그가 이렇게 심하게 병들 줄은 생각도 못했네.)
哼		비웃음의 어투	哼！别怕他。(흥! 그 사람 무서워할 것 없어.) Hēng(Hng)! Bié pà tā.
嗯		승낙이나 대답	嗯，就这么办吧。(응, 이렇게 하자구.) Ng, jiù zhème bàn ba.
呸		질책 또는 경멸의 어투	呸！胡说八道！Pēi! Húshuō bādào! (피! 헛소리!)

설명

감탄사 "啊"는 성조차이에 따라 여러 가지 어투를 나타낸다. 또 "嗯"는 비음(콧소리)이다.

13. 의성사

의성사는 상성사("象声词")라고도 하며 사람, 사물 혹은 자연계의 소리를 모방하는 말이다.

13.1 의성사의 분류

사람, 사물 혹은 자연계의 소리를 모방하는 말이므로 발성체(发声体)에 따라 분류할 수도 있고, 의성어의 의미에 따라서 분류할 수도 있다. 구체적인 이휘항목은 생략한다.

13.2 의성사의 문법기능

의성사의 분류와 문법기능에 대하여 묶어서 살펴보자.

◆ 의성사의 분류와 문법기능

의성사의 분류와 문법기능			예 문
분류	발성체	사람이 내는 소리	小伙子噔噔噔上了楼。(한 젊은이가 쾅쾅거리면서 위층으로 올라갔다.) Xiǎo huǒzi dēng dēng dēng shàng le lóu.
		사물이나 자연계의 소리	北风呼呼地吹个不停。(북풍이 휙휙 끊임없이 불었다.) Běifēng hūhū de chuī ge bù tíng. 嚓的一声，他划着了一根火柴。(치익하는 소리가 나면서, 그가 성냥에 불을 붙였다.)Cā de yì shēng, tā huázhao le yì gēn huǒchái.
	의미	기쁜 소리	他哧哧地笑了起来。(그는 키득키득 웃기 시작했다.) Tā chīchī de xiào le qǐlai.
		슬픈 소리	那孩子哇的一声儿哭了。(그 아이는 앙하고 울었다.) Nà háizi wā de yì shēngr kū le.
문법기능	관형어		他看了看那只嘀嘀哒哒的手表。(그는 그 째깍거리는 손목시계를 힐끗 보았다.) Tā kàn le kàn nà zhī dīdidādā de shǒubiǎo.
	부사어		小王抱着自己的脑袋呜呜直哭。 XiǎoWáng bào zhe zìjǐ de nǎodài wūwū zhí kū. (그는 자기의 머리를 감싸고 엉엉 계속 운다.)

	술어	他在肚子里咕哝了一句。(그의 뱃속에서 꾸르륵했다.) Tā zài dùzi lǐ gūnong le yí jù.
	독립절	我的心像爆竹，咚，飞上了天空。 Wǒ de xīn xiàng bàozhú, dōng, fēi shàng le tiānkōng. (나의 마음은 폭죽과 같다. 펑, 하늘로 날아 올라갔다.)

설명

문장 가운데서 의성사의 문법적 기능은 형용사와 유사한 일면이 있다. 따라서 관형어나 부사어를 잘 구성한다. 또한 위의 표에서 보듯이 '술어'나 '독립절'로 쓰이는 경우도 있다. 결국 중국어의 특징에서 누차 언급한 바 '단어의 위치'가 어디에 오느냐가 문법기능을 확정하는 가장 강력한 요인이라는 것을 다시 확인 할 수 있다. 술어와 독립절로 쓰인 예를 각각 하나씩 더 보자.

a. 他哎哟了一声，倒了下去。(그는 아이고하며 넘어졌다.)

Tā āiyō le yì shēng, dǎo le xià qù.

b. 咕咕咕咕，一顿机关炮打得山头烟火直冒。

Gū gū gū gū, yí dùn jīguānpào dǎ de shāntóu yānhuǒ zhí mào.

(쿵쿵쿵쿵, 한 바탕의 기관포가 때려져 산봉우리에 연기가 자욱이 피어올랐다.)

특히 예문 a의 의성어 "哎哟"는 문장의 술어가 되었고 목적어는 "一声"이다. 또 b의 경우는 여러 개의 의성사의 중첩으로 이루어졌으며, 주요 문장의 밖에서 독립적으로 문장(못갖춘문장)을 구성한다.

05 구

1. 구의 정의

'두 개 이상의 단어가 일정한 규칙에 의하여 조합되어 일정한 의미를 나타내는 문장구성 단위'를 '구("短语, 词组")'라 한다.

구는 그 크기 면에서 단어보다는 크고 문장보다는 작은 단위이다. '구'는 '단어'가 가지는 단위의 협소성과 운용제한을 뛰어넘는 분명한 기능적 특성을 보이므로 중시할 필요가 있다.

중국어에서 낱개의 단어만으로 문장 성분을 이루는 경우는 제한적이다. 중국어는 단어의 변화에 따른 형태표지가 없으므로 단어와 구의 한계선이 불분명하다. 또 문법관계가 크고 작은 언어단위 간의 결합순서와 층차에 의해 표시되므로 문장성분이 하나의 단어로 충당되는 경우보다 단어의 결합, 즉 '구'로써 충당되는 경우가 일반적이다. 특히 중국어는 담화상에서 다양한 생략현상을 통한 '구 차원의 운용'이 적지 않으므로 구의 성질을 파악하는 것은 학습차원과 문법분석에 있어 그 효용성이 매우 크다.

2. 구의 분류와 문법기능

2.1 구조에 따른 분류와 문법기능

2.1.1 연합식 구

◆ 연합식 구의 내부구조와 문법기능

연합식 구		연합구의 예
내부구조	ⓐ 명사+명사	黄河长江 Huánghé Chángjiāng (황하와 양쯔강), 中国、美国、俄罗斯 Zhōngguó、Měiguó、Éluósī (중국, 미국과 러시아)
	ⓑ 대체사+대체사	人家和咱们 rénjiā hé zánmen (타인과 우리), 我、你、他 wǒ、nǐ、tā (나, 너 그리고 그)
	ⓒ 대체사+명사	你和小张 nǐ hé xiǎoZhāng (너와 장君), 大家和老师 dàjiā hé lǎoshī (모든 사람과 선생)
	ⓓ 명사+대체사	天津和这儿 Tiānjīn hé zhèr (텐진과 이곳), 去年和这会儿 qùnián hé zhèhuìr (작년과 지금)
	ⓔ 동사+동사	讨论并通过 tǎolùn bìng tōngguò (토론하고 통과시키다), 去与不去 qù yǔ bú qù (가기와 가지 않기), 又唱又跳 yòu chàng yòu tiào (노래하면서 춤춘다)
	ⓕ 형용사+형용사	清洁美丽 qīngjié měilì (깨끗하고 아름답다), 又高又大 yòu gāo yòu dà (높고 크다)
문법기능	주어	刻苦和勤奋是成功之母。(고된 노력과 근면은 성공의 어머니이다.) Kèkǔ hé qínfèn shì chénggōng zhī mǔ.
	술어	大家又唱又跳。Dàjiā yòu chàng yòu tiào. (모두들 노래하며 춤춘다.)
	목적어	人民的生活得到了改善与提高。(국민의 생활은 개선되고 향상되었다.) Rénmín de shēnghuó dédào le gǎishàn yǔ tígāo.
	보어	那个房间她收拾得又整齐又漂亮。 Nà ge fángjiān tā shōushi de yòu zhěngqí yòu piàoliang. (그 방은 그녀가 가지런하고 예쁘게 정리하였다.)
	관형어	工人和农民的生活水平普遍提高了。 Gōngrén hé nóngmín de shēnghuó shuǐpíng pǔbiàn tígāo le. (노동자와 농민의 생활 수준은 보편적으로 향상되었다.)
	부사어	他们每天紧张而愉快地工作。(그들은 매일 긴장하면서도 즐겁게 일한다.) Tāmen měitiān jǐnzhāng ér yúkuài de gōngzuò.

설명

연합식 구와 문법기능에 대하여 살펴보았다. ⓔ-ⓕ를 제외한 모든 구는 명사구로 기능할 수 있다. 구의 문장성분 충당기능은 '단어'에 비하여 훨씬 강하다. 즉 '명사구'는 명사보다 더 자유롭고 융통성 있게 문장성분 충당기능을 할 수 있으며, '동사구'역시 동사보다 더 자유롭고 융통성 있는 통사기능을 가진다. 따라서 구조가 보이는 통사적인 기능을 살펴봄으로써 중국어 문장의 분석과 이해의 폭을 넓힐 수 있다.

2.1.2 수식식 구

1) '관형어+중심어' 수식구조
중심어는 명사이며, 결국 명사구를 구성한다. 다음 표를 보자.

◆ **관형어 수식구의 내부구조와 문법기능**

수식식 구		'관형어+중심어' 수식구의 예
관형어 + 중심어 구조	ⓐ 명사+명사	木头桌子 mùtou zhuōzi (나무탁자)
	ⓑ 시간명사+명사	傍晚的景色 bàngwǎn de jǐngsè (해질 무렵의 경치)
	ⓒ 방위명사+명사	上边的窗户玻璃 shàngbian de chuānghu bōlí (위쪽의 창문유리)
	ⓓ 수량구+명사	三瓶汽水 sān píng qìshuǐ (사이다 3병)
	ⓔ 대체사+양사+명사	那件皮大衣 Nà jiàn pí dàyī (그 모피코트)
	ⓕ 대체사+명사	我父亲 wǒ fùqīn (나의 부친)
	ⓖ 동사+명사	借的小说 jiè de xiǎoshuō (빌려온 소설), 看的书 kàn de shū (읽은 책)
	ⓗ 형용사+명사	雪白的衬衫 xuěbái de chènshān (새하얀 와이셔츠)

설명

'관형어+중심어' 구조의 구는 100% 명사구를 이룬다. 이 구조는 크기와 의미면에 있어 융통성이 생겼으므로 당연히 체언으로서의 각종 문장성분 충당기능을 원활하게 수행한다.

여기서 한 가지 주의해야 할 점은 ⓖ와 같은 구조, 즉 내부구조가 '동사+명사'의 결합인 수식구조는 반드시 관형어 표지로 쓰이는 구조조사 "的"를 부가해야 한다. 그렇지 않으면 '동목구조'로 오해될 수 있기 때문이다.

2) '부사어+중심어' 수식구조

중심어는 동사나 형용사이며, 결국 동사구나 형용사구를 이룬다.

◆ 부사어 수식구의 내부구조와 문법기능

수식식 구		'부사어+중심어' 수식구의 예
부사어 + 중심어 구조	시간명사+동사	早上出发 zǎoshang chūfā (아침에 출발하다)
	방위명사+동사	里边坐 lǐbian zuò (안쪽에 앉다)
	수량구+동사	三次获奖 sān cì huò jiǎng (3차례 상을 타다)
	부사+동사	都同意 dōu tóngyì (모두 동의하다)
	전치사구+동사	向他学习 xiàng tā xuéxí (그에게서 배우다)
	대체사+동사	怎么办 zěnme bàn (어떻게 하지?)
	형용사+동사	热烈欢迎 rèliè huānyíng (열렬히 환영하다)
	부사+형용사	深红 shēnhóng (짙은 빨강/진홍색)
	대체사+형용사	这么麻烦 zhème máfan (이렇게 번거롭게 하다)
문법 기능	주어	经常迟到不好。Jīngcháng chídào bù hǎo. (자주 지각하는 것은 좋지 않다.)
	술어	他们努力用功。Tāmen nǔlì yònggōng. (그들은 열심히 공부한다.)
	목적어	我觉得挺舒服。Wǒ juéde tǐng shūfu. (나는 아주 편안함을 느낀다.)
	보어	大家讨论得非常热烈。(모두들 매우 열띠게 토론한다.) Dàjiā tǎolùn de fēicháng rèliè.
	관형어	三次获奖的人也没来。(3차례 상을 탄 사람조차도 오지 않았다.) Sān cì huò jiǎng de rén yě méi lái.
	부사어	他很诚恳地谈了自己的看法。 Tā hěn chéngkěn de tán le zìjǐ de kànfǎ. (그는 아주 솔직하게 자신의 견해를 말했다.)

설명

'부사어+중심어' 구조의 구는 중심어가 '동사'나 '형용사'이기 때문에 주로 통사적으로 동사구나 형용사구를 만든다. 따라서 이 구조는 '술어'로 쓰이는 것이 가장 일반적이다. 그러나 위의 표에서 보듯 각종의 문장성분으로 두루 쓰인다. 이 점에 대해서는 이미 살펴본 '동사'의 문장성분 충당 기능을 상기하라. 이러한 현상 역시 구가 가지는 운용의 자유로움을 말한다.

2.1.3 술목식 구

술목식구의 앞부분은 동작을, 뒷부분은 이 동작의 영향이나 지배를 받는 대상을 표시한다.

◆ **술목식 구의 내부구조와 문법기능**

술목식 구		술목구의 예
내부구조	동사+명사	学习外语 xuéxí wàiyǔ (외국어를 배우다), 到上海 dào Shànghǎi (상해에 가다)
	동사+대체사	找谁 zhǎo shéi (누구를 찾다), 去那儿 qù nàr (그곳에 가다)
	동사+동사	爱唱 ài chàng (노래 부르는 것을 좋아하다), 喜欢吃 xǐhuan chī (먹는 것을 좋아하다)
문법기능	주어	作事情必须认真。(일을 함에 있어서는 최선을 다해야 한다.) Zuò shìqing bìxū rènzhēn.
	술어	我已经习惯这里的生活了。(나는 이미 여기의 생활에 익숙해졌다.) Wǒ yǐjīng xíguàn zhèlǐ de shēnghuó le.
	목적어	她很怕刮大风。(그녀는 센바람이 부는 것을 무서워한다.) Tā hěn pà guā dàfēng.
	보어	他感动得说不出话来。(그는 감동해서 말을 잇지 못한다.) Tā gǎndòng de shuō bù chū huà lái.
	관형어	参观美术展览的人多极了。(미술 전람을 참관하는 사람이 매우 많다.) Cānguān měishù zhǎnlǎn de rén duō jí le.
	부사어	大家充满信心地迎接新的任务。 Dàjiā chōngmǎn xìnxīn de yíngjiē xīn de rènwù. (모두들 믿음을 충만히 가지고 새 임무를 맞이한다.)

설명

여기서 중시할 점은 술목식구도 각종 문장성분으로 충당될 수 있다는 점이다. 즉 용언성의 강도(强度)가 문제가 아니라 문장에서 어떤 위치에 오느냐가 어떤 문장성분으로 충당되는지를 결정하는 핵심사항 이라는 점이다.

2.1.4 술보식 구

동사나 형용사로 충당되는 술어가 뒤에 보어를 대동하는 구조이다.

◆ 술보식 구의 내부구조와 문법기능

술보식 구		술보구의 예
내부구조	ⓐ 동사+동사(구)	听懂 tīng dǒng (알아듣다), 过来 guòlái (건너오다), 跳起来 tiào qǐlai (뛰어오르다)
	ⓑ 동사+형용사	洗干净 xǐ gānjìng (깨끗이 씻다/깨끗이 빨다)
	ⓒ 동사+수량구	去一趟 qù yí tàng (한 번 가다)
		休息十分钟 xiūxi shí fēn zhōng (10분 동안 쉬다)
	ⓓ 동사+대체사	睡得怎么样 shuì de zěnmeyàng (어떻게 주무셨나요?)
	ⓔ 동사+전치사	奔向前方 bēn xiàng qiánfāng (앞쪽으로 내달리다) 来自国外 lái zì guówài (외국에서 오다)
	ⓕ 형용사+부사[20]	高兴得很 gāoxìng de hěn (매우 기쁘다), 冷极了 lěng jíle (굉장히 춥다)
	ⓖ 형용사+수량구	大一点 dà yìdiǎn (좀 크다), 小两岁 xiǎo liǎng suì (2살 어리다)
문법기능	주어	睡得太晚会影响健康。(너무 늦게 자는 것은 건강에 영향을 준다.) Shuì de tài wǎn huì yǐngxiǎng jiànkāng.
	술어	他们表演得不错。Tāmen biǎoyǎn de búcuò. (그들은 훌륭하게 공연했다.)
	목적어	他觉得贵了点儿。Tā juéde guì le diǎnr. (그는 좀 비싸다고 생각한다.)
	보어	他高兴得唱起来了。(그는 즐거워 노래를 부르기 시작했다.) Tā gāoxìng de chàng qǐlai le.
	관형어	整理完的资料在这儿呢。(다 정리한 자료는 여기에 있다.) Zhěnglǐ wán de zīliào zài zhèr ne.

설명

ⓐ-ⓖ에서 동사나 형용사 뒤의 각 성분이 바로 '보어성분'이다. ⓐ-ⓒ까지는 일반적인 술보구의 구조이다. ⓒ의 "一趟"은 동작의 횟수를 나타내는 동량보어이고, "十分钟"은 시간의 지속량을 나타내는 시량보어이다. ⓔ의 구조에 대해서는 두 가지 견해가 가능하다. 하나는 위처럼 '동사+전치사'를 '술보구'로 보는 경우이고, 다른 하나는 '동사+전치사구'를 '술보구'로 보는 경우이다. 이는 결합의 선후관계에 대한 견해 차이 때문에 발생하는 것이다. 이 책은 전자의 경우가 더 타당하다고 본다. 즉 '동사+

---

20) 이 구조를 '동사+부사'로 착각하게 하는 경우가 있다.
好吃极了 haochī jí le (아주 맛있다)
恨极了 hèn jí le (아주 밉다)
그러나 위의 "好吃"나 "恨"의 경우도 모두 형용사로 보아야 한다. "好吃"의 경우는 형용사와 동사의 두 속성이 있으나 '맛있다'의 의미는 '형용사'이다. 李行健主编, 《现代汉语规范词典》, 517 쪽 전치사+명사' 구조는 어음적으로 앞의 두 요소가 먼저 한 덩어리로 묶인다는 것이 가장 큰 이유이며, 이미 '전치사' 부분에서 언급된 바대로 전치사는 동사적인 속성도 상당한 정도 공유하기 때문이다. ⓕ의 경우 부사 "很"과 "极了"는 부사 가운데서 보어성분으로 쓰이는 극소한 예이다.

2.1.5 주술식 구

결합되는 두 성분 간에 '주어+술어'의 관계가 있다. 뒤의 성분이 앞의 성분을 진술하는 형식이다.

◆ 주술식 구의 내부구조와 문법기능

주술식 구		주술구의 예
내부구조	명사+동사	农民劳动 nóngmín láodòng (농민이 일하다), 气温下降 qìwēn xiàjiàng (기온이 떨어지다)
	대체사+동사	谁决定 shéi juédìng (누가 결정하지), 大家都赞成 dàjiā dōu zànchéng (모두 찬성하다)
	명사+형용사	肚子疼 dùzi téng (배가 아프다), 气氛严肃 qìfēn yánsù (분위기가 엄숙하다)
	대체사+형용사	他聪明 tā cōngmíng (그는 똑똑하다), 那儿安静 nàr ānjìng (그곳은 조용하다)
문법기능	주어	他俩去比较合适。(그들 둘이 가는 것이 비교적 적당하다.) Tā liǎ qù bǐjiào héshì.
	술어	会场气氛十分严肃。(회의장은 분위기가 매우 엄숙하다.) Huìchǎng qìfēn shífēn yánsù.
	목적어	我希望她成功。Wǒ xīwàng tā chénggōng. (나는 그녀가 성공하기를 바란다.)
	보어	大家笑得眼泪都流下来了。(모두들 웃어서 눈물까지 흘러내렸다.) Dàjiā xiào de yǎnlèi dōu liú xiàlái le.
	관형어	您提的意见很正确。(당신이 제기한 의견은 아주 정확합니다.) Nín tí de yìjiàn hěn zhèngquè.

설명

현대중국어에서 '주술식' 구조는 빈번하게 각종 문장성분으로 쓰인다. 이점에 대해서는 6장의 '술어' 부분과 '주술술어문' 부분에서 자세히 설명한다.

2.1.6 연동식 구

하나의 문자에 두개 이상의 동사 혹은 동사구를 연용하는 형식이다. 이때 모든 동사구는 '같은 주어'에 속해 있고 중간에 어음상 쉼이 없다.

1) 구조

VP_1	+	VP_2	+ … +	VPn
有钱 yǒu qián	+	用 yòng	<VP_1의 목적어는 VP_2의 행동조건> (쓸 돈이 있다)	
去 qù	+	看老师 kàn lǎoshī	<VP_2는 VP_1의 목적> (선생님을 뵈러 가다)	
倒水 dào shuǐ	+	喝 hē	<VP_1과 VP_2는 순차적 행위> (물을 딸아 마시다)	

2) 문법기능

연동식구는 아래의 예와 같이 각종의 문장성분으로 충당될 수 있다.

躺着看书对眼睛不好。〈주어〉 (누워서 책을 보는 것은 눈에 좋지 않다.)
Tǎng zhe kàn shū duì yǎnjīng bù hǎo.

他们坐飞机来北京。〈술어〉 〈VP_1은 VP_2의 수단〉 (그들은 비행기를 타고 베이징에 온다.)
Tāmen zuò fēijī lái Běijīng.

我主张找她谈谈。〈목적어〉 (나는 그녀를 찾아서 대화할 것을 주장한다.)
Wǒ zhǔzhāng zhǎo tā tántán.

去参观工艺美术展览的人很多。〈관형어〉 (공예미술전에 참관하러 가는 사람이 많다.)
Qù cānguān gōngyì měishù zhǎnlǎn de rén hěn duō.

他累得躺在沙发上睡着了。〈보어〉 (그는 피곤해서 소파에 누워 잠들었다.)
Tā lèi de tǎng zài shāfā shang shuì zháo le.

설명

연동구문에서 주의해야할 점은 다음과 같다.

첫째, 여러 개의 동작은 '하나의 주어'에 연계되어있다.

둘째, 동작들 사이, 즉 VP1과 VP2 사이에는 일정한 관계, 즉 '순차', '목적', '방식' 등의 관계성이 있다.

셋째, 각종 부사("不", "也"등)는 VP1의 앞에, "了"는 일반적으로 VP2의 뒤에 위치한다.

2.1.7 겸어식 구

주어에 딸린 술어부가 다시 '주술구조를 포함하는 구조'이다. 즉 앞 술어(V_1)의 '목적어'가 뒷 술어(V_2)의 '주어'를 겸한다. 즉 술어(V_1)의 주어와 술어(V_2)의 주어가 다르다.

1) 구조

V_1	+	(앞 동사의) 목적어		
		(뒤 술어의) 주 어	+	V_2
请 qǐng	+	他 tā	+	来 lái	(그를 청해 오게 하다)
怪 guài	+	我 wǒ	+	不早说 bù zǎo shuō	(내가 일찌감치 말하지 않은 것을 탓하다)
让 ràng	+	他 tā	+	学习 xuéxí	(그를 공부하게 하다)

설명

도표에서 점선으로 표시된 부분은 앞 동사의 목적어이자 뒷 술어의 주어이다. 이처럼 두 가지 문장성분의 기능을 겸한 체언성분을 '겸어("兼语")'라고 한다. 문장 전체의 주어는 '겸어'에게 '겸어' 뒤에 위치하는 동작이나 행위를 '시키거나 요구'하는 경우가 대부분이다. 아래의 문장들로 직접 확인해보자.

2) 문법기능

겸어식구 역시 각종의 문장성분으로 충당될 수 있다.

[请]他来是对的。〈주어〉 (그를 초청한 것은 옳다.)
Qǐng tā lái shì duì de.

我们[选]他当代表。〈술어〉 (우리는 그를 대표로 뽑는다.)
Wǒmen xuǎn tā dāng dàibiǎo.

领导已经决定[派]几个人去学习。〈목적어〉
Lǐngdǎo yǐjīng juédìng pài jǐ ge rén qù xuéxí.
(지도자는 몇 사람을 가서 배우도록 파견할 것을 이미 결정했다.)

他刚才问我一个[叫]人摸不着头脑的问题。〈관형어〉
Tā gāngcái wèn wǒ yí ge jiào rén mō bu zháo tóunǎo de wèntí.
(그는 방금 나에게 머리가 헷갈리게 하는 문제 하나를 물었다.)

事情发生得[让]人感到突然。〈보어〉 (일이 갑작스럽게 발생했다.)
Shìqing fāshēng de ràng rén gǎndào tūrán.

설명

문장 전체의 주어는 '겸어'에게 '겸어' 뒤에 위치하는 동작이나 행위를 '시키거나 요구'하기 때문에 일반적으로 위의 예문에 "[ ]"한 동사를 자주 사용한다.

2.1.8 부가식 구

각종의 '조사'나 '기능성이 강한 어구'가 단어나 구 혹은 문장 등에 부가되어 이루어지는 형식이다.

◆ **부가식 구의 내부구조와 문법기능**

부가식 구			부가식구의 예
내부구조	조사 부가	ⓐ 동태조사	看了 kàn le (보았다), 见过 jiàn guo (만났다/만난적이 있다), 笑起来 xiào qǐlai (웃기 시작하다), 说下去 shuō xiàqu (말을 계속하다)
		ⓑ 구조조사	卖的 mài de (판 것), 勇敢地 yǒnggǎn de (용감하게), 说得快 shuō de kuài (빨리 말했다)
		ⓒ 어기조사	谁呀? Shéi ba? (누구세요?), 放心吧! fàngxīn ba!(안심하세요), 公事公办嘛! (공적인 일은 공정하게 원칙적으로 처리해야 합니다!) gōngshìgōngbàn ma!
	기능어성 어구 부가	ⓓ 시간 표시어	小的时候 xiǎo de shíhou (어렸을 적에) 回到首尔以来 huí dào Shǒu'ěr yǐlái (서울로 돌아온 이래로)
		ⓔ 장소 표시어	他们那儿 tāmen nàr (그 사람들이 있는 곳), 黄河一带 Huánghé yídài (황하 일대), 马路对面儿 mǎlù duìmiànr (큰길 맞은편)
		ⓕ 방위 표시어	屋子里 wūzi lǐ (방안), 松树下 sōngshù xià (소나무 아래), 窗户上 chuānhu shàng (창문에)
		ⓖ 수량 표시어	同学们 tóngxuémen (반 친구들), 十多个 shí duō ge (10여개) 排球、篮球什么的 páiqiú、lánqiú shénmede (배구、농구 등등)
		ⓗ 비유 표시어	花一样 huā yíyàng (꽃처럼), 石头一般 shítou yìbān (돌같이), 做梦似的 zuòmèng shìde (꿈꾸는 듯)
		ⓘ 관계 표시어	为了节约起见 wèile jiéyuē qǐjiàn (절약하기 위하여) 因为生病的缘故 yīnwèi shēngbìng de yuángù (병이 났기 때문에)

설명

부가적인 요소와 결합하는 대상의 구조와 내용은 매우 다양하다. 특히 ⓒ처럼 부가성분이 어기조사의 경우는 단어나 구에 부가되는 것이 아니라 '문장'에 부가되어 어투를 표명한다. 따라서 어기조사가 부가된 경우는 하나의 단어일지라도 문장 차원에서의 기능을 한다.

용어

'부가(附加)'란?

이어서 덧붙인다는 말이다. 무엇을 부가하는가? 첫째는 '허사', 둘째는 '기능성 어구'이다.

중국어의 '허사'는 비록 '단어'이지만 어디엔가 '부가'되지 않고서는 아무 기능도 발휘할 수 없다. 부가(/결합)되는 실체는 단위의 크고 작음에 상관없이 반드시 '실체적인 성분(실사, 혹은 실사의 결합에 의한 구조체)'이다.

또 '기능어성' 어구란 자신이 가지는 실재적인 의미가 옅어져 상당히 추상화된 의미를 가지는 어구들이다. 이들도 여러 실체적인 요소들과의 결합을 통해 비교적 추상적인 의미들을 표현한다. 결국 '자기의 색깔'을 잃어버린다는 것은 여러 요소들과 쉽게 결합할 수 있다는 말이다. 이는 문법적인 각도에서 볼 때, 기능어 탄생의 전제이다.

2.1.9 동위식 구

'동위구'란 결합되는 두 성분 간에 문법적으로 대등하며, 동일한 대상을 지시하는 '명사(구)'의 병렬배열 구조를 말한다. 먼저 도표를 통해 동위식 구의 내부구조와 문법기능에 대하여 살펴보자.

◆ 동위식 구의 내부구조와 문법기능

동위식 구		동위식구의 예
내부 구조	명사+명사	中国首都北京 Zhōngguó shǒudū Běijīng (중국의 수도, 베이징)
	명사+대체사	张大夫她 Zhāng dàifu tā (张씨 의사선생님, 그녀)
	대체사+명사	你们年青人 nǐmen niánqīngrén (당신 젊은이들)
	대체사+대체사	我自己 wǒ zìjǐ (나 자신)
	명사+수량구	春秋两季 chūnqiū liǎng jì (봄과 가을, 2계절)
	대체사+수량구	他们四个 tāmen sì ge (그들 4명)
문법 기능	주어	韩国首都首尔很漂亮。(한국의 수도 서울은 매우 아름답다.) Hánguó shǒudū Shǒu'ěr hěn piàoliang.
	목적어	我读过名著《红楼梦》。(나는 명작《홍루몽》을 읽은 적이 있다.) Wǒ dú guò míngzhù《Hónglóumèng》.
	관형어	你不知道老马这个人的脾气多怪。 Nǐ bù zhīdào lǎoMǎ zhè ge rén de píqì duō guài. (너는 마씨 그 사람의 성질이 얼마나 괴상한지 모른다.)

	부사어	她每年夏秋两季总要到园里去看书。 Tā měinián xià qīu liǎng jì zǒng yào dào yuánlǐ qù kàn shū. (그녀는 매년 여름 가을 두 계절에 늘 정원에 가서 책을 본다.)

설명

결합되는 두 대상 간에는 문법상 같은 지위를 가질 뿐만 아니라 가리키는 바가 같다. 이러한 구를 '동위구("同位结构")' 혹은 '복지구("复指词组")'라 한다. '동위구'란 문법적 자격을 말하는데 초점이 있고, '복지구'란 두 결합대상이 지시하는 바가 같다는 의미적 관점에서의 명칭이다. 따라서 결합되는 두 성분 간에는 서로 '주석(/설명)과 호칭'의 관계가 일반적이다.

2.1.10 중첩식 구

중첩식구의 내부구조는 다음 표와 같다.

◆ 중첩식 구의 내부구조

중첩식 구		중첩식 구의 예
내부 구조	명사 중첩	人人 rénrén (사람마다), 年年 niánnián (해마다) 里里外外 lǐlǐ wàiwài (집의 안과 밖)
	양사 중첩	个个 gègè (각각), 次次 cìcì (한차례 한차례), 条条 tiáotiáo (조목마다)
	수사 중첩	一一 yīyī (일일이), 万万 wànwàn (억, 아주 많은 수) 三三两两 sānsān liǎngliǎng (삼삼오오), 千千万万 qiānqiān wànwàn (수천 수만)
	동사 중첩	等等 děngděng (좀 기다리다), 来来去去 láilái qùqù (계속 왔다갔다 하다) 考虑考虑 kǎolǜ kǎolǜ (좀 고려해보다)
	형용사 중첩	大大(的) dàdā(de) (크디 큰), 红红的 hónghōng de (붉은) 干干净净 gāngan jìngjìng (깨끗하다), 和和睦睦 héhé mùmù (화목하다)
	부사 중첩	不不不 bù bù bù (아니요, 아니요, 아니요) 没有没有 méiyǒu méiyǒu (아닙니다, 아닙니다)
	의성사 중첩	噼噼啪啪 pīpi pāpā (파바박 파바박/비지직 비지직) 嘀嘀哒哒 dīdi dādā (다그닥 다그닥/뚝뚝), 扑通扑通 pūtōng pūtōng (풍덩풍덩)
	감탄사 중첩	喂, 喂, 你要不要? Wèi, wèi, nǐ yào bu yào? (어이, 어이, 자네도 할텐가?)
	수량구 중첩	一次一次 yící yící (매번), 一个一个 yíge yíge (하나하나)
	의문대체사 중첩	谁谁谁 shéi shéi shéi (누구, 누구, 누구?) 什么什么 shénme shénme (뭐, 뭐?)
	동태조사구 중첩	说着说着 shuō zhe shuō zhe (말하다가 말하다가 [결국]) 想着想着 xiǎng zhe xiǎng zhe (생각하다가 생각하다가 [결국])

설명

도표에서 보듯 이론상 전치사와 접속사를 제외한 모든 품사 및 구 등도 중첩되어 다시 '중첩식구'를 이룰 수 있다. 이렇게 볼 때. 이 중첩형식은 중국어의 통사적 특징 가운데 하나라고 할 만 하겠다. 한 가지 오해하지 않아야 할 것은 중첩을 통해서 '단어'가 아니라 '구'를 만드는 경우라는 점이다.

용어

중첩이란?

중첩은 '동일한(/같은)' '형태소'나 '단어' 혹은 '구'를 중복적으로 배열하는 모든 경우를 이르는 말이다. 형태소의 중첩뿐만 아니라 단어 중첩(이미 살펴본 명사, 양사, 동사, 형용사, 부사 등의 중첩현상을 상기하기 바람), 구의 중첩 심지어 문장의 중첩도 있다. 그러나 너무 큰 단위를 중첩하는 경우는 표현효과보다 경제성의 원칙에 어긋날 것이다.

2.1.11 고정식 구

문장 가운데서 기능상 하나의 단어에 상당하며 각종 문장성분이 될 수 있다. 대다수가 '2+2'의 '연합구조'이다. 고정식 구의 내부구조와 문법기능에 대해 알아보자.

◆ 고정식 구의 내부구조와 문법기능

고정식구		네 글자식 고정구의 예
내부구조	중첩식+중첩식	家家户户 jiājiā hùhù (가가호호), 老老少少 lǎolǎo shàoshào (늙은이와 젊은이), 男男女女 nánnán nǚnǚ (많은 남녀), 快快乐乐 kuàikuài lèlè (즐겁고 유쾌한)
	수식식+수식식	良师益友 liángshī yìyǒu (좋은 스승과 유익한 벗), 前思后想 qiánsī hòuxiǎng (앞뒤로 생각하다), 大惊小怪 dàjīng xiǎoguài (하찮은 일에 크게 놀라다), 千变万化 qiānbiàn wànhuà (끊임없이 변화하다)
	술목식+술목식	思前想后 sīqián xiǎnghòu (지난날을 돌이켜보고, 앞날을 생각하다), 开门见山 kāiménjiànshān (단도직입적으로)
	술보식+술보식	翻来翻去 fānlái fānqù (이리저리 뒤척이다), 看来看去 kànlái kànqù (이리저리 살펴보다), 想来想去 xiǎnglái xiǎngqù (이리저리 생각해 보다)
	주술식+주술식	人来人往 rénlái rénwǎng (사람들의 왕래가 이어지다), 语重心长 yǔzhòng xīncháng (말이 간곡하고 의미심장하다), 心直口快 xīnzhí kǒukuài (성격이 솔직하여 입바른 소리를 잘하다)
	기타	叶公好龙 shè(yè)gōnghàolóng (겉으로는 좋아하나, 실제로는 두려워하다), 无理取闹 wúlǐqǔnào (일부러 소란을 피우다)

구분	기능	예문
문법 기능	주어	家家户户都挂着一面国旗。(집집마다 모두 국기를 걸었다.) Jiājiā hùhù dōu guà zhe yí miàn guóqí.
	술어	别这么大惊小怪的。(그렇게 크게 놀라지 말아라.) Bié zhème dàjīng xiǎoguài de.
	목적어	我们有准备应付形势的千变万化。 Wǒmen yǒu zhǔnbèi yìngfù xíngshì de qiānbiàn wànhuà. (우리는 형세의 끊임없는 변화에 맞설 준비가 되어 있다.)
	보어	他的腿摔得青一块紫一块的。(그의 다리는 넘어져서 시퍼렇게 멍들었다.) Tā de tuǐ shuāi de qīng yíkuài zǐ yíkuài de.
	관형어	她是个心直口快的人。(그녀는 직설적으로 말하는 사람이다.) Tā shì ge xīnzhí kǒukuài de rén.
	부사어	大家你一言我一语地说个没完。(모두들 한 마디씩 하며 말이 끝이 없다.) Dàjiā nǐ yì yán wǒ yì yǔ de shuō ge méi wán.

설명

중국어는 그 역사와 전통만큼이나 고정구(숙어)를 많이 가지고 있는 언어이다. 우리가 알고 있는 각종 고사성어(故事成语), 속담, 격언, 관용어 등도 모두 숙어이다. 또 숙어 중에는 앞 단락과 뒷 단락이 짝을 이루게 하고, 앞 단락만 말해도 무슨 뜻인지 알게 하는 방식을 취하는 경우도 있다. 이런 방식의 숙어를 헐후어("歇后语")라고 한다. 이러한 각종의 고정구는 그 전체가 하나의 단어처럼 한 덩어리로 기능한다. 따라서 따로따로 분리하여 분석할 필요가 없다.

용어

'고정구(숙어)'를 정리해보자.

◆ **고정구(숙어) 분류표**

고정구의 분류				예문
고정구(숙어)	성어			守株待兔 shǒu zhū dài tù (요행만을 바라다/융통성이 없다)
	속담			青蛙乱叫, 大雨就到 (청개구리가 요란하게 울면 큰비가 닥친다) qīngwā luàn jiào, dà yǔ jiù dào
	헐후어			小葱儿拌豆腐--(一青二白) (오점이 없다/깨끗하다) xiǎo cōngr bàn dòufu--(yì qīng èr bái)
	관용어	음절구조	1+2	炒冷饭 chǎo lěngfàn (재탕하다)
			2+1	家常(便)饭 jiā cháng (biàn) fàn (흔히 있는 일/다반사)
			기타	穿一条裤子 chuān yì tiáo kùzi (한 통속이 되다)
	약어	구조방식	중요 형태소 취합	科学技术 kēxué jìshù → 科技 kējì (과학 기술)
				北京大学 Běijīng Dàxué → 北大Běi Dà (베이징대학교)
			동일 형태소 생략	水费电费 shuǐ fèi diàn fèi → 水电费 shuǐ diàn fèi (물세와 전기세)

2.2 문법기능에 따른 구의 분류

분류근거는 해당 '구가 문장 가운데 어떤 문법적 기능을 가지는가'이다. 이러한 관점에서 구를 품사의 경우처럼 명사구, 동사구, 형용사구, 부사구 등으로 나눈다. 이때 명심할 것은 이미 살펴본 바와 같이 구의 구조방식과 그 기능은 별개의 것이라는 사실이다.

2.2.1 명사구

명사적인 기능을 가지는 구를 총칭한다.

◆ **명사구의 내부구조 표**

명사구		명사구의 예
내부구조	부가식	听的消息 tīng de xiāoxi (들은 소식), 所听的内容 suǒ tīng de Nàróng (들은 내용), 念书的时候 niàn shū de shíhou (책을 읽을 때)
	중첩식	人人 rénrén (사람마다), 个个 gè gè (각각)
	수량식	一个 yí ge (하나), 这一个 zhè yí ge (이것)
	동위식	中国的首都北京 Zhōngguó de shǒudū Běijīng (중국의 수도, 베이징)
	수식식	人民政府 rénmín zhèngfǔ (인민정부), 国家的建设 guójiā de jiànshè (국가의 건설)
	연합식	工业或农业 gōngyè huò nóngyè (공업 또는 농업)

2.2.2 동사구

동사적인 기능을 가지는 구를 총칭한다.

◆ **동사구의 내부구조 표**

동사구		동사구의 예
내부구조	연합식	讨论并通过 tǎolùn bìng tōngguò (토론하고 통과시키다)
	수식식	向他学习 xiàng tā xuéxí (그에게서 배우다.
	술목식	学习汉语 xuéxí Hànyǔ (중국어를 배우다)
	술보식	睡得很香 shuì de hěn xiāng (아주 달콤하게 잤다)
	주술식	气温下降 qìwēn xiàjiàng (기온이 떨어지다)
	연동식	有话说 yǒu huà shuō (할 말이 있다)
	겸어식	请他来 qǐng tā lái (그를 초청해 오게 하다)
	부가식	买的 mǎi de (산 것)
	중첩식	看着看着 kàn zhe kàn zhe (보다가 보다가 [결국])

설명

위의 표에서 볼 수 있듯이 구조방식은 매우 다양하다. 그러나 그 기능은 모두 동사구로 쓰일 수 있으므로 '동사구'라 한다.

우리는 앞 절에서 각종 구조의 '구'가 각종 문장성분으로 기능하는 것에 대하여 살펴보았다. 이 말은 각종 구조는 여러 가지 기능적 특성을 공유할 수 있다는 의미이다. 예를들어 '명사구'는 명사적인 특징을 가지는 '구'라는 뜻이다. 구는 단어보다 단위가 크며 운용능력 역시 크다. 따라서 명사구는 문장 속에서 명사보다도 훨씬 더 자유롭게 명사적인 기능을 담당할 수 있다. 그럼에도 또 다시 상기해야 할 점은 아무리 명사구라 하더라도 문장 가운데서의 '위치'가 어디냐에 따라 각종 문장성분으로 기능할 수 있다는 점이다.

2.2.3 형용사구

형용사적인 기능을 가지는 구를 총칭한다.

◆ **형용사구의 내부구조 표**

형용사구		형용사구의 예
내부구조	부가식	黑的 hēi de (검은)
	중첩식	好好儿(的) hǎohāorde (좋다/괜찮다), 通红通红 tōnghóng tōnghóng (온통 새빨갛다)
	수식식	真好 zhēn hǎo (정말 좋다)
	술보식	好极了 hǎo jí le (아주 좋다)
	연합식	生动活泼 shēngdòng huópo (생동감 있고 활발하다)
	주술식	心虚 xīnxū (제 발 저리다/자신이 없다/겸손하다)

2.2.4 부사구

부사적인 기능을 가지는 구를 총칭한다.

부사구의 내부구조는 다음과 같이 분류되며 문장 속에서는 '부사어의 기능밖에 없다'.

◆ **부사구의 내부구조 표**

부사구		부사구의 예
내부구조	부가식	高兴地 gāoxìng de (기쁘게), 千方百计地 qiānfāng bǎijì de (온갖 방법을 다해서)
	중첩식	一一(回答) yīyī (huídá) (하나하나 [대답하다]), 最最(难忘) zuì zuì (nánwàng) (가장 [잊기 어려운])

설명

중첩식 "最最"는 단어와 단어의 결합에 의한 구이고, "常常"이나 "刚刚"등은 하나의 단어이다. 양자의 구별은 단어나 어구의 사용빈도와 의미의 단일도 등에 근거해야 할 것이다.

2.3 의미에 따른 구의 분류와 문법기능

구는 의미적으로 '시간, 장소, 방위, 수량' 등 다양한 의미를 표시할 수 있다. 이는 기능적 분류가 아니므로 해당 구들이 문장 가운데서 어떤 성분으로 충당될 수 있는지에 대하여 살펴볼 필요가 있다. 수량표시구, 방위 표시구, 전치사구등에 대하여 살펴보자.

2.3.1 수량구

◆ 수량구의 내부구조와 문법기능

수량구		수량구의 예
내부구조	수사+명량사	一个 yí ge (하나), 七支 qī zhī (일곱 자루)
	수사+동량사	三次 sān cì (세 번), 五趟 wǔ tàng (다섯 차례)
문법기능	주어	三公斤太多了。Sān gōngjīn tài duō le.(세 근은 너무 많다.)
	술어	这本书四百页。Zhè běn shū sìbǎi yè. (이 책은 400쪽이다.)
	목적어	那种钢笔，我有一支。(그런 만년필은 나에게 한 자루 있다.) Nà zhǒng gāngbǐ, wǒ yǒu yì zhī.
	보어	您跟他说一下儿。Nín gēn tā shuō yíxiàr. (당신이 그에게 말 좀 하세요.)
	관형어	一场电影得一个半小时。(영화 한 편은 한 시간 반 소요된다.) Yì chǎng diànyǐng děi yíge bàn xiǎoshí.
	부사어	他一顿吃两个面包。(그는 한 끼에 두 개의 빵을 먹는다.) Tā yí dùn chī liǎng ge miànbāo.

설명

수량구는 결국 기능적으로 '명사구'를 구성한다. 따라서 표에서 보는 바와 같이 각종 문장성분으로 쓰일 수 있다.

2.3.2 방위사구

'방위사구'란 '방위명사가 중심어'가 되는 구조로, 장소뿐만 아니라 시간이나 수량의 의미를 나타낼 수 있다.

◆ 방위사구의 내부구조와 문법기능

방위사구			방위사구의 예
내부구조	명사+방위명사		山顶上 shāndǐng shàng (산 꼭대기), 夜里 yèli (밤중에)
	대체사+방위명사		他后边 tā hòubian (그의 뒤), 这儿前边 zhèr qiánbian (여기 앞)
	수량구+방위명사		五十岁以上 wǔshí suì yǐshàng (50세 이상), 一百块钱左右 yì bǎi kuài qián zuǒyòu (100원 안팎)
	동사+방위명사		死以前 sǐ yǐqián (죽기 이전), 休息以后 xiūxi yǐhòu (휴식 이후)
	동사구+방위명사		吃午饭以前 chī wǔfàn yǐqián (점심을 먹기 전), 下课以后 xiàkè yǐhòu (방과 후)
	주술구+방위명사		我来中国以前 wǒ lái Zhōngguó yǐqián (내가 중국에 오기 전)
문법기능	장소표시	주어	后边还有座位。Hòubian hái yǒu zuòwèi. (뒤에 또 좌석이 있다.)
		목적어	中国产牛羊最多的地方在长江以北。 Zhōngguó chǎn niú yáng zuì duō de dìfang zài Chángjiāng yǐběi. (중국에서 소와 양을 가장 많이 생산하는 지방은 양자강 이북에 있다.)
		관형어	山顶上的雪化了。Shāndǐng shang de xuě huà le. (산 정상의 눈이 녹았다.)
		부사어	您屋里坐。Nín wūli zuò. (집 안으로 가 앉읍시다.)
	시간표시	주어	要找他的话，十点左右比较合适。(그를 찾아가려면, 10시 정도가 비교적 적당하다.)Yào zhǎo tā de huà, shí diǎn zuǒyòu bǐjiào héshì.
		목적어	晚会的时间在七点半以后。(연회 시간은 7시 30분 이후에 있다.) Wǎnhuì de shíjiān zài qī diǎn bàn yǐhòu.
		관형어	这是十天之内的参观计划。(이것은 10일 동안의 참관 계획입니다.) Zhè shì shí tiān zhī Nà de cānguān jìhuà.
		부사어	你午饭后来吧，我等你。(네가 점심 식사 후에 오거라, 내가 기다릴 테니.) Nǐ wǔfàn hòu lái ba, wǒ děng nǐ.
	수량표시	주어	两千块钱以内也是个不小的数目。(2천원 이내도 적지 않은 액수이다.) Liǎng qiān kuài qián yǐNà yě shì ge bù xiǎo de shùmù.
		술어	他三十岁上下。Tā sānshí suì shàngxià. (그의 나이는 30세 내외이다.)
		목적어	啤酒咱们需要两瓶以上。(맥주는 우리가 두 병 이상 필요하다.) Píjiǔ zánmen xūyào liǎng píng yǐshàng.
		관형어	她们到几十里外的山上去采药。(그녀는 몇 십리 밖의 산에 올라 약초를 캔다.) Tāmen dào jǐ shí lǐ wài de shān shang qù cǎi yào.

설명

'방위사구'도 일종의 명사구이다. 따라서 각각 '장소', '시간', '수량' 등의 의미를 표시하면서 명사가 담당할 수 있는 문법기능을 담당할 수 있다.

한편 '방위사구'가 이처럼 기능성이 강한 이유는 이미 단순히 '장소'로서의 '방위(方位)'만을 표시하지 않고 상당히 추상화된 의미(시간성, 수량성)까지 나타낼 수 있기 때문이다.

2.3.3 전치사구

'전치사구'란 '전치사+목적어' 구조로 이루어진 구를 총칭한다.[21]

1) 전치사구의 의미

◆ 전치사구의 의미분류 표

전치사구			전치사구의 예
전치사구의 의미		시간	从十点 cóng shí diǎn (10시 부터)
		장소	在中国 zài Zhōngguó (중국에서)
		방향	沿着这条路 yánzhe zhè tiáo lù (이 길을 따라서)
		근거	按照你说的办法 ànzhào nǐ shuō de bànfǎ (당신이 말한 방법에 따라)
		방법	用信用卡 yòng xìnyòngkǎ (신용카드로)
		원인	由于我的缘故 yóuyú wǒ de yuángù (나 때문에)
		목적	为建设这个城市 wèi jiànshè zhè ge chéngshì (이 도시의 건설을 위하여)
	대상	공동행위	跟中国朋友一起 gēn Zhōngguó péngyou yìqǐ (중국친구와)
		행위주체	由我们定 yóu wǒmen dìng (우리가)
		관계	对他 duì tā (그에 대하여)
		전치	把这个照相机 bǎ zhè ge zhàoxiàngjī (이 사진기를)
		피동	被老朋友 bèi lǎopéngyou (오랜 친구에 의해)
		수여	给我打电话 gěi wǒ dǎ diànhuà (나에게 주다/하다)
		비교	比以前 bǐ yǐqián (이전보다)
		제외	除了学习外语 chúle xuéxí wàiyǔ (외국어 공부를 제외하고)
		대리	替他讲课 tì tā jiǎng kè (그 대신 강의하다)
		봉사	给你们订了个房间 (너희들을 위해 방을 예약했다) gěi nǐmen dìng le ge fángjiān
		어투	连一句话 lián yí jù huà (한 마디도)

설명

전치사의 분류와 상용구문에 대하여서는 이 책의 '4장의 9'를 참조하라.

21) 전치사구는 기능적인 분류처럼 오해될 소지가 있다. 그러나 '명사구는 명사적인 기능을 가진다'는 말은 성립되지만 '전치사구가 전치사적인 기능을 가진다'는 말은 설립되지 않는다. 즉 전치사구도 수량구가 '수사+양사'로 구성된 것과 마찬가지로 '전치사+목적어'구조로서 그 의미적인 특징을 살펴볼 수 있을 뿐이다. 문장 속에서 전치사구의 가장 주된 기능은 부사어로 충당되는 것이다.

2) 내부구조와 문법기능

◆ **전치사구의 내부구조와 문법기능**

전치사구		전치사구의 예
내부구조	전치사+일반명사	在这个问题上 zài zhè ge wèntí shang (이 문제에 있어), 关于工作问题 guānyú gōngzuò wèntí (노동문제에 관하여)
	전치사+장소명사	从学校 cóng xuéxiào (학교에서), 朝北 cháo běi (북쪽으로)
	전치사+대체사	对我 duì wǒ (나에게), 比谁 bǐ shéi (누구보다)
문법기능	부사어	我对京剧很感兴趣。(나는 경극에 대해 대단한 흥미가 있다.) Wǒ duì jīngjù hěn gǎn xìngqù.
	관형어	中国有许多关于月亮的神话。(중국은 달에 관한 많은 신화가 있다.) Zhōngguó yǒu xǔduō guānyú yuèliang de shénhuà.
	주어	从头到尾看了一遍。(처음부터 끝까지는 한 번 읽었다.) Cóng tóu dào wěi kàn le yí biàn.
	목적어	那位先生来韩国是为了探亲。 Nà wèi xiānsheng lái Hánhuó shì wèile tànqīn. (그분이 한국에 온 것은 친지 방문을 위해서이다.)
	술어	我们这个会为了什么呢? (우리의 이 모임은 무엇을 위해서 이지?) Wǒmen Zhè gè huì wèi le shénme ne?

설명

전치사구의 주요기능은 '부사어'로 충당되는 것이다.

ⓐ의 "在这个问题上(이 문제에 있어)"에서 보듯 방위명사의 호응이 이루어진다. 이러한 점은 전치사의 구조 속에 '장소개념이 부족한 경우'에 빈번히 일어난다(명사의 장소화에 대해서는 명사부분과 대체사의 해당 부분을 참고하라).

ⓑ의 각 예를 보자. 소수이기는 하지만 전치사구는 각종 문장성분으로 충당될 수 있다. 그러나 매우 특수한 경우로써 조건이 붙는다는 점을 명심하자. '관형어'를 이루는 경우는 전치사가 "对于"나 "关于"에 국한된다. 또 '주어'를 이루는 경우도 특수한 경우이며, 혹자는 '부사어'라고 주장한다. '목적어'를 구성하는 경우는 동사가 "是"일 때뿐이다. 특히 '술어'를 이루는 경우는 전체문장에 "呢"가 부가된 매우 특수한 예이다.[22)]

---

22) 또 '전치사구'가 '보어'로 충당될 수 있다고 보는 이들은 아래의 예를 든다.
鲁迅生于1881年, 死于1936年。(노신은 1881년에 태어나, 1936년에 죽었다.)
Lǔxùn shēng yú yī bā bā yī nián, sǐ yú yī jiǔ sān liù nián.
그러나 필자는 이 구조는 "동사+于"가 먼저 '술보' 구조를 이루고 여기에 목적어로서 '시간명사구'가 온다고 본다.

MEMO

연습 13

1. 다음 중 빈칸에 들어갈 알맞은 말을 고르시오.

(1) 我以前__________，也可以算是他的老师吧。

A. 辅导过他三次　　B. 辅导过三次他

C. 他辅导过三次　　D. 他三次辅导过

(2) __________是一个很不好的习惯，容易造成眼睛近视。

A. 看着躺书　　B. 躺着看书

C. 看书躺着　　D. 看着书躺

(3) 儿童是怎样学会母语的，这个问题很值得__________。

A. 研究研究　　B. 研研究究

C. 研究　　D. 研究的

2. 다음 단락을 읽고, 빈칸에 들어갈 알맞은 말을 고르시오.

炸酱面在韩国人心中就是最典型的中国菜。韩国的大街小巷都有中餐馆，这些中餐馆多半都是华侨开的。山东半岛和韩半岛隔海相望，自古以来就有很多山东人来到韩半岛定居，他们(1)__________对山东菜进行了改良，几代人下来，就(2)__________。韩式炸酱面跟中国各地的炸酱面的原料差不多，但是韩式的炸酱面色泽黑，味道香甜，跟中式炸酱面在色泽、味道方面都有区别。炸酱面已经成为韩国人日常生活中不可或缺的饮食，(3)__________。

A. 根据韩国人的口味

B. 深受男女老少的喜爱

C. 成了现在的韩式“中华料理”

3. 다음 두 문장 중에서 틀린 문장을 고르시오.

(1) A. 我们每天上午从8点到12点有课。 (　　)
B. 我们每天上午有课从8点到12点。 (　　)

(2) A. 我们进去成龙拍电影的饭店。 (　　)
B. 我们走进成龙拍电影的饭店。 (　　)

(3) A. 我要跟你们讲的就是牛郎织女的故事。 (　　)
B. 我要跟你们讲了就是牛郎织女的故事。 (　　)

4. 다음 주어진 단어를 이용하여 그림에 맞는 문장을 만드시오.

(1) 

▷ 我们俩

(2) 

▷ 有两下子

(3) 

▷ 在老师的帮助下

06 문장

1. 문장의 정의

문장은 단어나 구등이 일정한 법칙에 의해 결합되어 비교적 완전한 의미를 나타내는 언어의 실제적인 운용단위로 일정한 어조가 있다.

문장은 그 형식상 길고 짧은 차이가 있다. 어떤 문장은 하나의 구로 이루어진 경우도 있고 심지어 하나의 단어로 이루진 문장도 있다. 또 하나의 문장은 어음(语音)적으로 시작과 끝 부분에 비교적 긴 쉼[23]이 있다. 또 서면어상으로는 마침표, 물음표, 느낌표 등의 문장 부호로써 마감된다.

문장을 구성하는 성분을 '문장성분'이라 한다. 문장은 이분법적으로는 주어부와 술어부로 나뉜다. 또 중국어에서 문장을 이루는 각각의 성분을 '주어, 술어, 목적어, 관형어, 부사어, 보어' 등의 여섯 부류로 나눈다.[24]

◆ 문장성분 분류표

- 문장성분
  - 주요성분
    - 주어 ("主语" zhǔyǔ)
    - 술어 ("述语" shùyǔ)
    - 목적어 ("宾语" bīnyǔ)
  - 보조성분
    - 보어 ("补语" bǔyǔ)
    - 관형어 ("定语" dìngyǔ)
    - 부사어 ("状语" zhuàngyǔ)

(괄호 속은 중국문법학계의 용어)

23) 구어 가운데 쉼은 '온 쉼'과 '반 쉼'의 두 가지가 있다. 온 쉼은 비교적 긴 쉼으로 끝의 몇 음절은 속도가 빨라지며 서면어상에서는 문장 부호가 놓인다. 반면 반 쉼은 비교적 짧은 쉼으로 마지막 한 음절은 길게 끌거나 어기조사 "啊, 呢, 吧" 등이 놓이며 서면상 "逗号(,)", "顿号(、)" 등으로 표시한다.

설명

어떤 문법서에서는 중국어 문법학계의 용어를 그대로 쓰는 경우가 있다. 물론 중국어의 '빈어'나 '정어', '상어' 등이 한국어의 목적어나 관형어, 부사 등과 일대일로 대응하지 않는 부분이 있을 수는 있다. 그러나 필자는 그러한 경우가 있다 해도 중국학계의 용어를 그대로 답습할 정도는 아니라고 본다. 따라서 한국인이 받아드리는데 무리 없는 용어를 쓰는 것이 중국어 학습뿐만 아니라 연구 측면에서도 유용하다고 판단한다.

한편 각 문장성분의 배열에 있어 '주요성분'은 차이를 보이지 않지만 '보조성분'에 대한 기술순서는 각각 다를 수 있다. 이 책은 '보어'가 문장 가운데서 문법・의미적으로 매우 중요한 요소라고 보아 가장 먼저 배열한다. 위의 차례에 따라 각 문장성분의 유형과 문법기능에 대하여 살펴보자.

2. 문장성분

2.1 주어

주어는 문장의 진술대상이다.

2.1.1 주어(부)의 내부구조

주어의 내부를 자세히 분류하여 각종의 성분으로 구성된 다양한 유형의 주어가 존재할 수 있음을 살펴보자.

◆ 주어의 내부 구조

주어		예 문
내부구조	명사(구)	ⓐ 学校后边有一条小河。(학교 뒤에는 작은 실개천이 있다.) Xuéxiào hòubiān yǒu yì tiáo xiǎohé.
	대체사(구)	ⓑ 这样、那样都行。(이렇게 하던 저렇게 하던 다 괜찮다.) Zhèyàng、nàyàng dōu xíng.
	수사	ⓒ 四是二的两倍。Sì shì èr de liǎng bèi. (4는 2의 2배이다.)

24) 黎锦熙(1968[1924]:6)선생은 이 문장성분들을 다시 주어와 술어를 '주요성분'으로, 목적어와 보어를 '연대(连带)성분'으로, 관형어와 부사어를 '부가성분'으로 분류한다. 본서는 유형학에서 '주어, 술어, 목적어'를 함께 언급하는 점을 고려하여 이들을 '주요성분'으로 하고, 나머지를 '보조성분'으로 분류하여 살펴본다.

	수량구		ⓓ 一公斤等于一千克。 Yì gōngjīn děngyú yì qiān kè. (1Kg은 1000g이다.)
	동위구		ⓔ 他们老师张平是上海人。(그들의 선생님 장평은 상하이사람이다.) Tāmen lǎoshī Zhāngpíng shì Shànghǎi rén.
	동사	단어	ⓕ 说说容易, 做就难了。(말을 좀 하기는 쉬워도 행동한다는 것은 어렵다.) Shuōshuō róngyì zuò jiù nán le.
		구	ⓖ 整理这些杂志要用很多时间。 Zhěnglǐ Zhè xiē zázhì yào yòng hěn duō shíjiān. (이 잡지들을 정리하는 데는 많은 시간이 소요된다.)
	형용사	단어	ⓘ 骄傲不好。 Jiāo'ào bù hǎo. (교만함은 안 좋다.)
		구	ⓙ 短一点儿好看。 Duǎn yìdiǎnr hǎokàn. (조금 짧은 것이 보기 좋다.)
	동사성 주술구		ⓚ 你不去没关系, 我不去可不行。 Nǐ bú qù méiguānxi, wo bú qù kě bùxíng. (네가 안 가는 것은 상관없지만, 내가 안 가는 것은 안 된다.)
	형용사성 주술구		ⓛ 身体健康最重要。(몸이 건강한 것이 가장 중요하다.) Shēntǐ jiànkāng zuì zhòngyào.

설명

주어로 충당되는 성분들의 내부구조이다.

예 ⓐ-ⓔ의 주어의 내부구조를 보자. 모두 체언성 구이기 때문에 주어가 되는데 문제가 없다.

다시 ⓕ-ⓛ의 예를 보자. 동사(구)나 형용사(구)도 주어를 구성할 수 있다. 어떻게 동사구나 형용사구가 형태변화 없이 주어가 될 수 있단 말인가? 그러나 이것이 중국어 주어성분이 보이는 현실인 것을 어쩌랴! 그렇더라도 이 경우 한국어 해석은 이들 주어화된 용언성분을 '~것은(/)이)'이나 '~하는 데는'처럼 주격조사나 화제표시 보조사를 붙여야 적절하다.

2.1.2 주어(부)와 술어(부)와의 의미관계

주어(부)는 진술의 대상이며, 술어(부)는 주어부에 관한 진술이다.[25]

중국어의 주어(부)는 일반적으로 동작의 행위자("施事者")이거나 행위를 받는 자("受事者")이다. 그러나 실제적으로 주어부와 술어부의 의미 관계는 상당히 복잡한 양상을 띤다. '주어와 술어 간에 보이는 의미관계'에 대하여 살펴보자.

---

25) 赵元任(1981 : 69)선생은 화용적 관점에서 전자를 화제(Topic)라 하며, 후자를 진술(Comment)이라 한다.

◆ **주어와 술어(부)의 의미관계**

주어와 술어(부)			예 문
의미관계	주어가 행위자인 경우		ⓐ 我们学习汉语，不学习英语。(우리는 중국어를 배우지, 영어를 배우지 않는다.) Wǒmen xuéxí hànyǔ, bù xuéxí yīngyǔ.
	주어가 행위를 받는 경우		ⓑ 他的那本小说出版了。(그의 그 소설은 출판되었다.) Tā de Nà běn xiǎoshuō chūbǎn le.
	비행위자, 비수사자인 '대상'	묘사 대상	ⓒ 那个人身体健康。(그 사람은 몸이 건강하다.) Nà ge rén shēntǐ jiànkāng.
		가격 대상	ⓓ 这件毛衣七十五块钱。(이 스웨터는 75원이다.) Zhè jiàn máoyī qīshíwǔ kuài qián.
		대상 시간	ⓔ 昨天我没能见到他。(어제는 내가 그를 만나지 못했다.) Zuótiān wǒ méi néng jiàn dao tā.
		대상 장소	ⓕ 北京他曾经去过几次。(베이징은 그가 몇 차례 가본 적이 있다.) Běijīng tā céngjīng qù guo jǐ cì.
		관여 대상	ⓖ 那场火，幸亏消防队来得快。 Nà chǎng huǒ, xìngkuī xiāofángduì lái de kuài. (그 불은 다행이 소방대가 빨리 왔다.)
		대상 도구	ⓗ 这把刀他用它切肉。(이 칼로는 그가 고기를 썬다.) Zhè bǎ dāo tā yòng tā qiè ròu.
		대상 재료	ⓘ 这块料子我可以做裤子。(이 재료로는 내가 바지를 만들 수 있다.) Zhè kuài liàozi wǒ kěyǐ zuò kùzi.
		교류 대상	ⓙ 这个人我向他借过钱。(이 사람에게서는 내가 돈을 빌린 적이 있다.) Zhè ge rén wǒ xiàng tā jiè guo qián.
		협동 대상	ⓚ 这个人我以前跟他下过棋。 Zhè ge rén wǒ yǐqián gēn tā xià guo qí. (이 사람과는 내가 전에 바둑을 둔적이 적이 있다.)
		사역 대상	ⓛ 老张我们派他去上海了。(장씨는 우리가 상하이로 파견했다.) Lǎozhāng wǒmen pài tā qù Shànghǎi le.
		인지 대상	ⓜ 这首曲子我很熟悉。(이 노래는 내가 잘 안다.) Zhè shǒu qǔzi wǒ hěn shúxī.

설명

1) 주어가 행위자인 경우

예 ⓐ를 보자. 이러한 주어를 시사자("施事者") 혹은 시사격("施事格")라 하며, 가장 일반적인 경우이다.

2) 주어가 행위를 받는 경우

예 ⓑ를 보자. 이러한 주어를 수사자("受事者") 혹은 수사격("受事格")이라 한다.

3) 주어가 행위자도 아니고 행위를 받는 자도 아닌 경우

이는 주어와 술어의 의미관계가 위의 예 ⓐ-ⓑ처럼 분명하게 시사자와 수사자로 드러나지 않는 경우이다. 예 ⓒ-ⓓ를 보자. 주어 "那个人"은 술어"身体健康"의 묘사 대상일 뿐이며, 주어 "这件毛衣"도 단지 '가격' "七十五块钱"의 진술대상일 뿐이다. 이 책에서는 특히 ⓒ처럼 주술구의 진술대상이 되는 주어를 '전형적인 화제'라고 하며, 이러한 문장을 '전형적인 화제문'이라고 한다. 이러한 구문은 주어와 술어(부) 사이에 '~에 대하여(말하자면)'의 의미가 있으며, 의미관계상 비교적 간접적인 특징이 있다. 또 주어와 술어(부) 사이에 짧은 쉼이 있거나 화제표지 "啊, 呢, 吧" 등이 오기도 한다. 이들은 중국어 학습차원에서 꼭 짚고 넘어가야 할 구문이다. 즉 위의 도표 중 ⓐ-ⓑ, ⓓ를 제외한 '전체 예문이 바로 전형적인 화제구문('NP_1+NP_2+VP' 구조)'으로, 진술대상을 화제화하기 위해 문두로 이동시킨 경우이다.

2.2 술어(부)

2.2.1 술어(부)의 내부구조

술어(부)는 동사(구)나 형용사(구)로 이루어지는 것이 일반적이다. 그러나 각종 명사(구)뿐만 아니라 일부의 전치사구도 술어(부)가 될 수 있다. 술어로 쓰일 수 있는 각종 성분의 내부구조에 대해 살펴보자.

◆ **술어의 내부구조**

술어의 내부구조		예 문
동사구	동사	ⓐ 我们的理想实现了。Wǒmen de lǐxiǎng shíxiàn le. (우리의 이상이 실현되었다.)
	이중목적어	ⓑ 我送他一本书。Wǒ sòng tā yì běn shū. (나는 그에게 책을 한 권 보낸다.)
	동사 연합식	ⓒ 代表们讨论并通过了这项决议。(대표들은 이 결의문을 토론하여 통과시켰다.) Dàibiǎomen tǎolùn bìng tōngguò le Zhè xiàng juéyì.
	조동사 연합식	ⓓ 我们应该而且可以改正这些错误。(우리는 이 잘못들을 고쳐야 하고, 또한 고칠 수 있다.)Wǒmen yīnggāi ěrqiě kěyǐ gǎizhèng Zhèxiē cuòwù.
	부가식	ⓔ 我想起来十年前的往事。(나는 10년 전의 옛일이 기억난다.) Wǒ xiǎng qǐlai shí nián qián de wǎngshì.
	중첩식	ⓕ 他看看这本书, 又看看那本书。(그는 이 책을 좀 보다가, 다시 저 책을 본다.) Tā kàn kan Zhè běn shū, yòu kànkàn nà běn shū.
	수식식	ⓖ 我不知他来不来。Wǒ bù zhī tā lái bù lái. (나는 그가 올지 안 올지 모른다.)
	술보식	ⓗ 没人说得清楚他是什么时候来的。 Méi rén shuō de qīngchǔ tā shì shénme shíhou lái de. (아무도 그가 언제 오는지 정확히 말하지 않는다.)
	연동식	ⓘ 他想来想去想不出好主意。Tā xiǎnglái xiǎngqù xiǎngbuchū hǎo zhǔyi. (그는 이리저리 생각해 보아도 좋은 생각이 떠오르지 않는다.)
	주술식	ⓙ 这本书我读过。Zhè běn shū wǒ dú guo. (이 책은 내가 읽은 적이 있다)

형용사구	형용사	ⓚ 我的成绩好，她的更好。(나의 성적도 좋지만, 그녀의 성적은 더 좋다.) Wǒ de chéngjì hǎo, tā de gèng hǎo.
	부가식	ⓛ 我比您小着二十岁。(나는 당신보다 스무 살 어립니다.) Wǒ bǐ nín xiǎo zhe èrshí suì.
	술보식	ⓝ 这可累坏你了。Zhè kě lèi huài nǐ le. (이거 당신을 지치게 했군요.)
	연합식	ⓞ 幼儿园的孩子活泼可爱。(유치원의 아이는 생기발랄하고 귀엽다.) Yòu'éryuán de háizi huópo kě'ài.
	주술식	ⓟ 我们家乡物产丰富。(우리 고향은 물자가 풍부하다.) Wǒmen jiāxiāng wùchǎn fēngfù.
명사구	요일·날짜	ⓠ 今天星期五。Jīntiān xīngqīwǔ. (오늘은 금요일이다.)
	날씨	ⓡ 今天阴天。Jīntiān yīntiān. (오늘은 흐리다.)
	명절·계절	ⓢ 明天春节。Míngtiān Chūnjié. (내일은 설날이다.)
	출신지	ⓣ 马老师北京人。Mǎ lǎoshī Běijīng rén. (마 선생님은 베이징사람이다.)
	나이	ⓤ 他今年二十几了？Tā jīnnián èrshí jǐ le? (그가 올해 스물 몇 살이지?)
	가격	ⓥ 一公斤两块五毛钱。Yì gōngjīn liǎng kuài wǔ máo qián. (1킬로그램에 2원 50전이다.)
	용모	ⓦ 她黄头发、蓝眼睛。Tā huáng tóufà、lán yǎnjing. (그는 노란머리에 푸른 눈이다.)
	대체사	ⓧ 小王怎么了？XiǎoWáng zěnme le? (왕군은 어떻게 된 거야?)
기타	전치사구	ⓨ 我们这个会为了什么呢？(우리의 이 모임은 무엇을 위해서이지?) Wǒmen zhè ge huì wèile shénme ne?
	고정구	ⓩ 我们应当助人为乐。(우리는 남을 돕는 것을 즐거워해야 한다.) Wǒmen yīngdāng zhùrénwéilè.

설명

예 ⓐ-ⓙ의 술어를 보자. 모두 동사(구)로 된 술어(부)이다. 또 ⓚ-ⓟ는 형용사(구)로 된 술어(부)이다. 이처럼 용언성인 동사나 형용사가 술어로 쓰이는 것은 당연하다.

그러나 예 ⓠ-ⓧ의 술어를 보자. 각종 명사(구)나 대체사로 된 술어(부)이다. 한국어의 경우는 반드시 주격조사(이/가)나 화제보조사(은/는)을 첨가해야 하며 술어 '-이다'를 써야하는 문형이다. 이러한 점 때문에 일부 중국인들은 한국어를 구사할 때 조사를 빼고 술어도 빼고 말하는 현상을 보이기도 한다. 또 예 ⓨ-ⓩ를 보자. 이처럼 전치사구나 고정구로 된 술어(부)도 존재한다. 그러나 '전치사구로 이루어지는 술어(부)'는 그야말로 희소하다. 이상 ⓠ-ⓩ의 내용은 비록 술어구성에 있어 많은 수의 경우는 아니라 할지라도 중국어 술어(부) 구성에 보이는 커다란 특징이 아닐 수 없다.[26]

26) 물론 부정문에서는 이 책의 4장 '명사의 문법기능' 부분에서 말한 바와 같이 부사 "不" 뒤에 술어동사 "是"를 더하여야 한다.

이처럼 '체언성' 혹은 극소수이기는 하지만 전치사구라 하더라도 아무런 형태변화 없이 단지 주어의 뒤라는 위치조건 한 가지에 의해 술어로 쓰이는 현상이 바로 중국어의 문법적 특징 중 하나인 것이다.

예 ⓙ와 ⓟ의 술어를 보자. 이는 구조상 특수해 보이는 술어이나 현대중국어에서 자주 쓰이는 구문을 이룬다. 즉 술어의 각도에서는 '주술술어문', 주어의 각도에서는 '이중주어문'이라고도 불리는 'NP_1+NP_2+VP' 구조의 문형이다. 이 구조에서 'NP_2+VP'는 'NP_1'의 술어이다. 이는 'NP1'이 진술대상화, 즉 화제화 되었으므로 필자는 화제화 차원에서는 '전형적인 화제문'이라고 부른다.[27] 이러한 경우는 특히 구어체에서 많이 운용되므로 숙지해야 할 문형이다. 이러한 문형의 내부구조에 대해 분석해 보자.

◆ 주술술어의 내부 구조

주술 술어			예 문
술어	형용사구	형용사	ⓐ 这种人胆子小。Zhè zhǒng rén dǎnzi xiǎo. (이런 사람은 담이 작다.)
		수식식	ⓑ 这件事，知道的人太多了。(이 일은 아는 사람이 너무 많아졌다.) Zhè jiàn shì, zhīdao de rén tài duō le.
		술보식	ⓒ 这类事，他的经验多得很。(이런 일에 대해 그는 경험이 아주 많다.) Zhè lèi shì, tā de jīngyàn duō de hěn.
		술보식	ⓓ 她心理安静了一些。(그녀는 마음이 적잖이 안정되었다.) Tā xīnlǐ ānjìng le yìxiē.
	동사구	술보식	ⓔ 小李能做到的，我也能做到。(이군이 해낼 수 있는 일은 나도 해낼 수 있다.)XiǎoLǐ néng zuòdào de, wǒ yě néng zuòdào.
		술목식	ⓕ 这个问题，我有不同的看法。 Zhè ge wèntí, wǒ yǒu bùtóng de kànfǎ. (이 문제에 대하여 나는 다른 생각을 가지고 있다.)
		부가식	ⓖ 这本书我读过。Zhè běn shū wǒ dú guo. (이 책은 내가 읽은 적이 있다)
주어	대체사	수사자	ⓗ 你什么都做得出来。(당신은 어느 것이나 해낼 수 있다.) Nǐ shénme dōu zuò de chū lai.
	대체사	수사자	ⓘ 我哪儿都不去。Wǒ nǎr dōu bú qù. (나는 어디에도 가고 싶지 않다.)
	수량구	수사자	ⓙ 他一句话也不说。(그는 한 마디도 말하지 않는다.) Tā yí jù huà yě bù shuō.
	대체사	시사자	ⓚ 咱们谁也忘不了谁。(우리는 누구도 누구를 잊을 수 없다.) Zánmen shéi yě wàngbuliǎo shéi.
	술목구	수사자	ⓜ 小李学习外语很用功。(이군은 외국어 공부는 매우 열심히 한다.) XiǎoLǐ xuéxí wàiyǔ hěn yònggōng.
	명사	상태주체	ⓝ 小狗浑身雪白。Xiǎo gǒu húnshēn xuěbái. (강아지는 온몸이 새하얗다.)
	대체사	상태주체	ⓞ 这个地方，他也许陌生。(이 지역은 그도 아마 낯설 것이다.) Zhè ge dìfang, tā yěxǔ mòshēng.
	중첩구	상태주체	ⓟ 孩子们个个都健康。(아이들은 하나하나가 모두 건강하다.) Háizimen gè gè dōu jiànkāng.

27) 졸저(2011), 『현대중국어 화제화 이중 명사구문 연구』 참고

설명

예의 ⓐ-ⓖ를 보자. 주술구의 술어성분은 각종 형식의 형용사구나 동사구에 의해 충당된다. 예 ⓐ-ⓓ, ⓝ-ⓟ를 보자. 모두 'NP$_2$ + VP'의 관계가 '상태의 주체 + 상태의 설명'의 구조, 즉 형용사성 용언들에 의한 진술이다. 이는 중국어 화제구문의 전형적인 진술 방법이다.

한편 술어가 동사인 경우는 두 가지로 나뉜다. 즉 'NP$_2$'가 시사자인 경우와 수사자인 경우가 있다. 예 ⓔ-ⓖ, ⓚ를 보자. 일반적으로 시사자인 경우가 많으나, ⓗ-ⓙ, ⓜ처럼 수사자인 경우도 적지 않다. 이때 '대체사'나 '一 + 명사'의 구조는 '불특정 전체(all)'를 의미한다.

ⓜ의 경우를 보자. 이는 '술목구조'가 "用功"의 수사자가 되는 특수한 구조이다. ⓚ의 경우도 "谁"를 연용(连用)하여 의문성이 아니라 '지시성'을 강조한 특수한 용법이다(이에 대해서는 4장의 2.3 인칭대체사를 참고하라). ⓟ도 양사를 중첩하여 '모두'의 의미를 강조하는 경우이다. 중국어에서는 이처럼 다양한 형식의 주술술어 구조가 쓰인다.

2.2.2 술어(부)와 목적어와의 관계

술어와 목적어 간에는 밀접한 의미관계가 있다. 즉 목적어는 술어의 동작, 행위나 상태 등이 미치는 '사람, 사물, 장소' 등을 나타내기 때문이다. 여기서는 양자 간의 의미관계에 대하여 살펴보자.

1) 술어와 목적어 간 의미관계의 다양성

술어와 목적어 간에는 매우 다양한 의미관계가 형성될 수 있다.

◆ 술어와 목적어의 의미관계 표

술어와 목적어의 의미관계	예
지배대상	ⓐ 办事 bàn shì (일을 처리하다)
행위주체	ⓑ 住人 zhù rén (사람이 살다)
존재대상	ⓒ 站着人 zhàn zhe rén (사람이 서 있다)
소실대상	ⓓ 搬走了一张床 bān zǒu le yì zhāng chuáng (탁자 하나를 옮겼다)
소유대상	ⓔ 有一本杂志 yǒu yì běn zázhì (잡지 한 권을 가지고 있다)
장소	ⓕ 离开这儿 líkāi zhèr (여기를 떠나다)
결과	ⓖ 盖房子 gài fángzi (집을 짓다)

도구	ⓗ 抽烟斗 chōu yāndǒu (담뱃대로 피우다)
직업 · 배역	ⓘ 当主席 dāng zhǔxí (의장이 되다/의장을 맡다)
판단대상	ⓙ 是我爱人 shì wǒ ài rén (내 배우자이다)
가치	ⓚ 值五千元 zhí wǔ qiān yuán (오천원 가치가 있다)

위의 표에서 볼 수 있듯이 술어와 목적어 간에는 여러 의미관계가 성립될 수 있을 뿐만 아니라 더 세분화될 수도 있을 것이다. 이러한 의미관계의 성립은 결국 술어와 목적어 간의 의미특성에 근거하여 생기는 것이다. 따라서 우리는 '술어+목적어' 결합관계 시에 양자 간의 의미관계에 대하여 민감하게 반응할 필요가 있다.

2) 술어와 목적어 간의 결합폭

술어와 목적어는 각각의 의미적, 통사적 차이에 따라 결합양상이 다르다. 즉 어떤 동사는 결합폭이 매우 넓고 어떤 동사는 매우 좁다.

◆ **술어와 목적어의 결합폭 비교표**

목적어의 의미		술어와의 결합 예		
		吃	眨	擤
목적어	지배대상	吃饭 chī fàn (밥을 먹다)	眨眼 (눈을 깜박이다) zhǎ yǎn	擤鼻涕 (코를 풀다) xǐng bítì
	장소	吃食堂 chī shítáng (식당에서 먹다)	×	×
	도구	吃大碗 chī dàwǎn (큰 대접으로 먹다)	×	×
	동작자	(一锅饭)吃十个人 (열 명이 먹는다) yì guō fàn chī shí ge rén	×	×
	가치	(一锅饭)吃十块钱 (10원에 먹는다) yì guō fàn chī shí kuài qián	×	×

위의 표에서 볼 수 있듯이 술어로써 "吃"는 '대상, 장소, 도구, 동작자, 가치' 등의 의미관계를 가지는 목적어를 폭넓게 취할 수 있다. 그러나 "眨"와 "擤"는 '대상'을 표시하는 목적어 외에 다른 목적어를 가지지 못한다. 이처럼 같은 '술목관계'라 하더라도 그 결합 폭은 술어와 목적어의 의미에 따라 매우 다르게 나타난다.

3) 목적어의 술어 보충성

동사는 단독적으로 술어로 쓰이는 데 제한이 적지 않다. 즉, 동사 주변에 각종 성분들이 앞뒤로 부가되어야 정상적인 술어로써 기능하는 경우가 많다. 이때 목적어도 술어와 긴밀한 관계를 맺으며 '의미적, 통사적'으로 술어를 보충하는 기능을 한다. 먼저 다음 표를 보자.

◆ **목적어의 술어 보충성 표**

목적어의 유무와 술어 보충성			예 문
목적어의 유무와 술어의 기능 차이	자동사 (행위주체는 주어)		ⓐ 他死了。Tā sǐ le. (그는 죽었다.)
	타동사 (행위주체는 목적어)		ⓑ 他死了父亲。Tā sǐ le fùqīn. (그는 부친을 여의었다.)
목적어의 술어 보충성(1)	打	때리다	ⓒ 打人 dǎ rén (사람을 때리다)
		치다	ⓓ 打球 dǎ qiú (공을 치다)
		긷다	ⓔ 打水 dǎ shuǐ (물을 긷다)
		받다	ⓕ 打伞 dǎ sǎn (우산을 받쳐들다)
		~하다	ⓖ 打扮 dǎban (치장하다/꾸미다)
		짜다	ⓗ 打毛衣 dǎ máoyī (스웨터를 짜다)
		걸다	ⓘ 打电话 dǎ diànhuà (전화를 걸다)
		놓다/다지다	ⓙ 打基础 dǎ jīchǔ (기초를 다지다)
		정하다	ⓚ 打主意 dǎ zhǔyi (마음을 정하다)
	进行	~하다	ⓛ 进行工作 jìnxíng gōngzuò (일을 하다)
			ⓜ 进行检查 jìnxíng jiǎnchá (검사를 하다)
			ⓝ 进行研究 jìnxíng yánjiū (연구를 하다)
목적어의 술어 보충성(2)	顶		ⓞ ＊一个顶 ⓟ 一个顶两个。yí ge dǐng liǎng ge. (한 개가 두 개를 필적하다.)
	受		ⓠ ＊东西受了。 ⓡ 东西受了潮。Dōngxi shòu le cháo. (물건이 습기를 먹다.)

설명

목적어의 술어보충성에 대하여 다음의 세 가지 관점에서 생각해보자.

첫째, 예 ⓐ-ⓑ를 보자. 동일한 술어라도 목적어의 유무에 따라 나타내는 문법기능이나 뜻이 달라진다.

둘째, 예 ⓒ-ⓝ을 보자. 어떤 상용 동사는 목적어를 가진 이후라야 그 뜻을 명확히 할 수 있다. 특히 예 ①-ⓝ의 "进行"은 한국어의 '~하다' 동사와 비슷하여 반드시 (용언성)목적어를 가져야 그 의미를 드러낼 수 있다. 이는 소위 '형식 동사' 뿐만 아니라 의미항목이 많고 상용되는 동사인 "有"나 "开" 등에서도 보이는 현상이다.

셋째, ⓞ의 "顶"이나 ⓠ의 "受"처럼 어떤 술어는 단독으로 사용할 수 없으며, 반드시 목적어를 대동한다.

4) 술어의 의미와 이중목적어

(1) '주다'류 동사의 이중목적어

수여동사가 이중목적어를 가지는 경우(S+V+O_1+O_2)에 대해 알아보자. 이때 간접목적어(O_1)은 사람을 표시하며, 직접목적어(O_2)는 사물을 표시 한다. 먼저 수여동사를 의미에 따라 분류해보자.

◆ 수여동사의 분류

수여동사의 유형		"給" 부가	수여동사의 예
수여동사	A형: [주다]	+	送 sòng, 交 jiāo, 还 huán, 输 shū, 教 jiāo, 卖 mài, 寄 jì, 介绍 jièshào
	B형: [주다]	–	给 gěi, 告诉 gàosu, 通知 tōngzhī, 帮助 bāngzhù
	C형: [주다][받다]	–	问 wèn, 请教 qǐng jiào
	D형: [주다][받다]	+	借 jiè, 租 zū, 换 huàn, 买 mǎi, 拿 ná

다음 예문을 통해 각종 수여동사와 목적어 간의 의미관계에 대하여 생각해 보자.

a. 他还给图书馆一本小说。〈A형 수여동사〉 (그는 도서관에 소설책 한 권을 반납한다.)
Tā huán gěi túshūguǎn yì běn xiǎoshuō.

b. 他告诉我这件事。〈B형 수여동사〉 (그는 나에게 이일을 말해주었다.)
Tā gàosu wǒ zhè jiàn shì.

c. 我问你一个问题。〈C형 수여동사〉 (나는 너에게 하나의 문제를 묻는다.)
Wǒ wèn nǐ yí ge wèntí.

d. 他借我一百块钱。 Tā jiè wǒ yì bǎi kuài qián. 〈D형 수여동사〉
(①그는 나에게 100원을 빌렸다/ ②그는 나에게 100원을 빌려주었다)

d'. 他借给我一百块钱。 Tā jiè gěi wǒ yì bǎi kuài qián. (그는 나에게 100원을 빌려주었다)

d의 예에서 보듯 D형 수여동사는 단독으로 쓰일 때 중의현상이 나타난다. 따라서 ②의 의미를 표시하기 위해서는 d′에서와 같이 '주다'의 의미를 나타내는 "给"를 부가해야 한다.

한편 일부의 수여동사는 '주술구조의 직접목적어'를 가질 수 있다.

e. 我问他路怎么走。Wǒ wèn tā lù zěnme zǒu. (나는 그에게 길을 어떻게 가는지를 물었다.)

f. 他告诉我这是药。Tā gàosu wǒ zhè shì yào. (그는 나에게 이것이 약이라고 알려주었다.)

결국, '주다'류 이중목적어 구문의 직접목적어는 간접목적어로 귀속되는 특징을 보인다.

(2) '받다'류 동사의 이중목적어

'주다'라는 뜻과 상반되는 동사가 이중목적어를 가지는 경우를 보자.

a. 谁欠你钱? Shéi qiàn nǐ qián? (누가 네게 돈을 빚졌니?)

b. 韩国足球队赢了日本队一个球。(한국 축구팀은 일본 축구팀을 한 골 차로 이겼다.)
Hánguó zǔqiúduì yíng le Rìběnduì yí ge qiú.

이는 "要(요구하다), 欠(빚지다), 收(받다), 赢(이기다)" 등의 동사로 이루어지는 이중목적어 구문으로, 직접목적어는 주어에 귀속되는 특징있다.

(3) '호칭'류 동사의 이중목적어

동사 "叫, 称, 称呼"의 경우도 이중 목적어를 취한다.

c. 大家叫他马大哈。Dàjiā jiào tā mǎdàhā. (모두가 그를 덜렁쟁이라고 부른다.)

d. 你们别称呼我老师。Nǐmen bié chēnghu wǒ lǎoshī. (여러분 저를 선생님이라 부르지 마세요.)

2.3 목적어

2.3.1 목적어의 내부구조

목적어는 체언성 목적어와 용언성 목적어로 나눌 수 있다.

1) 목적어가 체언으로 이루어진 경우

◆ 체언성 목적어의 내부구조

목적어의 내부구조			예 문
체언성 목적어	내부구조	명사	ⓐ 我完成了任务。Wǒ wánchéng le rènwù. (나는 임무를 완성했다.)
		시간명사	ⓑ 迎接2000年。Yíngjiē èr líng líng líng nián. (2000년을 환영하여 맞이한다.)
		장소명사	ⓒ 他昨天到了北京。Tā zuótiān dào le Běijīng. (그는 어제 베이징에 도착했다.)
		방위명사	ⓓ 小张住东头，小李住西头。(장군은 동쪽에 살고, 이군은 서쪽에 산다.) XiǎoZhāng zhù dōngtou, xiǎoLǐ zhù xītou.
		대체사	ⓔ 我并没有欺侮过谁。(나는 결코 누구를 모욕한 적이 없다.) Wǒ bìng méiyou qīwǔ guo shéi.
		부가식 명사구	ⓕ 他住老王那儿。Tā zhù lǎoWáng nàr. (그는 왕형 있는 곳에 삽니다.)
		수식식 명사구	ⓖ 他见了许多没有见过的东西。(그는 보지 못했던 여러 물건을 보았다.) Tā jiàn le xǔduō méiyou jiàn guo de dōngxi.
		연합식 명사구	ⓗ 做工作要看时间、地点、条件。 Zuò gōngzuò yào kàn shíjiān、dìdiǎn、tiáojiàn. (일을 할 때는 시간과 장소, 조건을 고려해야 한다.)
		동위구	ⓘ 我们要去游览风景秀丽的城市杭州。 Wǒmen yào qù yóulǎn fēngjǐng xiùlì de chéngshì Hángzhōu. (우리는 풍경이 아름다운 도시, 항주에 유람하러 갑니다.)
		수량구	ⓙ 我要二斤。Wǒ yào èr jīn. (나는 두 근을 원한다.)
		고정구	ⓚ 他们最讲求实事求是。(그들은 실사구시를 가장 중요시한다.) Tāmen zuì jiǎngqiú shíshìqiúshì.
	의미	존재대상	ⓛ 台上坐着几个人。(무대 위에 몇 사람이 앉아 있다.) Tái shang zuò zhe jǐ ge rén.
		출현대상	ⓜ 吃饭时走进来一位老人。(식사할 때 한 나이 드신 분이 들어왔다.) Chīfàn shí zǒu jìnlai yí wèi lǎorén.
		소실대상	ⓝ 桌上少了一本书。(탁자 위에 책 한 권이 없어졌다.) Zhuō shang shǎo le yì běn shū.

설명

(1) 장소명사가 목적어인 경우

예 ⓒ를 보자. 이 경우 동사 "到"의 목적어는 장소명사 "北京"이다. 이처럼 직접적으로 장소를 목적어로 가지는 동사는 "来, 去, 上, 下, 进, 出, 回, 离开, 到, 在" 등이다. 그러나 장소목적어를 가지지 못하는 동사도 "进, 出, 上, 下, 回, 过, 到, 在" 등의 보어를 대동하면 장소목적어를 가질 수 있다.

走进教室。Zǒu jìn jiàoshì. (교실로 들어간다.)

*走教室

搬到农村。Bān dào nóngcūn. (농촌으로 이사 갔다.)

*搬农村

(2) 대체사가 목적어인 경우

예 ⓔ를 보자. 이는 '대체사'가 목적어로 쓰인 경우이다. 이 경우 대체사는 주어의 위치에 오는 경우와는 달리 구체적인 '한정성(지시성)'이 없다(→ 6장 2.3.2 참고). 한편 '주어'와 '목적어'가 동일한 인칭대체사와 "的"으로 이루어지면, 서로 상관하지 않거나 서로 영향을 주지 않음을 나타낸다.

你走你的, 我走我的! (너는 네 갈 길을 가라, 나는 내 갈 길을 갈 테니!)
Nǐ zǒu nǐ de, wǒ zǒu wǒ de!

你忙你的, 我在这儿等两位朋友。(너는 네 일을 해라. 나는 여기서 두 친구를 기다릴 테니.)
Nǐ máng nǐ de, wǒ zài zhèr děng liǎng wèi péngyou.

(3) 수식식 명사구가 목적어인 경우

예 ⓖ는 목적어가 '수식식 명사구'이다. 대부분의 긴 명사구는 수시식 명사구이다. 소위 '이합동사의 목적어성 형태소'도 확대되면 '수식식 명사구'로서 목적어가 된다. 이 경우는 이미 단어의 경계를 벗어난 것이다.

我们上了一次当。Wǒmen shàng le yí cì dàng. (우리는 한번 사기당했다.)

我们上了小李的当。Wǒmen shàng le xiǎoLǐ de dàng. (우리는 이군에게 사기를 당했다.)

(4) 존재·출현·소실의 대상이 목적어인 경우

예 ⓛ-ⓝ은 사람이나 사물의 '존재, 출현 혹은 소실' 등을 나타내는 문장으로 '존현문'이라 한다. 예에서 보듯 '존재, 출현 혹은 소실'의 대상은 목적어의 위치에 온다.[28] 이 경우는 한국어로 옮길 때 '주어'로 처리되니 특히 조심해야 한다.

2) 목적어가 용언으로 이루어진 경우

목적어가 용언에 의해 구성된다는 것은 체언성 성분이 술어로 쓰였던 것과 더불어 중국어에 있어 어순의 중요성을 다시 한 번 생각하게 하는 내용이다. 우선 도표를 보자.

---

28) 이에 대한 자세한 내용은 6장 3.3.8의 '존현구문'을 참고하라.

◆ 용언성 목적어의 내부구조

목적어의 내부구조			예 문
용언성 목적어	동사구	동사	ⓐ 我们希望去。 Wǒmen xīwàng qù. (우리는 가기를 바란다.)
		부가식	ⓑ 我记得商量过。 (나는 의논한 적이 있다는 것을 기억한다.) Wǒ jìde shāngliáng guo.
		중첩식	ⓒ 他喜欢走走停停，停停走走。 Tā xǐhuan zǒuzǒu tíngtíng, tíngtíng zǒuzǒu. (그는 걷다가 쉬고 또 쉬다가 걷는 것을 좋아한다.)
		수식식	ⓓ 这个问题值得仔仔细细地研究。 Zhè ge wèntí zhíde zǐzǐ xìxì de yánjiū. (이 문제는 면밀하게 연구할 가치가 있다.)
		술목식	ⓔ 我们打算接近或者赶上世界先进水平。 Wǒmen dǎsuàn jiējìn huòzhě gǎnshàng shìjiè xiānjìn shuǐpíng. (나는 세계 선진 수준에 접근하거나 오를 것이라고 본다.)
		술보식	ⓕ 他希望说得坚决、简单、明了。 Tā xīwàng shuō de jiānjué、jiǎndān、míngliǎo. (그는 단호하고 간단명료하게 말하기를 희망한다.)
		연합식	ⓖ 中国的国民经济正在进行调整、改革、整顿和提高。 Zhōngguó de guómín jīngjì zhèngzài jìnxíng tiáozhěng、gǎigé、zhěngdùn hé tígāo. (중국의 국민경제는 조정, 개혁, 정돈, 향상되고 있다.)
		연동식	ⓗ 我赞成写封信去安慰安慰他。 Wǒ zànchéng xiě fēng xìn qù ānwèi ānwèi tā. (나는 편지를 써서 그를 위로하는 것을 찬성한다.)
		겸어식	ⓘ 我提议送他去北京学习。 Wǒ tíyì sòng tā qù Běijīng xuéxí. (나는 그를 베이징에 공부하러 보낼 것을 제의한다.)
		주술식	ⓙ 我忘了今天是你的生日。 (나는 오늘이 너의 생일인 것을 잊었다.) Wǒ wàng le jīntiān shì nǐ de shēngrì.
	형용사구	형용사	ⓚ 我最不喜欢骄傲。 Wǒ zuì bù xǐhuan jiāo'ào. (나는 교만함을 제일 싫어한다.)
		부가식	ⓛ 我感到暖和起来了。 Wǒ gǎndào nuǎnhuo qǐ lai le. (나는 따뜻해지기 시작함을 느꼈다.)
		연합식	ⓜ 我感到又亲切又快活。 (나는 친절하면서도 활기 있음을 느꼈다.) Wǒ gǎndào yòu qīnqiè yòu kuàihuó.
		주술식	ⓝ 我晓得她大方、贤惠、进步。 Wǒ xiǎode tā dàfāng、xiánhuì、jìnbù. (나는 그녀가 대범하고, 현명하며, 진취적이라는 것을 안다.)
기타	전치사구		ⓞ 那位老先生回国来是为了寻根。 Nà wèi lǎo xiānsheng huíguó lái shì wèile xúngēn. (그 나이든 선생이 귀국한 것은 뿌리를 찾기 위해서이다.)
			ⓟ 这次试验的成功完全是由于全体人员的共同努力和密切合作。 Zhè cì shìyàn de chénggōng wánquán shì yóuyú quántǐ rényuán de gòngtóng nǔlì hé mìqiè hézuò. (이번 시험의 성공은 완전히 모든 사람의 공동 노력과 밀접한 협조 때문이다.)

설명

예 ⓐ-ⓝ을 보자. 중국어는 동사(구)나 형용사구가 형태변화 없이 목적어로 자연스럽게 쓰일 수 있다는 점이 놀랍다. 이는 오로지 술어의 뒤라는 위치로써만 그 문법기능을 짐작할 수 있다. 한국어로 해석할 때 대부분의 용언성 목적어는 '~하는 것을', '~함을', '~하기를'처럼 '명사형+목적격조사'의 형식으로 전환해야 적절하다. 술어와 목적어의 관계는 다음의 몇 가지를 유의해야 한다.

1) 형식동사의 목적어

예 ⓖ를 보자. 이는 '연합식 동사구'가 소위 형식동사("形式动词")의 목적어로 쓰이는 예이다. 동사 가운데는 이처럼 동사 목적어를 취하는 것들이 있다. 그 가운데 "进行, 加以, 予以, 给以" 등은 반드시 두 음절 용언을 목적어를 가진다. 이들은 서면어적인 특징이 있으며, 그 자신은 '~하다'의 의미만을 나타내므로 '형식동사'라 한다. 이들이 용언 앞에 위치하며, 의미적으로 상당히 허화(虛化)되었다 해서 부사로 보면 안 된다. 이들은 부사와 달리 '긍정+부정(X+不X)'의 '의문형식'을 구성할 수 있다. 다음을 비교해보자.

a. 进行不进行讨论? Jìnxíng bú jìnxíng tǎolùn? (토론을 합니까, 하지 않습니까?)
b. *马上不马上讨论
c. 马上讨论不讨论? Mǎshàng tǎolùn bù tǎolùn? (곧 토론을 합니까, 하지 않습니까?)

b의 "马上"은 부사이므로 '긍정+부정(X+不X)'의 '의문형식'을 구성할 수 없다.

2) 겸어식 목적어

예 ⓘ를 보자. 이는 '겸어식'의 목적어를 가지는 예이다. 겸어식 목적어를 가질 수 있는 동사는 기본적으로 '…에게 ~을 시키(건의하/재촉하/요구하/명령하/북돋)다'의 의미를 가지거나 '축원하다' 등의 의미를 가진다. 겸어식 목적어를 가지는 동사의 예를 보자.

叫 jiào (…하게 하다), 教 jiāo (…하도록 하다), 请 qǐng (…하여 주십시오), 使 shǐ (…시키다), 让 ràng (…하도록 시키다), 劝 quàn (권하다), 催 cuī (재촉하다), 派 pài (파견하다), 帮 bāng (돕다), 鼓励 gǔlì (격려하다), 命令 mìnglìng (명령하다), 要求 yāoqiú (요구하다), 建议 jiànyì (건의하다), 祝 zhù (기원하다)

3) 주술구 목적어

예 ⓙ를 보자. 이는 '주술식 동사구'가 목적어로 쓰인 예이다. 이 책에서는 이처럼 자주 '절 형식'의 목적어를 가지는 동사들을 '목적절 친화동사'라고 명명한다.[29] 이 동사들은 의미적으로 분류가 가능한 특성을 띠는 바 표로 정리한다.

◆ 목적절 친화동사

목적절 친화 동사	① 지각동사	感到 gǎndào (느끼다), 知道 zhīdào (알다), 记得 jìde (기억하고 있다), 记住 jìzhù (확실하게 기억하다), 忘记 wàngjì (잊어버리다), 认为 rènwéi (여기다), 以为 yǐwéi (생각하다[주관적인 생각]), 打算 dǎsuàn (…하려고 하다)
	② 심리동사	怕 pà (무서워하다), 喜欢 xǐhuan (좋아하다), 相信 xiāngxìn (믿다), 希望 xīwàng (희망하다)
	③ 주장동사	主张 zhǔzhāng (주장하다), 反对 fǎnduì (반대하다), 同意 tóngyì (동의하다), 承认 chéngrèn (허가하다), 赞成 zànchéng (찬성하다)
	④ 의도, 건의 동사	企图 qǐtú (의도하다), 提议 tíyì (제의하다)
	⑤ 기타	等 děng (기다리다)

4) 형용사(구) 목적어

예 ⓚ-ⓝ을 보자. 이 경우는 형용사(구)가 목적어로 쓰이는 경우이다. 역시 용언이기 때문에 목적어로 쓰이는 경우, 그 한국어 해석은 '~함을', '~있음을', '~것을' 등 명사화 어미나 조사 등을 부가해야 적절하다.

5) 전치사구 목적어

예 ⓞ-ⓟ를 보자. 이는 전치사구가 목적어로 쓰이는 매우 특이한 예이다. 전치사구 목적어는 "是"의 목적어로만 쓰인다.

---

29) 소위 발화, 인지 등의 의미를 나타내는 동사("说明, 知道, 觉得, 认为, 明白, 相信, 同意, 决定") 등은 영어나 한국어 등에서도 종속절 형태의 목적어를 잘 가지는 것으로 보인다. 이성하(1998:322-323), 김종호(2006:107) 참조

2.3.2 목적어와 주어와의 관계

◆ 목적어와 주어의 의미관계

목적어와 주어			예 문
한정성 유무	목적어	[−]	ⓐ 哪儿有书? Nǎr yǒu shū? (어디에 책이 있는가?)
	주어	[+]	ⓑ 书放在哪儿? Shū fàng zài nǎr? ('그' 책을 어디에 두었는가?)
보편성 유무	목적어	[−]	ⓒ 都去了哪儿? Dōu qù le nǎr? (모두 어디 간 거야?)
	주어	[+]	ⓓ 哪儿都去。 Nǎr dōu qù. (어디든 간다.)
'전치'와 '후치'의 의미	목적어 전치	화제(진술 대상)화	ⓔ 新杂志我买, 旧的我不买。 Xīn zázhì wǒ mǎi, jiù de wǒ bù mǎi. (새 잡지는 사지만, 헌 것은 사지 않는다.)
	주어 후치	감정색채	ⓕ 出来呀, 你! Chū lái ya, nǐ! (나와, 너!)

('+'는 있음을, '-'는 없음을 표시함)

설명

동일한 명사구라 하더라도 그 위치가 주어의 위치냐 목적어의 위치냐에 따라 화자와 청자가 알고 지정할 수 있는 대상, 즉 한정성이 있는가의 유무, 보편성의 유무 및 표현의 중점 차이 등이 발생한다.

1) 한정성의 유무

예 ⓐ와 ⓑ의 "书"는 어떤 차이가 있는가?

'주어'는 일반적으로 화자나 청자 쌍방이 '이미 알고 있거나 지정(指定)한 어느 사람이나 사물'을 나타낸다. 이것을 정보차원에서 기지성(既知性) 정보라 한다. 반면 술어부에 속한 '목적어'는 일반적으로 '지정하지 않은 사람이나 사물'을 나타낸다. 이것을 정보 차원에서 새로운 혹은 미지(未知)의 정보라 한다. 따라서 주어가 되는 명사구는 한정성(지정성)이 있는 수식어 "那, 这" 등이 오거나 아예 비한정적인 주어라는 것을 표시하기 위해 표지 "有"를 쓰기도 한다.

a. 那个人身体健康。 Nà ge rén shēntǐ jiànkāng 〈한정성〉 (그 사람은 몸이 건강하다.)

b. 有一个人在门口等着。 〈비한정성〉 (어떤 사람이 입구에서 기다리고 있다.)
Yǒu yí ge rén zài ménkǒu děng zhe.

이상과 같은 목적어의 한정성(비지정성)은 대체사가 목적어로 쓰이는 예에서도 잘 드러난다.

c. 我并没有欺侮过谁。 Wǒ bìng méiyou qīwǔ guo shéi. (나는 결코 누구를 모욕한 적이 없다.)
d. 屋子里彷佛多了点什么。 Wūzi lǐ fǎngfú duō le diǎn shénme. (집안에 뭔가 많아진 것 같다.)

예 c-d에서 목적어의 위치에 놓인 대체사가 가리키는 사람이 누구인가? 실제로 가리키는 대상이 없다. 즉 대화 쌍방, 특히 청자는 "谁"나 "什么"가 '누구'를, 또 '무엇'을 가리키는지 알 수 없는 비한정적 대상이다.

2) 보편성의 유무

예 ⓒ-ⓓ의 의미를 비교해보자. 주어는 보편성을 중시하는 측면이 있다. 즉 '예외 없이 모두 어떠하다'는 보편성을 강조하고자 할 때, 이러한 어구를 주어부에 놓는다. 그러나 이러한 의미의 어구를 목적어 위치에 놓으면 비문이 되는 경우가 있다.

a. 句句都懂。 Jùjù dōu dǒng. (구절마다 모두 이해한다.)　　* 都懂句句。
b. 天天都上班。 Tiāntiān dōu shàngbān. (날마다 출근한다.)　* 都上班天天。

주어의 위치에 오는 의문대체사도 보편성이 있다. 이때도 의문대체사가 술부의 위치에 오면 문은 성립하지만 의미상 '보편성'은 사라진다.

c. 什么都吃。 Shénme dōu chī. 〈보편성〉 (무엇이든 먹는다.)
d. 都吃些什么菜? Dōu chī xiē shénme cài? 〈비보편성〉 (어떤 음식들을 먹는가?)
e. 都去了哪些地方? Dōu qù le nǎ xiē dìfang? 〈비보편성〉 (어디어디 가 보았니?)

예에서 보듯 의문대명사가 주어로 쓰인 c의 경우는 '보편성'이 잘 드러난다. 반면 의문사가 목적어가 된 d. e의 경우는 '보편성'이 없으며, 구체적인 의문의 뜻을 나타낸다.

이상을 종합하면, '주어는 정보의 기지성(既知性), 한(/지)정성, 보편성' 등의 의미특성을, '목적어'는 그와 '상대적인 의미특성'을 가진다.

3) 목적어 전치의미와 주어 후치의미

예 ⓔ-ⓕ를 보자. 문장성분의 위치이동 측면에서 볼 때, 중국어의 주어와 목적어의 위치는 상당히 융통적이다.

(1) 목적어의 전치 의미

구어에서 흔히 목적어가 문두에 위치하는 문형을 쓴다. 여기에는 어떤 언어적인 전략이 있기 때문이지 무턱대고 도치시키는 것은 아니다. 즉 목적어가 문두에 위치하면 '화제적인 의미'가 있다.

a. 他参加今天的排球比赛，我参加明天的。
Tā cānjiā jīntiān de páiqiú bǐsài, wǒ cānjiā míngtiān de.
(그는 오늘의 배구 경기에 참가하고, 나는 내일 경기에 참가한다.)

b. 今天的排球比赛他参加，明天的我参加。
Jīntiān de páiqiú bǐsài tā cānjiā, míngtiān de wǒ cānjiā.
(오늘의 배구 경기는 그가 참가하고, 내일 경기는 내가 참가한다.)

위의 예 a에서 보듯 "今天的排球比赛"와 "明天的"는 술어 "参加"의 지배대상이다. 그러나 화자는 이것을 '진술대상화' 하여 설명하고자 할 때가 있다. 이런 의도 하에서 b에서는 목적어의 위치에 있던 명사구를 '주어의 위치로 이동'시켰다.[30] 따라서 한국어로 해석할 때도 화제표시 보조사 '~은/는'을 붙이는 것이 목적격조사를 붙이는 것보다 더 적절한 번역이다. 또한 화제어 "今天的排球比赛"와 "明天的" 사이에는 화제구조가 드러내는 의미의 하나인 '대조'의 의미가 잘 나타난다.

(2) 주어의 후치 의미

입말체에서 주어와 술어는 특히 '의문문이나 감탄문'의 경우 자리바꿈에 융통성이 있다.

a. 上哪儿啦，你? Shàng nǎr la, nǐ? (어디 가니, 너?)

b. 干吗呀，你? Gànmá ya, nǐ? (뭐 하는 거야, 당신?)

---

30) 학자에 따라서는 화제는 어떤 성분(주로 목적어 성분)이 술어 앞으로 이동하여 생긴 것이라고 보는 견해와 기저부에서부터 그 자리에 존재하던 것이라고 보는 견해가 있다. 필자는 중국어의 특성상 두 가지 경우가 모두 존재한다고 본다. 김종호(2005) 참조

MEMO

연습 14

1. 다음 중 빈칸에 들어갈 알맞은 말을 고르시오.

(1) 雷雨过后，阴云散去，____________________。

A. 天就晴了一下子　　B. 天一下子就晴了

C. 就一下子天晴了　　D. 天晴了就一下子

(2) 这几天天气很热，很难入睡，昨天晚上我____________________。

A. 只睡觉了4个小时　　B. 只睡了觉4个小时

C. 4个小时只睡觉了　　D. 只睡了4个小时觉

(3) 昨天各部门，各单位一起开会，__________了下一步的工作计划。

A. 决定并商量　　B. 决定还商量

C. 商量并还决　　D. 商量定还决

2. 다음 단락을 읽고, 빈칸에 들어갈 알맞은 말을 고르시오.

韩剧、韩国歌曲等优秀韩国文化节目，在中国造就了一大批狂热的“哈韩族”。(1)__________是幸福的，因为总有精彩的节目等着她们。但作为“哈韩一族”又有着(2)__________，不懂韩语，看不懂原版韩剧，不能深层次地了解韩国文化，论坛里懂韩语的“大侠”们(3)__________，这些足以令不懂韩语的“哈韩一族”们懊恼不已。那么，还等什么？赶紧学习韩语吧！

A. 迫切需要解决的问题

B. 作为“哈韩一族”

C. 总是那么有人气

3. 다음 주어진 단어를 배열하여 문장을 만드시오.

(1) 讨论　事　我们　这件　今天　不

☞ ______________________________

(2) 吃　喜欢　臭豆腐　这个人　他　还　就

☞ ______________________________

(3) 冷　天气　首尔的　这几天　了　起来　渐渐地

☞ ______________________________

4. 다음 주어진 단어를 이용하여 그림에 맞는 문장을 만드시오.

(1)  ▷ 喜欢 [동사술어문]

(2)  ▷ 十二岁 [명사술어문]

(3)  ▷ 好吃 [형용사술어문]

2.4 보어

2.4.1 보어의 정의

보어("补语")는 '술어의 뒤에 위치하여 술어를 보충 설명하는 문장성분의 하나'이다. 보어는 의미적으로 동작이나 행위의 '결과, 가능, 방향, 수량(횟수 혹은 시간량) 및 성질이나 상태의 정도' 등을 나타낼 수 있다.

한국어 문법에도 '보어'라는 성분이 있다. 그러나 한국어 문법에서 말하는 '보어'의 개념과는 전혀 다른 개념이므로 주의가 필요하다. 한국어 문법학계에서 박영순(2006:87)이 드는 보어의 예를 보자. 괄호 안의 중국어는 필자의 번역이다.

a. 영수는 엄마와 닮았다. (Yong-Soo像他妈妈。)
b. 순희는 준호를 오빠라고 호칭한다. (Sun-Hee称Jun-Ho哥哥。)
c. 할아버지는 나에게 선물을 주셨다. (爷爷给我一件礼物。)

그는 "보어란 서술어를 보충해주는 필수성분으로서 타동사를 보충해주는 목적어를 제외한 모든 단어로 보아야 한다."고 주장한다. 이 성분을 중국어로 번역해보면 재미있는 현상이 일어난다. a의 경우 "엄마(와)"는 중국어는 동사 "像"의 직접목적어이다. 또 b의 경우 "오빠(라고)"도 중국어의 간접목적어로 나타난다. c의 "나(에게)" 역시 중국어의 간접목적어로 나타난다. 한국어 보어에 대한 기본적인 견해(예를 들어 "어름이 물이 되었다."에서 "물"을 보어라고 하는 주장 등)도 있지만 어쨌든 중국어의 보어와 한국어의 보어는 그 가리키는 대상이 전혀 다르다.

중국어 학습차원에서 중시되어야 할 점은 중국어의 보어가 한국어로 번역될 때 어떤 성분과 대응하는가의 문제이다. 중국어의 보어성분은 한국어에서 주로 '부사어'와 '술어의 보조용언'으로 나타난다. 따라서 동작이나 행위에 따른 정확하고 섬세한 표현을 위해서 반드시 숙지하여야 할 문장성분이다. 그렇다면 보어성분이 왜 중요한가를 좀 더 살펴보자.

2.4.2 보어는 술보구 표현의 초점

'술보(술어+보어)구'에 있어 표현의 중심은 '술어'가 아니라 '보어'이다. 따라서 술보구에서 동사는 생략되어도 문장이 성립되지만 보어가 생략되면 비문이 된다. 다음 표를 보자.

◆ 술보구의 문법특징 표 1

술보구	동사 생략	보어 생략
我听懂了 (나는 알아들었다) wǒ tīng dǒng le	我懂了 (나는 알았다.) wǒ dǒng le	我听了 (나는 들었다) wǒ tīng le
我吃饱了 (나는 배부르게 먹었다) wǒ chī bǎo le	我饱了 (나는 배부르다.) wǒ bǎo le	我吃了 (나는 먹었다) wǒ chī le
肚子笑疼了 (배가 아프도록 웃었다.) dùzi xiào téng le	肚子疼了 (배가 아프다) dùzi téng le	a. *肚子笑了
头发愁白了 (머리가 하얗게 새도록 걱정 했다.) tóufà chóu bái le	头发白了 (머리가 하얗다) tóufà bái le	b. *头发愁了

설명

표의 a, b에서 보듯 보어가 생략된 문장은 성립되지 않는 경우가 많다.

또 아래표에서 보듯 정도보어구나 결과보어구에서 부정부사 "不"나 수식어 "很/太"는 술어 앞에 오지 않고 보어 앞에 놓인다. 이는 화자의 말하려는 초점(focus)이 보어라는 것을 반영하는 결과이다.

◆ 술보구의 문법기능 표 2

술보구	"不" 의 위치	"很/太" 의 위치
他说清楚了 (그는 분명히 말했다) tā shuō qīngchǔ le	他说不清楚了 tā shuō bù qīngchǔ le (그는 불분명하게 말했다)	他说得很清楚了 tā shuō de hěn qīngchǔ (그는 매우 분명하게 말했다)
我喝醉了 (나는 술에 취했다) wǒ hē zuì le	我喝不醉了 wǒ hē bú zuì le (나는 술에 취하지 않았다)	我喝得太醉了 wǒ hē de tài zuì le (나는 대취할 정도로 마셨다)

또 동일한 어휘를 쓰는 술보구와 수식구 간의 정도성에 대해 살펴보자.

◆ 술보구와 수식구의 정도성 비교표

술보구	정도성	수식구
今天热得很。(오늘은 몹시 덥다.) Jīntiān rè de hěn.	>	今天很热。(오늘은 매우 덥다.) Jīntiān hěn rè.
他聪明得很。(그는 대단히 총명하다.) Tā cōngmíng de hěn.	>	他很聪明。(그는 매우 총명하다.) Tā hěn cōngmíng.

설명

정도부사 "很"은 현대중국어에서 "极了"와 더불어 "得+정도보어" 구조를 이룰 수 있는 두 개밖에 없는 부사이다. 이때 "很"이 부사어로 쓰이는 경우보다 정도보어로 쓰이는 경우 정도성이 더 크다.[31]

결국, 술보구조 내에서 '보어'는 화자가 말하고자하는 핵심적인 내용이다. 따라서 말할 때나 한국어로 해석할 때 보어가 강조되도록 악센트, 중음("重音")을 준다던지 보어의 뜻이 잘 드러나도록 노력을 기울여야 한다.

2.4.3 결과보어

결과보어는 동작이나 행위의 결과를 보충해주는 성분이다.

◆ 결과보어의 구조와 의미

결과보어의 구조와 의미		예문
형용사로 충당된 보어	완성단계 도달	ⓐ 我们一定要学好汉语。(우리들은 반드시 중국어를 잘 배워야 한다.) Wǒmen yídìng yào xuéhǎo Hànyǔ.
	만족이나 불만	ⓑ 我们睡够了。Wǒmen shuì gòu le. (우리는 충분히 잤다.)
		ⓒ 我们吃够了苦头。Wǒmen chī gòu le kǔtóu. (우리는 너무 고생했다.)
동사로 충당된 보어	완료	ⓓ 我看完那本小说了。(나는 그 소설을 다 보았다.) Wǒ kàn wán Nà běn xiǎoshuō le.
	멀어지게 함	ⓔ 我一开门，小狗就跑走了。(내가 문을 열자마자 강아지가 뛰쳐나갔다.) Wǒ yì kāimén, xiǎogǒu jiù pǎo zǒu le.
	머무르게 함	ⓕ 玛丽听见我叫她，就站住了。(마리는 내가 부르는 것을 듣고서, 멈춰 섰다.) Mǎlì tīngjian wǒ jiào tā, jiù zhànzhù le.
	분리되게 함	ⓖ 把窗户打开吧。Bǎ chuānghu dǎkāi ba. (창문을 여세요.)
	드러남	ⓗ 楼下有人叫你，你听见了吗?。Lóu xià yǒu rén jiào nǐ, nǐ tīngjian le ma?(아래층에서 어떤 사람이 당신을 부르는데, 들었어요?)
	도달・머뭄	ⓘ 上课的时候老师站在我们前边。(수업할 때 선생님은 우리 앞에 선다.) Shàngkè de shíhou lǎoshī zhàn zài wǒmen qiánbian.
	장소에 다달음	ⓙ 下午四点半我们就回到学校了。(오후 4시 30분에 우리는 학교에 도착했다.) Xiàwǔ sì diǎn bàn wǒmen jiù huí dào xuéxiào le.

31) 수식어로서 "很"은 강조기능이 그다지 강하지 않다는 것은 주지의 사실이다.

	시간에 다달음	ⓚ 阿里每天晚上都学习到十二点。(알리는 매일 저녁마다 12시까지 공부한다.) Ālǐ měitiān wǎnshang dōu xuéxí dào shí èr diǎn.
	목적 · 결과 도달	ⓛ 我们已经收到了他的回信。(우리는 이미 그의 답장을 받았다.) Wǒmen yǐjīng shōu dào le tā de huíxìn.
	목적에 다달음	ⓜ 那些资料我们已经查着了。(그 자료들은 우리가 이미 찾았다.) Nàxiē zīliào wǒmen yǐjīng chá zháo le.
	수여, 다달음	ⓝ 母亲送给他一件珍贵的礼物。(어머니께서 그에게 소중한 선물을 주셨다.) Mǔqīn sòng gěi tā yí jiàn zhēnguì de lǐwù.
	합쳐짐	ⓞ 屋里有点儿冷，请关上窗户。(방안이 좀 추우니 문을 닫아 주세요.) Wū lǐ yǒudiǎnr lěng, qǐng guān shang chuānghu.
	제거 · 없어짐	ⓟ 他们已经改掉了坏习气。(그들은 이미 나쁜 버릇을 고쳐버렸다.) Tāmen yǐjīng gǎi diào le huài xíqì.

설명

1) 결과보어의 구조

중국어에서 '술어동사+결과보어' 구조는 상용도가 매우 높다. 따라서 어떤 술어동사가 결과보어를 선택할 때는 어떤 것을 선택한다는 것이 상당히 굳어진 면이 있어 하나의 단어로 보는 견해도 있다. 그러나 궁극적으로는 이 술보구 뒤에 위치하는 목적어의 성격이나 전체 문장의 의미까지 고려하여 결과보어를 선택해야 된다는 점을 감안하면 결과보어구를 하나의 단어, 즉 '(복합)동사'로 보려는 견해는 무리가 있다.

2) 결과보어의 의미

의미적으로 볼 때, 'V+결과보어' 구조는 기본적으로 [+완료]이다. 예를 보자. 위의 ⓚ와 ⓞ를 제외한 모든 예문에서 [+완료]의 동태(动态)의미가 드러난다. 예 ⓗ를 보자. 결과보어 "见"은 '시각, 청각' 등 감각을 나타내는 동사의 보어로 쓰여 '드러남'으로써 청자에게 인지되어짐을 표시한다. 예 ⓙ와 ⓛ을 보자. 결과보어 "到"는 장소나 시간에 도달함뿐만 아니라 목적이나 결과에 도달함도 표시한다. 예 ⓝ의 "给"도 '수여하여 도달됨'을 나타낸다. 이 "给"는 전치사로도 쓰이는 단어이므로 뒤의 "他"와 먼저 결합관계를 가지는 것으로 볼 가능성도 있다. 그러나 이미 4장 2.9에서 언급한 바대로 어음적으로나 의미적으로 먼저 동사와 결합하여 '술보구'를 이룬 후 목적어와 관계를 가지는 것으로 보는 것이 좋다.[32]

---

32) 이러한 관점에서 또 다음의 예를 보자.

这段历史起自1840年。<기점> (이 역사는 1840년부터 시작된다.)
我们满怀信心地奔向21世纪。<시간방향> (우리는 자신감을 가득 품고 21세기를 향해 달려간다.)
这条小路通向果园。<장소방향> (이 오솔길은 과수원으로 통한다.)

종합하면, 결과보어구는 구조적으로 매우 ‘공고하다’는 점이며, 의미적으로 ‘완료성’이 있다는 점이 핵심적인 사항이다.

2.4.4 정도보어

정도보어란 술어의 ‘정도성’을 보충하여 주는 성분이다. 정도보어에 대하여 구조조사 “得”에 이끌리는 경우와 “得”없이 정도성을 나타내는 경우로 나누어 살펴보자.

◆ 정도보어 구조와 예문 표

정도보어			예문
“得” 구조	형용사구	형용사	ⓐ 今天我忙得不得了。(오늘은 내가 매우 바쁘다.) Jīntiān wǒ máng de bùdéliǎo.
		연합식	ⓑ 他说得坚决、简单、明了。(그는 단호하고 간단명료하게 말했다.) Tā shuō de jiānjué、jiǎndān、míngliǎo.
		수식식	ⓒ 那位老师讲得非常精彩。(그 선생님은 강의를 아주 뛰어나게 하신다.) Nàwèi lǎoshī jiǎng de fēicháng jīngcǎi.
		부가식	ⓓ 他的胳膊变得粗起来。 (그의 팔은 굵어졌다.) Tā de gēbo biàn de cū qǐlai.
		주술식	ⓔ 他们吵得我头疼。(그들이 떠들어대서 나는 머리가 아팠다.) Tāmen chǎo de wǒ tóu téng.
	동사구	부가식	ⓕ 屋里冷得受不了。(집안이 추어서 견딜 수 없다.) Wū lǐ lěng de shòu buliǎo.
		수식식	ⓖ 肚子饿得咕咕直叫。 (배가 고파서 계속 꼬르륵 소리가 났다.) Dùzi è de gū gū zhí jiào.
		술목식	ⓗ 他急得涨红了脸。 (그는 조급해서 얼굴이 붉어졌다.) Tā jí de zhàng hóng le liǎn.
		연동식	ⓘ 老马忙得没工夫吃午饭。(마형은 바빠서 점심 먹을 시간이 없다.) LǎoMǎ máng de méi gōngfu chī wǔfàn.
		주술식	ⓙ 羞得我连忙把脸捂起来。(부끄러워 나는 급히 얼굴을 가렸다.) Xiū de wǒ liánmáng bǎ liǎn wǔ qǐ lai.

鲁迅生于1881年，逝世于1936年。<존재시간> (노신은 1881년에 태어나 1936년에 서거했다.)
黄河发源于青海。<존재 위치> (황하는 청해에서 발원한다.)

색깔로 표시된 글자를 전치사로 보는 견해도 있다. 이 이야기는 전치사가 뒤의 목적어와 먼저 결합한다는 말이다. 그러나 이 구조는 “V+自(/向/于)” 등이 어음적으로 먼저 결합된다.” 또 이 구조 가운데 역사성이 있고 상용되어 이미 단어화한 것도 있다. 이런 점에서 필자는 이 경우를 결과보어로 보는 것이 적절하다고 판단한다.

<table>
<tr><td rowspan="3"></td><td rowspan="3">기타</td><td>대체사</td><td>ⓚ 他讲得怎么样? Tā jiǎng de zěnmeyàng? (그는 말하는 것이 어떤가요?)</td></tr>
<tr><td>사자어구</td><td>ⓛ 女同学笑得前仰后合。(여학생은 우스워 앞뒤로 몸을 흔든다)
Nǚ tóngxué xiào de qiányǎng hòuhé.</td></tr>
<tr><td>의성어구</td><td>ⓜ 他把烟袋抽得吧哒吧哒(响)。(그는 담뱃대를 빡빡 빨았다.)
Tā bǎ yāndài chōu de bā da bā da (xiǎng).</td></tr>
<tr><td rowspan="5">“得” 없는 구조</td><td rowspan="4">정도어</td><td rowspan="4">极(了), 透, 多, 死, 坏</td><td>ⓝ 热极了 rè jí le (아주 덥다), 好吃极了 hǎochī jí le (굉장히 맛있다)</td></tr>
<tr><td>ⓞ 熟透了 shú tòu le (너무 익었다), 麻烦透了 máfan tòu le (너무 귀찮다)</td></tr>
<tr><td>ⓟ 好多了 hǎo duō le (아주 좋아졌다),
干净多了 gānjìng duō le (아주 깨끗해졌다)</td></tr>
<tr><td>ⓠ 急死了 jí sǐ le (급해 죽겠다), 讨厌死了 tǎoyàn sǐ le (미워 죽겠다)</td></tr>
<tr><td>기타</td><td>V+个+V</td><td>ⓡ 他喝个痛快。Tā hē ge tòngkuài. (그는 아주 시원스럽게 마셨다.)</td></tr>
</table>

설명

1) “得”가 있는 정도보어구

(1) “V+得+A” 구조

이는 보어가 ‘형용사(구)’로 이루어지는 경우이다. ⓐ-ⓔ의 예를 보자. 이 경우 ‘정도성’이 있는 형용사 “多, 厉害, 要名, 不得了, 了不得” 등이 정도보어로 상용된다. 그러나 예 ⓑ-ⓔ에서 보듯 각종 결합방식을 통한 ‘형용사구’도 이 정도보어로 충당된다.

“得”가 있는 정도보어구는 ‘어떠한 행위가 존재했고 그 결과가 정도성을 띠고 나타났다’는 논리이다. 따라서 한국어로의 해석은 ‘매우(/아주) ~하다’ 혹은 ‘…할 정도로(/하게) ~[-ㅆ(/하)다]’가 적절하다. 대체적으로 이미 발생한 사태의 정도성을 묘사하는 경우가 많다.

(2) “A+得+V” 구조

이 경우는 보어가 ‘동사구’로 이루어지는 경우이다. 이 보어는 ‘상태에 대한 해석적 묘사’가 많은 것이 특징이다. ⓕ-ⓙ의 예를 보자. 이는 예 ⓐ-ⓔ의 구조와 정반대이다. 즉, ‘어떤 상태가 먼저 존재했고 그로 인해 어떻게 하게 되었다’는 논리이다. 이구조의 해석은 술보구조에서 보어의 내용이 초점화되는 중국어의 특성을 고려하여 ‘…해서 ~[-ㅆ(/하)다]’가 적절하다.[33]

33) 물론 이 정도보어구조를 ‘…할 정도로(/하게) ~[-ㅆ(/하)다]’라고 해석하면 틀렸다는 말은 아니다. 구조상 예문 a-n과 정반대인 특징을 고려하여 ‘…해서 ~[-ㅆ(/하)다]’로 하는 것이 더 논리적이며 초점을 잘 반영한 것이다. 즉, h-n의 예문을 통해 볼 때, ‘…할 정도로(/하게) ~[-ㅆ(/하)다]’라는 해석은 보어 초점화 원칙에 맞지 않는다. 예를 들어 중국어 예문 a의 초첨은 ‘덜덜 떨렸다’이다. 이것을 ‘덜덜 떨릴

2) "得" 가 없는 정도보어구

정도성이 있는 어구 "极, 透, 多, 死, 坏" 등을 "得" 없이 술어의 뒤에 위치시켜 정도성을 표시하는 방법이다. 숫자는 많지 않지만 구어에서 빈번히 사용되는 구조이므로 잘 숙지하여야 한다.

또 예 ⓡ에서 보듯 "V+个+V" 구조도 구어에서 사용된다.

2.4.5 방향보어

방향보어란 동작이나 행위의 '방향성'을 보충해주는 성분이다.

◆ 방향보어의 구조와 문법특징 표

<table>
<tr><th colspan="6">방향보어</th><th>예 문</th></tr>
<tr><td rowspan="3">구조</td><td rowspan="2">단순</td><td>A류</td><td colspan="3">来, 去</td><td>ⓐ 你们进来吧! Nǐmen jìnlai ba! (당신들 들어오세요!)</td></tr>
<tr><td>B류</td><td colspan="3">上, 下, 进, 出, 回, 过, 起, 开 등</td><td>ⓑ 他俩走回家了。(그들 둘은 걸어서 집으로 돌아갔다.) Tā liǎ zǒu huí jiā le.</td></tr>
<tr><td>복합</td><td colspan="4">[B류+A류]</td><td>ⓒ 姐姐寄回来很多张照片。 Jiějie jì huílai hěn duō zhāng zhàopiàn. (언니가 많은 사진을 돌려 보내 왔다.)</td></tr>
<tr><td rowspan="6">문법 특징</td><td rowspan="2">"来"와 "去"의 방향성</td><td>"来"</td><td colspan="3">화자 쪽으로 향함</td><td>ⓓ 拿来了一本书。 (책 한 권을 가져왔다.) Ná lái le yì běn shū.</td></tr>
<tr><td>"去"</td><td colspan="3">화자에게서 멀어짐</td><td>ⓔ 拿去了一本书。(책 한 권을 가져갔다.) Ná qù le yì běn shū.</td></tr>
<tr><td rowspan="4">방향 보어와 목적어의 위치</td><td rowspan="2">단순 방향 보어</td><td rowspan="2">목적어</td><td>장소 명사</td><td rowspan="2">来/去의 앞</td><td>ⓕ 你们上楼来吧。(너희는 위층으로 올라와라.) Nǐmen shàng lóu lái ba.</td></tr>
<tr><td>사물</td><td>ⓖ 我寄信去。Wǒ jì xìn qù. (나는 편지를 부치러 간다.)</td></tr>
<tr><td rowspan="2">복합 방향 보어</td><td rowspan="2">목적어</td><td>장소 명사</td><td rowspan="2">来/去의 앞뒤</td><td>ⓗ 他们走进图书馆来了。(그들은 도서관으로 걸어 들어왔다.) Tāmen zǒu jìn túshūguǎn lái le.</td></tr>
<tr><td>사물</td><td>ⓘ 拿出你的照片来。→ 拿出来你的照片。 Ná chū nǐde zhàopiàn lái.→ Ná chū lai nǐ de zhàopiàn. (당신의 사진을 꺼내시오.)</td></tr>
</table>

설명

1) 단순방향보어와 복합방향보어

단순방향보어는 형태소가 하나인 보어로 도표에서 보듯 A와 B 두 종류이다.

복합방향보어란 두 형태소의 조합, 즉 A류의 단순방향보어와 B류의 단순방향보어

정도로 추웠다'라고 해석하면 초점이 '추운 상태'로 바뀌기 때문이다.

의 결합으로 이루어진 방향보어를 이른다. 복합방향보어를 표로 보이면 다음과 같다.

◆ 복합방향보어 표

B류 방향보어 A류 방향보어	[上-] shàng-	[下-] xià-	[进-] jìn-	[出-] chū-	[回-] huí-	[过-] guò-	[起-] qǐ-
[-来] -lái	上来 shàng lai	下来 xià lai	进来 jìn lai	出来 chū lai	回来 huí lai	过来 guò lai	起来 qǐl ai
[-去] -qù	上去 shàng qu	下去 xià qu	进去 jìn qu	出去 chū qu	回去 huí qu	过去 guò qu	×

2) 방향보어구문에서 목적어의 위치

예 ⓕ를 보자. 장소명사인 목적어는 반드시 보어 "来"나 "去"에 앞서며, ⓖ처럼 '사물'일 때도 일반적으로 목적어가 보어에 앞선다.

예 ⓗ를 보자. 복합방향보어 구문에서도 장소명사인 목적어는 반드시 "来"나 "去"에 앞서며, ⓘ처럼 목적어가 '사물'일 때는 "来"나 "去"의 앞뒤 모두 위치할 수 있다.

용어

'방향보어의 허화'란?

결과보어와 방향보어의 일부분은 이미 원래의 어휘의미를 잃어버리고 파생의미 혹은 문법적 의미만을 표시하는 경우가 있다. 이러한 현상을 '방향보어의 허화(虛化)'라고 한다. 이들 허화된 보어성분은 단어처럼 한 덩어리가 되었고, 부가성(附加性)이 강하며 그 결합 면적도 넓을 뿐만 아니라 원래의 성조도 잃어버린 경우가 많다. 따라서 이 책에서는 허화된 방향보어의 기능을 동태(aspect)표현 요소로 보아 6장의 4.2에서 다룬다.

2.4.6 가능보어

가능보어란 동작이나 행위가 어떤 결과나 상황에 '도달할 수 있는지의 여부'[34]를 보충설명하는 성분이다.

1) 가능보어의 구조

결과보어나 방향보어를 대동하는 대부분의 술보구조에 접사적인 성격이 있는 "得"[35]나

34) 따라서 엄격하게 말하자면 '가능 혹은 불가능 보어'라고 해야겠지만 이 책에서는 편의상 '가능보어'라고 명명하고 '불가능 보어'인 경우는 가능보어의 '부정형식'이라고 부른다.

35) 가능보어에 삽입되는 "得"와 "不"는 각각 동작의 결과 혹은 방향을 실현할 수 있는 능력의 유무를

"不"를 삽입하여 'V+得(/不)+C'의 형식으로 가능보어 구조를 만든다.

결과보어구/방향보어구	가능보어
a. 听见 tīngjian (들리다/듣다)	听得见 (들을 수 있다) tīng de jiàn 听不见 (들리지 않는다) tīng bu jiàn
b. 看清楚 kàn qīngchǔ (똑똑히 보다)	看得清楚 (똑똑하게 볼 수 있다) kàn de qīngchǔ 看不清楚 (분명하게 볼 수 없다.) kàn bu qīngchǔ
c. 进去 jìnqu ([안으로]들어가다)	进得去 (들어갈 수 있다) jìn de qù 进不去 (들어갈 수 없다) jìn bu qù
d. 走出来 zǒu chūlai ([밖으로] 나오다)	走得出来 (나갈 수 있다) zǒu de chū lai 走不出来 (나갈 수 없다) zǒu bu chū lai

가능보어는 a-b에서 보듯 '결과보어구'에 "得"나 "不"를 부가하거나, c-d에서 보듯 '방향보어구'에 "得"나 "不"를 부가하여 만든다. 가능보어 구문의 내부구조와 의미에 대하여 좀 더 살펴보자.

◆ 가능보어의 내부구조

가능보어			예 문
내부구조	동사(구)	동사	ⓐ 这么多菜, 我们吃不了。(이렇게 많은 음식은 우리가 다 먹을 수 없다.) Zhème duō cài, wǒmen chī bu liǎo.
		술목식	ⓑ 那个剧场坐不下五千人。(그 극장은 5천 명이 앉을 수 없다.) Nà ge jùchǎng zuò bu xià wǔ qiān rén.
		부가식	ⓒ 我累极了, 走不动了。(나는 몹시 피곤하여, 더 걸을 수 없다.) Wǒ lèi jí le, zǒu bu dòng le.
		수식식	ⓓ 这个柜子太重, 我们三个人搬不进去。(이 상자는 너무 무거워서, 우리 세 사람이 운반할 수 없다.) Zhè ge guìzi tài zhòng, wǒmen sān ge rén bān bu jìn qù.
	형용사	단음절	ⓔ 老师讲得不快, 我记得全。Lǎoshī jiǎng de bú kuài, wǒ jì de quán. (선생님께서 빠르게 말씀하시지 않아서, 나는 전부 기억할 수 있다.)
		복음절	ⓕ 这件衣服太脏, 我洗不干净。(이 옷은 너무 더러워서, 깨끗하게 빨 수 없다.) Zhè jiàn yīfu tài zāng, wǒ xǐ bu gānjìng.

예 ⓐ-ⓒ에서 보어로 쓰인 동사 "了(liǎo), 下, 动" 등은 그 의미가 매우 추상적이며, 상용도가 높다. 특히 ⓐ의 "了"는 예처럼 '음식이 많거나 이가 아파 먹을 수 없다(她牙疼, 吃不了饭。)'의 뜻이며, '배가 불러 더 먹을 수 없다'의 뜻은 보어 "下"를 쓴다(我已经吃饱了, 再吃不下去。).

표시하는 일종의 접사적인 기능을 한다. 따라서 정도보어에서 구조조사 "得"가 단지 보어만을 이끄는 기능을 보이는 것과는 다른 것이다.

2) 가능보어구문의 특징

(1) 부정식의 상용성

이미 위의 ⓐ-ⓓ, ⓕ에서 보는 바와 같이 이 보어구문은 '부정형식을 상용'한다.

(2) "得"나 "不"의 성조

"得"나 "不"는 경성이다. 그러나 결과보어구나 방향보어구에서 경성이던 보어는 원래의 성조를 회복한다.

听·见 tīng · jian (들리다/듣다)
- 听·得见 tīng · de jiàn (들을 수 있다)
- 听·不见 tīng · bu jiàn (들리지 않는다)

进·来 jìn · lai (들어오다)
- 进·得来 jìn · de lái (들어올 수 있다)
- 进·不来 jìn · bu lái (들어올 수 없다)

(3) 가능보어의 긍정형식과 정도보어의 긍정형식은 그 구조가 "V+得+C"로 같다. 이러한 점에서 이미 살펴본 결과보어, 정도보어, 방향보어, 가능보어의 긍정형식과 부정형식의 구조를 표로 비교해 보자.

◆ 각 보어의 '긍정/부정' 형식비교 표

각 보어의 비교				보어의 구조와 예	
				구조	예
보어 구조	결과	긍정		V+C	ⓐ 听懂 tīng dǒng (알아들었다)
		부정		没+V+C	ⓑ 没听懂 méi tīng dǒng (못 알아들었다)
	정도	긍정		V+得+C	ⓒ 写得好 xiě de hǎo (잘 썼다)
		부정		V+得+不+C	ⓓ 写得不好 xiě de bù hǎo (잘 써지지 않았다)
	방향	긍정	단순	V+来(/去/回…)	ⓔ 进来 jìn lai (들어오다)
			복합	V+回来(/回去…)	ⓕ 寄回去 jì huíqu (부치다)
		부정		没+V+C	ⓖ 没进来 méi jìnl ai (안 들어왔다)
					ⓗ 没寄回去 méi jì huí qu (안 부쳤다)
	가능	긍정		V+得+C	ⓘ 看得清楚 kàn de qīngchǔ (똑똑히 볼 수 있다)
		부정		V+不+C	ⓙ 看不清楚 kàn bu qīngchǔ (똑똑히 볼 수 없다)

(표에서 V는 동사, C는 보어를 의미한다.)

설명

표에서 볼 때 '결과보어의 부정형식'과 '방향보어의 부정형식'은 같은 구조이다. 그러나 이는 보어의 의미특성이 완연히 다르므로 문제가 되지 않는다.

문제는 '정도보어의 긍정형식'과 '가능보어의 긍정형식'이 같으며, 모두 "得"으로 연결되기 때문에 혼동이 된다는 점이다. 그러나 이 역시 가능보어는 긍정형식을 거의 쓰지 않는다는 점에서 차이가 있다. 또 정도보어의 "得"는 의미가 없이 보어를 이끄는 기능을 하지만 가능보어의 "得"는 '가능하다'라는 의미를 나타낸다는 점에서 차이가 있다. 결국 각 구조는 상보적인 기능을 보인다고 하겠다.

2.4.7 시량보어

시량보어란 동작이나 행위와 관련된 '시간량'을 보충하는 성분이다.

◆ 시량보어의 내부구조와 문법특징

시량보어				예 문
구조	지속동사 + 시간량		지속량	ⓐ 他病了四天。Tā bìng le sì tiān (그는 4일 동안 앓았다.).
	비지속동사+ 시간량		연속량	ⓑ 我来了已经半个钟头了。(내가 온지 이미 30분 지났다.) Wǒ lái le yǐjīng bàn ge zhōngtóu le.
문법 특징	목적어 위치	일반 명사	보어 뒤	ⓒ 她打了十分钟电话。(그녀는 10분간 전화 통화를 했다.) Tā dǎ le shí fēn zhōng diànhuà.
		대체사	보어 앞	ⓓ 我等你一个小时了。(나는 너를 한 시간 동안 기다렸다.) Wǒ děng nǐ yí ge xiǎoshí le.
		비지속 동사 목적어		ⓔ 已经下课半天了。(수업이 끝난 지 한참 되었다.) Yǐjīng xiàkè bàntiān le.
				ⓕ 他离开这儿两个小时了。Tā líkāi zhèr liǎng ge xiǎoshí le. (그가 여기를 떠난 지 두 시간이 되었다.)
	중동문에서 부사어, 조동사의 위치		부사	ⓖ 我们打羽毛球只打三十分钟。 Wǒmen dǎ yǔmáoqiú zhǐ dǎ sān shí fēn zhōng. (우리는 배드민턴을 30분 동안만 친다.)
			조동사	ⓗ 我学习外语要学习一年。(나는 일 년 동안 외국어를 배워야 한다.) Wǒ xuéxí wàiyǔ yào xuéxí yì nián.

설명

이 구조에서 지속동사 뒤에 오는 시간량은 동작이나 행위의 '지속량'을 나타내고, 비지속동사의 뒤에 오는 시간량은 동작이나 행위가 완료되고 난 후에 시간이 '연속적으로 흘러간 양'이다. 전자를 시간의 '지속량'이라 하며, 후자를 시간의 '연속량'이라 한다.[36)]

용어

중동문(重動文)이란?

예 ⓖ-ⓗ의 동사를 주의하여보자. 동일한 주어 아래서 '같은 동사'를 중복하여 사용한 문장을 '중동문'이라 한다. 중동문은 정도보어 구문(他写汉字写得不错。) 이나 위의 예처럼 수량(시간, 횟수)보어 구문을 만들 때 자주 사용된다.

2.4.8 동량보어

동량보어란 동작이나 행위와 관련된 '횟수'를 보충하는 성분이다.

◆ 동량보어의 구조와 문법특징

동량보어				예 문
구조	V＋동작의 횟수			ⓐ 钟敲了七下儿。 Zhōng qiāo le qī xiàr. (종이 일곱 번 쳤다.)
문법특징	목적어 위치	일반명사	보어앞뒤	ⓑ 我每个月去两次书店。 (나는 매 달 두 번 서점에 간다.) Wǒ měi ge yuè qù liǎng cì shūdiàn.
				ⓒ 我每个月去书店两次。 (나는 매 달 서점에 두 번 간다.) Wǒ měi ge yuè qù shūdiàn liǎng cì.
		대체사	보어앞	ⓓ 他找过你两回。 (그가 당신을 두 번 찾아 왔었다.) Tā zhǎo guo nǐ liǎng huí.
	부정형식	不	조건	ⓔ 不打几针，就不能退烧。 (주사를 몇 대 맞지 않으면 열을 내릴 수없다.) Bù dǎ jǐ zhēn, jiù bù néng tuìshāo.
		没(有)	수량	ⓕ 他没(有)去那儿两次，只去过一次。 Tā méi(yǒu) qù nàr liǎng cì, zhǐ qù guo yí cì. (그는 그곳에 두 번가지 않았고 다만 한 번 갔었다.)

설명

동량보어란 말 그대로 동작의 양, 즉 '횟수'를 나타내는 보어성분이다.

동량보어의 동작의 횟수는 동사의 성격에 따라 일정한 양사를 쓴다. 이러한 양사를 '동량사'라 한다(→ 4장 4.2 참조).

이 보어구조에서 조심해야할 문법적 특징은 '목적어의 위치'이다. 예 ⓓ를 보자. 목적어가 '대체사'인 경우는 반드시 보어 앞에 위치한다.

---

36) 지속동사와 비지속동사의 분류는 4장의 5.2를 참고하라. 이 문제는 또한 동태(动态)와 밀접한 관련이 있으므로 6장의 4.2.3-4를 참고하라.

2.4.9 수량보어

수량보어란 '형용사 술어' 뒤에서 수량상의 '차이'를 표시하거나 '생산'의 의미가 있는 '동사 술어'의 뒤에서 '수량'을 보충하는 성분이다.

◆ 수량보어의 구조

수량보어		예 문
구조	형용사+수량	ⓐ 我的母亲比我的父亲小一岁。(나의 어머니는 아버지 보다 한 살이 적다.) Wǒ de mǔqīn bǐ wǒ de fùqīn xiǎo yí suì.
		ⓑ 这件大衣我穿长一点儿，你穿正合适。 Zhè jiàn dàyī wǒ chuān cháng yìdiǎnr, nǐ chuān zhèng héshì. (이 외투는 내가 입으면 좀 긴데 네가 입으면 딱 맞다.)
	동사+수량	ⓒ 韩国队创造了五项新记录。(한국팀은 다섯 개의 신기록을 세웠다.) Hánguó duì chuàngzào le wǔ xiàng xīn jìlù.
		ⓓ 韩国队创造了新记录五项。(한국팀은 신기록 다섯 개를 세웠다.) Hánguó duì chuàngzào le xīn jìlù wǔ xiàng.

설명

이 보어구조는 형용사에 의한 '많고 적고, 길고 짧은' '수량'의 차이나, '생산, 창조' 등 동사에 의한 수량 변화를 나타내는 보어형식이다.

예 ⓑ를 보자. "一点儿"이 보어로 쓰일 때는 '일정한 기준에 지나침'을 표시한다.

예 ⓒ-ⓓ를 보자. 생산을 나타내는 동사 "生产, 制造, 创造, 收割" 등이 술어로 쓰이는 경우 목적어와 보어의 위치를 바꿀 수 있다.

2.4.10 보어와 기타 문장성분과의 관계

보어는 위치적으로 술어의 뒤에 온다는 면에서 목적어와 비교된다. 또 술어에 대하여 각각 보충하거나 수식한다는 면에서 부사어와 비교된다. 각각의 기능·의미적 차이에 대하여 비교해보자.

◆ 보어와 기타 문장성분 간의 관계

보어와 기타 문장성분과의 관계			예 문
보어와 목적어	보어	술어의 보충성분	ⓐ 看清楚 kàn qīngchu (똑똑히 보다), 拿来 ná lái (가져오다)
	목적어	술어의 지배대상	ⓑ 看散文 kàn sǎnwén (산문을 보다), 拿笔 ná bǐ (펜을 쥐다)

보어와 부사어	어순	보어	술어의 뒤	ⓒ 他学习得很努力。(그는 매우 "열심히" 공부한다.) Tā xuéxí de hěn nǔlì.
		부사어	술어의 앞	ⓓ 他很努力地学习。(그는 매우 열심히 "공부한다".) Tā hěn nǔlì de xuéxí.
	의미	보어	진술	ⓔ 他跑得快。Tā pǎo de kuài. (그는 뛰는 게 빠르다.)
		부사어	명령	ⓕ 快跑! Kuài pǎo! (빨리 뛰어!)
	시제	보어	동작 발생	ⓖ 今天他睡得很早。(오늘은 그가 아주 일찍 잤다.) Jīntiān tā shuì de hěn zǎo.
		부사어	동작 미발생	ⓗ 您太累了，早点儿睡吧。Nín tài lèi le, zǎo diǎnr shuì ba. (당신은 몹시 피곤하니 좀 일찍 주무세요.)

설명

1) 보어와 목적어의 차이

예 ⓐ와 ⓑ를 보자. 보어나 목적어는 모두 동사의 뒤에 위치하나 그 의미 관계는 다르다. 보어는 동사 뒤에 동사(구)나 형용사(구)가 놓여 해당 동작의 결과, 상태, 방향, (불)가능 등을 나타낸다. 그러나 목적어는 해당 동작의 지배대상이다.

2) 보어와 부사어의 차이

(1) 어순 차이

예 ⓒ와 ⓓ를 보자. 중국어의 보어는 한국어로 번역할 경우 부사어로 해석되는 경우가 많다. 그러나 위치적으로 보어는 술어의 뒤이고 부사어는 술어의 앞이다.

(2) 의미 차이

예 ⓔ와 ⓕ를 비교해보자. 보어는 동작의 결과나 정태가 "어떠하다"는 '묘사성'이 있는 반면, 부사어는 동작에 대하여 "어떻게"라는 '방식'을 서술한다. 따라서 ⓔ-ⓕ와 같은 쓰임새의 차이를 유발한다.

(3) 시제 차이

예 ⓖ와 ⓗ를 비교해보자. 정도보어는 일반적으로 동작이 이미 발생된 경우를, 부사어는 아직 발생하지 않은 것을 표시한다.

연습 15

1. 다음 중 빈칸에 들어갈 알맞은 말을 고르시오.

(1) 留学五年，我才____________，主要原因是买不起机票。

A. 回了两次家　　B. 回家了两次

C. 家回了两次　　D. 回两次家了

(2) 小虎是从韩国大学毕业的，____________。

A. 比我三岁大　　B. 比我大三岁

C. 三岁比我大　　D. 大三岁比我

(3) 我以前没听说过，____________。

A. 更没看过见这本书　　B. 没更这本书看见过

C. 更没看见过这本书　　D. 没更看见这本书过

2. 다음 두 문장 중에서 틀린 문장을 고르시오.

(1) A. 他一进门就躺下在床。 (　　)

B. 他一进门就躺在床上。 (　　)

(2) A. 听说这次的期末考试难得极。 (　　)

B. 听说这次的期末考试难得很。 (　　)

(3) A. 你应该坚持下去锻炼身体。 (　　)

B. 锻炼身体你应该坚持下去。 (　　)

3. 다음 보기에서 적당한 단어를 골라 문장의 빈칸을 채우시오.

<보 기>

不了 / 多了 / 得了 / 上来 / 起来 / 过来

(1) 我突然想_________书包忘在图书馆了。

(2) 这么多菜，我一个人怎么吃_________呢？

(3) 经过一段时间的努力，他的口语好_________。

(4) 这个问题太难了，我怎么也回答不_________。

(5) 我忙得不_________，没时间跟你说话。

4. 다음 주어진 단어를 배열하여 문장을 만드시오.

(1) 我 这件事 怎么 想 通 不 也

☞ ______________________________

(2) 我 老师 留的作业 一干二净 忘 把 得

☞ ______________________________

(3) 礼物 圣诞节 出去 送 应该 的时候 在

☞ ______________________________

2.5 관형어

관형어("定语")란 '명사성 중심어'를 앞에서 수식하는 '문장성분의 하나'이다.

관형어의 내부구조에 따른 유형과 관형어표지 구조조사 "的"의 부가 문제, 관형어와 중심어간의 의미관계 및 다항 관형어의 배열순서 등에 대해 알아보자.

2.5.1 관형어의 내부구조

◆ **관형어의 내부구조**

관형어의 내부구조			예 문
내부구조	명사구	명사	ⓐ 校长的办公室在楼上二层。(교장실은 건물의 이층에 있다.) Xiàozhǎng de bàngōngshì zài lóushàng èr céng.
		대체사구	ⓑ 哪位老师教你们汉语? (어느 선생님이 너희에게 중국어를 가르치시니?) Nǎ wèi lǎoshī jiāo nǐmen Hànyǔ.
		연합식	ⓒ 我和他们的希望已经实现了。(나와 그들의 희망은 이미 실현되었다.) Wǒ hé tāmen de xīwàng yǐjīng shíxiàn le.
		수식식	ⓓ 这就是沿海经济建设的伟大成就。(이것이 바로 연해경제건설의 위대한 성과이다.) Zhè jiùshì yánhǎi jīngjì jiànshè de wěidà chéngjiù.
		동위식	ⓔ 小红能做好她自己的事。(홍양은 그녀 자신의 일은 해낼 수 있다.) Xiǎohóng néng zuò hǎo tā zìjǐ de shì.
		수량식	ⓕ 他写了好几封信。Ta xiě le hǎo jǐ fēng xìn. (그는 몇 통의 편지를 썼다.)
		부가식	ⓖ 这是他亲眼所见的情况。(이것은 그가 직접 본 상황이다.) Zhè shì tā qīnyǎn suǒ jiàn de qíngkuàng.
	형용사구	수식식	ⓗ 咱们到最高的地方去看看。(우리 가장 높은 곳으로 가서 보자.) Zánmen dào zuì gāo de dìfang qù kànkan.
		연합식	ⓘ 那棵又高又大的树有一千年的历史了。(그 높고 큰 나무는 천 년의 역사를 가진 것이다.)Nà kē yòu gāo yòu dà de shù yǒu yì qiān nián de lìshǐ le.
		중첩식	ⓙ 远处是一片黑乎乎的树林。(멀리 어두컴컴한 숲이 있다.) Yuǎnchù shì yīpiàn hēihūhū de shùlín.
		부가식	ⓚ 这就是铁一般的事实。(이것이 바로 확고부동한 사실이다.) Zhè jiù shì tiě yìbān de shìshí.
		술보식	ⓛ 我要大一点的帽子。Wǒ yào dà yìdiǎnr de màozi. (나는 좀 큰 모자를 원한다.)
		겸어식	ⓜ 他是要求下级老老实实的领导。Tā shì yāoqiú xiàjí lǎolaoshíshí de lǐngdǎo. (그는 부하가 성실할 것을 요구하는 지도자이다.)
		주술식	ⓝ 这是一个规模巨大的工程。(이것은 하나의 규모가 큰 공사이다.) Zhè shì yí ge guīmó jùdà de gōngchéng.

	동사구	동사	ⓞ 借的书放在桌子上了。(빌린 책은 탁자 위에 놓았다.) Jiè de shū fàng zài zhuōzi shàng le.
		수식식	ⓟ 刚成立的研究所里有十多个人。(막 세워진 연구소에는 십여 명의 사람이 있다.) Gāng chénglì de yánjiūsuǒ lǐ yǒu shí duō ge rén.
		연합식	ⓠ 我在站着的、坐着的、蹲着的人群中还是找不到那个朋友。 Wǒ zài zhàn zhe de、zuò zhe de、dūn zhe de rénqún zhōng háishi zhǎobudào nà ge péngyou. (나는 서 있고, 앉아 있고, 쪼그리고 있는 사람들 중에서 여전히 그 친구를 찾을 수 없었다.)
		부가식	ⓡ 云南大理是我游览过的地方。(윈난의 따리는 내가 여행한 적이 잇는 곳이다.) Yúnnán Dàlǐ shì wǒ yóulǎn guo de dìfang.
		술목식	ⓢ 决定我的前途和命运的关键时刻到了。 Juédìng wǒ de qiántú hé mìngyùn de guānjiàn shíkè dào le. (나의 앞날과 운명을 결정할 중요한 시간이 왔다.)
		술보식	ⓣ 这些都是已经看完的书。(이것들은 이미 다 읽은 책이다.) Zhèxiē dōu shì yǐjīng kàn wán de shū .
		겸어식	ⓤ 要求我们派人去的地方很多。Yāoqiú wǒmen pài rén qù de dìfang hěn duō. (우리에게 사람을 파견할 것을 요구한 지방은 많다.)
		연동식	ⓥ 打电话去请医生的那个人是我朋友。 Dǎ diànhuà qù qǐng yīshēng de nà ge rén shì wǒ péngyou. (전화를 걸어 의사 선생님을 부른 그 사람은 나의 친구이다.)
		주술식	ⓦ 我喜欢老林写的那本小说。(나는 임형이 쓴 그 소설을 좋아한다.) Wǒ xǐhuān lǎoLín xiě de nà běn xiǎoshuō.
	기타	전치사구	ⓧ 关于妇女地位的文章已经写完了。(여성의 지위에 관한 글은 벌써 다 썼다.) Guānyú fùnǚ dìwèi de wénzhāng yǐjīng xiě wán le.
		의성사구	ⓨ 我听见屋里乒乒乓乓的声音了。(나는 방 안에서 뻥뻥거리는 소리를 들었다.) Wǒ tīngjiàn wū lǐ pīngpīngpāngpāng de shēngyīn le.
		고정구	ⓩ 助人为乐的人值得尊敬。Zhùrénwéilè de rén zhíde zūnjìng. (다른 사람을 도와주는 것을 즐거움으로 삼는 자는 존경할만하다.)

설명

1) 명사(구) 관형어

예 ⓑ, ⓒ의 관형어를 보자. 대체사(구)로 이루어진 관형어로 경우에 따라 "的"를 넣기도 하고 빼기도 한다. 일반적으로 '대체사+양사' 구조 및 의문대체사 "多少"의 경우는 "的"가 필요 없다. 그러나 기타 인칭대체사(我的书), 지시대체사(这样, 那样) 및 의문대사(谁, 怎么样, 什么样) 등은 "的"를 써야 한다. 결국 대다수의 '대체사' 관형어는 "的"을 필요로 한다고 하겠다..

위의 많은 예를 통해보듯 관형어가 두 음절이상의 비교적 긴 구조이면 "的"를 붙인다. 관형어의 표지로 쓰이는 "的"가 없을 경우 의미에 혼동을 줄 수 있기 때문이다.

2) 동사(구)관형어

예 ⓞ-ⓦ의 관형어를 보자. 각종 동사(구)도 관형어성분으로 자연스럽게 쓰일 수 있다. 이때 중시해야 할 점은 모두 "的"를 필요로 한다는 점이다. 동사(구)에 관형어 표지인 "的"가 붙지 않으면 '동사(구)＋명사(구)'의 구조가 되어 의미의 혼란을 일으킬 가능성이 매우 높기 때문이다.[37] 여기서 우리는 중국어의 큰 특징이 '위치'를 중시하는 언어라는 것을 다시 한 번 각인할 필요가 있다. 이는 결국 형태표지로서 문장성분을 나타내기에 어려움이 있는 중국어가 스스로 선택한 하나의 규율이라 하겠다.

2.5.2 관형어와 "的"

관형어 표지로 쓰이는 구조조사 "的"는 관형어와 중심어를 연결시키는 기능을 가진다. 그러나 한국어처럼 '관형어＋중심어' 구조 속에서 관형어의 어형변화(-아/-게/-지/-고, …)를 필수적으로 요구하는 것과 같은 엄격성은 없다. '관형어＋的＋중심어' 구조와 의미 그리고 "的"의 부가 여부에 대하여 살펴보자.

1) "的"의 유무에 따른 구조 특성

관형어 표지 "的"가 있는 명사구는 관형어와 중심어가 임시적으로 결합된 것으로 그 구조가 비교적 느슨하다. 따라서 적당한 말을 넣어 확장시킬 수 있다. 그러나 "的"가 부가되지 않은 명사구는 한 덩어리처럼 느껴지는 긴밀한 구조이므로 일반적으로 확장되지 않는다. 다음 표를 보자.

◆ **관형어표지 "的"의 유무와 명사구의 확장여부**

관형어 구조와 "的"			예 문
"的"의 유무	유	확장 가능	ⓐ 平常的事 píngcháng de shì (평범한 일) → 很平常的事 hěn píngcháng de shì (아주 평범한 일)
			ⓑ 汽车的轮子 qìchē de lúnzi (자동차의 바퀴) → 汽车的四个轮子 qìchē de sì ge lúnzi (자동차의 네 개의 바퀴)
	무	확장 불가	ⓒ 平常事 píngcháng shì (범사) → *[很]平常事
			ⓓ 汽车轮子 qìchē lúnzi (자동차바퀴) → *汽车[四个]轮子

37) 이 구조는 결국 명사성을 '겸유'하는 일부의 두 음절 동사가 "的"없이 관형어가 될 수도 있는 경우를 제외하고 모두 "的"를 써야 한다. 그러나 이때도 문맥의 도움이 없으면 중의성이 있다.
学习计划 → 学习的计划 (학습 계획)/(계획을 학습하다)
研究方法 → 研究的方法 (연구 방법)/(방법을 연구하다)
教学目的 → 教学的目的 (교육 목적)/(목적을 학습하다)

예 ⓒ-ⓓ의 한국어 해석을 보자. 의도적으로 한 단어처럼 해보았다.

"的"가 부가되지 않는 명사구의 의미적인 특성에 대해 살펴보자.

2) "的"의 유무에 따른 의미 특성

"的"가 부가된 경우는 그 구조가 상대적으로 느슨하며 의미적으로 '대비성/묘사성'이 강하다. 반면 "的"가 없는 경우는 '관용적'이고 '고유'한 의미를 나타낸다. 다음의 표로 비교해보자.

◆ **관형어표지 "的"의 유무에 따른 명사구의 의미**

의미와 예 관형어 구조		대비성/묘사성	관용성/고유성
"的"의 유무	유	韩国的银行 (한국의 은행)	
		涮的羊肉 (데친 양고기)	
		烤的牛肉 (구운 쇠고기)	
	무		韩国银行 (한국은행[고유 명사])
			涮羊肉 (양고기 샤브샤브 혹은 음식의 일종)
			烤牛肉 (소고기 구이 혹은 음식의 일종)

이처럼 관형어구에서 "的"의 유무는 '대비성/묘사성'과 '관용성/고유성'의 차이를 가져오게 할 수 있는 요소이다. 의미적으로 "的"가 있는 경우는 상대적인 짝을 찾을 수 있지만[38] "的"가 없는 경우는 일종의 고유명사적 성격이 강하다. 이상과 같은 양자의 차이에 대한 이해는 관형어(구)에 "的"을 붙이느냐 마느냐에 있어 하나의 '기준설정에 유용'하다. 결국, 말하는 이의 표현의도에 따라 붙이는 것이 좋은 경우가 있고, 안 붙이는 것이 적절한 경우가 있다. 이러한 의도는 오랜 언어생활 가운데 굳어진 표현들을 만들어낼 수도 있다. 그러나 명심해야 할 것은 절대적으로 붙여야 되고 안 붙여야 되는 기준을 설정하기는 어렵다는 점이다.

이상과 같은 관점에서 관형어로 쓰일 수 있는 각 품사 혹은 구조에서 "的"의 필요 유무에 대하여 살펴보자.

---

38) 예를 들어 "韩国的银行(한국의 은행), 蒸的羊肉(찐 양고기), 生的牛肉(날 쇠고기)" 등이다.

3) "的"의 필요 유무

"的"의 필요 유무에 대하여 품사를 근거로 하여 살펴보자.

◆ 각 품사에 따른 "的"의 부가 여부와 의미

의미와 예 관형어구조			대비성/묘사성	관용성/고유성
명사	"的"의 유무	유	明天的会议 (내일의 회의) 广州的天气 (광저우의 날씨)	
		무		玻璃杯 (유리잔) 砖瓦房 (벽돌집)
대체사	"的"의 유무	유	我的看法 (나의 생각) 那儿的风俗 (그곳의 풍습) 这样的做法 (이러한 방법)	
		무		那几个月 (그 몇 개월) 什么出版社 (무슨 출판사) 多少时间 (얼마나 되는 시간)
형용사	"的"의 유무	유	新的中国 (새로운 중국) 快乐的人 (즐거운 사람) 绿油油的麦苗 (파릇파릇한 보리싹)	
		무		新中国 (신중국) 关键词 (핵심어) 高消费 (고소비)
동사	"的"의 유무	유	做的事 (한 일) 讨论的题目 (토론한 제목)	×
		무		×
수사	"的"의 유무	유	十的二分之一 (십의 반)	
		무		二十天 (20일) 五级风 (5도 바람) 三星级饭店 (3성급 호텔)
의성사	"的"의 유무	유	轰隆轰隆的炮声 (쾅쾅하는 포성)	×
		무		×

설명

표가 보여주는 개략적인 내용을 중시하자. 대체적으로 관형어를 만들어주는 조사 "的"는 부가 되어야만 하는 경우와 부가하지 않아야 하는 경우가 반반 같아 보인다.

부가했을 때의 의미와 부가하지 않았을 때의 의미 차이에 대하여 민감해야겠다.

표에서 보듯 '동사와 의성어'가 관형어로 충당될 때는 반드시 조사 "的"을 부가해야 한다. 그렇지 않으면 특히 동사의 경우 관형어구조인지, 술목구조인지 헛갈리게 되어 의미의 안정성이 깨지기 때문이다.

단음절 형용사가 두 음절 중심어를 수식하는 경우(1+2), 즉 "新中国(신중국: 특히 1949년 이후의 중국을 지칭함)"의 경우는 "的"를 부가하지 않으나, 대비성을 강조하여 표현하는 경우("新的中国")는 "的"를 쓴다. 두 음절 형용사가 한 음절 중심어를 수식할 경우(2+1)에는 일반적으로 구조조사 "的"를 써야 하나 "关键词"처럼 쓰지 않을 수도 있다. 결국, 그 의미는 각각 '대비성'과 '관용성'의 차이가 분명히 드러난다.

한편 두 음절 형용사가 두 음절 중심어를 수식할 경우(2+2), 즉 "伟大(的)祖国(위대한 조국)"는 "的"를 써도 되고 쓰지 않아도 된다. 단, 형용사가 중첩되어 관형어로 쓰일 때는 반드시 구조조사 "的"을 써야 한다.

小李红红的脸、大大的眼睛真可爱。
XiǎoLǐ hónghōng de liǎn, dàdā de yǎnjing zhēn kě'ài.
(이군은 불그레한 얼굴, 커다란 눈을 가지고 있는데 참으로 귀엽다.)

孩子们在暖暖和和的房子里做功课。
Háizimen zài nuǎnnuanhuǒhuǒ de fángzi lǐ zuò gōngkè.
(아이들은 따스한 방안에서 수업을 한다.)

이외에 비교적 긴 각종 구가 관형어를 이루기 위해서는 반드시 "的"을 붙여야 한다.

결국, "的"가 있는 관형어구는 대비·묘사적이고 느슨한 표현인 반면 "的"가 없는 경우는 고유성과 관용성이 강한 '응집적인 표현'이다.

2.5.3 관형어와 중심어의 의미관계

관형어는 중심어와의 의미관계에 따라 '한정성' 관형어와 '묘사성' 관형어로 나눌 수 있다. 한정성 관형어는 중심어가 대표하는 사물을 분류하는 기능이 있다. 묘사성 관형어는 중심어가 가리키는 사물의 상황이나 상태를 묘사하는 기능이 있다. 주로 단음절 중첩식 형용사구가 담당한다. 그러나 이러한 분류는 비교적 상대적인 개념일 뿐 명확한 선을 긋기 어려운 면도 있다. 도표를 통해 양자 간의 차이와 아울러 관형어 표지 "的"의 사용 유무에 대하여 살펴보자.

◆ 관형어와 중심어간의 한정성과 묘사성

관형어의 의미			'관형어+중심어' 구조의 예
한정성	근원 표시		ⓐ 井水(우물 물), 绍兴老酒(샤오싱의 라오지우)
	수량 표시		ⓑ 一双布鞋(헝겊 신 한 켤레), 这三个地方(이 세 지방)
	범위 표시		ⓒ 一切事情(모든 사건), 任何人(어떠한 사람이라도)
	시간 표시		ⓓ 今天的大会(오늘의 회의), 昨天的消息(어제의 소식)
	장소 표시		ⓔ 南极的气温(남극의 기온), 北京的街道(베이징의 거리)
	재료 표시		ⓕ 竹椅子(대나무 의자), 红木椅子(마호가니 의자)
	용도 표시		ⓖ 削水果的刀(과일 깎는 칼), 画画儿用的笔(그림용 붓)
	종속자 표시		ⓗ 谁的东西(누구의 물건), 他的名子(그의 이름)
	전체가 부분 수식		ⓘ 老虎尾巴(호랑이 꼬리), 桌子的腿(테이블 다리)
	동작이 대상 수식		ⓙ 写的字(쓴 글), 吃的东西(먹은 것)
	동작이 동작자 수식		ⓚ 来的人(온 사람), 开会的朋友(회의를 개최한 친구)
묘사성	성질이나 상태		ⓛ 高高的个子(아주 큰 키), 挺漂亮的衣服(꽤 아름다운 옷)
	직업 설명		ⓜ 新闻工作者(뉴스 종사자), 两位外语教师(외국어 교사 2분)
	감정	호감 혐오 경시	ⓝ 细细的雨(보슬비), 红红的花(빨간 꽃) ⓞ 古里古怪的脾气(기괴한 성격), 啰里罗嗦的废话(수다스런 헛소리)

설명

위의 예에서 ⓐ는 고유성과 관용성이 강하므로, ⓑ는 수량구로 이루어진 관형어이므로, ⓒ는 범위표시 관형어로, ⓕ는 재료표시 관형어이므로, ⓜ은 직업을 표시하는 관형어이므로 "的"를 필요로 하지 않는다. 이는 한국어의 간섭을 받기 쉬운 부분이므로 조심해야 한다. 한국어 간섭을 받는 경우 웬만하면 관형어의 끝에 "的"을 넣으려 하는 사람이 있다. 따라서 학습적인 차원에서 "的"가 안 들어가는 표현법에 더욱 민감해야 한다.

한편 '혐오나 경시'를 표시하는 경우는 예 ⓞ처럼 "A里AB" 중첩식 형용사구를 쓰며 수식어가 길고 묘사성이 있으므로 "的"를 넣어야 한다.

2.5.4 다항 관형어의 배열순서

1) '소속'을 표시하는 어구가 맨 앞에 놓인다.

他最喜欢的曲子(그가 제일 좋아하는 곡)

*最喜欢的他曲子

北京最美的地方(베이징에서 가장 아름다운 곳)

*最美的北京地方

2) '조합성' 관형어는 '접합성' 관형어에 앞선다.

의미적으로 공고하게 결합되는 '접합성' 관형어는 중심어와 먼저 결합한다. 따라서 구조체를 이루어 결합하는 '조합성' 관형어는 그 외곽, 즉 접합성 관형어의 앞에 놓인다.

新的大工厂(새로운 큰 공장)

*大新的工厂

有名的女作家(유명한 여류작가)

*女有名的作家

위의 예에서 "大"나 "女"는 각각의 중심어 "工厂", "作家"와 의미적으로 공고(한 덩어리화)하기에 먼저 결합하고, 그 외곽에 '구조적' 결합체인 "新的"나 "有名的"가 위치한다.

3) '묘사성' 관형어는 일반적으로 '한정성' 관형어에 앞선다.

이는 한정성 관형어가 중심어와 더 밀착적인 의미관계를 가지기 때문이다.

4) 수량구 관형어의 위치는 비교적 자유롭다.

a. 一本[最新的]杂志(한 권의 최신 잡지)

[最新的]一本杂志(최신의 잡지 한 권)

b. 那两位[戴眼镜的]教师(두 분의 안경 낀 선생님)

[戴眼镜的]那两位教师(안경을 끼신 선생님 두 분)

예 a와 b에서 볼 수 있듯이 수량구 관형어 "一本"과 "那两位"는 각각 조합성 관형어 "[最新的]"나 "[戴眼镜的]"의 앞·뒤에 모두 놓일 수 있다.

이상의 내용을 토대로 다항 관형어의 어순을 정리하면 다음과 같다.

소속/호칭	≫	수량구	≫	묘사성	≫	한정성	≫	수량구	+	중심어 (명사)
我们/老师(的)	⇒	那一本	⇒	非常有意思的	⇒	关于时事的	⇒	五月份(的)	+	杂志

(우리 선생님의 그 한 권의 매우 재미있는 시사에 관한 5월 달 잡지)

연습 16

1. 다음 주어진 단어를 적합한 위치에 넣으시오.

⑴ 今年圣诞节的时候，_A_我受到了_B_很多_C_节日_D_贺卡。
精美的

⑵ 既然你弄坏了人家的车，那么_A_就赔_B_他_C_一辆_D_。
新的

⑶ 从前，有一座很大的宫殿，_A_年轻_B_漂亮的_C_小公主住在_D_宫殿里。
一位

2. 다음 문장의 빈칸에 '的'가 필요한 곳에 "∨"표시를 하시오.

⑴ 她是一个(_____)二十一二岁(_____)藏族(_____)小(_____)姑娘。

⑵ 信(_____)封上写着他(_____)女(_____)朋友(_____)地址。

⑶ 老师为同学们提供了大量(_____)很好(_____)练习(_____)语法(_____)机会。

⑷ 冰箱里(_____)我(_____)从超市买回来(_____)那瓶(_____)啤酒喝了吗?

⑸ 你们(_____)自己(_____)对这个(_____)问题(_____)看法是什么?

3. 다음 중 빈칸에 들어갈 알맞은 말을 고르시오.

⑴ ____________________已经出版了。

A. 金老师翻译的那部中文小说　B. 那部中文金老师翻译的小说

C. 翻译的那部中文小说金老师　D. 金老师翻译那部中文的小说

⑵ 金教授面前放着__________。

A. 几本好厚厚的精装书　B. 好几本厚厚的精装书

C. 好几本精装厚厚的书　D. 精装厚厚的好几本书

⑶ ____________________就是黄晓明。

A. 那个戴眼镜的高个子刚进来的男子

B. 那个高个子戴眼镜的刚进来的男子

C. 刚进来的戴眼镜的高个子那个男子

D. 刚进来的那个戴眼镜的高个子男子

4. 다음 주어진 단어를 배열하여 문장을 만드시오.

⑴ 首尔　韩国　城市　文化　是　最大　一个　的

☞ ____

⑵ 里面　小动物　住　很多　可爱　的　着

☞ ____

⑶ 你　自己　职业　你喜欢的　希望　能　选择　长大　一个　以后

☞ ____

2.6 부사어

부사어("状语")란 '술어성 중심어'를 앞에서 수식하는 '문장성분의 하나'이다.

부사어의 내부구조와 부사어표지 구조조사 "地"의 부가 문제, 부사어와 중심어간의 의미관계 및 다항 부사어의 배열순서 등에 대해 알아보자.

2.6.1 부사어의 내부구조

◆ **부사어의 내부구조**

부사어의 내부구조			예문
내부구조	부사구	부사	ⓐ 他们始终是我的好朋友。(그들은 줄곧 나의 좋은 친구이다.) Tāmen shǐzhōng shì wǒ de hǎo péngyou.
		부가식	ⓑ 他科学地研究了这个问题。(그는 과학적으로 이 문제를 연구했다.) Tā kēxué de yánjiū le Zhège wèntí.
		부가식	ⓒ 他上上下下地找，终于找到了。(그는 위아래로 찾다가, 드디어 찾아냈다.) Tā shàng shang xià xià de zhǎo, zhōngyú zhǎo dào le.
		부가식	ⓓ 他老虎似地咆哮着。Tā lǎohǔ shìde páoxiào zhe. (그는 성난 호랑이처럼 포효하고 있다.)
		부가식	ⓔ 老人不停地干着活。Lǎorén bù tíng de gàn zhe huó. (노인은 쉬지 않고 일을 한다.)
		중첩식	ⓕ 我，只要不死，永远，永远忘不了你的恩！Wǒ, zhǐ yào bù sǐ, yǒngyuán, yǒngyuán wàng bu liǎo nǐ de ēn!(내가 죽지 않는 한, 영원히, 영원히 은혜를 잊을 수 없다!)
		중첩식	ⓖ 露露，你给我当伴娘，一定，一定。(루루야, 너 내 신부들러리 서줘야 해, 꼭, 꼭이다.) Lùlù , nǐ géi wǒ dāng bànniáng, yídìng, yídìng.
	형용사구	단음절	ⓗ 你要少说话。Nǐ yào shǎo shuō huà. (너는 말 좀 조금만 해라.)
		두음절	ⓘ 这次大会顺利闭幕了。Zhè cì dàhuì shùnlì bìmù le. (이번 대회는 순조롭게 폐막되었다.)
		수식식	ⓙ 她十分诚恳地劝我。(그녀는 아주 간절하게 나에게 충고한다.) Tā shífēn chéngkěn de quàn wǒ.
		중첩식	ⓚ 他冷冷地微笑。Tā lěng lěng de wēixiào. (그는 차갑게 미소 짓는다.)
		수식식	ⓛ 他更加气愤地说了这个事实。(그는 더욱 분개하여 이 사실을 말하였다.) Tā gèngjiā qìfèn de shuō le Zhègè shìshí.
		주술식	ⓜ 他语调温柔地说了这个事实。 (그는 어조가 부드럽게 이 사실을 말하였다.) Tā yǔdiào wēnróu de shuō le Zhè gè shìshí.
	각종 전치사구		ⓝ 他极快地往外走。Tā jíkuài de wǎng wài zǒu. (그는 급히 밖으로 간다.)
			ⓞ 我们从去年九月开始学汉语。(우리는 작년 9월부터 중국어를 배우기 시작했다.) Wǒmen cóng qùnián jiǔ yuè kāishǐ xué hànyǔ.
			ⓟ 我们学校离北京大学不远。(우리 학교는 베이징대학에서 멀지 않다.) Wǒmen xuéxiào lí Běijīng dàxué bù yuǎn.

	명사구	시간명사	ⓠ 他们一天睡了十个小时的觉。(그들은 하루에 열 시간 잤다.) Tāmen yì tiān shuì le shí ge xiǎoshí de jiào.
		방위명사	ⓡ 各位朋友里边坐。Gè wèi péngyou lǐbiān zuò. (친구 여러분 안쪽에 앉으세요.)
		대체사	ⓢ 你们可以这样写。Nǐmen kěyǐ zhèyàng xiě. (너희들은 이렇게 써도 된다.)
		수량구	ⓣ 一个一个地出来。Yí ge yí ge de chūlái. (한 명씩 한 명씩 나온다.)
	기타	의성어	ⓤ 铃叮当叮当地响着。Líng dīngdāng dīngdāng de xiǎng zhe. (벨이 띵동띵동 울리고 있다.)
		4자어	ⓥ 我们实事求是地总结了这个工作。Wǒmen shíshìqiúshì de zǒngjié le zhè ge gōngzuò.(우리는 현실에 맞게 이 작업을 마무리했다.)

설명

부사어는 일반적으로 부사(구), 형용사(구) 및 전치사구가 담당한다. 그러나 명사나 각종 동사구도 부사어표지 구조조사 "地"를 더하면 부사어가 될 수 있다.

예 ⓐ의 부사어를 보자. 부사가 부사어로 쓰이는 경우이다. 이때 단음절 부사의 경우(常来/不去)는 물론이고 두 음절부사의 경우, 즉 "恰巧遇见(운 좋게 만나다)/曾经来过(일찌기 온 적이 있다)"도 일반적으로 "地"를 동반하지 않는다.

예 ⓑ-ⓔ의 부사어를 보자. 부가식 부사구이다. ⓑ는 형용사 성질을 겸유한 일부의 '명사+地' 구조, ⓒ는 방위사 "上, 下, 里, 外" 등을 중첩한 후 "地"를 부가한 구조, d는 "명사+似地" 구조, e는 '주술식 동사구+地'의 구조이다. 이처럼 각종 명사구나 심지어 주술식 동사구도 부사화 표지 구조조사가 붙으면 부사어를 이룰 수 있다.

예 ⓕ와 ⓖ의 부사어를 보자. 이는 부사 중첩[39]에 의한 부사구이다.

많은 예에서 보듯 수식 내용이 많을 경우는 부사어표지인 구조조사 "地"를 부가하여야 한다.

예 ⓝ-ⓟ의 부사어를 보자. 각종 전치사구도 부사어로 충당될 수 있다.

예 ⓠ-ⓣ의 부사어를 보자. 시간 명사, 방위명사 대체사 및 수량구 등 각종 명사(구)도 부사어가 될 수 있다.

예 ⓤ의 부사어를 보자. 의성어가 부사어로 쓰일 때는 일반적으로 중첩되며, "地"를 수반한다.

그러면 부사어 표지 "地"의 부가 문제를 좀 더 구체적으로 살펴보자.

---

39) 중첩식 부사의 수는 많지 않다. 상용되는 예를 보이면 다음과 같다.
常常来(자주 온다), 刚刚去(막 갔다), 渐渐暖和(점점 따뜻해지다)

2.6.2 부사어와 "地"

◆ 부사어 표지 "地"의 필요 유무

부사구		예문
"地"가 필요한 경우	동사구	ⓐ 他们连说带笑地走过来了。(그들은 말하며 웃으며 걸어왔다.) Tāmen lián shuō dài xiào de zǒu guòlai le.
	형용사구	ⓑ 我舒舒服服地睡了一觉。Wǒ shūshufúfú de shuì le yì jiào. (나는 편안하게 잠을 잤다.)
	수량사구	ⓒ 他把买来的东西一件一件地放在桌子上。 (그는 사 온 물건을 하나씩 하나씩 탁자 위에 놓았다.) Tā bǎ mǎi lái de dōngxi yí jiàn yí jiàn de fàng zài zhuōzi shang.
	주술구	ⓓ 他们二位心情舒畅地交谈着。(그들 두 사람은 마음 편하게 이야기를 하고 있다.) Tāmen èr wèi xīnqíng shūchàng de jiāotán zhe.
	고정구	ⓔ 大家千方百计地完成了任务。(우리는 갖은 방법을 다하여 임무를 완성하였다.) Dàjiā qiān fāng bǎi jì de wánchéng le rènwù.
	의성사구	ⓕ 北风呼呼地刮着。Běifēng hūhū de guā zhe. (북풍이 쏴쏴 불고 있다.)
"地"가 필요 없는 경우	단음절 형용사	ⓖ 快走啊! 要不就晚了。(어서 가라니까! 그렇지 않으면 늦는다.) Kuài zǒu a! Yàobu jiù wǎn le.
		ⓗ 学习汉语一定要多听多说。(중국어를 배울 때 반드시 많이 듣고 많이 말해야 한다.) Xuéxí hànyǔ yídìng yào duō tīng duō shuō.
	수량구	ⓘ 我们队这一回输了两分。(우리 팀은 이번에 2 점을 잃었다.) Wǒmen duì zhè yì huí shū le liǎng fēn.
		ⓙ 他曾经三次到中国来访问过。(그는 이미 세 번 중국을 방문했었다.) Tā céngjīng sān cì dào Zhōngguó lái fǎngwèn guo.

설명

부사어는 일반적으로 "地"를 부가한다. 특히 긴 부사어구에는 반드시 "地"를 부가해야 한다. 그러나 ⓖ-ⓗ의 부사어를 보자. 단음절 형용사가 부사어가 되는 경우와 ⓘ-ⓙ처럼 수량구가 부사어가 되는 경우는 부가하지 않는다.

2.6.3 부사어와 중심어의 의미관계

부사어는 중심어와의 의미관계에 의거하여 '한정성' 부사어와 '묘사성' 부사어로 나뉜다. 한정성 부사어는 각종의 한정성을 가지며, 중심어인 술어성분을 꾸며준다. 묘사성 부사어는 행위자나 행위에 대하여 묘사하는 기능을 보인다. 도표를 통해 양자 간의 차이와 아울러 부사어표지 "地"의 사용 유무에 대하여 살펴보자.

◆ **부사어와 중심어간의 한정성과 묘사성**

부사어의 의미		'부사어+중심어' 구조의 예
한정성 부사어	시간 표시	ⓐ 八点半上课(여덟시 반에 수업하다)
	장소·방향 표시	ⓑ 在这儿改作业(여기서 숙제를 고치다), 往南走就到(남쪽으로 가면 곧 도착한다)
	정도 표시	ⓒ 特别有意思(특히 재미있다)
	범위 표시	ⓓ 全是从图书馆借来的(모두 도서관에서 빌려온 것이다.)
	부정 표시	ⓔ 不想去看杂技(서커스를 보러 가고 싶지는 않다)
	대상 표시	ⓕ 给他打了一针(그에게 주사를 한 대 놓다)
	목적 표시	ⓖ 为旅客们服务(여행객을 위해 근무하다),
	근거 표시	ⓗ 按照你说的办(당신이 말한 대로 처리하다)
	중복 표시	ⓘ 再看一遍(다시 한 번 살펴보다)
	수량 표시	ⓙ 至少有三个人(최소한 3사람이 있다)
	비교 표시	ⓚ 比他高(그보다 크다)
	양태 표시	ⓛ 笑嘻嘻地说(해죽거리며 말하다),
	방식 표시	ⓜ 沿着河边走(강가를 따라 걷다)
	당위성 표시	ⓝ 必定失败(기필코 실패할 것이다.)
	어투 표시	ⓞ 也许就要下雨了(아마도 곧 비가 내릴 것 같다)
묘사성 부사어	동작자 묘사	ⓟ 他高兴地走路(그는 즐겁게 길을 걷는다)
	동작 묘사	ⓠ 汽车飞快地奔驰(자동차가 나는 듯이 달리다)

설명

이상 도표를 통해 한정성 부사어와 묘사성 부사어의 차이를 볼 수 있다. 즉 한정성 부사어는 부사어화 표지로 쓰이는 구조조사 "地"를 쓰는 경우가 많지 않다는 사실이다. 한정성 부사어의 경우는 ⓘ의 양태를 표시하는 경우만 "地"를 쓴다. 반면 묘사성 부사어는 모두 "地"를 쓴다. 이러한 현상은 한정성 관형어와 묘사성 관형어에서도 유사한 양상이었음을 살펴본 바 있다.

2.6.4 다항 부사어의 배열순서

1) 일반적인 다항 부사어의 배열순서

한 문장에 여러 개의 부사어가 있을 때 그 배열순서는 비교적 융통성이 크다. 그러나 시간과 장소 등 큰 개념이 앞서며 다음으로 범위나 방식 목적 성질 등 구체적이고 작은 수식어들이 뒤따른다. 대체적인 순서를 제시하면 다음과 같다.

시간	≫	장소	≫	어기·범위·정도·공구·방식	≫	목적·의거 ≫ 방향·대상 ≫ 성질·양태	+	중심어 (술어)
今天下午	⇒	在学校	⇒	用计算机	⇒	认真地	+	算了 (两个钟头)。

(오늘 오후에 학교에서 컴퓨터로 열심히 두 시간을 계산하였다.)

2) "把"자구를 쓰는 다항 부사어의 배열

"把"자로 이루어진 전치사구는 문장성분상 부사어이지만, "把"의 목적어는 원래 술어의 지배대상이다. 따라서 어떤 부사어보다도 술어와 가까이 하려는 경향이 있다. 다음 표를 보자.

◆ "把"자 구문에서의 부사어 배열순서

부사어 배열순서			예문
전치사가 없는 부사어	빈도〉묘사〉양태	"把"구가 뒤에 위치함	ⓐ 她 [常常] [老大姐似地] [和和气气地] 把道理说清楚。 Tā chángcháng lǎodàjiě shìde héheqìqì de bǎ dàolǐ shuō qīngchu.(그녀는 자주 큰 언니처럼 부드럽게 도리를 똑똑히 말한다.)
	묘사〉빈도〉양태		ⓑ 她 [老大姐似地] [常常] [和和气气地] 把道理说清楚。 Tā lǎodàjiě shìde chángcháng héheqìqì de bǎ dàolǐ shuō qīngchu.(그녀는 큰 언니처럼 자주 부드럽게 도리를 똑똑히 말한다.)
	빈도〉양태〉묘사		ⓒ 她 [常常] [和和气气地] [老大姐似地] 把道理说清楚。 Tā chángcháng héheqìqì de lǎodàjiě shìde bǎ dàolǐ shuō qīngchu. (그녀는 자주 부드럽게 큰 언니처럼 도리를 똑똑히 말한다.)
	양태〉빈도〉묘사		ⓓ 她 [和和气气地] [常常] [老大姐似地] 把道理说清楚。 Tā héheqìqì de chángcháng lǎodàjiě shìde bǎ dàolǐ shuō qīngchu. (그녀는 부드럽게 자주 큰 언니처럼 도리를 똑똑히 말한다.)
	부정부사어		ⓔ 他不把我的雨衣带来。(그는 나의 비옷을 가져오지 않는다.) Tā bù bǎ wǒ de yǔyī dàilai.
전치사구 부사어	피동구	"把"구가 뒤에 위치함	ⓕ 他被小偷把钱包给扒走了。(그는 도둑에게 지갑을 빼앗겼다.) Tā bèi xiǎotōur bǎ qiánbāo gěi pá zǒu le.
	'방식', '대리' '수여'	"把"구 앞뒤	ⓖ 他们把我用绳子捆上。(그들은 나를 끈으로 묶었다.) Tāmen bǎ wǒ yòng shéngzi kǔnshang.
			ⓗ 他们用绳子把我捆上。(그들은 끈으로 나를 묶었다.) Tāmen yòng shéngzi bǎ wo kǔnshang.

설명

전치사구가 없는 부사어와의 배열에 관해 예 ⓐ-ⓔ를 보자. 각 부사어들은 모두 "把"자구 보다 앞선다. 또 ⓕ의 예를 보자. "被, 教(叫), 让" 등으로 구성된 부사어도 역시 "把"자구에 앞선다. 이는 결국 "把"가 이끄는 명사구가 동사와 밀접한 관계가 있기 때문이다. "把＋명사구"는 비록 술어 앞으로 전치되기는 하였지만 여전히 술어와 가까이 있으려는 성질이 있다.

연습 17

1. 다음 중 빈칸에 들어갈 알맞은 말을 고르시오.

⑴ 我住在上海，__________________吃过南翔小笼馒头。

A. 从来没居然　　B. 从来居然没

C. 居然从来没　　D. 居然没从来

⑵ 路上堵车，我__________________。

A. 会可能比你们晚一点儿到　　B. 可能会比你们晚一点儿到

C. 会可能晚一点儿到比你们　　D. 可能会晚一点儿到比你们

⑶ __________________，过两天再说吧。

A. 关于这个问题我还来不及考虑

B. 我还来不及关于这个问题考虑

C. 关于这个问题我来不及还考虑

D. 我还来不及考虑关于这个问题

2. 다음 두 문장 중에서 틀린 문장을 고르시오.

⑴ A. 突然从教室里走出来一个人。　(　　)

B. 突然从教室里一个人走出来。　(　　)

⑵ A. 金老师给我们非常详细地分析了这个问题。　(　　)

B. 金老师给我们非常详细分析了这个问题。　(　　)

⑶ A. 婚礼那天，他们从中午一直喝到半夜。　(　　)

B. 婚礼那天，他们从中午一直地喝到半夜。　(　　)

3. 다음 문장의 빈칸에 '地'가 필요한 곳에 "∨"표시를 하시오.

⑴ 我们非常(_____)高兴(_____)接受了邀请。

⑵ 妈妈从座位上(_____)很快(_____)站了起来。

⑶ 这件事我确实(_____)不(_____)知道。

⑷ 金老师一个字一个字(_____)念(_____)给我们听。

⑸ 小张不(_____)高兴(_____)走了。

4. 다음 주어진 단어를 배열하여 문장을 만드시오.

⑴ 新加坡　阿明　来到　安全　已经　地　了

☞ ______________________________

⑵ 哥哥　一分钱　花　乱　不　也　从来

☞ ______________________________

⑶ 香港　大厦　到处　高楼　看到　新建的　容易　了　都　很

☞ ______________________________

2.7. 문장의 독립성분

현대 중국어에는 이상에서 언급한 여섯 가지 문장성분 이외에 문장 밖에 위치하는 독립적인 성분들이 있다. 이 성분들은 문장을 분석할 때 제일 먼저 제거하는 부분들이다.

2.7.1 삽입어

일반적으로 "부사어+说"의 구조[40]로써 말하는 방식에 대한 화자의 각 종 심리적 태도를 표명한다.

老实说, 我不喜欢他这个人。〈관점이나 태도 표시〉
Lǎoshí shuō, wǒ bù xǐhuan tā zhè ge rén.
(솔직히 말해서, 나는 그 사람을 좋아하지 않는다.)

你说, 这样办合适吗? 〈상대방의 주의 환기 표시〉
Nǐ shuō, Zhèyàng bàn héshì ma?
말해봐요, 이렇게 하는 것이 적당한가요?)

今天晚上的舞会, 听说改期了。〈소식의 내원 표시〉
Jīntiān wǎnshang de wǔhuì, tīngshuō gǎiqī le.
(오늘 저녁의 무도회는 듣자하니 날짜가 변경되었답니다.)

자주 쓰이는 삽입어를 한국어 음순으로 살펴보자.

◆ **한·중 삽입어 대조표**

한국어 대역	삽입어구 예
간단히 말하면	简单地说
강조해서 말하면	强调说
결론(/총체)적으로 말하자면	总的来说, 总而言之
다시 말해서	再说
단도직입적으로 말해서	单道直入地说
덧붙여 말하면	附带着说
빙빙돌려 말하면	含含糊糊地说

40) 삽입어는 말할이가 발화시에 있어 명제의 내용을 어떻게 말할까 하는, 즉 화자 자신의 발화양식(发话样式)에 수식, 제한을 가하는 어구이다. 필자는 이를 "화식부사어"로 명명한다. 화식부사어를 이루는 '부사어+说'의 두 성분 간의 관계는 수식관계이며, [+화자지향성], [+가정성], 화자의 주관적인 [+전제성] 등을 보인다.

딱 잘라 말하면	断然地说
말하자면, 이를테면	如果说, 也就是说
문자그대로 말하면	咬文嚼字地说
바꾸어 말하면, 반대로 말하면	反过来说
상대적으로 말해서	相对来说
솔직히 말해서, 사실대로 말해서	坦白地说, 实话实说
엄밀히 말하면	严格地说
예를 들어 말하면	比如说, 譬如说, 举例来说
일반적으로 말해서	一般来说
일언이폐지하면, 한마디로 말해	一言以蔽之
통속적으로 말하면	通俗地说
함축하여 말하면	含蓄地说
환언하면, 바꾸어 말하면	换句来说, 换句话说
흉금을 털어놓고 말하면	开诚布公地说, 由衷地说

2.7.2 기타 독립성분

감탄사나 사람을 부르거나 대답하는 말 등도 독립성분이다.

哟! 你这是什么话呀! <감탄어> (야! 너 이게 무슨 말이야!)
Yōu! Nǐ zhè shì shénme huà ya!

哼! 你等着瞧! 〈감탄어〉 (흥! 너 두고 보자!)
Hēng! Nǐ děng zhe qiáo!

妈妈! 让我出去玩玩吧, 啊! 〈부르는 말〉 (엄마! 나 나가서 좀 놀게 해주세요, 응!)
Māma! Ràng wǒ chūqu wánwán ba, ā !

小李, 你给我回来! 〈부르는 말〉 (이 군, 나한테 돌아와 줘!)
XiǎoLǐ, nǐ gěi wǒ huílai!

是啊, 那是一点儿也不错的。〈답하는 말〉 (네, 그것은 하나도 틀린 것 없어요.)
Shì a, nà shì yìdiǎnr yě búcuò de.

好, 这样才是好孩子呢。〈답하는 말〉 (좋아, 이래야지 착한 아이지.)
Hǎo, zhèyàng cái shì hǎo háizi ne.

3. 문장의 분류

문장은 여러 각도에서 분류가 가능하다. 여기서는 구조적인 측면과 기능적인 측면에서 살펴보도록 하자.

3.1 구조에 따른 문장의 분류

◆ **구조에 따른 문장의 분류표**

<table>
<tr><th colspan="4">구조에 따른 문장 분류</th><th>문장의 예</th></tr>
<tr><td rowspan="12">단문</td><td rowspan="7">갖춘 문장</td><td rowspan="3">주어 측면</td><td>행위자주어문</td><td>ⓐ 他画了一幅山水画。</td></tr>
<tr><td>지배대상주어문</td><td>ⓑ 这个字写错了。</td></tr>
<tr><td>관계주어문</td><td>ⓒ 他很像他爸爸。</td></tr>
<tr><td rowspan="4">술어 측면</td><td>동사술어문</td><td>ⓓ 他走得很累。</td></tr>
<tr><td>형용사술어</td><td>ⓔ 风很大。</td></tr>
<tr><td>주술술어문</td><td>ⓕ 她眼睛挺大。</td></tr>
<tr><td>명사술어문</td><td>ⓖ 她大眼睛。</td></tr>
<tr><td rowspan="5">못 갖춘 문장</td><td colspan="2">동사(구)문</td><td>ⓗ 进来!</td></tr>
<tr><td colspan="2">명사(구)문</td><td>ⓘ 票!</td></tr>
<tr><td colspan="2">형용사(구)문</td><td>ⓙ 可笑极了!</td></tr>
<tr><td colspan="2">감탄사문</td><td>ⓚ 哎哟!</td></tr>
<tr><td colspan="2">부사문</td><td>ⓛ (他走了吗?) -- 没有。</td></tr>
<tr><td rowspan="12">복문</td><td rowspan="10">단순 복문</td><td rowspan="4">연합식</td><td>병렬관계</td><td>ⓜ 她既当医生，又当护士。</td></tr>
<tr><td>승접관계</td><td>ⓝ 从这儿坐22路到豁口下，然后再坐地铁。</td></tr>
<tr><td>점층관계</td><td>ⓞ 他不但不感谢我，反而怪我多事。</td></tr>
<tr><td>선택관계</td><td>ⓟ 你要喝茶还是要喝咖啡。</td></tr>
<tr><td rowspan="6">수식식</td><td>인과관계</td><td>ⓠ 由于天气太冷，参观的人大大减少了。</td></tr>
<tr><td>가정관계</td><td>ⓡ 如果你去，我就不用去了。</td></tr>
<tr><td>조건관계</td><td>ⓢ 只要肯下功夫学，就一定能学会。</td></tr>
<tr><td>목적관계</td><td>ⓣ 我得把电话号码写下来，免得忘记。</td></tr>
<tr><td>역접관계</td><td>ⓤ 他爱热闹，可是这里极安静。</td></tr>
<tr><td>양보관계</td><td>ⓥ 即使明天下雨，我也要去。</td></tr>
<tr><td>다중 복문</td><td colspan="2">논리관계의 수</td><td>ⓦ 如果你的看法正确，你就不怕别人批评，如果你的看法不正确，批评正好能帮助你纠正错误。</td></tr>
<tr><td>축약 복문</td><td colspan="2">형식의 축약</td><td>ⓧ 有了水就能取得好收成。</td></tr>
</table>

(예문의 해석과 한어병음은 본문에서 제시되므로 생략함)

설명

문장은 주어와 술어로 구성되며, 하나의 주어에 의해 전개되는 '단문("单句")'과 복수의 주어와 복수의 논리관계로 전개되는 '복문("复句")'으로 나뉜다. 단문은 다시 그 구조상 주어와 술어를 '갖춘문장("主谓句")'과 '못갖춘문장("非主谓句")'으로 분류된다.[41] 구체적인 내용에 대하여 살펴보자.

3.1.1 단문

단문은 의미상 하나의 주어와 그에 딸린 술어를 가지는 문장[42]이다. 먼저 단문의 예를 보자.

a. 好! Hǎo. (좋습니다.)

b. 好得很。Hǎo de hěn. (매우 훌륭합니다.)

c. 他呀，既不同意，也不反对。(그는 동의하지도 않고 반대하지도 않는다.)
Tā ya, jì bù tóngyì, yě bù fǎnduì.

d. 他们主张你去那个地方。(그들은 네가 그곳에 가기를 주장한다.)
Tāmen zhǔzhāng nǐ qù nà ge dìfang.

단문은 예 a-b처럼 '주술관계(主述关系)를 갖추지 못한 문장'과 c-d처럼 '주술관계를 갖춘 문장'으로 나뉜다. 이 책은 전자를 '못갖춘문장'으로 후자를 '갖춘문장'으로 명명한다.[43]

---

41) 이는 주부와 술부를 갖추지 못한 문장을 이른다. 하나의 단어 혹은 구로 이루어지며 일반적으로 대화 가운데서 많이 나타난다. '못갖춘문장'은 대다수가 동사 혹은 동사구로 이루어지는 경우가 많으며, 소수의 경우는 명사 혹은 명사구로 이루어지는 경우도 있다. 예를 보이면 다음과 같다.

a. 进来! <동사(구)> (들어와!)
b. 票! <명사(구)> (표요!)
c. 可笑极了! <형용사(구)> (정말 웃기네!)
d. 哎哟! 〈감탄사〉 (아이고!)
e. (他走了吗?) -- 没有。<부사> (아니오.)
f. (他明天走吗?) -- 不。<부사> (아니오)

부사는 단독적으로 문장을 구성하지 못한다. 부사가 단독으로 문장을 이루는 경우는 e, f처럼 부정부사로 '대답'하는 경우 뿐이다.

42) 단문(simple sentence)이란 기저구조(underlying structure)에서 하나의 주어표지를 가지는 경우이며, 두 개 이상의 주어 표지를 가지는 것을 복문(complex sentence)이라 한다. 이정민·배영남(1990:825) 참조

43) 중국어는 주어나 목적어의 생략현상이 매우 빈번하여 '못갖춘문장'을 이루는 경우가 많다. 아래의 a, b처럼 앞에서 언급되었거나 c처럼 대화환경에서 한정성(지시성)이 확보되면 주어와 목적어를 자주 생략한다.

a. 我去年去了一次上海，(∅)在那里住了一个星期。<주어 생략문>
Wǒ qùnián qù le yí cì Shànghǎi, zài nàli zhù le yí ge xīngqī.

한편 중국어에서 말하는 단문은 한국어에서 말하는 "포유문(성분복문)"을 포함하는 개념이다[44]. 또, 문장의 쉼(/어음) 차원에서도 단문과 복문은 다르다. 단문의 끝은 '온쉼(긴쉼)'이지만, 복문 사이는 '반쉼(짧은 쉼)'이다.

그러면 단문을 몇 가지 각도에서 재분류해 보자.

1) 주어의 특성에 따른 분류

이는 주어와 술어 간에 보이는 의미특성을 위주로 한 분류이다. 다음 예를 보자.

a. 他画了一幅山水画。〈행위자 주어문〉(그가 한 폭의 산수화를 그렸다.)
Tā huà le yì fú shānshuǐhuà.

b. 这个字写错了。〈지배대상 주어문〉(이 글자는 잘못 썼다.)
Zhè ge zì xiě cuò le.

c. 我姓林。〈관계(호칭)표시 주어문〉(나의 성은 임씨이다.)
Wǒ xìng Lín.

d. 她是个导游。〈관계(판단)표시 주어문〉(그녀는 여행 안내원이다.)
Tā shì ge dǎyóu.

e. 他很像他爸爸。〈관계(닮음)표시 주어문〉(그는 그의 아빠를 빼닮았다.)
Tā hěn xiàng tā bàba.

모두 주어와 술어간의 의미관계가 어떠한가에 따른 분류이다. '행위자 주어문'이란 예문 a에서 보듯 주어가 행위자("施事者")라는 뜻이다. 또 '지배대상 주어'란 예문 b에서 보듯 주어가 동작의 지배대상("受事者")이라는 의미이다. 즉 동사의 지배대상인 목적어성분이 주어의 자리로 위치를 이동하여 형성된 주어이다. c-e의 경우는 주어와 목적어 간에 보이는 '어떤 관계'를 표시하는 특정한 '술어동사'가 쓰이는 문장이다.

(나는 작년에 상해에 가서 일주일 간 묵었다.)

b. 新出了一本汉英词典，你买(∅)不买? <목적어 생략문>
Xīn chū le yì běn Hànyīng cídiǎn, nǐ mǎi bù mǎi?
(중영사전이 새로 나왔어. 너 사니 안사니?)

c. (∅)收到你的来信，非常高兴。<주어 생략문> (네 편지를 받아서, 매우 기쁘다.)
Shōudào nǐ de láixìn, fēicháng gāoxìng.

44) 이을환・이철수(1983:207-214)는 주술관계를 가지는 문을 '완전문'이라고 하며, 문장의 구조상 주술관계가 한 번만 성립되는 '단문'과 주술관계가 두 번 이상 성립되는 경우의 '복문'으로 나누며, 복문은 다시 주술관계의 양상에 따라 '중문(重文, 对等复文)', '연합문(连合文, 从位复文)', '포유문(包有文, 成分复文)' 등으로 나눈다. 그러나 중국어의 '단문개념'은 한국어 문법에서 말하는 포유문을 포함한다. 예) 我们欢迎你来。 我喜欢他这样做。

2) 술어(부)의 특성에 따른 분류

술어(부)의 구조에 따른 분류이다.

a. 他走得很累。〈동사술어문〉 (그는 걸어서 아주 피곤하다.)
Tā zǒu de hěn lèi.

b. 风很大。〈형용사술어문〉 (바람이 무척 세게 분다.)
Fēng hěn dà.

c. 她眼睛挺大。〈주술술어문〉 (그녀는 눈이 아주 크다.)
Tā yǎnjing tǐng dà.

d. 她大眼睛。〈명사술어문〉 (그녀는 눈이 크다.)
Tā dà yǎnjing.

소위 '주술술어문("主谓谓语句")'이란 예c에서 보듯 술어가 '주술식'의 절로 이루어진다. 문장의 구조를 '화제(설명대상)+술제(설명내용)'으로 볼 때, "她"는 "眼睛挺大"라는 절에 의해 진술되어지는 '대상(对象)'이다. 이러한 구조의 문장을 주어차원에서 '이중주어문'이라고 보고 앞의 주어를 '대주어', 뒤의 주어를 '소주어'라고 명명하기도 한다. 이 책은 이러한 문형이 현대중국어 구어에서 자주 운용되는 점을 중시하여 전형적인 '화제구문'으로 설명한다. (→ 6장의 2.1.2와 2.2.1 참고)

3.1.2 복문

복문은 일반적으로 '두 개 이상의 (주어와) 절로 이루어져 있고, 두 절 사이에 어떤 논리(의미)관계가 성립하는 비교적 복잡한 문장'을 이른다. 따라서 단문에 비해 논리적 층차가 높은 단위이다.

a. 如果小王去北京, 小李也去北京。〈가정관계〉
Rúguǒ XiǎoWáng qù Běijīng, XiǎoLǐ yě qù Běijīng.
(만일 왕군이 베이징에 간다면, 이군도 간다.)

b. 你说, 我就听着; 我说, 你就听着。〈조건관계〉
Nǐ shuō, wǒ jiù tīng zhe; Wǒ shuō, nǐ jiù tīng zhe.
(네가 말하면 내가 듣고, 내가 말하면 네가 듣는다.)

각 예에서 보듯 복문은 두 개 이상의 주어와 절로 구성되며 절과 절 사이에는 일정한 논리관계가 성립된다. 이점이 단문과 복문의 차이이다. 예들 들어 a의 예문은 단문의 형식, 즉 "小王和小李去北京。"으로 바꿀 수 있다. 이때는 하나의 주어와 술어를 가지며, 하나의 절만 있기 때문에 어떠한 논리관계를 설정할 수 없다. 이처럼 복문의 개념에서 중요한 것은 두 절 사이에 논리적 관계성이 성립하느냐 하는 점이다.

복문은 논리관계의 수에 따라 '단순복문'과 '다중복문("多重复句")'으로 나뉜다. 또 논리관계를 해치지 않는 상태에서 두 절을 축약하여 합친 형식의 '축약복문("紧缩复句")'도 있다.

이상 '복문'에 대한 예를 다시 도표로 살펴보자.

◆ 복문의 유형과 논리관계

복문	단순복문	연합식	병렬	ⓐ 那所房子环境既幽静，交通也很方便。(그 집은 환경이 조용하고, 교통도 편리하다.) Nà suǒ fángzi huánjìng jì yōujìng, jiāotōng yě hěn fāngbiàn.
			승접	ⓑ 大家先议论议论，然后咱们再决定怎么解决这个问题。Dàjiā xiān yìlùn yìlùn, ránhòu zánmen zài juédìng zěnme jiějué zhè ge wèntí. (다함께 우선 의논하고 나서, 우리는 어떻게 이 문제를 해결할 지를 결정한다.)
			점층	ⓒ 那里不但风景优美，而且气候温和，没有严冬酷暑。Nàli búdàn fēngjǐng yōuměi, érqiě qìhòu wēnhé, méiyǒu yán dōng kù shǔ. (그곳은 풍경이 아름다울 뿐만 아니라, 기후가 온화하여, 혹독한 추위와 더위가 없다.)
			선택	ⓓ 这几天过得很轻松，或者游泳，或者爬山，或者听音乐。Zhè jǐ tiān guò de hěn qīngsōng, huòzhě yóuyǒng, huòzhě páshān, huòzhě tīng yīnyuè. (며칠 동안 아주 여유롭게 지냈는데, 수영을 하거나, 등산을 하거나, 음악을 들었다.)
		수식식	인과	ⓔ 因为张老师生病了，所以宋老师替他上课。(장선생님께서 아프시기 때문에, 송선생님께서 대신 강의하신다.)Yīnwèi Zhāng lǎoshī shēngbìng le, suǒyǐ Sòng lǎoshī tì tā shàngkè.
			가정	ⓕ 如果明天下雨，我不去。(만일 내일 비가 오면, 나는 안 간다.) Rúguǒ míngtiān xià yǔ, wǒ bú qù.
			조건	ⓖ 只要肯下功夫学，就一定能学会。(배우려하기만 한다면, 반드시 배울 수 있다.) Zhǐyào kěn xià gōngfu xué, jiù yídìng néng xuéhuì.
				ⓗ 只有知识才能使人成为巨人。(지식이 있어야만 비로소 큰 사람이 되게 할 수 있다.) Zhǐyǒu zhīshi cái néng shǐ rén chéngwéi jùrén.
			목적	ⓘ 咱们赶快收拾好屋子，以便招待随时可能到达的客人。Zánmen gǎnkuài shōushi hǎo wūzi, yǐbiàn zhāodài suíshí kěnéng dàodá de kèrén. (우리 빨리 방을 치워서, 수시로 찾아 올 수 있는 손님을 접대하는데 편하게 하자.)
				ⓙ 我得把电话号码写下来，免得忘记。(나는 전화번호를 적어두어 잊지 않도록 해야 한다.)Wǒ děi bǎ diànhuà huàmǎ xiě xiàlai, miǎnde wàngjì.
			역접	ⓚ 我也说话的，不过没有多说。(나도 말했지만, 그러나 여러 차례 말하지는 않았다.) Wǒ yě shuō huà de, búguò méiyǒu duō shuō.
			양보	ⓛ 即使你去，我也不去。Jíshǐ nǐ qù, wǒ yě bú qù. (설령 당신이 간다 해도, 나는 안 간다.)
	다중복문	다중논리	점층 역접	ⓜ ①我们面前的困难是有的，②而且是很多的，③但是我们确信：④一切困难都将被全国人民的英勇奋斗所战胜。Wǒmen miànqián de kùnnán shì yǒu de, érqiě shì hěn duō de, dànshì wǒmen quèxìn: yíqiè kùnnán dōu jiāng bèi quánguó rénmín de yīngyǒng fèndòu suǒ zhànshèng. (우리 앞에 곤란은 있을 뿐만이 아니라 매우 많으나, 우리는 확신한다. "이 모든 곤란은 장차 전 국민의 영웅적인 분투에 의해 극복되어질 것이다.")

	축약복문	논리내재	축약형식	ⓝ 就是再困难，我们也要完成任务。(아무리 더 어렵다 해도 우리는 임무를 완성해야 한다.)Jiùshì zài kùnnán, wǒmen yě yào wánchéng rènwù. → 再困难我们也要完成任务。Zài kùnnán wǒmen yě yào wánchéng rènwù.
				ⓞ 虽然你不说话，但是我也知道。(네가 이야기하지 않아도 나도 안다.) Suīrán nǐ bù shuō huà, dànshì wǒ yě zhīdào. → 不说我也知道。Bù shuō wǒ yě zhīdào.

설명

1) 단순복문

구조상 하나의 층차와 논리 관계를 가지는 복문을 이른다. 다시 두 절간의 논리관계에 의하여 '연합식 복문(ⓐ-ⓓ)'과 '수식식 복문(ⓔ-ⓛ)'으로 나눌 수 있다. 연합식은 두 절의 논리 간에 '주종개념'이 없으나, 수식식은 대개 앞 절이 뒷 절에 종속되는 논리관계를 가진다.

(1) 연합식

예 ⓐ의 논리관계를 보자. '연합관계'는 두 절 사이에 의미상의 경중관계가 없다. 일반적으로 "既…也…", "既…又…", "又…又", "也…也…", "一边…一边…", "一方面…, 另方面…", "一来…二来…" 등의 관련어에 의하여 표현된다.

예 ⓑ의 논리관계를 보자. '승접관계'는 상황이 앞뒤로 이어져 선후 관계가 있는 경우이다. 일반적으로 "先…接着…", "然后", "先…然后…", "…于是", "…后来" 등의 관련어에 의하여 표현된다.

예 ⓒ의 논리관계를 보자. '점층관계'는 두 절 사이의 관계가 어느 한 단계의 의미를 기초로 정도가 더욱 심화된 것을 표시한다. 일반적으로 "而且", "并且", "不但…而且…", "况且", "何况" 등의 관련어에 의하여 표현된다.

예 ⓓ의 논리관계를 보자. '선택관계'는 두 절 사이에 일반적인 선택 혹은 대체 관계가 있음을 표시한다. "或者", "还是" 등의 관련어나 "不是…就是…", "要么…要么…" 등의 관련어에 의하여 표현된다.

(2) 수식식

수식식 복문은 두 절 사이에 수식관계가 성립하는 복문을 말한다. 일반적으로 앞의 절은 종속관계를, 뒤의 절은 주절의 관계를 가진다.

예 ⓔ의 논리관계를 보자. '인과관계'는 두 절 사이의 의미가 원인과 결과의 관계를 표시한다. 일반적으로 "因为…所以…", "由于…", "因此…", "既然…就…", "以致", "既然…何必…" 등으로 표현 된다.

예 ⓕ의 논리관계를 보자. '가정관계'는 "如果…, 就…", "要(不)是", "假如", "假

使", "假若", "趟若" 등의 관련어에 의하여 표현된다.

예 ⓖ와 ⓗ의 논리관계를 보자. 모두 '조건관계'로 어떤 조건에 근거하여 사물간의 인과 관계를 추측하거나 단정함을 표시한다. 일반적으로 "只有…才…", "只要…就…" 등에 의해 표현된다. 이때 전자는 '꼭 ~해야 한다'는 '필요조건'을 후자는 '~하기만 하면 된다'는 '충분조건'의 의미를 나타낸다.

예 ⓘ와 ⓙ의 논리관계를 보자. 모두 '목적관계'로 ⓘ는 '적극적인 목적관계'를, ⓙ는 '소극적인 목적관계'를 나타낸다. 전자는 행위적으로 하고자함을 나타내며 "为(了)", "以便", "好" 등의 관련어에 의해 표시된다. 후자는 피하고자 하는 목적을 나타내며 "以免", "免得", "省得" 등의 관련어에 의하여 표시된다.

예 ⓚ의 논리관계를 보자. '역접관계'는 두 절간의 모순이나 대립을 표시한다. "…但(是)…", "…虽然…但(是)…", "…可是…", "…然而…", "…不过…", "…只是…", "却" 등의 관련어로 나타낸다.

예 ⓛ의 논리관계를 보자. '양보관계'는 두 접속대상 절간에 '(설령) A하더라도 B한다(/안 한다)'의 의미관계를 가지는 접속관계이다. "宁可…(也), 即使…也", "不管…都" 등의 관련어로 나타낸다.

2) 다중복문

단순복문이 구조상 하나의 층차와 논리관계를 가지는 반면 '다중복문'은 두 개 이상의 층차와 논리관계를 가진다.

예 ⓜ의 논리관계을 보자. ①과 ②절 사이에는 '점층관계'가 있고, ②와 ③절 사이에는 '역접관계'가 있다.

3) 축약복문("紧缩复句")

예 ⓝ과 ⓞ의 논리관계를 보자. 축약복문은 두 개의 절로 이루어진 복문을 하나의 절로 축약시킨 복문이다. 그러나 역시 복문이기 때문에 문장 내에는 여전히 모종의 논리관계가 존재한다.

예를 통하여 보듯 축약복문의 형식은 앞뒤가 호응하여 이루어지는 경우가 많다. 일반적으로 "再…也…", "不…也…", "非…不…" 등의 호응으로 표현된다. 이러한 축약형식은 의미전달의 안정성만 확보된다면 간결함을 추구하는 언어의 경제성을 보여주는 예이다.

MEMO

연습 18

1. 다음 중 빈칸에 들어갈 알맞은 말을 고르시오.

⑴ 我住在上海，____________吃过南翔小笼馒头。

A. 从来没居然　　B. 从来居然没

C. 居然从来没　　D. 居然没从来

⑵ 路上堵车，我____________。

A. 会可能比你们晚一点儿到　　B. 可能会比你们晚一点儿到

C. 会可能晚一点儿到比你们　　D. 可能会晚一点儿到比你们

⑶ ____________，过两天再说吧。

A. 关于这个问题我还来不及考虑

B. 我还来不及关于这个问题考虑

C. 关于这个问题我来不及还考虑

D. 我还来不及考虑关于这个问题

2. 다음 두 문장 중에서 틀린 문장을 고르시오.

⑴ A. 突然从教室里走出来一个人。 (　　)

B. 突然从教室里一个人走出来。 (　　)

⑵ A. 金老师给我们非常详细地分析了这个问题。 (　　)

B. 金老师给我们非常详细分析了这个问题。 (　　)

⑶ A. 婚礼那天，他们从中午一直喝到半夜。 (　　)

B. 婚礼那天，他们从中午一直地喝到半夜。 (　　)

3. 다음 문장의 빈칸에 '地'가 필요한 곳에 "∨"표시를 하시오.

(1) 我们非常(_____)高兴(_____)接受了邀请。

(2) 妈妈从座位上(_____)很快(_____)站了起来。

(3) 这件事我确实(_____)不(_____)知道。

(4) 金老师一个字一个字(_____)念(_____)给我们听。

(5) 小张不(_____)高兴(_____)走了。

4. 다음 주어진 단어를 배열하여 문장을 만드시오.

(1) 新加坡　阿明　来到　安全　已经　地　了

☞ ________________________________

(2) 哥哥　一分钱　花　乱　不　也　从来

☞ ________________________________

(3) 香港　大厦　到处　高楼　看到　新建的　容易　了　都　很

☞ ________________________________

3.2 표현기능에 따른 문장의 분류

기능에 따른 문장의 분류는 문장의 어투와 밀접한 관계가 있다.

◆ 표현기능에 따른 문장의 분류표

기능에 따른 문장 분류				문장 예
문장	진술문	긍정 부정	긍정식	ⓐ 张老师参加了象棋比赛。(장선생님은 장기 대회에 참가했다.) Zhāng lǎoshī cānjiā le xiàngqí bǐsài.
			부정식	ⓑ 张老师没参加象棋比赛。(장선생님은 장기 경기에 참가하지 않았다.) Zhāng lǎoshī méi cānjiā xiàngqí bǐsài.
		강조 형식	이중부정	ⓒ 没有一个老师不夸他是好学生。(그가 좋은 학생이라고 칭찬하지 않는 선생님은 없다.)Méiyǒu yí ge lǎoshī bù kuā tā shì hǎo xuésheng.
			반문	ⓓ 难道他也是象棋运动员吗?(설마 그도 장기 선수란 말인가?) Nándào tā yě shì xiàngqí yùndòngyuán ma?
			"是…的"구조	ⓔ 他(是)不会来的。Tā (shì) bú huì lái de.(그는 안 올 것이다.)
	의문문	어기조사 사용		ⓕ 你昨天下午进城了吧?(당신은 어제 오후에 시내에 갔었죠?) Nǐ zuótiān xiàwǔ jìn chéng le ba?
		의문대체사 사용		ⓖ 他的病怎么样了? Tā de bìng zěnmeyàng le?(그의 병세는 어떻습니까?)
		술어의 긍정+부정		ⓗ 老李走了没有? LǎoLǐ zǒu le méiyǒu?(이형은 떠났습니까?)
		접속사 "还是" 사용		ⓘ 这是你的词典还是他的词典? (이것은 당신의 사전입니까 아니면 그의 사전입니까?) Zhè shì nǐ de cídiǎn háishi tā de cídiǎn?
		"是不是" 사용		ⓙ 你们是不是要出去散步?(너희들 산책하러 가려 하니?) Nǐmen shì bú shì yào chūqu sànbù?
		부가식		ⓚ 咱们明天去长城，好吗?(우리 내일 만리장성에 가자. 어때?) Zánmen míngtiān qù Chángchéng, hǎo ma?
	명령문	동사(구)		ⓛ 过来! Guòlái! (이리와!)
		부사어 호응		ⓜ 慢点儿说! Màn diǎnr shuō! (좀 천천히 말하시오!)
		겸어식		ⓝ 请叫他早一点儿来。Qǐng jiào tā zǎo diǎnr lái.(좀 빨리 오세요.)
		사역과 금지	사역	ⓞ 你应该好好儿地念书。(당신은 마땅히 열심히 공부해야 한다.) Nǐ yīnggāi hǎohāor de niànshū.
			금지	ⓟ 你不要哭了。Nǐ bú yào kū le.(울지 마세요.)
		어기조사 호응		ⓠ 我们吃饭吧! Wǒmen chī fàn ba! (우리 식사합시다!)
	감탄문	단어 형식		ⓡ 好! Hǎo! (좋아!)
		"太(/真)+형용사구"식		ⓢ 太好了! Tài hǎo le! (참 잘됐다!)
		"多(/好)+形容词+명사(구)"식		ⓣ 多好看的花啊! Duō hǎokàn de huā a! (얼마나 예쁜 꽃인가!)
				ⓤ 好聪明的孩子! Hǎo cōngmíng de háizi! (정말 똑똑한 아이야!)

3.2.1 진술문

어떤 사실에 대하여 서술, 판단, 묘사 등의 진술기능을 가지는 문장을 이른다. 따라서 이 '진술(陈述)'이라는 큰 범주의 어투는 다시 많은 하위 어투로 나뉜다. 진술어투에 따른 각종 하위어투의 분류와 표현법에 대해서는 이 책 6장의 4.4.3에서 자세히 설명한다.

진술문에는 또 '긍정의 진술'과 '부정의 진술'이 있다. 특히 부정의 진술 부분은 이 책 6장의 '4.3 문장의 부정'에서 부정부사의 수식양상, 이중부정, 부정의 강화와 약화 등에 대하여 자세히 기술하고 있다.

진술의 강조는 이중부정, 반문, "是…的" 구문 등을 통하여 표시된다.

a. 你不得不去。〈이중부정〉
Nǐ bù dé bú qù.
(너는 가지 않으면 안 된다.)

b. 难道他不是象棋运动员吗?〈반문형식〉
Nándào tā bú shì xiàngqí yùndòngyuán ma?
(설마 그가 장기 선수가 아니란 말인가?)

c. 他(是)昨天到北京的。〈是…的구조〉
Tā (shì) zuótiān dào Běijīng de.
(그는 어제 베이징에 왔다.)

이중부정[45]에 대해서는 6장의 4.3.3에서, 반문의 표현법에 대해서는 6장의 4.4.4에서, "(是)…的"구조를 통한 강조 용법에 대해서는 6장의 3.3.2에서 자세히 기술한다.

3.2.2 의문문

먼저 다음 위의 도표에서 의문문 부분만을 확대한 다음 도표를 보자.

---

45) 이중부정은 일반적으로 긍정의 강화를 의미한다. 그러나 이중부정이 경우에 따라서는 부드러운 느낌을 주기도 한다.
他的话也不是没有道理。(그의 말도 이치에 안 맞는 것은 아니다.)
不是我不愿意去。(내가 가길 원하지 않는 것은 아니다.)

◆ 의문문의 유형과 내부구조

의문문의 형식과 표현				예문
어기조사	吗	동사술어		ⓐ 你的家在上海吗? Nǐ de jiā zài Shànghǎi ma? (당신의 집은 상하이입니까?)
		형용사술		ⓑ 北京的夏天热吗? Běijīng de xiàtiān rè ma? (베이징의 여름은 덥습니까?)
		주술술어		ⓒ 张老师工作忙吗? Zhāng lǎoshī gōngzuò máng ma? (장선생님은 일이 바쁩니까?)
		명사술어		ⓓ 你今年二十岁吗? Nǐ jīnnián èrshí suì ma? (당신은 올해 스무살입니까?)
	吧	추측		ⓔ 那个学生是英国人吧? Nà ge xuésheng shì Yīngguó rén ba? (그 학생은 영국인이죠?)
		예/아니오 의문		ⓕ A: 老张不来了吧? LǎoZhāng bù lái le ba? (장형은 안 온다죠?) B: 对，不来了。/ 不，来。(예, 안 온답니다. / 아니요, 옵니다.)
	呢	일반		ⓖ 要是他不同意呢?Yàoshi Tā bù tóngyì ne?. (만일 그가 동의하지 않으면요?)
		의문대체사와 호응		ⓗ 你为什么不去呢?Nǐ wèishénme bú qù ne? (당신은 왜 가지 않지요?)
	啊	예/아니오 의문		ⓘ A: 你喝点汽水啊?Nǐ hē diǎn qìshuǐ a? (당신은 사이다를 마실래요?) B: 好吧! / 不用了!Hǎo ba! / Búyòng le! (좋습니다! / 됐습니다!)
의문 대체사	누가			ⓙ 谁是你的汉语老师?Shéi shì nǐ de Hànyǔ lǎoshī? (어느 분이 너의 중국어 선생님이니?)
	언제			ⓚ 你什么时候回来?Nǐ shénme shíhou huílái? (당신은 언제 돌아옵니까?)
	어디서			ⓛ 你在哪儿工作? Nǐ zài nǎr gōngzuò? (당신은 어디에서 일합니까?)
	무엇을			ⓜ 你看什么? Nǐ kàn shénme? (당신은 무엇을 봅니까?)
	왜			ⓝ 你为什么骂她呀? Nǐ wèishénme mà tā ya? (당신은 왜 그녀를 욕하나요?)
	어떻게			ⓞ 你怎么知道的? Nǐ zěnme zhīdào de? (당신은 어떻게 압니까?)
	선택			ⓟ 你喜欢哪本书?Nǐ xǐhuān nǎ běn shū? (당신은 어느 책을 좋아합니까?)
	상태			ⓠ 他的病怎么样了? Tā de bìng zěnmeyàng le? (그의 병세는 어떻습니까?)
	양	다량	多少	ⓡ 你们班有多少学生?Nǐmen bān yǒu duōshao xuésheng? (너의 반에는 학생이 얼마나 있니?)
		소량	几	ⓢ 你们班有几个学生?Nǐmen bān yǒu jǐ ge xuésheng? (너의 반에는 학생이 몇 명이니?)
	나이	많음	多	ⓣ 您多大年纪了?Nín duō dà niánjì le? (연세가 어떻게 되십니까?)
		적음	几	ⓤ 小朋友，你几岁? Xiǎo péngyou, nǐ jǐ suì? (꼬마야, 몇 살이니?)
긍정+부정	동사 병렬			ⓥ 老李走了没有?LǎoLǐ zǒu le méiyǒu? (이형은 떠났습니까?)
	조동사 병렬			ⓦ 他会不会说汉语?Tā huì bú huì shuō Hànyǔ? (그는 중국어를 할 수 있습니까?)
	형용사 병렬			ⓧ 这种电视机好不好?Zhè zhǒng diànshìjī hǎo bù hǎo? (이런 텔레비전은 좋습니까?)
	보어의 병렬			ⓨ 他跑得快不快? Tā pǎo de kuài bu kuài? (그는 뛰는 것이 빠르니 안 빠르니?)

접속사 "还是"	선택 대상	명사	ⓩ 这是你的词典还是他的词典? (이것은 당신의 사전입니까 아니면 그의 사전입니까?) Zhè shì nǐ de cídiǎn háishi tā de cídiǎn?
		동사	㉮ 你们现在(是)到图书馆去还是回宿舍去? (당신들은 지금 도서관에 갑니까 아니면 기숙사에 갑니까?) Nǐmen xiànzài (shì) dào túshūguǎn qù háishi huí sùshè qù?
		형용사	㉯ 这个句子(是)对还是不对?Zhè ge jùzi (shì) duì háishi bú duì? (이 문장이 맞니 틀리니?)
"是不是" 의문문			㉰ 这是你的书不是? Zhè shì nǐ de shū bú shì? (이것은 당신의 책입니까 아닙니까?)
			㉱ 是不是你没带词典? Shì bú shì nǐ méi dài cídiǎn? (당신이 사전을 가지고 오지 않았지요?)
			㉲ 你们是不是要出去散步? Nǐmen shì bú shì yào chūqu sànbù? (너희들 산책하러 가려 하니?)
			㉳ 他不来了，是不是? Tā bù lái le, shì bú shì? (그는 안 온댔어, 그렇지?)
부가식	[, 好吗?]		㉴ 咱们明天去长城，好吗? (우리 내일 만리장성에 가자. 어때?) Zánmen míngtiān qù Chángchéng, hǎo ma?
	[, 行吗?]		㉵ 借我词典用用，行吗? Jiè wǒ cídiǎn yòng yòng, xíng ma? (사전 좀 빌려 쓰자, 돼?)
	[, 对吧?]		㉶ 三加四等于七，对吧? Sān jiā sì děngyú qī, duì ba? (3+4 = 7, 맞지?)

설명

1) 어기조사를 쓰는 의문문

(1) "吗"를 쓰는 의문문

예 ⓐ-ⓓ를 보자. "吗"는 청자로 하여금 '예/아니오'의 답을 요구하는 의문을 나타내는 어기조사이다. 어떤 일에 대하여 객관적으로 질문하는 경우, 즉 가부를 예측하지 않고 질문하는 경우에 쓰인다. 한국어의 '~입니까?'에 해당된다.

(2) "吧"를 쓰는 의문문

이 의문문은 ⓔ처럼 화자의 추측적인 질문인가, 아니면 ⓕ처럼 '예/아니오'의 답을 요구하는 가를 잘 분별해야 한다.

(3) "呢"를 쓰는 의문문

예 ⓖ-ⓗ를 보자. 어기조사 "呢"를 쓰는 의문문은 어떤 사항에 대하여 '특별히 지적하는 의문문'을 이루며, '~는(은)요, ~하면요, ~는(인)지요' 등 완곡한 질문의 어투를 나타낸다.

또 어기조사 "呢"는 의문대체사로 이루어진 의문문에도 부가될 수 있다.

(4) "啊"를 쓰는 의문문

예 ⓘ를 보자. 어기조사 "啊"도 '예/아니오'의 답을 요구하는 의문문을 구성할 수 있다.

2) 의문대체사를 쓰는 의문문

예 ⓙ-ⓤ를 의문대체사에 주의해서 살펴보자. '누가', '무엇을', '어떻게', '어디서', '언제', '왜' 등을 구체적으로 물을 때는 의문대체사를 사용한다. 따라서 의문대체사를 쓰는 의문문은 일반적으로 어떤 사항에 대하여 특별히 지적하는 '지정성' 의문문을 이룬다. (의문대체사 → 4장의 2.2.3 참조) 여기서는 의미적으로 분류하여 간단히 살펴보자. 예 ⓡ-ⓤ는 시간이나 수량, 즉 '몇', '얼마' 등을 각각 묻는다. 특히 예 ⓣ의 "多"는 적극적인 의미가 있는 단음절 형용사 앞에서 의문을 기능을 한다.

3) "긍정+부정" 의 병렬형식을 쓰는 의문문

예 ⓥ-ⓧ를 보자. 술어의 주요한 성분, 즉 동사, 조동사, 형용사 및 보어 등을 '긍정+부정'의 형식으로 병렬시켜 의문문을 만든다.

4) 접속사 "还是" 를 쓰는 의문문

예 ⓩ-㈏의 의문방식을 보자. "还是"는 두 가지 혹은 그 이상의 가능성 가운데 어느 하나를 선택하여 답할 것을 요구하는 '선택식' 의문을 구성한다.

5) "是不是?" 를 쓰는 의문문

예 ㈐-㈔를 보자. 이 의문 형식은 술어의 주요성분을 "긍정+부정"의 형식으로 병렬함으로써 의문문을 구성하는 것과 유사하다. 그러나 그 운용이 상대적으로 자유로운 특성이 있으므로 따로 분류한다. "是不是"의 위치 및 분할되는 양상을 살펴보자.

6) 부가식 의문문

예 ㈕-㈗의 의문방식을 살펴보자. 소위 '부가식의문'이란 일정한 내용을 진술한 후 어떤 의문성분을 부가하는 의문형식이다. 일반적으로 "好吗?", "是吗(/吧)?", "对吗(/吧)?", "行吗?", "可以吗?", "是不是?", "对不对" 등의 형식이 자주 쓰인다.

3.2.3 명령문

다른 사람으로 하여금 어떠한 일을 하거나 하지 말도록 요구하거나 희망하는 문장이다. 명령, 청구, 건의, 재촉, 권고, 금지 따위의 어투를 포함한다. 명령문의 끝에는 마침표 '.'를 쓰나 어투가 비교적 강한 경우는 느낌표 '!'를 쓴다.[46]

---

46) 명령문의 어조(语调)는 일반적으로 문미가 하강조(下降调)이며, 긴 문장인 경우 문미의 몇 음절은 비교적

먼저 다음 도표를 보자.

◆ 명령문의 구조와 의미

명령문의 구조와 의미		예문
술보식 동사구	방향	ⓐ 过来! Guòlái! (이리 와!)
중첩식 동사구	단기 지속	ⓑ 说(一)说! Shuō (yì) shuō (말 좀 해라!)
수식식 동사구	금지	ⓒ 少出门儿! Shǎo chūménr! (밖에 나가 놀지 좀 말아라!)
	양태	ⓓ 慢点儿说! Màn diǎnr shuō! (좀 천천히 말하시오!)
	양태	ⓔ 好好儿学习! Hǎohāor xuéxí! (열심히 공부해라!)
겸어식	请	ⓕ 请你早一些来。Qǐng nǐ zǎo yìxiē lái. (좀 빨리 오세요.)
	让	ⓖ 让我替你做。Ràng wǒ tì nǐ zuò. (제가 대신 하도록 해 주세요.)
	"请"과 "叫" 호응	ⓗ 请叫他早一点儿来。(그 사람이 좀 더 일찍 오도록 해 주세요.) Qǐng jiào tā zǎo yìdiǎnr lái.
조동사	당위성	ⓘ 你应该好好儿地念书。(당신은 마땅히 열심히 공부해야 한다.) Nǐ yīnggāi hǎohāor de niànshū.
	필연성	ⓙ 你得走。Nǐ děi zǒu. (당신은 가야만 한다.)
	금지	ⓚ 你别跟我开玩笑! Nǐ bié gēn wǒ kāiwánxiào! (당신 내게 농담하지 마시오!)
어기조사	吧	ⓛ 我们吃饭吧! Wǒmen chī fàn ba! (우리 식사합시다!)
	啊/呀	ⓜ 你不能打呀! Nǐ bù néng dǎ ya!(때리지 말라니까요!)

설명

1) 명령문의 구성 방식

명령을 나타내는 조동사, 동사 등이 주축이 되고 다른 성분의 호응으로 구성된다.

예 ⓒ-ⓔ의 구성방식을 보자. 이는 부사가 명령문과 호응하는 경우이다. 잘 쓰이는 부사는 "多", "少", " 快", "慢"과 같은 단음절 형용사들이며 ⓔ처럼 중첩하여 사용할 수도 있다.

예 ⓕ나 ⓗ의 구성방식을 보자. "请"을 쓰는 명령문은 '공손함'의 어투를 나타낸다.

예 ⓘ-ⓚ의 구성방식을 보자. 이는 조동사가 명령문과 호응하는 경우이다. 이 경우 '~ 해야 한다'의 의미를 나타내는 경우는 조동사 "必得", "得", "应该", "该", "要", "需要" 등을 쓴다. 한편 '금지'의 의미를 나타내는 경우는 조동사 "别", "不得", "不许", "不要", "不准" 등을 쓴다.

빨리 발화(发话)된다. 명령문에서 어투의 강도는 보통 문장의 경우에 비하여 강하다.

예 ①과 ⓜ의 구성방식을 보자. 이는 어기조사가 명령문과 호응하는 경우이다. 명령의 어투를 나타내는 어기조사로는 "吧", "啊(呀)" 등이 있다. 어기조사 "吧"는 '부드러운 명령'의 어투를 나타낸다. 특히 ①처럼 1인칭 복수 "我们, 咱们"가 주어로 쓰이는 문장에서는 '~할까요(~합시다)!'라는 건의성의 어투를 나타낸다. 한편 명령문에 쓰인 어기조사 "啊(呀)"는 문장에서 '긴박감 혹은 자신의 견해를 견지함' 등의 어투를 나타낸다.

2) 명령문의 문법특징

명령문의 '주어는 일반적으로 생략'된다. 이는 명령의 대상이 얼굴을 마주하고 있는 2인칭이기 때문이다.

(我们)走吧! (우리)가십시다!
(Wǒmen) zǒu ba!

(小李, 你)回来! (이군, 자네)돌아오게!
(XiǎoLǐ, nǐ) huílái!

(你)给我点水喝呀! (당신)내게 마실 물 좀 주시오!
(Nǐ) gěi wǒ diǎn shuǐ hē ya!

(你们)来吧! 来吧! 来吃饭吧! (당신들)오세요! 오세요! 와서 식사하세요!
(Nǐmen) Lái ba! Lái ba! Lái chī fàn ba!

3.2.4 감탄문

'감탄문'은 주로 '감탄사'에 의해 표시되나 일정한 '어순'을 통해서도 표현된다.

1) 한 개의 단어로 이루어진 감탄문

한 개의 단어로 이루어진다하여 '단어문("独词句")'라고도 한다.

唉! (예!/아!)
Āi!

好! (좋아!)
Hǎo!

2) "太(/真)+형용사(구)" 형식의 감탄문

太好了! (참 잘됐다!)
Tài hǎo le!

真糟糕! (정말 큰일이다!)
Zhēn zāogāo!

你唱得真棒! (너 정말 노래 잘한다!)
Nǐ chàng de zhēn bàng!

3) "多(/好)+形容词+명사(구)" 형식의 감탄문

多好看的花啊! (얼마나 예쁜 꽃인가!)
Duō hǎokàn de huā a!

好聪明的孩子! (정말 똑똑한 아이야!)
Hǎo cōngmíng de háizi!

多有意思的节目! (얼마나 재미있는 프로그램인가!)
Duō yǒu yìsi de jiémù!

연습 19

1. 다음 중 빈칸에 들어갈 알맞은 말을 고르시오.

⑴ 屋里都闷得有味儿了，快__________透透气!

A. 门一下儿开　　B. 开门一下儿

C. 开一下儿门　　D. 一下儿开门

⑵ 不是定了今天下午开会吗？怎么__________？

A. 一个人也没看见　　B. 也没看见一个人

C. 一个人没也看见　　D. 也没一个人看见

⑶ 咱们几个难得聚一次，__________痛快痛快!

A. 能哪儿不去　　B. 哪儿能不去

C. 能不去哪儿　　D. 不能去哪儿

2. 다음 두 문장 중에서 틀린 문장을 고르시오.

⑴ A. 快下雨了，咱们到那边躲一躲了。 (　　)

B. 快下雨了，咱们到那边躲一躲吧。 (　　)

⑵ A. 你给我介绍的那本书我还没有看了。 (　　)

B. 你给我介绍的那本书我还没有看呢。 (　　)

⑶ A. 他已经不容易了，不要再为难他了。 (　　)

B. 他已经不容易了，不要再为难他吧。 (　　)

3. 다음 보기에서 적당한 단어를 골라 문장의 빈칸을 채우시오.

<보 기>

吗 / 吧 / 嘛 / 呢 / 呗 / 了

(1) 他大概是大学生__________?

(2) 我写得不好，你写得才好__________!

(3) 前几年我还跟他们住在一起__________!

(4) 你难道真的不认识我了__________?

(5) 王付井可热闹__________! 你快去看看吧!

4. 다음 주어진 단어를 배열하여 문장을 만드시오.

(1) 是　的　我儿子　冬天　去年　出生

☞ ______________________________

(2) 吗　把　窗户　你　关　了

☞ ______________________________

(3) 这个　你　事情　知道　难道　连　都　不

☞ ______________________________

3.3 특수문형

여기서 말하는 '특수문형'은 문장의 구조가 특수하다는 의미보다는 사용빈도가 특히 높은 문형으로 이해하는 것이 좋다. 문형 차원에서 특수문형은 기본적으로 동사술어문의 일종일 뿐이다.

3.3.1 "是" 자 구문

◆ **"是" 구문의 의미와 기능표**

"是" 구문의 의미와 기능			예 문
의미	일반적 의미	주어 = 목적어	ⓐ 她是小杨的妹妹。(그녀는 양군의 여동생이다.) Tā shì XiǎoYáng de mèimei.
		목적어 → 주어를 개괄	ⓑ 树是植物, 狗是动物。(나무는 식물이고, 개는 동물이다.) Shù shì zhíwù, gǒu shì dòngwù.
		목적어 → 주어의 특징	ⓒ 他是个慢性子。Tā shì ge màn xìngzi.(그는 느림보이다.)
		목적어 → 주어를 비유	ⓓ 浪费就是犯罪。Làngfèi jiùshì fànzuì.(낭비는 범죄이다.)
		목적어 → 주어의 목적 설명	ⓔ 我是为了大家, 不是为了自己。(여러분을 위해서이지, 나 자신을 위해서가 아닙니다.)Wǒ shì wèile dàjiā, bú shì wèile zìjǐ.
		목적어 → 주어의 위치에 존재함	ⓕ 村前是海。Cūn qián shì hǎi.(마을 앞은 바다이다.)
	"A是A" 구조의 의미	사실에 대한 인정	ⓖ 假的就是假的, 怎么也真不了。(거짓은 거짓일 뿐이지, 어떻게 해도 진실일 수가 없다.)Jiǎ de jiùshì jiǎ de, zěnme yě zhēn bùliǎo.
		'비록'의 의미	ⓗ 有是有, 可是不卖。(비록 있긴 있지만 안 팔아.) Yǒu shì yǒu, kěshì bú mài.
		한계가 분명함	ⓘ 你是你, 我是我, 你做的事我不负责。Nǐ shì nǐ, wǒ shì wǒ, nǐ zuò de shì wǒ bú fùzé.(너는 너이고, 나는 나이다, 네가 한 일은 내가 책임지지 않는다.)
강조 기능	어투		ⓙ 这个药是灵, 烧一下子就退了。 Zhè ge yào shì líng, shāo yíxiàzi jiù tuì le. (이 약은 효험이 있어 열이 금방 내렸다.)
	예외 없음		ⓚ 做饭有什么难? 是人都会。Zuò fàn yǒu shénme nán? Shì rén dōu huì.(밥 짓는 게 뭐 어려울 거 있어? 누구나 다 할 수 있지.)
	겸어식 구문을 이룬 강조		ⓛ 是他买了一大堆水果。(바로 그가 한 무더기 과일을 샀다.) Shì tā mǎi le yí dà duī shuǐguǒ.

설명

1) "是" 구문의 의미

(1) 일반적인 구조의 의미

예 ⓐ-ⓕ를 보자. "是"는 동사술어문을 구성하며, 일반적으로 주어와 목적어 사이의 '판단'이나 '존재' 등의 관계를 나타낸다. 그러나 이를 좀 더 자세히 세분해 볼 수 있다. 예에서 볼 수 있듯이 모두 주어와 목적어 사이의 모종의 관계에 대하여 '판단'하거나 '존재함'을 표시한다. 특히 예 ⓕ를 보자. "是"는 '목적어가 주어의 위치에 존재함'을 나타낸다. 이때 "村前有一条小河。"처럼 목적어가 "小河"인 경우는 "是"를 "有"로 대체할 수 있다. 그러나 예 ⓕ처럼 목적어가 "海"인 경우는 "有"로 대체 될 수 없다. 인지(认知)적으로 마을이 바다보다 클 수 없기 때문에 소유개념의 "有"를 쓰는데 부담이 되기 때문일 것이다.

(2) "동일형식의 구+是+동일형식의 구"의 구조의 의미

예 ⓖ를 보자. 어떤 사실에 대하여 인정해야 함을 표시한다. 이때 "是"의 앞에는 일반적으로 "就"나 "总" 등의 부사가 호응한다.

예 ⓗ를 보자. '비록'이라는 추상적인 의미를 표시하는 경우이다. 주목할 점은 "是" 앞뒤의 성분은 용언성이라는 점이다.

예 ⓘ를 보자. 어떤 사실의 한계가 분명함을 표시한다. 일반적으로 두 개의 "是"를 쓴다. 주목할 점은 "是" 앞뒤의 성분은 체언성이라는 점이다.

2) 강조의 "是"

예 ⓙ-ⓛ을 보자. 이때 "是"는 모두 강세가 있으며, 단지 어투만을 강하게 할뿐이므로 그 의미를 말로 표현하기가 어렵다. 이러한 "是"는 바로 뒤의 내용에 대하여 초점(focus) 표기 기능을 가지는 경우로 생략해도 문장의 의미차이가 없다.

예 중 ⓚ는 '예외 없음'을 표시한다. 한편 예 ⓛ은 소위 "是"자식 겸어 구문을 이루는 경우이다.

3.3.2 "是…的" 구문

일반적으로 이미 발생한 동작의 '시간', '장소', '방식' 등 다양한 의미에 대하여 강조하는 형식이다. 강조되는 내용은 "是…的" 사이에 들어가며, "的"는 일반적으로 문미에 위치한다.

◆ "是 … 的"구문의 구조와 의미기능

"是…的" 구문			예 문
구조	목적어(无)	동사구	ⓐ 他是走回来的。Tā shì zǒu huílai de.(그가 걸어서 돌아왔다.)
		형용사구	ⓑ 这些意见是非常正确的。(이 의견들은 매우 정확하다.) Zhè xiē yìjiàn shì fēicháng zhèngquè de.
		주술구	ⓒ 这本书是他写的。Zhè běn shū shì tā xiě de.(이 책은 그가 쓴 것이다.)
	목적어(有)	일반명사	ⓓ 我们是在仁川上的飞机。(우리는 인천에서 비행기를 탔습니다.) Wǒmen shì zài Rénchuān shang de fēijī.
		방향보어	ⓔ 我是从"图书城"买来这些书的。(나는 "图书城"에서 이 책들을 사왔습니다.)Wǒ shì cóng "Túshūchéng" mǎi lái zhè xiē shū.
		대체사	ⓕ 我们是在首尔遇见他的。(우리는 서울에서 그를 만났습니다.) Wǒmen shì zài Shǒu'ěr yùjian tā de.
		수사격의 목적어	ⓖ a. 我们是明白这个道理的。(우리는 이 도리를 잘 안다.) Wǒmen shì míngbai zhè ge dàoli de.
			b. 这个道理，我们是明白的。(이 도리는 우리가 잘 알고 있다.) Zhè ge dàoli de, wǒmen shì míngbai de.
강조 의미	시간		ⓗ 这本书是2007年写成的。(이 책은 2007년에 쓰였다.) Zhè běn shū shì 'èr líng líng qi nián xiě chéng de.
	장소		ⓘ 他们是从南极回来的。(그들은 남극에서 돌아왔다.) Tāmen shì cóng nánjí huí lái de.
	방식		ⓙ 我们是坐飞机来的。Wǒmen shì zuò fēijī lái de. (우리는 비행기를 타고 왔다.)
	조건		ⓚ 这个项目是在大家的热情支持下搞起来的。 Zhè ge xiàngmù shì zài dàjiā de rèqíng zhīchí xià gǎo qǐ lai de. (이 항목은 여러분의 열정적인 지지 하에서 되어진 것입니다.)
	목적		ⓛ 我是为学习汉语来北京的。(나는 중국어를 배우려 베이징에 왔습니다.) Wǒ shì wèi xuéxí Hànyǔ lái Běijīng de.
	대상		ⓜ 他这封信是对我发的。(그의 이 편지는 나에게 보낸 것이다.) Tā zhè fēng xìn shì duì wǒ fā de.
	도구		ⓝ 毛笔是用来写字的。Máobǐ shì yòng lái xiě zì de. (붓은 글자를 쓰는 것입니다.)
	행위자 강조		ⓞ 信是他寄的。Xìn shì tā jì de.(편지는 그가 보낸 것이다.)
	지배대상 강조		ⓟ 我刚才是喝的茶，不是汽水。(내가 방금 마신 것은 차이지, 사이다가 아니다.) Wǒ gāngcái shì hē de chá, bú shì qìshuǐ.
	행위 강조		ⓠ 她的眼睛又红又肿，是哭的。(그녀의 눈은 빨갛고 부었는데 울어서 그런 것이다.)Tā de yǎnjing yòu hóng yòu zhǒng, shì kū de.
부정	"不是…的" 식		ⓡ 我们不是坐汽车来的。(우리는 자동차를 타고 온 것이 아니다.) Wǒmen bú shì zuò qìchē lái de.
	"是+不VP+的" 식		ⓢ 他提出的那个办法也是作不到的。(그가 제기한 그 방법 역시 해낼 수 없는 것이다.) Tā tíchū de nà ge bànfǎ yě shì zuò bú dào de.

설명

1) "是……的" 구문의 구조와 목적어의 위치

예 ⓓ를 보자. 술어에 '방향보어가 없으며', 목적어가 '일반명사'이면 "的"는 '목적어의 앞에 위치할 수 있다.' 그러나 예 ⓔ-ⓕ처럼 술어에 '방향보어가 있거나' 목적어가 '대체사'인 경우 "的"는 '반드시 문미에 위치해야 한다.'

예 ⓖ를 보자. 목적어가 동사의 지배대상인 수사격(受事格)인 경우 목적어는 ⓖ-b처럼 문두로 전치되어 진술대상, 즉 '화제'가 될 수 있다.

2) "是…的" 구문의 강조의미

예 ⓗ-ⓝ을 보자. 동작이 발생하는 시간, 장소, 방식, 조건, 목적, 대상, 도구 등 각종 의미가 "是…的" 구조의 사이에 위치하여 강조된다.

한편 "是…的" 구문은 동작의 '행위자'나 '지배대상' 및 '행위' 자체도 강조할 수 있다. 특히 ⓠ의 경우는 '어떤 결과를 발생시킨 행위'에 대한 강조이다.

3) "是…的" 구문의 부정

(1) "不是…的" 형식을 쓰는 경우

예 ⓡ을 보자. 이 경우는 "是"를 주요동사로 삼아서 직접 부정하는 방식이다. 따라서 전체 내용이 부정이 된다.

(2) "是…的"구 중간의 성분을 부정하는 경우

예 ⓢ를 보자. 이 경우는 주요동사인 "是"를 그대로 두고 강조되어지는 구체적인 내용에 대하여서만 부정한다.

3.3.3 "有" 자 구문

동사 "有"로 이루어진 문형을 총칭하여 이른다. "有＋목적어"의 의미, 연동문과 겸어문을 이루는 "有"의 기능 등에 대하여 알아보자.

◆ **"有+목적어" 구문의 의미와 기능**

"有＋목적어" 구문			예 문
의미	소유	목적어 → 주어의 일부	ⓐ 兔子有两个长耳朵。(토끼는 두 개의 긴 귀가 있다.) Tùzi yǒu liǎng ge cháng ěrduo.
		목적어 → 주어의 소유물	ⓑ 他有很多外文书。(그는 매우 많은 외국서적이 있다.) Tā yǒu hěn duō wàiwén shū.
		목적어 → 주어의 속성	ⓒ 老王很有经验，工作上很有办法。 LǎoWáng hěn yǒu jīngyàn, gōngzuò shang hěn yǒu bànfǎ. (왕형은 경험이 많아 일에 있어 수단이 아주 좋다.)
		포괄적 소유	ⓓ 一年有四季。Yì nián yǒu sì jì.(일 년은 사계절이 있다.)

	존재 발생	존재	ⓔ 购物中心前边有很多汽车。(백화점 앞에는 많은 자동차들이 있다.) Gòuwù zhōngxīn qiánbian yǒu hěn duō qìchē.
		발생	ⓕ 工农业生产有了很大的发展。(농공업 생산에는 아주 큰 발전이 있다.) Gōngnóngyè shēngchǎn yǒu le hěn dà de fāzhǎn.
	도달	일정한 수량에 도달함	ⓖ 他大约有三十多岁。(그는 약 30여세이다.) Tā dàyuē yǒu sānshí duō suì.
		비교점에 도달함	ⓗ 他没有她那么爱听音乐。(그는 그녀만큼 그렇게 음악 듣기를 좋아하지 않는다.)Tā méiyǒu tā nàme ài tīng yīnyuè.
	열거	목적어 병렬구조	ⓘ 参加座谈会的有工人、学生、教师等各方面的代表。 Cānjiā zuòtá -nhuì de yǒu gōngrén、xuésheng、jiàoshī děng gè fāngmiàn de dàibiǎo. (좌담회에 참가한 사람에는 노동자, 학생, 교사 등 각계 대표가 있다.)
		"有…的"형식	ⓙ 那边有练太极剑的, 有打太极拳的, 还有练气功的。 Nàbiānr yǒu liàn Tàijíjiàn de, yǒu dǎ Tàijíquán de, hái yǒu liàn Qìgōng de.(저쪽에는 태극검을 연습하는 사람, 태극권을 하는 사람, 그리고 기공을 수련하는 사람도 있다.)
		"有的…"형식	ⓚ 图书馆的阅览室里人真不少, 有的看书, 有的看报。 Túshūguǎn de yuèlǎnshì lǐ rén zhēn bù shǎo, yǒude kàn shū, yǒude kàn bào.(도서관 열람실에 사람이 정말 많은데, 어떤 사람은 책을 보고, 어떤 사람은 신문을 보고 있다.)
기능	연동 형식	목적어 → 제2 동사의 수사자	ⓛ 这样办很好, 我没有话说。Zhèiyàng bàn hěn hǎo, wǒ méiyǒu huà shuō.(이렇게 처리해서 아주 좋습니다, 제가 할 말이 없습니다.)
		목적어 → 제2 동사의 행동조건	ⓜ 你没有理由不相信她。(너는 그녀를 믿지 못할 이유가 없다.) Nǐ méiyǒu lǐyóu bù xiāngxìn tā.
	겸어 형식	사역의 의미 없음	ⓝ 他有个哥哥在北京念大学。(그는 베이징에서 대학에 다니는 형이 한 명 있다.)Tā yǒu ge gēge zài Běijīng niàn dàxué.

설명

1) "有+목적어"의 의미

(1) 소유 표시

예 ⓐ-ⓓ를 보자. 모두 두어가 목적어를 소유하는 관계이다. 특히 예 ⓒ는 목적어가 주어의 '속성'을 표시하는 경우이다. 이때 목적어는 대부분 추상명사이며 '속성'에는 '정도성'이 있으므로 기타 "有+목적어" 구조와 달리 '정도부사의 수식을 받을 수' 있다. 예 ⓓ를 보자. 포괄적 소유의 의미를 표시하는 "有"는 "等于(같다)"나 "是"의 의미이며, 목적어는 '수량구'로 이루어진다.

(2) '존재'나 '발생' 표시

예 ⓔ를 보자. 이때 "有"는 존재를 표시한다. 따라서 주어(주제)는 목적어가 존재하는 장소(구)이다.

예 ⓕ를 보자. "有"는 발생이나 출현을 표시한다. 따라서 주어(화제)는 목적어의 발생이 일어난 '사람'이나 '분야'이다. 이 경우는 '완료나 실현'을 표시하는 조사 "了"의 호응도 눈여겨 볼 점이다.

(3) 도달 표시

예 ⓖ를 보자. "有"는 '일정한 수량에 도달함'을 표시한다. "有"의 뒤에 수량구가 오거나 수량구 뒤에 수량을 표시하는 형용사가 온다.

예 ⓗ를 보자. "有"는 어떤 '비교점에 도달함'을 표시한다. "有"나 "没有"의 목적어는 양을 비교할 수 있는 사물이다.

(4) 열거 표시

예 ⓘ-ⓚ를 보자. 모두 사람이나 사물을 '열거'하는 표현이다. ⓘ에서는 "有"의 목적어를 병렬시킴으로써 열거를 표시한다. 예 ⓙ-ⓚ는 구조조사 "的"와 호응하여 열거의 의미를 표시한다.

2) "有"의 문법기능

(1) 연동구문 구성

"有"자로 이루어지는 연동구문은 제1동사가 바로 "有"이다. "有"자와 제2동사 사이에 끼어있는 '목적어가 제2동사와 가지는 의미관계'를 중시해보자.

첫째, ⓛ에서 "有"의 목적어는 제2동사의 행위를 받는 수사자(受事者)이다.

둘째, ⓜ에서 "有"의 목적어는 제2동사의 행동조건이다.

(2) 겸어구문 구성

예 ⓝ을 보자. 붉은색으로 표시한 "겸어"는 동사 "有"의 목적어이자 후속하는 해당 술어의 주어이다.

3.3.4 "把"자 구문

전치사 把"와 그 목적어로 이루어져, 동작이 대상물을 '어떻게 처치하였(/옮겼)나'[47]와 그 '결과 및 영향' 등을 나타내는 문형이다. 따라서 필수적으로 '목적어의 위치이동'과 '술어의 상태변화' 등이 수반된다.

---

47) 이런 점에서 王力(1985[1943]:124)선생은 소위 '처치식(处置式)'이라는 용어를 썼다.

◆ "把" 구문의 구조와 의미 · 문법 기능

"把" 구문			예 문
구조와 의미	구조	NP_1+把+NP_2+VP	ⓐ 我(NP_1)把那个杯子(NP_2)打破了(VP)。(나는 그 잔을 깨뜨렸다.) Wǒ bǎ nà ge bēizi dǎpò le.
	의미	주동/처치 결과	ⓑ 大风把许多树刮倒了。(센바람이 많은 나무들을 쓰러뜨렸다.) Dàfēng bǎ xǔduō shù guā dǎo le.
문법 기능	술어	술어의 동작성	ⓒ 我把这本小说看完了。(나는 이 소설을 다 읽었다.) Wǒ bǎ zhè běn xiǎoshuō kàn wán le.
		술어의 보충어 필요성	ⓓ 你把这些钱带着慢慢用。(너는 이 돈을 가지고 아껴 써라.) Nǐ bǎ zhè xiē qián dài zhe mànmān yòng.
		결과보어의 상용성	ⓔ 大家把他选为班长。(모두가 그를 반장으로 뽑았다.) Dàjiā bǎ tā xuǎn wéi bānzhǎng.
	목적어	목적어의 한정성	ⓕ 他把这几首诗背得很好。(그는 그 시 몇 수를 아주 잘 외운다.) Tā bǎ zhè jǐ shǒu shī bèi de hěn hǎo.
		이중목적어 구조의 상용성	ⓖ 他把这本中文小说翻译成韩文。(그는 이 중국 소설을 한국어로 번역했다.) Tā bǎ zhè běn Zhōngwén xiǎoshuō fānyì chéng Hánwén.
	부사	"부정부사+把"	ⓗ 我还没把这本小说看完了。(나는 아직 이 소설을 읽지 못했다.) Wǒ hái méi bǎ zhè běn xiǎoshuō kàn wán le.
		"把+총괄부사(都/全)"	ⓘ 我把钱全花完了。(나는 그 돈을 다 써버렸다.) Wǒ bǎ qián quán huā wán le.
	조동사	"조동사+把"	ⓙ 我们应该把汉语学好。(우리는 마땅히 중국어를 잘 배워야 한다.) Wǒmen yīnggāi bǎ Hànyǔ xué hǎo.

설명

"把" 구문의 구조	NP_1 + 把 + NP_2 + VP

예 ⓐ의 구조를 보자. 이 구문은 목적어가 술어의 앞으로 위치를 이동한 문형이다. NP_1(주어)은 행위의 주체자를, NP2(목적어)는 술어의 지배(영향)을 받는 자(사물/사람)를 각각 나타낸다. 또 VP(동사구)는 동사와 각종 '보충어'를 포함한다.

여기서 전치사 "把"의 목적어는 청자와 화자가 아는 대상, 즉 한정성을 가진다. 또 한정적인 대상이 어떻게 변화되었나를 표시하는 보충어를 가진다. 여기서 '보충어'라 함은 보어를 포함한 술어를 보충하는 각종 성분을 모두 포함한 개념으로 "把"구문 구성에 있어 필수적인 성분이다. 다음 예를 보자.

a. 大风把许多树刮倒了。(센바람이 많은 나무를 쓰러뜨렸다.)
   Dàfēng bǎ xǔduō shù guā dǎo le.

b. 他讲的笑话把大家的肚子都笑痛了。
   Tā jiǎng de xiàohuà bǎ dàjiā de dùzi dōu xiào tòng le.
   (그가 말한 우스갯소리는 모두 배가 아프도록 웃게 했다.)

이 구문에서 술어에는 반드시 보충성분이 수반된다. 일반적으로 (처치)행위에 대한 결과나 영향을 말하는 결과보어를 수반하기 때문이다. 예 ⓘ를 보자. 술어보충성분은 동태조사라도 수반되어야 하는 반드시 필요한 요소이다. 예문 b는 소위 '처치'의 의미라기보다는 행위에 따른 '영향'이나 '결과'의 의미를 나타낸다.

3.3.5 "被" 자 구문

"被"자로 이루어져 '피동(被动)'의 의미를 나타내는 구문을 이른다.

피동문은 '표지가 없는 피동문'과 표지 "被", "叫", "让" 등이 있는 피동문으로 나뉜다. 여기서는 대표적인 "被"자 구문에 대해서 살펴보기로 한다.

◆ **"被" 구문의 구조와 의미 · 문법기능**

"被" 구문			예 문
구조와 의미	구조	NP1+被+NP2+VP	ⓐ 他们那个小组(NP1)被大家(NP2)选为模范小组(VP)。 Tāmen nà ge xiǎozǔ bèi dàjiā xuǎn wéi mófàn xiǎozǔ. (그들의 모임은 모두에게 모범조로 뽑혔다.)
	의미	피동	ⓑ 那个孩子被小李打了。(그 아이는 이군에게 얻어맞았다.) Nà ge háizi bèi XiǎoLǐ dǎ le.
문법기능	주어	주어의 한정성	ⓒ 他被大家选为班长了。(그는 모두에 의해 반장으로 선출되었다.) Tā bèi dàjiā xuǎn wéi bānzhǎng le.
	술어	술어동사의 복잡성	ⓓ 那个病人被小张送到医院去了。(그 환자는 장군에 의해서 병원으로 보내졌다.) Nà ge bìngrén bèi XiǎoZhāng sòng dào yīyuàn qù le.
	행위자	'범칭'의 행위자 "人"	ⓔ 那本小说昨天被人借走了。(그 소설은 어제 어떤 사람이 빌려갔다.) Nà běn xiǎoshuō zuótiān bèi rén jiè zǒu le.
		행위자 '무표기'[48]의 "被"	ⓕ 他被宣布为不受欢迎的人。(그는 환영받지 못하는 사람으로 널리 알려졌다.)Tā bèi xuānbù wéi bú shòu huānyíng de rén.
			ⓖ 那一股土匪不久就被消灭了。(그 도적떼는 오래지 않아 소탕되었다.)Nà yì gǔ tǔfěi bù jiǔ jiù bèi xiāomiè le.
	부정사	"부정사+被"	ⓗ 那本书还没被借走。(그 책은 아직 빌려가지 않았다.) Nà běn shū hái méi bèi jiè zǒu.
	조동사	"조동사+被"	ⓘ 要是你看了这部电影, 你可能被它吸引住。 Yàoshi nǐ kàn le zhè bù diànyǐng, nǐ kěnéng bèi tā xīyǐn zhù. (만약 당신이 이 영화를 보았다면 그것에 매료되었을 것이다.)

	구문 비교	"被" 구문	피동	ⓙ 小羊被老虎吃掉了。(그 양은 호랑이에게 먹혔다.) Xiǎoyáng bèi lǎohǔ chī diào le.
		"把" 구문	능동	ⓚ 老虎把小羊吃掉了。(그 호랑이가 그 양을 먹어버렸다.) Lǎohǔ bǎ xiǎoyáng chī diào le.

설명

1) "被" 구문의 구조

"被"를 써 피동의 의미를 나타내는 문형을 특히 "被"구문이라 한다.

"被" 구문의 구조	NP_1 + 被 + NP_2 +VP

예 ⓐ의 구조를 보자. 여기서 NP_1(주어)은 동작이나 행위를 당하는 피동대상이고, "被"는 피동표지이며, NP_2 는 주동자이고, VP는 술어이다.

2) "被" 구문의 의미

다음 예문을 보자.

a. 那个孩子被小李打了。(그 아이는 이군에게 얻어맞았다.)
Nà ge háizi bèi XiǎoLǐ dǎ le.

b. 他们那个小组被大家选为模范小组。(그들의 모임은 모두에게 모범조로 뽑혔다.)
Tāmen nà ge xiǎozǔ bèi dàjiā xuǎn wéi mófàn xiǎozǔ.

위의 a-b예에서 각각 "小李"와 "大家"는 행동의 주동자이다. 즉 피동대상 "那个孩子", "他们那个小组" 등은 "小李"와 "大家"에 의해 각각 '얻어맞거나 선발된' 대상들이다. 여기서 주의해야 할 점은 "被"구문의 의미이다. 일반적으로 예문 a의 경우처럼 주어가 좋지 않은 일을 당하였음을 표시하는 경우가 많지만, b처럼 주어가 좋은 일을 만났을 때도 사용할 수 있다.

3) '범칭' 혹은 '무표기' 행위자

예 ⓔ와 ⓖ를 보자. 행위자가 누구인지 지적할 수 없는 경우(범칭)거나 아예 누구인지 밝힐 필요가 없는 경우로 무표기이다.

4) "被" 구문과 "把" 구문의 비교

"被"는 '피동'의 표지이고, "把"는 '주동'의 표지이다.

48) 그러나 피동문을 구성하는 표지로 잘 쓰이는 기타 "叫", "让"등의 경우는 이러한 형식이 불가하다.

老虎吃掉了小羊。 Lǎohǔ chī diào le xiǎoyáng. (호랑이가 양을 먹어치웠다.)	피동	小羊被老虎吃掉了。 Xiǎoyáng bèi lǎohǔ chī diào le. (그 양은 호랑이에게 먹혔다.)
	주동	老虎把小羊吃掉了。 Lǎohǔ bǎ xiǎoyáng chī diào le. (그 호랑이가 그 양을 먹어버렸다.)

他们选小李为组长。 Tāmen xuǎn XiǎoLǐ wéi zǔzhǎng. (그들은 이군을 조장으로 선출했다)	피동	小李被他们选为组长。 XiǎoLǐ bèi tāmen xuǎn wéi zǔzhǎng. (이군은 그들에 의하여 조장으로 뽑혔다.)
	주동	他们把小李选为组长。 Tāmen bǎ XiǎoLǐ xuǎn wéi zǔzhǎng. (그들은 이군을 조장으로 뽑았다.)

이 내용은 다음과 같이 표현할 수 있다.

$$NP_1 + 被 + NP_2 + VP \rightleftharpoons NP_2 + 把 + NP_1 + VP$$

[NP_1은 NP_2에게 VP당했다 ⇌ NP_2는 NP_1을 VP했다]

3.3.6 연동구문

'연동구문'이란 동일한 주어에 속하는 술어가 두 개 이상인 문형을 말한다.[49] 연동구문의 구조는 "S + VP_1 + VP_2"의 구조이다(연동구 → 5장의 2.1.6 참조). 먼저 다음 도표를 보자.

◆ 연동구문의 구조와 기능 특징

연동구문		예문
구조	"S + VP_1 + VP_2"	ⓐ 我们(S)走(VP_1)着[50]去(VP_2)吧。(우리 걸어서 갑시다) Wǒmen zǒu zhe qù ba.
두 동작 간의 의미관계	앞 뒤 동작이 순차적으로 접속	ⓑ 他看完电影去买东西。(그는 영화를 보고 물건을 사러 간다.) Tā kàn wán diànyǐng qù mǎi dōngxi.
	뒷 동작은 앞 동작의 목적	ⓒ 你买这么多水果干什么? (이렇게 많은 과일을 뭐하러 사니?) Nǐ mǎi zhème duō shuǐguǒ gàn shénme?
	앞 동사(구)는 뒷 동사(구)의 방식	ⓓ 我们坐飞机去广州，你们怎么去? Wǒmen zuò fēijī qù Guǎngzhōu, nǐmen zěnme qù? (우리는 비행기를 타고 광저우에 가는데, 너희는 어떻게 가니?)
	뒷 동작은 앞 동작의 결과	ⓔ 他看了那封信高兴极了。(그는 그 편지를 보고 무척 기뻐했다.) Tā kàn le Nà fēng xìn gāoxìng jí le.
	정반의 두 방면에서 하나의 사실 설명	ⓕ 他抓住我的手不放。(그는 나의 손을 꼭 쥐고 놓지 않는다.) Tā zhuā zhù wǒ de shǒu bú fàng.

49) '연동식' 구조는 하나의 주어에 딸린 동사가 2개 이상이므로, 동사 사이에는 '상대'적인 선후관계, 즉 상대적인 시제차이가 생긴다. 이에 대하여서는 6장의 2.2.1을 참조하라.

설명

예 ⓐ를 보자. 이 구문에서 주의해야 할 점은 하나의 주어에 두 동작 'V_1'과 'V_2'가 선후관계를 가지며 연계되어 있다는 점이다. 예 ⓑ-ⓕ를 보자. 이는 '앞뒤 동사(구) 사이의 의미 관계'에 의거하여 나누어 본 것이다. 한국어와 대비하여 볼 때 조심해야 할 부분은 바로 ⓒ의 경우이다. 한국어 해석을 보자. "이렇게 많은 과일을 뭐하러 사니?" "이렇게 많은 과일을 사서 뭐하니?" 이 경우는 두 해석이 모두 성립은 된다. 그러나 양자는 엄연히 의미차이가 있다. 전자는 '목적'의 관점이고, 후자는 시간의 '순차성'이 나타난다.

소위 '목적'이나 '의도'를 표시하는 경우 중국어는 첫 번째 동사와 두 번째 동사가 순차적인 시간관계를 가진다. 그러나 한국어의 경우는 그 역순이다. 다음 예를 보자.

a. 他上书店买书。(그는 책을 사러 서점에 간다.)
Tā shàng shudiàn mǎi shū.

b. 我去电影院看电影。(나는 영화를 보러 극장에 간다.)
Wǒ qù diànyǐngyuàn kàn diànyǐng.

예문 a-b에서 'V_1'인 "上"과 "去"는 각각 'V_2'인 "买"와 "看"보다 시제적으로 앞선다. 그러나 한국어의 배열순서는 중국어와 정반대이다. 이처럼 '목적이나 의도관계'를 표시하는 연동구문에서 나타나는 동사 배열의 인식차이는 한국인 학습자에게 있어 상당한 간섭요인이 될 수 있다. 결국, ⓒ에 대한 해석을 "이렇게 많은 과일을 뭐 하러 사니?"라고 하는 것과 "이렇게 많은 과일을 사서 뭐하니?"는 의문의 초점이 달라질 수 있는 해석인 것이다. 우리가 언어를 통하여 정확한 의미를 받아드리고 전달하는데 있어 소홀히 할 수 없는 부분이다. 물론 언어는 정확성만을 목표로 하는 것만이 전부는 아니지만, 알고 구사하는 것과 대충 구사하는 것은 다르다.

예 ⓕ를 보자. 이 경우 앞의 동작은 '긍정식'을 쓰고, 뒤는 '부정식'을 쓴다.

한편 연동구문에서는 앞 동사(V_1)로 실제의미를 상실하고 허화된 "来"와 "去"를 쓰는 경우가 있다.[51]

이외에 "是"와 "有"자식 연동구문도 있으나 이는 각각의 해당 부분에서 다룬다.

---

50) 앞 동사의 목적어 없이 수단이나 방식을 나타내는 경우는 "着"을 부가한다.

51) 뒷 동작이 앞 동작의 목적을 표시하는 연동식 구문 가운데, 특히 "来"와 "去"가 첫 번째 동사가 될 때 이 "来"와 "去"는 실제의미를 상실하고 허화되어 단순히 '목적'을 표시하는 경우가 있다. 아래 b, c의 예가 그러하다.

a. 他又来找老张下棋了。(그가 또 장형을 찾아와서 장기를 두었다.)

b. 咱们开个会来讨论一下吧。(우리 회의를 열어 토론해 봅시다.)

c. 这件事得靠群众自己去解决。(이일은 대중 스스로 해결하도록 맡겨야 한다.)

3.3.7 겸어구문

겸어구문이란 앞 동사의 지배 대상이 되는 '목적어'가 후속되는 술어의 '주어'가 되는 문형을 말한다(겸어구조 → 5장의 2.2.2 참조).

◆ 겸어구문의 유형과 의미

겸어구문			예문
내부구조	사역동사	请	ⓐ 请你早(一)些来。Qǐng nǐ zǎo (yì) xiē lái.(좀 빨리 오세요.)
		让	ⓑ 他不让我替你做。Tā bú ràng wǒ tì nǐ zuò.(그는 내가 네 대신 하지 못하게 한다.)
		叫	ⓒ 他叫我带来一本书。(그는 나에게 책 한 권을 가지고 오라고 한다.) Tā jiào wǒ dài lái yì běn shū.
		使	ⓓ 使人去打听消息。Shǐ rén qù dǎtīng xiāoxi.(사람을 보내어 소식을 알아보게 하다.)
		派	ⓔ 上司派我们到这儿来视察。(상사가 우리를 여기에 파견하여 시찰하게 했다.) Shàngsī pài wǒmen dào zhèr lái shìchá.
		劝	ⓕ 你应该劝他们休息休息。(당신은 마땅히 그들이 좀 쉬도록 권해야 한다.) Nǐ yīnggāi quàn tāmen xiūxi xiūxi.
	비사역동사	是	ⓖ 是这篇报导影响了他的想法。(이 보도는 그의 생각에 영향을 주었다.) Shì zhè piān bàodǎo yǐngxiǎng le tā de xiǎngfa.
		有	ⓗ 他有个哥哥在北京念大学。(그는 베이징에서 대학에 다니는 형이 한 명 있다.) Tā yǒu ge gēge zài Běijīng niàn dàxué.
		기타동사	ⓘ 他写了个剧本只有三个人物。(그는 등장인물이 세 명 뿐인 극본을 썼다.) Tā xiě le ge jùběn zhǐyǒu sān ge rénwù.
의미·기능	사역 표시		ⓙ 我劝他多出去活动活动。(나는 그에게 많이 나가 활동 좀 하라고 충고한다.) Wǒ quàn tā duō chūqu huódòng huódòng.
	자격관계 표시		ⓚ 我收他做徒弟。Wǒ shōu tā zuò túdì.(나는 그를 제자로 받아들인다.)
	호칭관계 표시		ⓛ 我们都叫他小林。Wǒmen dōu jiào tā XiǎoLín.(우리는 모두 그를 小林이라고 부른다.)
	애증의 원인 표시		ⓜ 我最讨厌他老呼吹。(나는 그가 늘 허풍 떠는 것을 가장 싫어한다.) Wǒ zuì tǎoyàn tā lǎo hūchuī.
	부정		ⓝ 我不让他参加这个联欢会。(나는 그가 이 잔치에 참가하지 못하도록 했다.) Wǒ bú ràng tā cānjiā zhè ge liánhuānjhuì.

설명

1) 겸어구문의 유형

예 ⓐ-ⓕ의 첫 번째 동사를 보자. 겸어문은 일반적으로 '사역'이나 '요구'의 의미가 있는 동사를 사용한다.

2) 겸어구문의 문법기능

예 ⓐ를 보자. 사역동사 앞에 역시 사역의 의미가 있는 "请"을 쓰면 어투가 매우 부드러워진다. 예 ⓑ와 ⓝ을 보자. 부정식인 경우는 부정부사를 '사역동사 앞'에 위치시킨다.

3) 겸어구문의 의미

예 ⓘ, ⓚ-ⓜ의 구조와 의미를 살펴보자. 이처럼 사역동사를 사용하지 않으며, '사역의 의미'가 없는 겸어구문이 적지 않다는 것도 기억하자.

"有"나 "是"도 겸어구조를 만들 수 있음은 이미 해당 부분에서 살펴보았다. 여기서는 겸어구문 요약표에 그 예만 든다.

tip

'겸어식'과 '연동식'이 혼재된 구문

다음 예문들을 통하여 두 구문 간의 관계에 대하여 살펴보자.

有个人来找你打网球。〈겸어식＋연동식〉
Yǒu ge rén lái zhǎo nǐ dǎ wǎngqiú.
(어떤 사람이 테니스 치자고 너를 찾아 왔다.)

是你劝他坐飞机去上海的吗?〈겸어식＋연동식〉
Shì nǐ quàn tā zuò fēijī qù Shànghǎi de ma?
(네가 그에게 비행기를 타고 상하이에 가라고 했니?)

你写封信叫他赶快来。〈연동식＋겸어식〉
Nǐ xiě fēng xìn jiào tā gǎnkuài lái.
(당신이 편지를 써서 그에게 빨리 오라고 하세요.)

他买了好多水果送给同学们吃。〈연동식＋겸어식〉
Tā mǎi le hǎo duō shuǐguǒ sòng gěi tóngxuémen chī.
(그는 많은 과일을 사서 보내 친구들이 먹도록 했다.)

3.3.8 존현구문

좁은 의미에서 존현문("存现句")이란 어떤 '장소'에 어떤 대상이 '존재'나 '출현' 또는 '소실' 등의 의미를 나타내는 문장을 이른다(아래표의 기본형식). 따라서 주어는 장소명사로 충당된다. 그러나 일부의 경우는 동사의 의미특징등에 의해 '존재'의 의미를 나타내는 경우도 있다. 이를 넓은 의미에서 존현구문으로 볼 수도 있겠다.

◆ 존현구문의 구조와 의미

<table>
<tr><th colspan="4">존현구문</th><th>예 문</th></tr>
<tr><td rowspan="7">존재</td><td rowspan="2">A. 기본형식</td><td rowspan="2">NP_1+V+着$+NP_2$</td><td>상태의 존재</td><td>ⓐ 台上坐着主席团。(무대에는 회장단이 앉아 있다.)
Tái shang zuò zhe zhǔxítuán.</td></tr>
<tr><td>물체의 배치</td><td>ⓑ 地上铺着绿色的地毯。(바닥에 녹색 카펫이 깔려 있다.)
Dìshang pū zhe lǜsè de dìtǎn.</td></tr>
<tr><td>A-1. 동작 정지</td><td colspan="2">NP_1+V+在$+NP_2$</td><td>ⓒ 有一位老人坐在石凳上。(한 노인이 돌의자에 앉아 있다.)
Yǒu yí wèi lǎorén zuò zài shí dèng shang.</td></tr>
<tr><td rowspan="2">A-2. 동작 지속</td><td colspan="2">$NP_1+($在$+NP2)+V+$着</td><td>ⓓ 有一位老人在石凳上坐着。(한 노인이 돌의자에 앉아 있다.)
Yǒu yí wèi lǎorén zài shí dèng shang zuò zhe.</td></tr>
<tr><td colspan="2">NP_1+V+着</td><td>ⓔ 有一位老人坐着呢。(한 노인이 앉아 있다.)
Yǒu yí wèi lǎorén zuò zhe ne.</td></tr>
<tr><td rowspan="2">기타</td><td colspan="2">"是" 구문</td><td>ⓕ 他床上全是书。(그의 침대 위는 전부 책이다.)
Tā chuáng shang quán shì shū.</td></tr>
<tr><td colspan="2">"有" 구문</td><td>ⓖ 石凳上有一位老人。(돌 벤치 위에 한 노인이 있다.)
Shí dèng shang yǒu yí wèi lǎorén.</td></tr>
<tr><td rowspan="3">출현소실</td><td>B. 기본형식</td><td colspan="2">$NP_1+VP+NP_2$</td><td>ⓗ 家里来了一个人。 집에는 한(어떤) 사람이 왔다.)
Jiā lǐ lái le yí ge rén.</td></tr>
<tr><td>B-1. 기점 표현식</td><td colspan="2">NP_2+从/由$+NP_1+VP$</td><td>ⓘ 有一个人从家里来了。(한 사람이 집에서 왔다.)
Yǒu yí ge rén cóng jiā lǐ lái le.</td></tr>
<tr><td>B-2. 종점 표현식</td><td colspan="2">NP_2+VP+到/在$+NP_1$</td><td>ⓙ 有一个人来到家里。(한 사람이 집에(으로) 왔다.)
Yǒu yí ge rén lái dào jiā lǐ.</td></tr>
</table>

설명

1) '존재' 표시

사람 또는 사물이 '처한 위치'를 화제로 삼는 문형이다. 기본형식은 다음과 같다.

존재표현의 기본형식	$NP_1 + V +$ 着 $+ NP_2$

예 ⓐ와 ⓑ의 구조를 보자. 여기서 NP_1(주어 혹은 화제)은 NP_2가 존재하는 '장소'이며, V는 동작이나 행위의 존재를, 조사 "着"은 지속태를, NP_2(목적어)는 존재하는 '사람이나 사물'을 각각 나타낸다.

a. 炕头上蹲着一只猫。(방구들에는 한 마리의 고양이가 쪼그리고 앉아있다.)
Kàngtóu shang dūn zhe yì zhī māo.

b. 桌子上放着一本杂志。(탁자에는 잡지 한 권이 놓여 있다.)
Zhuōzi shang fàng zhe yì běn zázhì.

예 a, b에서 보듯 주어(장소표시구)에 '장소'의 의미가 부족하면 "上", "里"등의 방위명사를 부가해야 한다. 또 동사구는 조사 "着"를 부가해야 한다. 이 구문에서 존재대상을 나타내는 목적어(NP_2)는 '한정성'이 없으며 그 앞에 수량사가 온다.

여기서 조심해야 할 점은 존재대상(NP_2)이 무엇이냐 하는 점이다. 즉 예 ⓐ와 a를 보자. 사람이나 동물, 즉 [+유생] 이다. 이때 동사는 사람이나 생물의 '동작이 존재함'을 표시한다. 반면 ⓑ와 b를 보자. 사람이 '물체를 배치해 놓아 존재함'을 표시한다. 따라서 존재하는 대상은 물체, 즉 [-유생]이다. 결국 이러한 차이는 술어와 목적어의 조합 때문에 생긴다.

(1) 동작의 '정지위치' 표시

이는 존현구문의 변형으로 동작의 '정지위치'를 강조하는 표현이다.

존재(1) : 동작의 정지위치	NP_1 + V + 在 + NP_2

예 ⓒ의 구조를 보자. 여기서 NP_1(주어)은 존재하는 사람이나 사물을, VP는 술어를, NP_2(목적어)는 사람이나 사물이 존재하는 '장소'를 각각 표시한다. 문두의 "有"는 일종의 '표지'로 한정성이 없는 명사구가 화제가 됨을 표시한다. 그러나 이는 장소명사를 주어로 하는 경우는 아니므로 엄밀한 의미에서 존현구문은 아니다.

(2) 동작의 '지속상태' 표시

이는 존현구문의 변형으로 동작의 '지속상태'를 강조하는 표현이다.

존재(2) : 동작의 지속상태	NP_1 + (在 + NP_2)+V + 着(呢)

예 ⓓ의 구조를 보자. 여기서 NP_1(주어)은 존재하는 사람이나 사물을, 전치사 "在"는 장소표시를, NP_2(목적어)는 사람이나 사물이 존재하는 '장소'를, V는 동사를, 조사 "着"는 지속태(持续态)를 각각 표시한다. '동작이 완료된 후 지속상태'를 나타내는 이

구조에서는 역시 지속의 동태(动态)를 나타내는 조사 "着"의 기능이 두드러진다. 한편, 이 구조는 ⓓ처럼 장소표시구("在+NP_2")를 삭제할 수 있으며, 이때 문미에는 지속을 나타내는 어기조사 "呢"를 부가한다. 그러나 이는 장소명사를 주어로 하는 경우는 아니므로 엄밀한 의미에서 존현구문은 아니다.

(3) 기타 자주 쓰이는 '존재문'

예 ⓕ와 ⓖ를 보자. 판단동사 "是"와 소유동사 "有"도 '존재'의 의미항목이 있다(앞의 해당 부분을 참고하라).

2) 출현이나 소실을 나타내는 경우

사람이나 사물의 출현이나 소실을 나타내는 문형이다. '기본형식'은 다음과 같다.

출현·소실표현의 기본형식	NP_1 + VP + NP_2

예 ⓗ의 구조를 보자. 여기서 NP_1은 사람이나 사물이 존재하는 '장소'나 '시간'을, VP는 술어를, NP_2(목적어: 출현자 혹은 소실자)를 각각 표시한다. 이 구조에서 '술어'는 '방향이나 출현·소실' 등을 표시하는 동사가 담당한다. 이 때 동사가 출현의 의미이면 출현을, 소실의 의미이면 소실을 각각 표시한다. 이 구조에서 특히 주의해야 할 점은 출현이나 소실을 나타내는 행위자인 '사람이나 동물' 혹은 '기관이나 단체' 등이 동사의 뒤, 즉 NP_2(목적어)의 위치에 온다는 점이다.[52] 이 명사구는 목적어의 위치에 오기 때문에 한정성이 없으며 일반적으로 앞에 수량구를 수반한다.

이 문형의 'NP_1', 즉 장소표시구나 시간표시구는 동작의 '기점'이거나 '종점'이 된다. 따라서 문두의 장소명사구에 전치사 "从"이나 "由"를 더하여 동작의 '기점'을 강조 할 수 있다.

从家里来了一个人。〈기점〉 (집에서는 한 사람이 왔다.)
Cóng jiā lǐ lái le yí ge rén.

由轮船上下去两个人。〈기점〉 (선박에서는 두 사람이 내려간다.)
Yóu lúnchuán shang xiàqu liǎng ge rén.

출현과 소실을 표시하는 기본형식에서 행위자, 즉 NP_2는 '문두로 이동'할 수 있다. 이 변환식에 전치사를 추가하여 '기점'을, 보어를 추가하여 '종점'을 각각 나타낼 수 있다. 양자를 나누어 살펴보자.

---

52) 이런 점에서 吕叔湘(1990[1942]:39-40)선생은 이 NP2를 주어("起词")로 처리한 바 있다. 이는 '행위자'를 주어로 보는 관점에서의 분석이다. 그러나 현재 중국어문법학계에서는 일반적으로 동사 뒤에 위치하는 명사구는 목적어로 분석한다.

출현·소실의 '기점' 표현식	NP_2 + 从/由 + NP_1 +VP

먼저 예문을 보자.

家里来了一个人。(집에(는) 한 사람이 왔다.)
Jiā lǐ lái le yí ge rén.

→ 有一个人从家里来了。〈기점〉(한 사람은 집에서 왔다.)
Yǒu yí ge rén cóng jiā lǐ lái le.

轮船上下去两个人。(선박에서는 두 사람이 내려간다.)
Lúnchuán shang xiàqu liǎng ge rén.

→ 有两个人由轮船上下去了。〈기점〉(두 사람은 선박에서 내려갔다.)
Yǒu liǎng ge rén yóu lúnchuán shang xiàqu le.

기본형식에서 문두로 이동된 NP_2는 [+유생]의 사람이나 동물로 주어가 된다. 이때 전치사 "从/由"는 구체적으로 기점표지 기능을 한다. 그러나 이는 장소명사를 주어로 하는 경우는 아니므로 엄밀한 의미에서 존현구문은 아니다.

이어서 '종점' 표현식을 보자.

출현·소실의 '종점' 표현식	NP_2 + VP + 到/在 + NP_1

이 구조에서 보어 "到/在"는 '종점'을 나타낸다. 다음 예문을 보자.

a. 家里来了一个人。(집에(는) 한 사람이 왔다.)
Jiā lǐ lái le yí ge rén.

→ 有一个人来到家里。〈종점〉(한 사람이 집에(으로) 왔다.)
Yǒu yí ge rén lái dào jiā lǐ.

b. 轮船上下去两个人。(선박에서는 두 사람이 내려간다.)
Lúnchuán shang xiàqu liǎng ge rén.

→ 有两个人下到轮船上。〈종점〉(두 사람이 선박으로 내려갔다.)
Yǒu liǎng ge rén xià dào lúnchuán shang.

기본형식일 때 문미에 있던 NP_2가 문두로 이동하였으며, 종점인 NP_1에 '도달하거나 존재하게 됨'을 나타내는 문형이다. 따라서 예문 b와 같은 경우 방향보어 "去"는 "到"로 말미암아 기능이 상실된다. 한편, "동사+到/在" 구조 뒤로 이동한 명사구(NP_1)는 문두에 위치할 때와는 달리 문장에서 강조하는 '자연초점'이 된다. 그러나 이는 장소명사를 주어로 하는 경우는 아니므로 엄밀한 의미에서 존현구문은 아니다.

3.3.9 비교구문

비교구문은 구조적인 측면에서 전치사를 쓰는 비교문과 기타 형식을 쓰는 비교구문으로 나뉜다. 또 의미적으로는 '차별', '동일', '유사' 또는 '우열' 등의 비교 관계를 나타난다. 먼저 전치사를 쓰는 비교구문을 요약한 표를 보자.

1) 전치사를 쓰는 비교문

◆ 비교구문의 유형과 기능특징(1)

전치사 비교구문					예 문
전치사 비교구문	比	구조	NP_1+比+NP_2+VP	비교결과 강조	ⓐ 猪肉(NP_1)比牛肉(NP_2)便宜(VP)。 Zhūròu bǐ niúròu piányi.(돼지고기는 쇠고기보다 값이 싸다.)
			NP_1+NP_2+比+NP_3+VP	비교점 강조	ⓑ 他考试的成绩(NP_1)这次(NP_2)比上次(NP_3)好多了(VP)。 Tā kǎoshì de chéngjì zhè cì bǐ shàngcì hǎo duō le. (그의 시험성적은 이번이 지난번보다 아주 좋아졌다.)
		기능특징	"比+명사" 전치사구 → 부사어		ⓒ 他比我大三岁。(그는 나보다 세 살 더 먹었다.) Tā bǐ wǒ dà sān suì.
			술어는 각종 용언으로 구성		ⓓ 他比我早来五分钟。(그는 나보다 5분 먼저 왔다.) Tā bǐ wǒ zǎo lái wǔ fēn zhōng.
			"比" 앞뒤 어구는 동일 유형		ⓔ 你讲比他讲更好。(네가 그보다 더 잘 말한다.) Nǐ jiǎng bǐ tā jiǎng gèng hǎo.
			정도성 강조의 "更", "还", "再"		ⓕ 还有比这种再好的吗? (이런 것보다 더 좋은 것이 있습니까?) Hái yǒu bǐ zhèi zhǒng zài hǎo de ma?
			부정식 → "不+比"		ⓖ 今天不比昨天更热。(오늘은 어제보다 더 덥지 않다.) Jīntiān bù bǐ zuótiān gèng rè.
			"比" 뒤의 동일 명사구 생략		ⓗ 他的儿子比我的(儿子)大两岁。 Tā de érzǐ bǐ wǒ de (érzǐ) dà liǎng suì. (그의 아들은 나의 아들보다 나이가 두 살 많다.)
	跟	구조	NP_1+跟+NP_2+VP		ⓘ 这张邮票(NP_1)跟那张邮票(NP_2)一样(VP)。 Zhè zhāng yóupiào gēn nà zhāng yóupiào yíyàng. (이 우표는 그 우표와 같다.)
		기능특징	"跟+명사" 전치사구 → 부사어		ⓙ 我跟小李一样高。(나는 이군처럼 키가 크다.) Wǒ gēn XiǎoLǐ yíyàng gāo.
			상용술어 → "一样, 差不多, 相同"		ⓚ 他的爱好跟我的爱好差不多。(그의 취미와 나의 취미는 비슷하다.)Tā de àihào gēn wǒ de àihào chàbuduō.
			"跟" 앞뒤 어구는 동일 유형		ⓛ 这个湖跟那个湖一样深。(이 호수는 그 호수와 마찬가지로 깊다.) Zhè ge hú gēn nà ge hú yíyàng shēn.
			"跟…一样"의 고정형식과 "的"		ⓜ 我要买一本跟他那本一样的词典。Wǒ yào mǎi yì běn gēn tā nà běn yíyàng de cídiǎn.(나는 그가 산 그 사전과 같은 사전 한 권을 사려한다.)
			"跟…一样+조동사+동사"		ⓝ 我跟他们一样想去北京留学。(나는 그들과 마찬가지로 베이징에 가서유학하고 싶다.)Wǒ gēn tāmen yíyàng xiǎng qù Běijīng liúxué.
			부정식 → "不+一样/同"		ⓞ 他的看法跟你的看法不一样。(나의 견해는 너의 견해와 같지 않다.) Tā de kànfǎ gēn nǐ de kànfǎ bù yíyàng.
					ⓟ 我的看法跟他的看法不同。(나의 견해와 그의 견해는 같지 않다.) Wǒ de kànfǎ gēn tā de kànfǎ bùtóng.
			"跟" 뒤의 동일 명사구 생략		ⓠ 他说得跟你(说得)一样快。(그는 나처럼 빠르게 말한다.) Tā shuō de gēn nǐ (shuō de) yíyàng kuài.

설명

(1) "比"를 쓰는 비교문

사람 혹은 사물의 성질이나 상태 사이에 '차이'가 있는 경우, 전치사 "比"를 써서 비교대상을 나타낼 수 있다. 이 비교구문은 '비교의 결과'를 중시하는 경우와 '비교점'을 중시하는 경우로 나뉜다.

첫째, "比" 비교구문의 구조와 유형

"比" : 비교결과 중시형	NP_1 + 比 + NP_2 + VP

예문 ⓐ의 구조를 보자. NP_1(주어)은 '비교자'를, "比"는 '비교대상 유도'를, NP_2는 '비교대상'을, VP는 '비교결과'를 각각 표시한다. 이 구조의 비교문을 '비교결과'를 설명하는 방식에 따라 다시 몇 가지로 분류해보자.

a. 猪肉比牛肉便宜。〈비교결과가 형용사〉(돼지고기는 쇠고기보다 값이 싸다.)
Zhūròu bǐ niúròu piányi.

b. 他比我会唱歌。〈비교결과가 동사〉(그는 나보다 노래를 잘한다.)
Tā bǐ wǒ huì chàng gē.

c. 他今天比我早来十分钟。〈비교결과가 시간보어〉(그는 오늘 나보다 10분 더 일찍 왔다.)
Tā jīntiān bǐ wǒ zǎo lái shí fēn zhōng.

d. 比我睡得晚。〈비교결과가 정도보어〉(그녀는 나보다 늦게 잔다.)
Bǐ wǒ shuì de wǎn.

e. 弟弟比妹妹高一点儿。〈비교결과가 수량보어〉(남동생이 여동생보다 조금 크다.)
Dìdi bǐ mèimei gāo yìdiǎnr.

특히 비교결과가 a처럼 형용사일 때는 "更"이나 "还"를 부가하여 정도차이를 강조할 수 있으며, c처럼 시간보어일 때는 "早", "晚", "少" 등의 부사어 수식을 통해 비교내용을 구체화할 수 있다.

이어서 비교점 중시형 구문을 보자.

"比" : 비교점 중시형	NP_1 + NP_2 + 比 + NP_3 + VP

예 ⓑ의 구조를 보자. 여기서 NP_1(주어)은 '비교자'를, NP_2는 '비교점'을, "比"는 '비교대상 유도'를, NP_3는 '비교대상'을, VP는 '비교결과'를 각각 표시한다.

f. 他考试的成绩这次比上次好多了。〈비교점은 '지난 번'〉
Tā kǎoshì de chéngjì Zhè cì bǐ shàngcì hǎo duō le.
(그의 시험성적은 이번이 지난번보다 아주 좋아졌다.)

g. 他考试的成绩一次比一次好。〈비교점은 '매 차례'〉
Tā kǎoshì de chéngjì yí cì bǐ yí cì hǎo.
(그의 시험성적은 매 번 좋아진다.)

이 비교구문은 소위 화제화와 밀접한 관련이 있다. 특히 f의 예에서 "他考试的成绩"는 명백한 진술대상으로 변하였고, 비교점인 "这次"는 주어의 기능을 보인다.

둘째, "比" 비교구문의 기능특징

이 구문에서 술어가 동사인 경우는 '차이'가 남을 설명할 수 있어야 한다. 먼저 예를 보자.

h. 哥哥比姐姐了解情况。〈심리동사〉(형님은 누나보다 상황을 잘 이해한다.)
Gēge bǐ jiějie liǎojiě qíngkuàng.

i. 这次参加演出的人数比上次减少了几个。〈증감동사〉
Zhè cì cānjiā yǎnchū de rénshù bǐ shàngcì jiǎnshǎo le jǐ ge.
(이 번 공연에 참가한 사람들은 지난번보다 몇 사람이 감소되었다.)

j. 他们比我们有办法。〈소유동사〉(그들은 우리보다 수단이 더 있다.)
Tāmen bǐ wǒmen yǒu bànfǎ.

k. 他比我早来五分钟。〈早+일반동사〉(그는 나보다 5분 먼저 왔다.)
Tā bǐ wǒ zǎo lái wǔ fēn zhōng.

l. 你比我大, 你比他小。〈나이〉(너는 나보다 나이가 많으나, 그보다는 작다.)
Nǐ bǐ wǒ dà, nǐ bǐ tā xiǎo.

m. 姐姐比哥哥大一点儿。〈나이〉(누나는 형보다 조금 위이다.)
Jiějie bǐ gēge dà yìdiǎnr.

예 h-j에서 보듯 "심리", "증감", "잘 함(재능)", "소유" 따위를 나타내는 동사 등이 쓰인다. 이 밖의 동사들도 예 k처럼 뒤에 보어를 가지거나 앞에 "早/晚, 多/少" 따위의 부사어 수식을 받는 경우는 술어로 쓰일 수 있다. 또 예 l-m에서 보듯 나이 비교할 때의 술어는 "多/少"가 아닌 "大/小"를 사용한다.

이처럼 술어가 '차이'를 나타낼 수 있는 의미의 동사나 형용사 혹은 구조들이 쓰이는 예를 통하여 "比" 비교구문의 특징이 무엇인지 가늠할 수 있다.

(2) "跟"을 쓰는 비교문

전치사 "跟"을 써서 사람 혹은 사물이 서로 '같거나 다름'을 구별하는 비교대상을 나타낼 수 있다.

첫째, 구조

"跟"을 쓰는 비교문 구조	NP_1 + 跟 + NP_2 +VP

예 ⓘ의 구조를 보자. 여기서 NP_1(주어)은 '비교자'를, "跟"은 '비교대상 유도'를, NP_2는 '비교대상'을, VP는 '비교결과'를 각각 표시한다.

둘째, 기능 특징

이 구조의 술어는 "一样"이 상용된다. "一样"이 각 문장성분으로 충당되는 용도에 따라 분류해보자.

他去跟你去一样，都得放下手里的工作。〈"一样"/술어〉
Tā qù gēn nǐ qù yíyàng, dōu děi fàngxia shǒu lǐ de gōngzuò.
(그가 가나 네가 가나 똑같이 모두 지금 맡은 일을 그만두어야 한다.)

她跟我一样喜欢听音乐。〈"一样"/부사어〉 (그녀는 나처럼 음악 듣기를 좋아한다.)
Tā gēn wǒ yíyàng xǐhuan tīng yīnyuè.

我想买一件跟这件一样的上衣。〈"一样"/관형어〉 (나는 이것과 같은 상의를 사고 싶다.)
Wǒ xiǎng mǎi yí jiàn gēn Zhè jiàn yíyàng de shàngyī.

"跟" 비교문의 부정은 "跟…不一样" 혹은 "跟…不同"으로 한다.

他的看法跟你的看法不一样。(나의 견해는 너의 견해와 같지 않다.)
Tā de kànfǎ gēn nǐ de kànfǎ bù yíyàng.

我的看法跟他的看法不同。(나의 견해와 그의 견해는 같지 않다.)
Wǒ de kànfǎ gēn tā de kànfǎ bùtóng.

그러면 전치사 "比"와 "跟"을 사용하는 두 비교문을 비교해보자.
"跟" 비교문은 비교대상 간에 '서로 동일한지의 여부'를 "比" 비교문은 비교대상 간에 '구체적인 차이가 있는가'의 여부를 중시하는 표현이다. 다음 예문을 통해 확인해보자.

a. 这枝钢笔跟那枝一样。(이 만년필과 그 만년필은 같다.)
Zhè zhī gāngbǐ gēn nà zhī yíyàng.

a′. 这枝钢笔跟那枝不一样。(이 만년필과 그 만년필은 같지 않다.)
Zhè zhī gāngbǐ gēn nà zhī bù yíyàng.

b. 这枝钢笔比那枝好。(이 만년필은 그 만년필보다 좋다.)
Zhè zhī gāngbǐ bǐ nà zhī hǎo.

b′. 这枝钢笔不比那枝好。(이 만년필은 그 만년필만 못하다.)
Zhè zhī gāngbǐ bù bǐ nà zhī hǎo.

2) 기타 비교문

여기서는 동사적 성격과 전치사적 성격을 공유하는 "像"과 "(没)有" 그리고 특수한 구조인 "不如"를 쓰는 비교문에 대하여 알아보자.

◆ **비교구문의 유형과 기능특징(2)**

<table>
<tr><th colspan="5">기타 비교 구문</th><th>예 문</th></tr>
<tr><td rowspan="11">기타 비교구문</td><td rowspan="6">像</td><td rowspan="2">구조</td><td>동사</td><td>NP_1+像+NP_2</td><td>ⓐ 他像他爸爸。Tā xiàng tā bàba.(그는 그의 아빠를 닮았다.)</td></tr>
<tr><td>전치사</td><td>NP_1+像+NP_2+这么/那么+VP</td><td>ⓑ 他像他爸爸这么勇敢。(그는 그의 아빠처럼 그렇게 용감하다.) Tā xiàng tā bàba zhème yǒnggǎn.</td></tr>
<tr><td rowspan="4">기능특징</td><td colspan="2">"像" 앞뒤 어구는 동일 유형</td><td>ⓒ 滑冰像游泳那么有意思。(스케이트 타기는 수영하기처럼 그렇게 재미있다.) Huábīng xiàng yóuyǒng nàme yǒu yìsi.</td></tr>
<tr><td colspan="2">술어 "像"은 정도부사의 수식받음</td><td>ⓓ 她很像她妈妈。Tā hěn xiàng tā māma.(그녀는 엄마를 빼닮았다.)</td></tr>
<tr><td colspan="2">부정식 → "不+像"</td><td>ⓔ 今天不像昨天那么热。(오늘은 어제처럼 그렇게 덥지 않다.) Jīntiān bú xiàng zuótiān nàme rè.</td></tr>
<tr><td colspan="2">"像" 뒤의 동일 명사구 생략</td><td>ⓕ 他的衣服像我的(衣服)这样好看。(그의 옷은 나의 옷처럼 [이렇게] 예쁘다.)Tā de yīfu xiàng wǒ de (yīfu) zhèyàng hǎokàn.</td></tr>
<tr><td rowspan="3">(没)有</td><td>구조</td><td colspan="2">NP_1+(没)有+NP_2+这么/那么+VP</td><td>ⓖ 这间屋子没有那间那么大。(이 방은 그 방만큼 크지 않다.) Zhè jiān wūzi méiyǒu nèijiān nàme dà.</td></tr>
<tr><td rowspan="2">기능특징</td><td colspan="2">"(没)有+명사구" → 부사어</td><td>ⓗ 那只猫没有这只这么会捉老鼠。nà zhī māo méiyǒu zhè zhī zhème huì zhuō lǎoshǔ.(그 고양이는 이 고양이만큼이나 쥐를 잘 잡지 못한다.)</td></tr>
<tr><td colspan="2">"(没)有" 앞뒤 어구는 동일 유형</td><td>ⓘ 小王没有小李那么聪明。(왕군은 이 군만큼 총명하지 않다.) XiǎoWáng méiyǒu XiǎoLǐ nàme cōngmíng.</td></tr>
<tr><td rowspan="2"></td><td rowspan="2"></td><td colspan="2">부정형식 "没有" 상용성</td><td>ⓙ 弟弟没有哥哥那么高。(동생은 형만큼 키가 크지 않다.) Dìdi méiyǒu gēge nàme gāo.</td></tr>
<tr><td colspan="2">"(没)有" 뒤의 동일 명사구 생략</td><td>ⓚ 这种电脑没有那种(电脑)好。(이 컴퓨터는 그것만큼 좋지 않다.) Zhè zhǒng diànnǎo méiyǒu nà zhǒng (diànnǎo) hǎo.</td></tr>
</table>

	不如	구조	동사구	NP_1+不如+NP_2	ⓛ 我不如他。Wǒ bùrú tā.(나는 그만 못하다.)
			연동식	NP_1+不如+NP_2+那么+VP	ⓜ 我不如他那么刻苦。(나는 그 사람처럼 그렇게 애쓰지 못하고 있다.) Wǒ bùrú tā nàme kèkǔ.
		특징	"不如" 앞뒤 어구는 동일 유형		ⓝ 晚睡晚起不如早睡早起好。Wǎn shuì wǎn qǐ bùrú zǎo shuì zǎo qǐ hǎo.(늦게 자고 늦게 일어나는 것은 일찍 자고 일찍 일어나는 것만 못하다.)
			형용사·동사 술어는 비교방면 표시		ⓞ 我不如他高。Wǒ bùrú tā gāo.(나는 그만큼 키가 크지 않다.)
			부정 형식만 존재		ⓟ *我如他高.

설명

(1) "像"을 쓰는 비교문

예 ⓐ-ⓕ를 보자. 사람 혹은 사물이 '서로 닮음'을 나타낼 때는 동사 "像"을 써서 '비교 대상'을 끌어내어 설명하거나, "像"을 전치사적인 용도로 하여 '비교대상'을 끌어내어 비교구문을 만들 수 있다.

"像"이 동사인 구조	NP_1 + 像 + NP_2

예 ⓐ의 구조를 보자. NP_1(주어)은 '비교자'를, 술어 "像"은 '비교대상 유도'와 '닮음 관계'를, NP_2는 '비교대상'을 각각 표시한다. 여기서 "像"은 동사이다. 이 "像"은 정도부사(어)의 수식을 받을 수 있다.

他很像一个演员。(그는 아주 배우 같다.)
Tā hěn xiàng yí ge yǎnyuán.

小李非常像记者。(이 군은 아주 기자 같다.)
XiǎoLǐ fēicháng xiàng jìzhě.

이어서 "像"이 전치사로 쓰이는 구조에 대하여 살펴보자.

"像"이 전치사인 구조	NP_1 + 像 + NP_2 + 这么/那么 + VP

예 ⓑ의 구조를 보자. 여기서 NP_1(주어)은 '비교자'를, 전치사 "像"은 '비교대상 유도'를, NP_2는 '비교대상'을, "这么/那么"는 '비교의 정도'를, VP는 '비교점이나 표준'

을 각각 표시한다.

(2) "(没)有"를 쓰는 비교문

사람 혹은 사물이 어느 방면에서 '유사한 수준에 이르렀는지의 여부'를 나타낼 때는 동사 "(没)有"를 써서 비교의 대상을 끌어낼 수 있다. 특히 이 비교문은 부정형식이 상용된다.

구 조	NP_1 + (没)有 + NP_2 + 这么/那么 + VP

예 ⓖ의 구조를 보자. 여기서 NP_1(주어)은 '비교자'를, "没(有)"는 비교대상 유도를, NP_2는 '비교대상'을, "这么/那么"는 비교의 정도를, VP는 '비교점이나 표준'을 각각 표시한다.

"(没)有" 비교문의 두드러진 특징은 긍정형식보다 '부정 형식이 상용'된다는 점이다.

釜山的冬天没有首尔那么冷。(부산의 겨울은 서울만큼 춥지 않다.)
Fǔshān de dōngtiān méiyǒu Shǒu'ěr nàme lěng.

tip

각 비교구문의 차이

첫째, "没有"를 쓰는 비교문과 "比"를 쓰는 비교문은 서로 바꾸어 표현될 수 있으며, 이때는 앞뒤의 성분이 뒤바뀐다.

我没有他细心。(나는 그만큼 세심하지 못하다.)
Wǒ méiyǒu tā xìxīn.

→ 他比我细心。(그는 나보다 세심하다.)
Tā bǐ wǒ xìxīn.

这种面粉没有那种白。(이 밀가루는 그 밀가루만큼 희지 않다.)
Zhè zhǒng miànfěn méiyǒu nà zhǒng bái.

→ 那种面粉比这种白。(그 밀가루는 이것보다 희다.)
Nà zhǒng miànfěn bǐ zhè zhǒng bái.

둘째, "没有" 비교문과 "跟" 비교문 및 "像" 비교문의 차이는 비교대상 간의 '강조내용의 차이'에 있다. 다음 예문에서 확인해보자.

他有他哥哥那么热情。〈정도의 도달 여부〉(그는 그의 형만큼 그렇게 열정적이다.)
Tā yǒu tā gēge nàme rèqíng.

他跟他哥哥一样热情。〈동일성 여부〉(그는 그의 형과 똑같이 열정적이다.)
Tā gēn tā gēge yíyàng rèqíng.

他像他哥哥那样热情。〈유사성 여부〉(그는 그의 형처럼 열정적이다.)
Tā xiàng tā gēge nàyàng rèqíng.

(3) "不如" 비교문

사람 혹은 사물이 다른 사람이나 사물만 '못함'을 나타낼 때 "不如" 비교구문을 쓴다.

첫째, 구조

동사구 "不如" 형식	NP_1 + 不如 + NP_2

여기서 NP_1(주어)은 '비교자'를, 술어 "不如"는 '비교대상 유도'와 '차이 관계'를, NP_2는 '비교대상'을 각각 표시한다. 비교대상의 구조는 다양할 수 있다.

我不如他。〈비교대상: 대체사〉(나는 그만 못하다.)
Wǒ bùrú tā.

你来不如我去。〈비교대상: 동사성 주술구〉(당신이 오는 것이 내가 가는 것만 못하다.)
Nǐ lái bùrú wǒ qù.

我念得不如他流利。〈비교대상: 형용사성 주술구〉(나는 읽는 것이 그만큼 유창하지 못하다.)
Wǒ niàn de bùrú tā liúlì.

동사구 "不如" 형식	NP_1 + 不如 + NP_2+ 那么 + VP

예 ⓜ의 구조를 보자. 여기서 NP_1(주어)은 '비교자'를, "不如"는 '비교대상 유도'를, NP_2는 '비교대상'을, "那么"는 '비교의 정도'를, VP는 '비교점이나 표준'을 각각 표시한다.

둘째, 기능 특징
이 비교구문은 ⓟ에서 보듯 '부정형식'만 존재한다.

MEMO

연습 20

1. 다음 주어진 단어를 적합한 위치에 넣으시오.

⑴ 金老师__A__打电话__B__通知小张的父母__C__来__D__接他。

已经

⑵ 他逗__A__我家的小狗__B__玩儿，结果不小心被__C__小狗__D__咬了。

给

⑶ 为什么__A__他__B__在各方面__C__都__D__强?

比我

2. 다음 중 빈칸에 들어갈 알맞은 말을 고르시오.

⑴ 他是____________________的。

A. 特意来南京看汽车展览　　B. 看汽车展览特意来南京

C. 来南京特意看汽车展览　　D. 特意看汽车展览来南京

⑵ 金老师让我____________________。

A. 给中国留学生当翻译　　B. 当翻译给中国留学生

C. 翻译给中国留学生当　　D. 翻译当给中国留学生

⑶ 快别玩了，我们____________________。

A. 有要做很多作业　　B. 要有很多作业做

C. 有很多作业要做　　D. 有要很多作业做

3. 다음 보기에서 적당한 단어를 골라 문장의 빈칸을 채우시오.

<보 기>

在 / 是 / 有 / 把 / 被 / 比 / 跟

⑴ 我家__________釜山东边的一个小区里，小区里__________商店、银行、学校等等；小区的中心__________一个公园，那个公园里有很多好玩儿的东西。

⑵ 反正我们不__________你想的那么无聊！

⑶ 我__________你当成最好的朋友，你怎么可以这样对我。

4. 다음 주어진 단어를 배열하여 문장을 만드시오.

⑴ 把　在　5月中旬　他们　时间　聚会　定

☞ ____________________

⑵ 被　了　所　那　他　名牌大学　录取

☞ ____________________

⑶ 请　柜台　前　您　一下　登记　去

☞ ____________________

4. 문장의 문법기능

4.1 문장의 시제(时制)

시제에 관한 다음의 표를 먼저 보자.

◆ **시제의 분류와 표현 요소**

<table>
<tr><th colspan="5">시제의 분류와 표현 요소</th><th>예 문</th></tr>
<tr><td rowspan="2">현재시제</td><td>시간명사</td><td colspan="3">现在, 目前, 如今, 眼前, 今天</td><td>ⓐ 现在我去北京。</td></tr>
<tr><td>시간부사</td><td colspan="3">正, 正在, 在</td><td>ⓑ 他正在看着书。</td></tr>
<tr><td rowspan="3">미래시제</td><td rowspan="2">절대</td><td colspan="2">시간명사</td><td>将来, 明天,
明年
上星期</td><td>ⓒ 明天我去北京。</td></tr>
<tr><td colspan="2">시간부사</td><td>将, 就要, 快要
马上, 立刻</td><td>ⓓ 春节快要到了。</td></tr>
<tr><td>상대</td><td colspan="2">"V_2"는 "V_1"에 비해 상대미래</td><td>연동구문</td><td>ⓔ 他上书店买书。</td></tr>
<tr><td rowspan="8">과거시제</td><td rowspan="2">절대</td><td colspan="2">시간명사</td><td>过去, 去年,
刚才
上星期</td><td>ⓕ 过去我去过那个地方。</td></tr>
<tr><td colspan="2">시간부사</td><td>已, 已经, 曾经
早就, 早已</td><td>ⓖ 他已经离开了家。</td></tr>
<tr><td rowspan="6">상대</td><td rowspan="6">"V_1"은 "V_2"에 비해 상대과거</td><td>동태조사가 없는경우</td><td>연동구문</td><td>ⓗ 他主张找她谈谈。</td></tr>
<tr><td rowspan="5">동태조사가 있는 경우</td><td>V_1着+V_2 식</td><td>ⓘ 你躺着看书对眼睛不好。</td></tr>
<tr><td>V_1了+V_2了 식</td><td>ⓙ 他吃了晚饭进了自己的屋。</td></tr>
<tr><td>V_1了+V_2着 식</td><td>ⓚ 他吃了晚饭坐着, 一句话也不说。</td></tr>
<tr><td>V_1过+V_2了 식</td><td>ⓛ 他吃过晚饭去了一趟朋友家。</td></tr>
<tr><td>V_1过+V_2过 식</td><td>ⓜ 他吃过晚饭去过一趟朋友家。</td></tr>
</table>

(예문해석과 한어병음은 본문에서 제시되므로 생략함)

설명

4.1.1 현재시제

중국어 동사는 형태변화가 없기 때문에 시제는 주로 어휘적 수단이나 언어환경으로 표시된다. 현재시제를 나타내는 요소는 '시간명사' 외에 '시간부사' "正(마침, 한창), 正在(한창…하고 있는 중이다), 在(지금 막…하고 있다)" 등이 있다.

a. 现在我去北京。(지금 나는 베이징에 간다)
Xiànzài wǒ qù Běijīng

b. 他正在看着书。(그는 책을 읽고 있는 중이다)
Tā zhèngzài kàn zhe shū.

그러나 여기서 한 가지 분명히 해야 할 점은 '시간부사의 경우는 시제확정에 절대성은 없다'는 사실이다. 즉 이들 시간부사를 사용했다하더라도 발화시점이나 방식에 따라서는 현재시제가 아닐 수 있다. 다음 예를 보자.

c. 后天你到这儿的时候, 他会在等你。<미래>
Hòutiān nǐ dào zhèr de shíhou, tā huì zài děng nǐ.
(모레 네가 여기에 오면, 그는 너를 기다리고 있을 거야.)

d. 前天我去他家的时候, 他正在弹钢琴。<과거>
Qiántiān wǒ qù tā jiā de shíhou, tā zhèngzài tán gāngqín.
(그저께 내가 그의 집에 갔을 때, 그는 마침 피아노를 치고 있었다.)

e. 昨天我去找他的时候, 他正看着书呢。<과거>
Zuótiān wǒ qù zhǎo tā de shíhou, tā zhèng kàn zhe shū ne.
(어제 내가 그를 찾아갔을 때에, 그는 마침 책을 읽고 있었다.)

시간부사 "正, 正在, 在" 등은 '발화시점에서 현재시제'를 표시하는 경우가 대부분이다. 그러나 예 c-d에서 보듯 '미래시제'나 '과거시제'에도 쓰일 수 있다. 이처럼 시간부사는 시간명사와 달리 시제확정의 절대성은 없다.

4.1.2 미래시제

미래시제는 발화 시점을 기준으로 하여 미래인 '절대적인 미래시제'와 하나의 문장 안에서 동작이나 행위의 선후관계로 인하여 나타나는 '상대적인 미래시제'로 구분할 수 있다. 미래시제 역시 주로 어휘나 언어환경적인 수단에 의존한다.

1) 절대미래 시제

절대 미래시제는 동사가 표시하는 동작이나 행위가 발화시점 이후에 발생하는 것을 말한다.[53)]

2) 상대미래 시제

상대 미래시란 하나의 문장 안에서 첫 번째 동사의 동작과 두 번째 동사의 동작 사이에 선후관계로 인해 발생하는 시제를 말한다. 따라서 '상대 미래시제'는 '연동구문'에서 나타난다. 먼저 예를 보자.

a. 他上书店买书。(그는 책을 사러 서점에 간다.)
Tā shàng shūdiàn mǎi shū.

b. 我去电影院看电影。(나는 영화를 보러 극장에 간다.)
Wǒ qù diànyǐngyuàn kàn diànyǐng.

예 a-b에서 'V_1'인 "上"과 "去"는 각각 'V_2'인 "买"와 "看"보다 시제적으로 앞서 일어나는 행위이다. 즉 "买"와 "看"은 "上"과 "去"에 비해 후에 일어나는 행위이다. 이것을 '상대적인 미래시제'라 한다. 여기서 재미있는 것은 중국어와 정반대인 '한국어의 시제 배열순서'이다. a-b의 해석에서 보듯 한국어는 특히 '목적이나 의도'관계를 표시하는 구문에서 목적하는 행위나 동작을 앞에 위치시키고, 그에 수반하는 동작이나 행위를 뒤에 둔다.[54)] 이점은 중국어의 '목적이나 의도'를 나타내는 경우의 연동구문학습에 상당한 간섭요인이 될 수 있다.

---

53) 한국어에서는 주로 "동사 + [-겠]"으로 표시된다.
나는 잠시 후에 저녁식사를 하겠다.
나는 저녁에 숙제를 하겠다.

54) 한국어에서는 주로 "동사 + [-ㄹ/-을]"로 표시된다.
부산에 갈 사람들은 모두 서울역으로 모여라.
밥을 먹을 사람들은 모두 식당 앞으로 모여라.

4.1.3 과거시제

과거시제는 발화 시점을 기준으로 하여 과거인 '절대 과거시제'와 하나의 문장 안에서 동작이나 행위의 선후관계로 인하여 나타나는 '상대과거 시제'로 구분할 수 있다. 중국어 동사는 형태변화가 없기 때문에 '과거시제' 역시 주로 어휘나 언어환경적인 수단에 의존한다.

1) 절대과거 시제

'절대과거 시제'는 발화시점 이전에 일어나는 행위나 동작이다. 그 표시는 역시 어휘적 수단에 의존한다.

a. 过去我去过那个地方。(과거에는 나가 그곳에 가본 적이 있다.)
Guòqù wǒ qù guo nà ge dìfang.

b. 刚才来了两个人。(방금 전에는 두 사람이 왔다.)
Gāngcái lái le liǎng ge rén.

예 a-b에서 보듯 '과거'를 표시하는 시간명사 "过去"와 "刚才"에 의해 시제가 확정된다. 여기에 동태조사 "过"나 "了"의 호응이 수반된다. 이처럼 동태조사 "了, 着, 过"는 시제와 일정부분 관련이 있다. 그러나 다음 예를 보자.

c. 我跟他去过。<과거> (나는 그와 가본 적이 있다.)
Wǒ gēn tā qù guo.

d. 他已经离开了家。<과거> (그는 이미 집을 떠났다.)
Tā yǐjīng líkāi le jiā.

e. 他正在看着书。<현재> (그는 지금 책을 보고 있는 중이다.)
Tā zhèngzài kàn zhe shū.

명심해야 할 점은 '동태조사 역시 시제표지는 아니라는 점'이다. 예 d-e에서 각각 시제를 표시하는 시간부사 "已经", "正在" 등을 제거하면 이 예문들의 시제는 확정할 수 없게 된다. 다시 다음 예를 보자.

f. 明天我吃过早饭就去找你。〈미래시제에 쓰인 "过"〉
Míngtiān wǒ chī guo zǎofàn jiù qù zhǎo nǐ.
(내일 아침밥을 먹은 후에 너를 찾아 갈거야.)

g. 后天下了课我给你打电话。〈미래시제에 쓰인 "了"〉
Hòutiān xià le kè wǒ gěi nǐ dǎ diànhuà.
(모레 수업이 끝난 후에 너에게 전화할게.)

h. 昨天我去找他的时候，他正看着书呢。〈과거시제에 쓰인 "着"〉
Zuótiān wǒ qù zhǎo tā de shíhou, tā zhèng kàn zhe shū ne.
(어제 내가 그를 찾아갔을 때에 그는 마침 책을 읽고 있었다.)

예문 f-h에서 보듯 "了, 过"는 미래시제에도 쓰이고, "着"는 과거 시제에도 쓰인다. 결국 "了, 着, 过"의 주요한 기능은 동작이나 행위의 완료, 진행(/지속), 경험 등의 동태(动态)를 표시하는데 있다. 시제와 일정부분 관련이 있는 것은 '보조적인 기능'이다.

2) 상대과거 시제

'상대 과거시제'도 상대 미래시제처럼 연동구문에서 나타난다. 앞선 동작(V_1)은 뒤에 놓인 동작(V_2) 이전에 이미 완료된다. 상대 과거시제는 동태조사와 밀접한 관계를 가지므로 이에 대하여 알아보자.

(1) 동태조사의 호응과 관련이 없는 경우

a. 他累得躺在沙发上睡着了。(그는 피곤해서 소파에 누워 잠들었다.)
Tā lèi de tǎng zài shāfā shang shuì zháo le.

b. 他主张找她谈谈。(나는 그녀를 찾아서 대화할 것을 주장한다.)
Tā zhǔzhāng zhǎo tā tántan.

예 a의 "躺"과 "睡着" 사이, 또 b의 "主张", "找", "谈谈" 등의 사이에는 모두 동작의 선후관계가 존재하므로 상대적인 시제 차이가 발생한다.

(2) 동태조사의 호응과 관련이 있는 경우

중국어는 동사에 일정한 표기적인 성분("了, 着, 过")을 첨가하여 '상대적인 과거'를 표시할 수 있다. 이러한 경우는 다음과 같이 여러 가지 형식으로 표현될 수 있다.[55)]

a. 你躺着看书对眼睛不好。〈V_1着+V_2 식〉(당신은 누워서 책을 보는 것은 눈에 좋지 않다.)
Nǐ tǎng zhe kàn shū duì yǎnjing bù hǎo.

b. 他吃了晚饭进了自己的屋。〈V_1了+V_2了식〉(그는 밥을 먹고 자기의 방으로 들어갔다.)
Tā chī le wǎnfàn jìn le zìjǐ de wū.

c. 他吃了晚饭坐着，一句话也不说。〈V_1了+V_2着 식〉
Tā chī le wǎnfàn zuò zhe, yí jù huà yě bù shuō.
(그는 밥을 먹고 앉아서 아무 말도 안 한다.)

---

55) 예문 b-e에 해당하는 분류는 유영록(1999:70-72)의 분류를 따랐다.

d. 他吃过晚饭去了一趟朋友家。〈V_1过+V_2了 식〉(그는 밥을 먹고 친구 집에 한 번 갔다.)

Tā chī guo wǎnfàn qù le yí tàng péngyou jiā.

e. 他吃过晚饭去过一趟朋友家。〈V_1过+V_2过 식〉(그는 밥을 먹고 친구의 집에 한 번 갔었다.)

Tā chī guo wǎnfàn qù guo yí tàng péngyou jiā.

예문 a의 "躺着(V_1)看(V_2)"식은 일반적으로 '동시동작'을 설명하는 것으로 설명되지만 두 동작 간에 역시 선후관계가 분명히 존재한다.

예 b의 경우 역시 두 동작 "吃"와 "进" 사이에 선후 관계가 분명히 드러난다.

예 c의 경우 "V1"은 '행위의 완료'이고, "V2"는 '지속행위'로 시제차이가 발생한다.[56]

또 예 d-e의 경우도 두 동작 사이에 선후관계가 분명히 드러난다.

하나의 주어에 연계된 동사들의 선후성(관계)는 결국 '상대적인 시제 차이'를 발생시킨다.

---

56) 이는 '한 동작의 완료 후에 다른 동작의 지속'을 나타내는 비교적 자주 쓰이는 구문이다.

c-1. 他吃了晚饭看着我的书。(그는 저녁을 먹고 내 책을 보고 있다.)

Tā chī le wǎnfàn kàn zhe wǒ de shū.

c-2. 他脱了鞋子站着，一句话也不说。

Tā tuō le xiézi zhàn zhe, yí jù huà yě bù shuō.

(그는 신발을 벗고 서서는, 한 마디도 말을 하지 않는다.)

연습 21

1. 다음 주어진 단어를 적합한 위치에 넣으시오.

(1) _A_大学毕业以后，_B_我们_C_有5年_D_没有联系了，不知道她过得怎么样。

已经

(2) 妈妈_A_出去时，_B_我_C_客厅了_D_看电视呢。

正在

(3) 老李_A_在东京_B_住过一段时间，所以_C_对东京的地理_D_比较熟悉。

曾经

2. 다음 두 문장 중에서 틀린 문장을 고르시오.

(1) A. 你给我介绍的那本书我还没有看呢。 (　　)

B. 你给我介绍的那本书我还没有看了。 (　　)

(2) A. 我一直在房间等着朋友来接我。 (　　)

B. 我一直在房间等了朋友来接我。 (　　)

(3) A. 那个晚上我们吃了四五个小时晚饭。 (　　)

B. 那个晚上我们四五个小时吃了晚饭。 (　　)

3. 다음 보기에서 적당한 단어를 골라 문장의 빈칸을 채우시오.

<보 기>

马上 / 早就 / 正在 / 正 / 在 / 着

(1) ＿＿＿＿＿就国庆了，妈妈要来深圳了，带她去哪里玩呢？

(2) 我＿＿＿＿＿说过他办事粗心大意，你看他把两个资料弄反了。

(3) 四年前他就开始写论文了，现在还＿＿＿＿＿写，还没写完。

(4) 我＿＿＿＿＿要去找你，你就来了。

(5) 我们坐在山上愉快地唱＿＿＿＿＿歌。

4. 다음 주어진 단어를 배열하여 문장을 만드시오.

(1) 我　饭　图书馆　去　吃　就　了　了

☞ ＿＿＿＿＿＿＿＿＿＿＿＿＿＿＿＿＿＿＿＿＿＿＿＿＿＿＿＿

(2) 饭　票　你　肯定　吃　去　买　了　就　晚不了

☞ ＿＿＿＿＿＿＿＿＿＿＿＿＿＿＿＿＿＿＿＿＿＿＿＿＿＿＿＿

(3) 他　饭　吃　去　散步　了　常常

☞ ＿＿＿＿＿＿＿＿＿＿＿＿＿＿＿＿＿＿＿＿＿＿＿＿＿＿＿＿

4.2 문장의 동태(动态)

이 책에서 말하는 '동태(动态, aspect)'란 동작이나 사건의 각종 단계나 상태가 술어 위에 '일정한 형식'으로써 표시된 것을 의미한다. 현대중국어에서는 동사(술어)에 주로 동태 조사 "了, 着, 过" 및 각종 허화된 보어 성분 등을 부가하여 표시한다.

◆ 동태의 분류와 표현방식

동태와 표현 방법			예 문
① 임박	"要+V+了"		ⓐ 我们快要毕业了。
	"V+[-来/-去]"		ⓑ 再胡说，我就打你去!
② 개시	"V+[-起来]"		ⓒ 他刚进门，电话铃就响起来了。
③ 진행	"正(正在/在)+V+(呢)"		ⓓ 他在挑选优良品种呢。
	"V+着$_2$"(V는 지속동사)		ⓔ 墙上的挂钟，单调地走着。
	"V+[-下去]"(V는 지속동사)		ⓕ 你讲的这件事很重要，快讲下去。
④ 지속	"V+着$_1$"(V는 비지속동사)		ⓖ 窗户开着，门关着。
	"A+[-下去]"(A는 형용사)		ⓗ 天气再冷下去，麦苗就要冻死了。
⑤ 완료	"V+了$_1$+O"		ⓘ 他开门见山地说明了来意。
	"(S)V+了1+2。"		ⓙ 饭吃了，钱付了。
	"V+过$_2$"		ⓚ 她洗过了脸，走进餐厅。
	결과보어에 의한 표현		ⓛ 下午我洗好衣服看电视。
⑥ 변화	"(S)A+了$_2$。"		ⓜ 头发白了，人也老了。
	방향보어에 의한 표현	"V+[-过来]"	ⓝ 病人终于醒过来了。
		"V+[-过去]"	ⓞ 老大爷气得差点儿死过去。
		"V+[-下来]"	ⓟ 天阴下来了，也许会下雨。
⑦ 경험	"V+过$_1$"		ⓠ 他看见过我母亲。

(예문의 해석과 한어병음은 본문에서 제시되므로 생략함)

설명

위의 표에서 보듯이 태(态) 사이에 형식상 일부 교착현상이 일어난다. 이때는 '술어의 특성'을 고려해야 한다.

즉 ③의 진행태 "V+着2"와 ④의 지속태 "V+着1" 사이에는 '동사의 지속성여부'가 구분의 핵심사항이다. 따라서 진행의 의미가 있는 부사 "正"이나 "在" 등의 부가여부를 통하여 양자를 구별할 수 있다. 즉 진행의미의 부사를 부가할 수 있으면 '지속동사'이고, 부가할 수 없으면 '비지속동사'이다.

⑤의 ⓙ와 ⑥의 ⓜ을 보자. 문미에 위치하며 태를 나타내는 "了"는 비교적 복잡하다. 문미의 "了"는 완료와 변화의 두 태의미를 가지기 때문이다. 이 책은 '완료태' 위주의 "(S)V+了1+2。"와 '변화태' 위주의 "(S)A+了2。"로 각각 나누어 표기한다. 즉, ⓙ에는 '완료'와 '변화'의 두 태의미가 표현된다. 반면 ⓜ의 경우는 '완료'의 의미가 희박하다. 이러한 점이 이 양자를 나누어보게 하는 요인이다.

한편 ⑥의 완료태(V+过2)와 ⑦의 경험태(V+过1)를 보자. 양자 사이에는 동작의 '완료'와 '경험'이라는 비교적 큰 의미 차이가 발생하므로 구별이 쉽다.

그러면 각 태(态)의 표현방식과 기능적 특징에 대하여 구체적으로 살펴보자.

4.2.1 임박태

어떤 동작, 행위 및 사태가 '막 발생하려 함'을 표시하는 동태이다.

◆ 임박태의 구조와 기능특성

<table>
<tr><th colspan="4">임박태</th><th>예문</th></tr>
<tr><td rowspan="5">"要+V+了"</td><td colspan="3">동작, 목적어, 보어 등의 위치 (要…了사이)</td><td>ⓐ 要开学了。Yào kāixué le. (곧 개학이다.)
ⓑ 飞机要起飞了。Fēijī yào qǐfēi le. (비행기가 금방 이륙하려고 한다.)
ⓒ 我们快要毕业了。Wǒmen kuài yào bìyè le. (우리는 곧 졸업한다.)</td></tr>
<tr><td rowspan="2">시제 결정</td><td>快, 将, 就, 马上</td><td>미래</td><td>ⓓ 客人就要来了。Kèrén jiùyào lái le. (손님이 곧 몰려올 것이다.)
ⓔ 火车马上要开了。(기차가 막 출발하려 한다.) Huǒchē mǎshàng yào kāi le.</td></tr>
<tr><td>昨天, 上星期一</td><td>과거</td><td>ⓕ 昨天飞机要起飞的时候, 忽然下雨了。Zuótiān fēijī yào qǐfēi de shíhou, hūrán xià yǔ le.(어제 비행기가 막 이륙하려던 순간, 갑자기 비가 내렸다.)</td></tr>
<tr><td>임박성 강조</td><td colspan="2">"要" 삭제</td><td>ⓖ 衣服快(要)干了。Yīfu kuài (yào) gān le. (옷이 금방 마르려한다.)
ⓗ 快(要)十二点了吧?(곧 12시가 다 되어가죠?) Kuài (yào) shíèr diǎn le ba?</td></tr>
<tr><td>부정 형식</td><td colspan="2">还没…(呢)</td><td>ⓘ 还没开学(呢)。Hái méi kāixué (ne). (아직 개학을 하지 않았다.)
ⓙ 飞机还没起飞(呢)。(비행기는 아직 이륙하지 않았다.)Fēijī hái méi qǐfēi (ne).</td></tr>
</table>

"V+[-来/-去]"	来	ⓚ 我给你们弄壶茶来! (제가 여러분께 차를 마련해 드릴게요!)Wǒ gěi nǐmen nòng hú chá lái!
	去	ⓛ 再胡说, 我就打你去! (다시 허튼 소리 하면, 내가 너 때릴 거다!) Zài húshuō, wǒ jiù dǎ nǐ qù!

설명

예 ⓐ-ⓒ를 보자. "要+V+了"로 표현되는 '임박태'는 ⓓ-ⓔ에서 보듯 주로 '미래시제'를 나타낸다. 그러나 예 ⓕ를 보자. 즉 과거시제를 나타내는 어구의 호응이 있으면 과거에 '발생하려던 사태'로 바뀐다. 이것도 '임박태'이기는 하지만 사태의 변화를 표시하는 "了"를 부가할 수 없다.

예 ⓚ-ⓛ을 보자. "V+[-来/-去]" 식에서 문미에 위치하는 轻声의 "-来/-去"는 원래 방향보어이지만 허화되어 동태의 일종인 '막 진행하려함'을 의미한다.

4.2.2 개시태

어떤 동작이나 행위가 '막 시작되었음'을 표시하는 동태이다. 개시태는 "V+[-起来]" 식으로 표시된다. 여기서 "[-起来]"는 원래 방향보어이지만 허화되어 동태의 일종인 '개시태(开始态)'를 나타낼 수 있다.

a. 一过春节, 天气就暖和起来了。(설이 지나자, 날씨가 곧 따뜻해지기 시작했다.)
Yí guò Chūnjié, tiānqì jiù nuǎnhuo qǐlai le.

b. 我们的生活一天比一天好起来。(우리의 생활은 나날이 좋아지기 시작한다.)
Wǒmen de shēnghuó yì tiān bǐ yì tiān hǎo qǐlai.

c. 我这会子想起一件事来。(나는 이때 한 가지 일이 생각났다.)
Wǒ zhèhuìzi xiǎng qǐ yí jiàn shì lái.

특히 a의 경우는 사태의 변화를 표시하는 "了"의 호응으로 '개시'의 의미가 잘 드러난다.

4.2.3 진행태

동작이나 행위가 막 진행중임을 표시하는 동태이다.
다음 도표를 보자.

◆ **진행태의 구조와 문법특징**

<table>
<tr><th colspan="3">진행태</th><th>예문</th></tr>
<tr><td rowspan="8">"正(正在/在)+V+(呢)"</td><td colspan="2" rowspan="2">지속동사의 진행표시</td><td>ⓐ 他们正开会(呢)。Tāmen zhèng kāihuì (ne).
(그들은 한창 회의를 하고 있다.)</td></tr>
<tr><td>ⓑ 他们(在)休息呢。Tāmen (zài) xiūxi ne. (그들은 지금 쉬고 있다.)</td></tr>
<tr><td colspan="2" rowspan="2">"正在+지속동사+술목구 呢"</td><td>ⓒ 他在挑选呢。Tā zài tiāoxuǎn ne.(그는 한창 고르고 있는 중이다.)</td></tr>
<tr><td>ⓓ 他(在)贴邮票呢。Tā (zài) tiē yóupiào ne.
(그는 우표를 붙이는 중이다.)</td></tr>
<tr><td rowspan="3">시제</td><td>현재</td><td>ⓔ 他正在看书呢。Tā zhèngzài kàn shū ne.(그는 지금 책을 보고 있다.)</td></tr>
<tr><td>미래</td><td>ⓕ 明天你到这儿的时候，他会在等你。Míngtiān nǐ dào zhèr de shíhou, tā huì zài děng nǐ. (내일 네가 여기에 오면 그는 너를 기다리고 있을 거야.)</td></tr>
<tr><td>과거</td><td>ⓖ 昨天我去他家的时候，他正在弹钢琴。Zuótiān wǒ qù tā jiā de shíhou, tā zhèngzài tán gāngqín. (어제 내가 그의 집에 갔을 때, 그는 마침 피아노를 치고 있었다.)</td></tr>
<tr><td>부정형식</td><td>"没(有)"</td><td>ⓗ 他没(在)看书，在写信呢。(그는 책을 보고 있는 것이 아니라, 편지를 쓰고 있다.) Tā méi (zài) kàn shū, zài xiě xìn ne.</td></tr>
<tr><td rowspan="2">"V+着$_2$"</td><td colspan="2">동작의 진행</td><td>ⓘ 他们生活中的小悲欢仍在展开着。(그 들의 생활 중의 작은 애환은 여전히 전개되고 있다.) Tāmen shēnghuó zhōng de xiǎo bēihuān réng zài zhǎnkāi zhe.</td></tr>
<tr><td colspan="2">'V+着' 구조의 중첩</td><td>ⓙ 我也怕自己说着说着会激动起来。(나는 스스로 말하다가 흥분할까봐 두렵다.) Wǒ yě pà zìjǐ shuō zhe shuō zhe huì jīdòng qǐlai.</td></tr>
<tr><td>"V+[-下去]"</td><td colspan="2">방향보어의 허화</td><td>ⓚ 他太激动了，说不下去。(그는 너무 감격해서 말을 잇지 못한다.)
Tā tài jīdòng le, shuō bu xiàqu.</td></tr>
</table>

설명

예 ⓐ-ⓓ를 보자. "正(正在/在)+V+(呢)" 식은 '지속동사'[57]의 '진행(-ing)'을 표시한다. 따라서 판단이나 소유, 존재 등을 나타내는 "是, 有, 在" 등에 부가할 수 없다. 또 심리나 지각을 나타내는 "怕, 喜欢, 知道, 感到" 등에도 부가할 수 없다. 또 '존재, 출현, 소실' 등을 나타내는 동사 "开始, 停止, 生, 死"나 방향성을 나타내는 동사 "到, 去, 来, 进, 出" 등의 동사에도 부가할 수 없다.

예 ⓓ를 보자. "正(正在/在)+V+(呢)" 식에서 "正", "正在", "在" 등을 생략해도 된다. 단 문미에 "呢"를 부가해야 한다.

---

57) 이 책 2장 동사의 분류 부분을 참고하라.

예 ⓘ를 보자. 행위의 지속의미가 잘 드러난다. 이미 언급된 바대로 "V+着" 식은 '진행태'와 '지속태'를 모두 나타낼 수 있다. 양자구별의 핵심은 술어에 있다. 즉 술어가 지속동사이면 "着"는 '진행'을, 비지속동사이면 '지속'의 의미를 나타낸다. 이 책은 "着"의 기능이 주로 지속표현에 있다고 보아 "着$_1$"을 '지속'의 표지로, "着$_2$"를 '진행'의 표지로 기술한다. 여기서 주의할 점은 진행의 의미를 나타내는 경우의 "V+着$_2$" 식에는 역시 '진행'의 의미가 있는 부사 "正"[58], "正在", "在" 등을 부가할 수 있지만 '지속태'를 나타내는 경우는 부가할 수 없다는 점이다.

4.2.4 지속태

'상태'의 '지속'을 표시하는 경우로 주로 "V+着$_1$"식으로 나타내며, 방향보어에서 허화된 "[-下去]"도 '지속'의 의미를 나타낼 수 있다.

◆ 지속태의 구조와 문법특징

지속태			예문
V+着$_1$	목적어 · 보어 위치	"着"의 뒤	ⓐ 桌子上放着一本书。(탁자에는 책 한 권이 놓여 있다.) Zhuōzi shang fàng zhe yì běn shū.
			ⓑ 他比老王小着好几岁。(그는 왕씨보다 꽤 여러 살 어리다.) Tā bǐ lǎoWáng xiǎo zhe hǎo jǐ suì.
	과거→현재 지속	早就, 已经, 永远, 多少年来	ⓒ 他的脑子永远思索着科学上的问题。 Tā de nǎozi yǒngyuǎn sīsuǒ zhe kēxué shang de wèntí. (그의 머리는 언제나 과학방면의 문제를 깊이 생각하고 있다.)
			ⓓ 多少年来, 我想着, 盼着, 能回到你身边。 Duōshǎo nián lái, wǒ xiǎng zhe, pàn zhe, néng huí dào nǐ shēnbiān. (여러 해 동안 나는 네 곁으로 돌아갈 수 있기를 그리며 바래왔다.)
	시제표현	현재	ⓔ 今天这儿又停着很多车。(오늘 여기에 또 많은 차들이 세워져 있다.) Jīntiān zhèr yòu tíng zhe hěn duō chē.
		미래	ⓕ 明天这儿还会停着很多车。(내일 여기에는 여전히 많은 차들이 세 워져 있을 것이다.) Míngtiān zhèr hái huì tíng zhe hěn duō chē.
		과거	ⓖ 昨天这儿停着很多车。(어제 여기에 많은 차들이 세워져 있었다.) Zuótiān zhèr tíng zhe hěn duō chē.

---

58) "正"은 지속성동사라 하더라도 동사가 단독으로 술어로 쓰이는 경우에는 부가할 수 없다.
*他们正讨论。
*他正吃。

	부정표현	没(有)	현재	ⓗ 今天这儿没停着很多车。 (오늘 이곳에는 많은 차들이 서있지 않다.) Jīntiān zhèr méi tíng zhe hěn duō chē.
			과거	ⓘ 昨天这儿没停着很多车。 (어제 이곳에는 많은 차들이 서있지 않았다.) Zuótiān zhèr méi tíng zhe hěn duō chē.
		不会	미래	ⓙ 明天这儿不会停着很多车。 (내일 이곳에는 많은 차들이 서있지 않을 것이다.) Míngtiān zhèr bú huì tíng zhe hěn duō chē.
	"着$_1$"과 "着$_2$"의 동시 출현	지속과 진행의 의미		ⓚ 中山公园中的古柏下坐着、走着，很多年轻人。 Zhōngshān gōngyuán zhōng de gǔ bǎi xià zuò zhe, zǒu zhe, hěn duō niánqīngrén. (중산 공원의 나이든 측백나무 아래에서 많은 젊은이들이 앉아 있기도 하고, 걷기도 한다.)
A+[-下去]	'상황의 계속 존재' 표시			ⓛ 天气再冷下去，麦苗就要冻死了。 (날씨가 계속 추어진다면 보리싹이 얼어 죽을 것이다.) Tiānqì zài lěng xiàqu, màimiáo jiùyào dòng sǐ le.

설명

예 ⓐ-ⓚ의 술어를 보자. 이 경우 술어 "放, 小, 停, 坐" 등은 모두 [-비지속성]이다. 여기에 동태조사 "着1"을 부가함으로써 '상태 지속'의 동태가 표현된다.[59]

예 ⓒ-ⓓ를 보자. '과거부터 현재까지의 상태지속'을 표시할 때는 "着1"를 대동한 동사 앞에 "早就, 永远, 多少年来"등의 부사(어)를 부가한다.

예 ⓔ-ⓖ를 보자. "V+着1"구조는 과거, 현재, 미래시제에 모두 사용될 수 있다.

예 ⓗ-ⓙ를 보자. 현재와 과거는 "没+V+着1"구조로, 미래는 "不会+V+着1"구조로 부정한다.

예 ⓚ를 보자. 한 문장에서 병렬한 두 개의 동사가 각각 "着1"과 "着2"를 대동할 수 있다. 이때 "坐"는 "在", "正", "正在" 등을 더할 수 없는 '비지속동사'이며, "走"는 '지속동사'로 앞에 "正在", "正", "在" 등을 더할 수 있다. 따라서 이 경우 "坐"는 지속의 의미를, "走"는 '진행'의 의미를 각각 나타낸다.

예 ⓛ을 보자. "A+[-下去]" 식에서 허화된 방향보어 "[-下去]"는 '상황이 계속 존재함'을 표시한다. 이는 상태의 지속이다. 이때 술어는 '형용사'이며, "[-下去]"는 정도가 계속해서 '증가하는 상태'를 표시한다.

---

59) 결국 "着"는 어떤 성질의 동사와 결합하느냐에 따라 각각 '진행'과 '지속'의 의미를 나타내게 된다. 이때의 '지속'은 행위나 동작의 지속이 아니라 행위나 동작이 완결되고 난 후 '상태의 지속'이다.
"지속동사+着" → (행위)진행태
"비지속동사+着" →(상태)지속태

4.2.5 완료태

'완료태'는 구체적인 동작이 '완료(/실현)'된 상태가 술어 위에 표현된 것을 말한다. '완료'의 동태는 "了$_1$", "过$_2$" 및 결과보어에 의해 표시된다.

◆ **완료태의 구조와 문법특징**

완료태			예문
V+了$_1$+O	목적어	"了" 뒤	ⓐ 他喝了一杯咖啡。(그는 커피 한잔을 마셨다.) Tā hē le yì bēi kāfēi.
	결과보어	"了" 앞	ⓑ 他讲完了两个问题。(그는 두 문제의 설명을 마쳤다.) Tā jiǎng wán le liǎng ge wèntí.
	시제	과거 현재	ⓒ 我们刚参观了一个美术馆。(우리는 막 미술관을 참관했다.) Wǒmen gāng cānguān le yí ge měishùguǎn.
		미래	ⓓ 明天我们参观了美术馆就去故宫。(내일 우리는 미술관을 참관하고 바로 고궁으로 간다.) Míngtiān wǒmen cānguān le měishùguǎn jiù qù Gùgōng.
		과거	ⓔ 昨天已经来了两个人。(어제 이미 두 사람이 왔다.) Zuótiān yǐjīng lái le liǎng ge rén.
	부정	没有	ⓕ 我们没听懂他的演讲。(우리는 그의 강연을 알아듣지 못했다.) Wǒmen méi tīng dǒng tā de yǎnjiǎng.
	습관·반복 동작		ⓖ *他每年去了中国。→ 他每年去中国。(그는 매년 중국에 간다.) Tā měi nián qù Zhōngguó.
(S)V+了$_{1+2}$。	완료+변화		ⓗ 饭吃了，钱付了。Fàn chī le, qián fù le. (밥은 먹었고, 돈은 지불했다.)
V+过$_2$	"了" 부가		ⓘ 她洗过了脸，走进餐厅。(그녀는 세수를 마치고 식당으로 걸어 들어갔다.) Tā xǐ guò le liǎn, zǒu jìn cāntīng.
	시제	과거·현재 완료	ⓙ 他已经吃过早饭。(그는 이미 아침밥을 먹었다.) Tā yǐjīng chī guò zǎofàn.
		미래 완료	ⓚ 明天咱们吃过早饭就去上班。(내일 우리는 아침식사를 하고 출근한다.) Míngtiān zánmen chī guò zǎofàn jiù qù shàngbān.
결과보어에 의한 표현	각종 결과보어		ⓛ 明天我作完作业去你家。(우리는 내일 숙제를 마치고, 너희 집에 간다.) Míngtiān wǒ zuò wán zuòyè qù nǐ jiā.

설명

1) 'V+了$_1$+O' 식

예 ⓐ-ⓖ를 보자. "了$_1$"은 'V+了$_1$+O'의 위치에서 동작이나 행위의 '완료'나 '실현'을 표시한다. 몇 가지 기능특징에 대하여 알아보자.

(1) 'V+了$_1$'의 구조의 견고성

이 구조는 매우 긴밀하여 목적어는 ⓐ처럼 이 구조 뒤에 온다. 따라서 "了"가 구체적인 행위동사의 바로 뒤에 위치하지 않은 경우는 완료의 의미를 나타내지 않는 경우가 많으므로 조심해야 한다. 단 ⓑ처럼 결과보어는 동사와의 결합이 특별히 밀접하므로 "了" 앞에 위치한다.

(2) 과거시제의 시간명사나 시간부사와의 호응

예 ⓒ를 보자. '완료'를 표시하는 "了$_1$"은 구체적인 동작이나 행위의 '완료/실현'을 나타내므로 과거시제의 시간명사나 시간부사와 호응하는 경우가 많다. 그러나 "了$_1$"의 기능은 '완료의 동태 표현'에 있다. 예 ⓓ와 ⓔ를 보자. "了$_1$"은 발화시점에 따라 '과거', '현재' 그리고 '미래'를 모두 나타낼 수 있다. (→ 6장 4.1.3의 d-h의 예문 참고)

(3) 부정형식

예 ⓔ를 보자. 완료태의 부정식은 동사 앞에 "没(有)"를 부가한다. 이때 "了$_1$"은 반드시 생략해야 한다.

(4) "了$_1$"과 술어

예 ⓕ를 보자. "了$_1$"은 구체적인 행위동작이 완료되거나 실현된 것을 표시한다. '습관적, 반복적인 행위'를 나타내는 동사와는 어울리지 못한다. 다음 예를 보자.

a. 他天天学汉语。(그는 매일 중국어를 공부한다.)
Tā tiāntiān xué Hànyǔ.
*他天天学了汉语。

b. 他常常看电视。(그는 자주 텔레비전을 본다.)
Tā chángcháng kàn diànshì.
*他常常看了电视。

"了$_1$"은 '습관적, 반복적'인 행위를 의미하는 부사어 "每年, 天天, 常常" 등이 온 문장에는 을 쓸 수 없다.

(5) “了$_1$” 과 “了$_2$”의 동시에 출현

한 문장에서 동시에 출현한 “了$_1$”과 “了$_2$”도 역시 각각 동작의 발화시점에서의 ‘완료’와 사태의 ‘변화’를 나타낸다.

c. 作完了诗了，快拿戏单来!
Zuò wán le shī le, kuài ná xìdān lái!
(시를 다 지었으니, 어서 연극 프로그램을 가져와라!)

d. 我都四十岁了，到了不惑之年，还这样。
Wǒ dōu sì shí suì le, dào le búhuò zhī nián, hái zhèyàng.
(나는 이미 마흔 살이 되어 불혹의 나이가 되었는데도, 여전히 이렇다.)

예문 c의 “了$_1$”과 “了$_2$”의 동시 출현은 ‘완료’와 ‘변화’가 동시에 존재함을 나타낸다. 예를 들어 “我学了两年汉语了。”의 의미는 ‘(발화 시점에서)나는 이미 2년 동안 중국어를 배웠고(완료), 그 상태가 되었다(변화)’는 의미이다. 이때 “了$_1$”은 일반적으로 생략이 가능하다. 예 d의 경우는 특수하다. 복문이기 때문에 이런 형식이 생겼다. 앞 절의 “了”는 변화를 나타내는 “了$_2$”이며, 뒷 설의 “了”는 완료를 나타내는 “了$_1$”이다.

2) “(S)V+了$_{1+2}$。” 식

이 구조는 ‘완료태’와 변화태를 모두 나타낼 수 있다. 이는 목적어의 출현 없이 문미에 위치하는 “了”가 “了$_1$+了$_2$” 기능을 하는 경우이다. 예 ⓗ를 보자. “饭”, “钱” 등은 ‘V+了。’의 수사(受事) 주어이다. 따라서 행위 ‘완료’의 의미가 잘 표현된다. 그러나 다음의 예를 보자.

e. 头发白了，人也老了。
Tóufa bái le, rén yě lǎo le.
(머리는 세었고, 사람도 늙었다.)

e의 “头发”, “人” 등은 ‘A+了。’의 주어이다. ⓗ와 비교해 어떤 의미 차이가 있는가? “头发”, “人” 등은 ‘변화’의 ‘대상이자 주체’[60]이지 ‘완료’의 대상적 의미는 희박해 보인다.

양자의 차이를 다음과 같이 정리한다.

‘V+了。’ → 완료+X(X는 변화)
‘A+了。’ → 변화+X(X는 완료)

---

60) 이 경우의 “头发”나 “人”은 ‘시사자’도 아니고 ‘수사자’도 아니다. 인간은 세월의 흐름 속에 ‘머리가 세고, 늙어지는 대상’이라고 인식된다. 이런 점에서 특이하게도 ‘변화’의 ‘대상’이자 ‘주체자’인 것이다.

3) "V+过$_2$" 식

예 ⓘ-ⓚ를 보자. "过$_2$"는 동사의 뒤에 부착되어 '완료'를 표시하며 뒤에 "了$_1$"을 더할 수 있다. 이 "过$_2$"은 "已经"과 함께 쓰여 '완료'의 의미를 더욱 확실히 나타낼 수 있으며, 시제적으로는 '미래시제'에서도 쓰일 수 있다.

4) 결과보어에 의한 완료표시

예 ⓛ을 보자. 결과보어는 술어에 부가되어 동작이 완료된 후의 '결과'에 대하여 보충하는 성분이다. 따라서 '완료'의 동태를 표시할 수 있다.

4.2.6 변화태

어떤 상태에서 또 다른 어떤 상태로의 변화를 표시하는 것이 술어 상에 표시된 것을 '변화태'라 한다. 변화태는 문미의 "了$_2$"와 허화된 방향보어에 의해 표시된다.

◆ 변화태의 구조와 문법특징

변화태			예문
"문장+了$_2$"	변화의 "了$_2$"	형용사구문	ⓐ 好多了。Hǎo duō le.(많이 좋아졌다.)
		동사구문	ⓑ 已经吃了。Yǐjīng chī le.(이미 먹었다.)
		동사구문	ⓒ 他从学校回来了。(그는 학교에서 돌아왔다.) Tā cóng xuéxiào huílái le.
		주술술어문	ⓓ 张老师水平已经很高了。Zhāng lǎoshī shuǐpíng yǐjīng hěn gāo le.(장선생님은 수준이 이미 매우 높아지셨다.)
		명사술어문	ⓔ 我已经四十岁了。Wǒ yǐjīng sìshí suì le. (나는 이미 마흔 살이다.)
방향보어의 허화	V+[-过来]	정상 변화	ⓕ 有错误不要紧，改正过来就好。Yǒu cuòwù búyàojǐn, gǎizhèng guòlai jiù hǎo.(잘못이 있다는 것은 중요하지 않다, 고치면 된다.)
	V+[-过去]	비정상 변화	ⓖ 他烧得很厉害，几乎昏过去。(그가 열이 심하게 나서, 기절할 것 같다.)Tā shāo de hěn lìhai, jīhū hūn guòqu.
	V+[-下来]	변화 과정	ⓗ 火车慢慢地停下来了。(기차가 천천히 멈추었다.) Huǒchē mànmānr de tíng xiàlai le.

설명

예 ⓐ-ⓔ를 보자. '변화'를 표시하는 "了$_2$"의 위치는 행위의 '완료'를 표시하는 "了$_1$"과 달리 '항상 문미'이며, 각종의 구 및 문형과 어울릴 수 있다. 즉 "了$_2$"는 상태의 변화를 가져오는 것이므로 형용사술어문이나 동사술어문은 물론이고, ⓔ와 같은 명사술어문도 [+변화]만 확보되면 자연스럽게 호응한다. 단 ⓑ-ⓒ처럼 동사로 끝나는 문장에 붙은 "了"는 '완료' 위주의 태표현이다(→ 완료태의 해당 부분 참조). '변화'는 '완료'를 전제로 하기에 두 태의 의미가 근접해 있기 때문이겠다.

'변화태'는 허화된 방향보어에 의해서도 표시되질 수 있다.

예 ⓕ를 보자. "V+[-过来]"식은 원래의 정상적인 상태로의 '회복된 변화'를 표시한다. 예 ⓖ를 보자. "V+[-过去]" 식은 정상적인 상태를 잃어버리는 '변화'를 표시한다. 또 예 ⓗ를 보자. "V+[-下来]" 식은 동작이나 상태의 점진적 '변화 과정'을 표시한다. 역시 변화태를 나타내는 "了$_2$"와 잘 호응하고 있다.

4.2.7 경험태

동작이나 행위가 이미 완료되고 시간이 경과하여 경험적인 상태가 된 단계를 말하며, "V+过$_1$"의 형식으로 표시한다.

◆ 경험태의 구조와 문법기능

경험태			예문
"V+过$_1$"	목적어	"过" 뒤	ⓐ 他去过那儿。 Tā qù guo nàr. (그는 그곳에 간 적이 있다.)
	수량 보어	"过" 뒤	ⓑ 北京他曾经去过几次。 Běijīng tā céngjīng qù guo jǐ cì. (베이징은 그가 몇 차례 간 적이 있다.)
	결과 보어	"过" 앞	ⓒ 那个医生治好过我的病。 Nà ge yīsheng zhì hǎo guo wǒ de bìng. (그 의사는 나의 병을 치료한 적이 있다.)
	과거 표시 부사	曾经	ⓓ 我曾经学过日语。 Wǒ céngjīng xué guo Rìyǔ. (나는 일찍이 일본어를 배운 적이 있다.)
		当年	ⓔ 当年, 我也曾漂亮过, 也像个人似的。 Dāngnián, wǒ yě céng piàoliang guò, yě xiàng ge rén shìde. (당시에는 나도 예뻤었고, 사람 같았었다.)
		从前	ⓕ 他从前爱过一个他绝不应该爱的女人。 Tā cóngqián ài guò yí ge tā jué bù yīnggāi ài de nǚrén. (그는 예전에 사랑해서는 안 될 한 여인을 사랑한 적이 있다.)

설명

동태조사 "过"는 이미 살펴본 바 있듯이 "완료태"를 나타낼 수 있다. 그러나 "过"의 주된 기능은 역시 '경험태', 즉 '…한 적이 있다'를 나타내는 데 있다. 이것을 편의상 "$过_1$"로 표기한다.

예 ⓐ-ⓑ를 보자. 목적어나 수량보어, 동량보어 등은 "$过_1$"의 뒤에 위치한다. 그러나 ⓒ에서 보듯 결과보어는 술어와의 관계가 특별히 밀접(공고)하므로 "$过_1$"의 앞에 위치한다.

예 ⓓ-ⓕ를 보자. "$过_1$"은 '경험태'를 나타내므로 과거시제와 호응하는 어구(시간명사나 시간부사)들과 잘 어울린다.

'경험태'에서 짚고 넘어가야 할 점은 술어의 동작성이 현재까지 영향을 미치는가의 문제이다. 전체 예 ⓐ-ⓕ의 의미를 살펴보자. '경험태'가 나타내는 동작이나 행위는 발화의 시점에서는 현실적으로 이미 존재하지 않는다. 따라서 경험태가 나타내는 동태는 사태가 현재적인 시점과는 관계가 없는 단계에 이른 경우를 의미한다. 이점은 발화시점에서 '완료'의 의미를 나타내므로 "$了_1$"의 경우와 차이나는 점이다. 즉 "$了_1$"은 동작이나 행위가 발화시점과 어느 정도 연관성이 있는 반면 "$过_1$"은 '경험태'를 나타내므로 현재와 관련이 적다.

연습 22

1. 다음 중 빈칸에 들어갈 알맞은 말을 고르시오.

⑴ 我们房间的墙上____________________。

A. 一直挂一张大幅的婚纱照着　B. 一直一张大幅的婚纱照挂着

C. 一张大幅的婚纱照一直挂着　D. 一直挂着一张大幅的婚纱照

⑵ 我昨天来上海，还____________________。

A. 没去新天地　B. 没去了新天地

C. 没去着新天地　D. 没去过了新天地

⑶ 我在上海住时，____________________。

A. 曾经去那家商店买过东西　B. 曾经去过那家商店买东西

C. 经常去那家商店买过东西　D. 经常去过那家商店买东西

2. 다음 두 문장 중에서 틀린 문장을 고르시오.

⑴ A. 房间地上在铺一个地毯，窗户关着。　(　　)

B. 房间地上铺着一个地毯，窗户关着。　(　　)

⑵ A. 可能他现在已经离开仁川了，快要到山东了。　(　　)

B. 可能他现在已经离开仁川了，快要到山东呢。　(　　)

⑶ A. 来中国以后，我从来没生病过。　(　　)

B. 来中国以后，我从来没生过病。　(　　)

3. 다음 보기에서 적당한 단어를 골라 문장의 빈칸을 채우시오.

<보 기>

下去 / 过来 / 过去 / 下来 / 起来

(1) 妈妈不给孩子买玩具，孩子开始哭__________了。

(2) 阿建的身体越来越糟，再这么工作__________，非出问题不可。

(3) 听了他的话，我们都快乐晕__________了。

(4) 经过三个小时的抢救，病人已经清醒__________了。

(5) 教室里终于安静__________了。

4. 다음 주어진 단어를 배열하여 문장을 만드시오.

(1) 看 做题 答案 你们 怎么 着 呢

☞ ____

(2) 熬 过来 日子 艰难的 总算 了

☞ ____

(3) 这个 问题 我 弄 明白 终于 把 了

☞ ____

4.3 문장의 부정

어떠한 사실이나 사물에 대하여 '부정의 판단'을 하는 문장을 부정문이라 한다.

这儿天气冷。(여기는 날씨가 춥다.)
Zhèr tiānqì lěng.

→ 这儿天气不冷。〈현재 상태 부정〉(여기는 날씨가 춥지 않다.)
Zhèr tiānqì bù lěng.

→ 这儿天气还没冷呢。〈현재 실현되지 않았음〉(여기는 날씨가 아직 안 춥다.)
Zhèr tiānqì hái méi lěng ne.

他把书递给我。(그는 책을 나에게 건네주었다.)
Tā bǎ shū dì gěi wǒ.

→ 他不把书递给我。〈현재적 행위 부정〉(그는 책을 나에게 주지 않는다.)
Tā bù bǎ shū dì gěi wǒ.

→ 他没把书递给我。〈현재 실현되지 않았음〉(그는 책을 나에게 주지 않았다.)
Tā méi bǎ shū dì gěi wǒ.

부정은 부정부사 "不"와 "没(有)"를 술어 앞에 위치시킴으로 이루어진다.

4.3.1 부정부사와 술어의 호응관계

1) "不"와 호응하는 술어동사의 특성

"不"는 일반적으로 화자의 '주관적이고 의지적'인 부정을 표시한다. 시제적으로 '완료개념이 없는 현재 위주'이지만 '과거·미래시제'도 모두 부정할 수 있다.

"不"와 잘 호응하는 술어는 의미적으로 화자의 입김이 개입된 [+주관성] 술어이다. 주관성 술어란 어떤 사물의 성질이나 상황 등에 대한 '주관적인 평가나 인식, 의지, 희망, 가능' 따위를 나타내는 동사와 '판단'이나 '존재'를 의미하는 동사 및 '속성'을 표시하는 형용사 등이다. 이들 술어들은 동태적으로는 일순간에 완료될 수 없는 [-완료성] 개념이다. 그 대략적인 어휘항목을 보자.

◆ “不”와 호응하는 술어동사의 의미특성 표

“不”와 호응하는 술어			술어동사의 예
동태적 특징	의미적 특징	의미 분류	
[-완료성]	[+주관성]	가치판단	值得, 类似, 大于, 小于, 等于
		심리	应该, 会, 可以, 愿意
않는다	않는다 아니다 않겠다	관계성	是, 存在, 像, 如
		형용사적 속성	好, 坏, 简单, 复杂

위에서 제시하지 않은 동사 “吃”, “看”, “来”, “去” 등의 동사가 “不”에 의해 부정되면 역시 이러한 [-완료성], [+주관성]의 의미가 개입된 부정의미이다.

2) “没(有)”와 호응하는 술어동사의 특성

“没有”는 동작이나 상태가 아직 ‘완료(/실현)되지 않은 것’을 나타낸다. 일반적으로 객관적인 부정이며, 시제적으로 ‘과거위주’이지만 현재・미래도 부정할 수 있다.

부정부사 “没有”와 잘 호응하는 술어는 의미적으로 [+객관성] 술어이다. 객관성 술어란 객관적 사실을 나타내는 동사를 이른다. 즉 주어가 동작·행위에 대하여 주동적 혹은 주관적으로 동작을 발생시키거나 판단할 수 없는 ‘객관적 사실’을 나타내는 동사를 이른다. 일반적으로 ‘수동(受动)의 의미’를 가지는 동사 및 ‘소유’의 의미를 나타내는 “有” 등이 잘 호응된다. 객관성 술어는 동태적으로 일순간에 완료(실현)될 수 있는 [+완료성] 개념이므로 두 음절인 경우는 ‘술어성 형태소+보어성 형태소’로 이루어진 어휘들이 많다. 그 대략적인 어휘항목은 다음과 같다.

◆ “没(有)”와 호응하는 술어의 의미특성 표

“没(有)”와 호응하는 술어			술어동사의 예
동태적 특징	의미적 특징	의미 분류	
[+완료성]	[+객관성]	탄생, 사망, 손실	诞生, 死亡, 失踪, 受伤
		변화, 종점성	变成, 碰见, 接到, 听说
않았다	않았다 못했다	방향성	下降, 沦陷, 转入
		소유, 획득	有, 考取, 得救

위에서 제시하지 않은 동사 “吃”, “看”, “来”, “去” 등의 동사가 “没”에 의해 부정되면 역시 이러한 [+완료성], [+객관성]의 의미가 개입된 부정의미이다. 다음을 비교해보자.

a. 他不吃饭。Tā bù chīfàn. (그는 밥을 안 먹는다.)
b. 他没吃饭。Tā méi chīfàn. (그는 밥을 안(/못) 먹었다.)
c. 他不来。Tā bù lái. (그는 안 온다.)
d. 他没来。Tā méi lái. (그는 안 왔다.)

부정부사 "不"와 "没"를 시제와 관련시켜 설명하는 것은 무리가 있다. 특히 "没"에 대해 '과거부정' 기능이 있다고 말하는 것은 잘못이다. 예문 b와 d는 현재(화자가 말하는 시점)에서 "그(他)"가 "밥을 먹는 일/오는 일)"이 실현되지 않았다는 것을 의미할 뿐이다. 주어가 처한 객관적인 사실에 대하여 부정하다보니 사실화된 일, 즉 과거의 일에 대한 부정의 경우는 많을 수 있겠지만 어디까지나 '발화시점까지 실현되지 않았다는 의미'이다.

4.3.2 부정부사의 수식 양상

1) 항상 "不" 혹은 "没(有)"를 쓰는 경우

(1) 항상 "不"를 쓰는 부정

다음 예문을 보자.

a. 那不是书。〈동사 "是"〉 (그것은 책이 아니다.)
Nà bú shì shū.

b. 他不是昨天来的。〈"(是)…的"의 문형〉 (그는 어제 오지 않았다.)
Tā bú shì zuótiān lái de.

c. 我记不住那些同学的名字。〈가능보어의 부정형식: 결과〉
Wǒ jìbuzhù Nàxiē tóngxué de míngzi.
(나는 그 친구들의 이름을 기억할 수 없다.)

d. 那张画儿挂得很好, 掉不下来。〈가능보어의 부정형식: 방향〉
Nà zhāng huàr guà de hěn hǎo, diàobuxiàlai.
(그 그림은 잘 걸려 있어서 떨어질 리 없다.)

예 a-b의 동사 "是"는 화자의 주관적 판단이 개입될 수 있는 동사이므로 항상 "不"로 부정한다. 따라서 다음과 같이 도식화할 수 있다.

NP_1	+	不是	+	NP_2
这 zhè	+	不是 búshì	+	书 shū

또 예 c-d의 가능보어의 형식은 "V+得/不+[가능/방향]보어"이며, 부정형식에서는 항상 "不"를 쓴다. 따라서 다음과 같이 도식화할 수 있다.

V	+	得/不	+	[가능/방향]보어
记 jì	+	不 bu	+	住 zhù
掉 diào	+	不 bu	+	下来 xiàlai

2) 항상 "没(有)"를 쓰는 부정

소유관계를 나타내는 동사 "有"는 항상 "没"로 부정한다.

a. 他没有中文报。〈일반 사물 소유〉 (그는 중국 신문이 없다.)
Tā méiyǒu Zhōngwén bào.

b. 他没有信心。〈속성적 소유〉 (그는 믿음이 없다.)
Tā méiyǒu xìnxīn.

예 a-b에서 보듯 구체적인 사물에 대한 '소유'이든 속성적 '소유'이든 모두 "没(有)"를 쓴다. 따라서 이러한 문형의 부정은 다음과 같이 도식화할 수 있다.

NP_1	+	没(有)	+	NP_2
他 Tā	+	没有 méiyǒu	+	信心 xìnxīn

2) 일반적으로 "不" 혹은 "没(有)"를 상대적으로 쓰는 경우

(1) 일반적으로 "不"를 쓰는 부정

a. 从前他不跳舞。〈일상적이거나 습관적인 동작〉 (이전에 그는 춤을 추지 않았다.)
Cóngqián tā bú tiàowǔ.

b. 下星期他不进城。〈미래의 동작〉 (다음 주에 그는 시내에 가지 않는다.)
Xiàxīngqī tā bú jìn chéng.

c. 休息的时候儿我们都唱歌儿, 他不唱。〈의지나 희망〉
Xiūxi de shíhour wǒmen dōu chànggēr, tā bú chàng.
(휴식 시간에 우리들은 모두 노래를 불렀으나, 그는 안 불렀다.)

d. 你不应该去。〈조동사〉(너는 가지 않아야 한다.)
Nǐ bù yīnggāi qù.

e. 因为他不告诉我, 我不知道。〈심리/인지동사〉
Yīnwèi tā bú gàosu wǒ, wǒ bù zhīdào.
(그가 나에게 말하지 않았으므로, 나는 알지 못한다.)

f. 这个问题不简单。〈형용사성 술어〉(그 문제는 간단하지 않다.)
Zhè ge wèntí bù jiǎndān.

예에서 보듯 '일상적이거나 습관적인 동작', '미래의 동작'[61], '의지나 희망', '조동사', '심리동사' 등은 모두 '시제와 관계없이' 일반적으로 "不"로 부정한다.

예 f를 보자. 형용사는 모두 상대적인 개념이 존재하며, 속성에 대한 판단 또는 평가적인 의미특성이 있다. 또 시제적으로 [-완료성]이기 때문에 일반적으로 "不"로 부정한다.

2) 일반적으로 "没(有)"를 쓰는 경우

다음 예문을 보자.

a. 今天他没有来。〈행위의 비완료 표시〉[62] (오늘 그는 안 왔다.)
Jīntiān tā méiyǒu lái.

b. 我没有看懂这个问题, 所以回答得不对。〈결과보어구 부정〉[63]
Wǒ méiyǒu kàn dǒng zhè ge wèntí, suǒyǐ huídá de bú duì.
(이 문제를 알지 못했기 때문에, 틀리게 대답했다.)

c. 我去找他的时候儿, 他没有学习。〈동작의 진행 부정〉
Wǒ qù zhǎo tā de shíhour, tā méiyǒu xuéxí.
(내가 가서 그를 찾았을 때, 그는 공부하고 있지 않았다.)

d. 门没有开着, 窗户都开着呢。〈상태의 지속 부정〉
Mén méiyǒu kāi zhe, Chuānhu dōu kāi zhe.
(문은 열려 있지 않으나, 창문은 모두 열려 있다.)

---

61) 그러나 '동작이 완료되지 않음을 강조할 경우'에는 미래를 나타내더라도 "没(有)"로 부정한다.
我必须在明天还没有上课的时候练习这些汉字.
(나는 내일 수업시간 전에 이 한자들을 익혀야만 한다.)
我明天他还没来的时候就离开这儿。(나는 내일 그가 오기 전에 여기를 떠나야 한다.)

62) 동작이 아직 완료되지는 않았지만 '곧 완료될 것'이라는 뜻을 나타낼 때에는 "还没(有)……呢"의 형식으로 나타낸다. 임박태의 부정형식을 참고하라.
我今天还没(有)看报呢。(나는 아직 신문을 보지는 않았다.)
他还没(有)来呢。(그는 아직은 안 왔어.)

63) 그러나 부정되는 동작이 '조건, 의지, 희망' 등이면 결과보어가 있더라도 "不"를 쓴다.
不看懂问题, 就不能回答。(문제를 이해할 수 없으면, 답변할 수 없다.)
你不写清楚, 我们怎么看? (네가 똑똑히 쓰지 않으면, 우리들이 어떻게 읽겠는가?)

예문 a-d에서 보듯 어떤 동작이 아직 시작(비완료)되지 않았거나 '진행', '지속'되지 않고 있음을 부정할 때는 일반적으로 부정부사 "没(有)"를 쓴다.

이상 부정부사의 수식양상을 표로 요약한다.

◆ **부정부사의 수식양상**

부정부사			예 문
不	항상 "不"	판단관계 是	ⓐ 那不是书。
		가능보어의 부정	ⓑ 我记不住那些同学的名字。
			ⓒ 那张画儿挂得很好, 掉不下来。
	일반적으로 "不"	일상적, 습관적인 동작	ⓓ 从前他不跳舞。
		미래의 동작	ⓔ 下星期他不进城。
		의지나 희망	ⓕ 休息的时候儿我们都唱歌儿, 他不唱。
		조동사	ⓖ 你不应该去。
		심리/인지동사	ⓗ 因为他不告诉我, 我不知道。
		형용사성 술어	ⓘ 这个问题不简单。
没(有)	항상 "没(有)"	소유관계 有	ⓙ 金老师没有中文报。
			ⓚ 他没有信心。
	일반적으로 "没(有)"	행위의 비완료표시	ⓛ 今天他没有来。
		결과보어구	ⓜ 我没有看懂这个问题, 以回答得不对。
		동작의 진행	ⓝ 我去找他的时候儿, 他没有学习。
		상태의 지속	ⓞ 门没有开着, 窗户都开着呢。

(예문의 해석과 한어병음은 본문에서 제시되었으므로 생략함)

4.3.3 이중부정

한 문장에 두 개의 '부정'이 출현하여 "[부정]+[부정]→긍정"의 의미를 나타내는 형식이다. 이중부정 표현의 목적은 일반적으로 '긍정의 강화'에 있다.

1) 이중부정의 형식

(1) "不+V+不+VP" 식

a. 他们不得不去。(그들은 가지 않으면 안된다.)
Tāmen bù dé bú qù.

b. 现在，他们不能不工作。(현재, 그들은 일을 하지 않을 수 없다.)
Xiànzài tāmen bù néng bù gōngzuò.

두 "不" 사이에는 대개 조동사가 들어간다. 이 이중부정의 의미는 단순히 두 "不" 사이의 동작을 행한다는 정도에서 변화를 일으켜, 그 동작의 수행에 대한 '당위성이나 필연성'을 강조한다.

(2) "非＋V(VP/N/NP/S)＋不可(/行)" 식[64)]

'…하지 않으면 안 된다'는 이중부정을 통한 강조용법이다.

c. 他非走不可！(그는 떠나지 않으면 안 된다.)
Tā fēi zǒu bù kě!

d. 小李却非带现金不可。(이군은 현금을 가지고 다니지 않으면 안 된다.)
XiǎoLǐ què fēi dài xiànjīn bù kě.

e. 家里人都说非小李不行。(집안사람들은 모두 이군이 아니면 안 된다고 한다.)
Jiā lǐ rén dōu shuō fēi xiǎoLǐ bù xíng.

f. 非大家组织起来不能救国！(우리가 뭉치지 않으면 나라를 구할 수 없습니다!)
Fēi dàjiā zǔzhī qǐlai bù néng jiùguó!

예문 c-f의 경우에서 보듯 "非 … 不可(/行)" 사이에는 다양한 구조성분, 즉 '동사, 술목구, 명사, 주술구' 등이 들어갈 수 있다.

(3) "没有"와 "不"의 연용

'예외가 없음'을 강조한다. "所有的…都"나 "全都…" 등으로 바꿀 수 있다.

没有人不去。(가지 않는 사람이 없다.)
Méiyǒu rén bú qù.

= 所有的人都去。(모든 사람들이 다 간다.)
Suǒyǒu de rén dōu qù.

没有人不休息。(쉬지 않는 사람이 없다.)
Méiyǒu rén bù xiūxi.

= 所有的人都休息。(모든 사람들이 다 쉰다.)
Suǒyǒu de rén dōu xiūxi.

---

64) V는 동사, N은 명사, VP는 동사구, NP는 명사구, S는 문장을 각각 의미한다.

2) 이중부정의 의미

(1) 긍정의 강조

이중부정은 긍정을 강조하여 "반드시(必须)", "꼭(一定)"의 뜻을 가진다.

a. 他不会不知道。(그는 모를 리 없다.)
Tā bú huì bù zhīdào.

= 他一定知道。(그는 분명 알 것이다.)
Tā yídìng zhīdao.

b. 他非走不可。(그는 가지 않으면 안 된다.)
Tā fēi zǒu bùkě.

= 他一定要走。(그는 반드시 가야 한다.)
Tā yídìng yào zǒu.

예문을 통해 보듯 부정의 부정은 단순한 긍정이 아니라 오히려 긍정에 대한 '강조표현'이다. 이는 결국 이중부정을 통해 초점을 강화하고자하는 표현수단인 것이다.[65]

4.3.4 부정의 강화와 약화

'정도, 범위, 어투' 등의 수식성분이 부정부사 "不"의 앞에 오면 부정은 강화되고, 이들 성분이 부정부사 "不"의 뒤에 오면 부정은 약화된다. 이를 다음과 같이 표시한다.

부정의 강화형식	수식성분+不+중심어
부정의 약화형식	不+수식성분+중심어

1) 부정의 강화

부정사가 수식어의 뒤로 이동할수록 부정의 어투는 강해진다.

我不想使你心里感到难受。(나는 네가 마음속으로 괴로움을 느끼게 하고 싶은 생각이 없어.)
Wǒ bù xiǎng shǐ nǐ xīnlǐ gǎndào nánshòu.

我想不使你心里感到难受。(나는 네가 마음속으로 괴로움을 안 느끼길 원해.)
Wǒ xiǎng bù shǐ nǐ xīnlǐ gǎndào nánshòu.

65) 徐杰·李英哲(1993:85) 등은 초점(焦点)에 대하여 화자가 강조하는 중점이라고 정의하고, 초점성분 강조수단으로 "是"나 "不"의 예를 든다.

我想使你心里不感到难受。(나는 네가 마음속으로 괴로움을 안 느끼게 하고 싶어.)
Wǒ xiǎng shǐ nǐ xīnlǐ bù gǎndào nánshòu.

부정의 강화 현상에 대해 구체적으로 살펴보자.

(1) "정도성 어휘+不"

정도부사 "很"이나 기타 정도성 어구가 부정부사의 앞에 놓이면 부정의 정도성은 강조된다.

부정의 정도 强		부정의 정도 弱
他身体很不好。 Tā shēntǐ hěn bù hǎo. (그는 몸이 매우 안 좋다.)	>	他身体不很好。 Tā shēntǐ bù hěn hǎo. (그는 몸이 그다지 좋지는 않다.)

(2) "범위 및 빈도성+不"

범위부사 "都"나 빈도부사 "天天"을 부정부사 앞에 놓으면 부정의 '범위'나 '빈도'는 더 커지고 높아진다. 즉 부정부사의 위치와 부사의 위치에 따라 '전체부정'과 '부분부정', 빈도의 고저 등의 의미가 나타난다.

부정의 범위: 전체		부정의 범위: 부분
他们都不来。(그들은 모두 안 온다.) Tāmen dōu bù lái.	>	他们不都来。(그들은 모두 오는 것은 아니다.) Tāmen bù dōu lái.
他天天不上班。(그는 날마다 출근하지 않는다.) Tā tiāntiān bú shàngbān.	>	他不天天上班。(그는 날마다 출근하지는 않는다.) Tā bù tiāntiān shàngbān.
我一直没生病。(나는 줄곧 병을 앓지 않았다.) Wǒ yìzhí méi shēngbìng.	>	我没一直生病。(나는 병을 줄곧 앓지는 않았다.) Wǒ méi yìzhí shēngbìng.

부정의 강화형식에서 부정부사를 수식하는 어구로는 "并, 绝(决), 毫, 丝毫, 从来" 등이 잘 쓰인다.

2) 부정의 약화

수식어가 부정부사의 뒤로 이동하면 부정의 어투는 약해지고, 부정의 범위나 빈도도 좁아진다. 이 경우는 부드러운 부정의 어투이다.

(1) "不＋정도성 어휘"

정도부사 "很"이나 기타 정도성 어구가 부정부사의 뒤에 놓이면 부정의 정도성은 약화된다.

我不很高兴。(나는 기분이 매우 좋지는 않다.)
wǒ bù hěn gāoxìng.

这个问题不那么简单。(이 문제는 그렇게 간단하지는 않다.)
Zhè ge wèntí bú nàme jiǎndān.

부정의 약화식인 "不＋정도성 수식어"에는 주로 "大, 太, 很, 够, 十分, 怎么, 那么, 必" 등의 낱말 쓰인다.

(2) "不＋범위 및 빈도성"

범위부사 "都"나 빈도부사 "天天"을 부정부사 뒤에 놓으면 부정의 '범위'나 '빈도'는 더 작고 낮아진다.

他们不都是青壮年吗? (그들 모두 청장년은 아니잖습니까?)
Tāmen bù dōu shì qīngzhuàngnián ma?

我不再去那个地方。(나는 더 이상 그곳에 가지 않는다.)
Wǒ bú zài qù nà ge dìfang.

부정의 약화식인 "不＋범위/빈도"에는 "都, 只, 光, 一直, 天天, 常, 再" 등의 수식어구가 쓰인다. 이때 부정범위는 '부분부정'으로 바뀌며, 빈도성도 약화된다.

부정의 강화와 약화현상 속에 작용하는 원리는 간단하다. 부정부사는 바로 뒤의 부분을 초점적으로 강조한다는 점이다. 따라서 피수식술어와 최대한 가까이 있을 때 가장 강한 부정이 된다. 반면 이 중간에 어떤 '정도, 범위 및 빈도' 등의 의미가 끼어들면 부정의 의미는 약화된다.

이상 이중부정과 부정의미의 강약에 대하여 표로 요약한다.

◆ 이중부정과 부정의 강화와 약화

<table>
<tr><th colspan="4">이중부정과 부정의미의 강약</th><th>예 문</th></tr>
<tr><td rowspan="3">이중
부정</td><td colspan="3">“不+V+不+VP”</td><td>现在，他们不能不工作。</td></tr>
<tr><td colspan="3">“非+V(VP/N/NP/S)+不可(/行)”</td><td>他非走不可!</td></tr>
<tr><td colspan="3">“没有”와 “不”의 연용</td><td>没有人不休息。</td></tr>
<tr><td rowspan="6">부정
의미의
강약</td><td rowspan="3">강화
형식</td><td rowspan="3">부식성분+不+중심어</td><td>정도</td><td>我很不高兴。</td></tr>
<tr><td>범위</td><td>我一直没生病。</td></tr>
<tr><td>빈도</td><td>他天天不上班。</td></tr>
<tr><td rowspan="3">약화
형식</td><td rowspan="3">不+수식성분+중심어</td><td>정도</td><td>我不很高兴。</td></tr>
<tr><td>범위</td><td>我没一直生病。</td></tr>
<tr><td>빈도</td><td>他不天天上班。</td></tr>
</table>

(예문의 해석과 한어병음은 본문에서 제시되었으므로 생략함)

MEMO

연습 23

1. 다음 주어진 단어를 적합한 위치에 넣으시오.

⑴ 你_A_想_B_想过有一天你也_C_能_D_有那么多歌迷?
没

⑵ 你朋友_A_想_B_想_C_参加咱们的晚会呀_D_?
不

⑶ _A_听说_B_考试不及格，我吓得话也_C_说_D_出来了。
不

2. 다음 두 문장 중에서 틀린 문장을 고르시오.

⑴ A. 直接跟他说就可以了，有什么不好意思的。 (　　)
B. 直接跟他说就可以了，没有什么好意思的。 (　　)

⑵ A. 连这个箱子都没拿动，你也太不劲了! (　　)
B. 连这个箱子都拿不动，你也太没劲了! (　　)

⑶ A. 我说话这么大声，你难道听不见吗? (　　)
B. 我说话这么大声，你还不听得见吗? (　　)

3. 다음 보기에서 적당한 단어를 골라 문장의 빈칸을 채우시오.

<보 기>

不 / 没 / 非

(1) 我们都忘了妈妈的生日，谁都________送她礼物。

(2) 谁也________知道他去了哪里。

(3) 你出院的时候，________要医生收下他的礼物不可。

(4) 他从来________生病，一次都________去过医院。

(5) 孩子好不容易考上了大学，你可别舍________得那点儿学费。

4. 다음 주어진 단어를 배열하여 문장을 만드시오.

(1) 你　电脑　文件　学　处理　用　没　过　吗

☞ ________________________________

(2) 你　人　这　故意　吃亏　不是　让　吗

☞ ________________________________

(3) 金老师　同学　我们班　没有　一个　不　喜欢

☞ ________________________________

4.4 문장의 어투

4.4.1 어투의 정의

어투란 말하는 이의 '정서가 말 가운데 배어난 것'을 말한다.

다음 예를 보자.

你 很 忙 Nǐ hěn máng	的。 de.	당신은 매우 바쁩니다.
	啊! a!	당신은 매우 바쁘군요!
	嘛! ma!	당신은 매우 바쁘잖아!
	哪! na!	당신은 굉장히 바쁘군요!
	吗? ma?	당신은 매우 바쁩니까?
	吧? ba?	당신은 매우 바쁘죠?

위의 각 예는 '당신은 바쁘다'는 화자의 진술 내용에 대하여 말하는 사람의 다양한 어투를 보여준다. 여기서 어투의 차이는 문미에 위치한 "어기조사(语气助词)"[66]의 차이에 기인한다.

어투는 어조, 어순, 동사의 형태 변화, 감탄사, 음의 장단 등 다양한 방법으로 표출된다. 특히 중국어에는 전문적으로 어투를 표현하는 "어기조사(语气助词)"라는 품사가 존재한다. 이는 중국어의 특징 중의 하나라 할 만하다. 여기서는 중국어에서 전문적으로 어투를 나타내는 '어기조사', '감탄사' 및 '일부의 부사'들이 서로 호응하며 일정한 어투를 나타내는 현상에 대하여 집중적으로 살펴보자.

4.4.2 어투 표현요소

어투는 대부분 어기조사의 호응으로 표현되나 감탄어투는 주로 감탄사에 의하여 표현된다. 또 동일한 '어기조사'는 종종 하나의 어투만을 표현하는 것이 아니라 여러 가지의 어투를 표현하므로 주의가 필요하다.

아래에서 어기조사, 감탄사 및 각종 어투표현과 호응하는 일부의 부사들에 대하여 도표로 제시한다.

1) 어기조사

조사의 한 부류로 문미에 위치하여 각종 어투를 나타낸다.

---

66) 본문에서 말하는 '어기'와 '어투'는 사실상 같은 말이지만 중국어에서 고유한 품사의 하나로 "어기조사"가 있으므로 '술어'적으로 말할 때는 "어기조사"라는 말을 쓰나 일반적으로는 모두 '어투'라는 말로 통일한다. (어기조사 → 4장의 11 참조)

◆ **어기조사 표**

어기조사의 음	어기조사의 종류
[a] 및 그 변체	啊, 呀, 哇, 哪, 呕, 哟
[ba] 및 그 변체	吧, 罢, 呗
[ba le]	罢了
[de]	的
[jiu shi le]	就是了
[le] 및 그 변체	了, 啦, 咯, 喽
[ma] 및 그 변체	吗, 么, 嘿, 嘛
[ne] 및 그 변체	呢, 呐, 哪, 哩, 咧
[zhe ne]	着呢

표에서 말하는 '변체(变体)'란 하나의 "어기조사"가 앞의 음절의 영향으로 유사한 음으로 '변이 형태'가 생긴 경우를 말한다.[67)]

"啊"의 변체에 대하여 살펴보자.

走 zou	a (啊)	ua → wa 走哇!
谁 shei		ia → ya 谁呀?
看 kan		na → na 看哪!

2) 감탄사

문장의 밖(일반적으로 제일 앞)에 놓여 감탄의 어투를 나타내는 품사의 하나이다.

67) 이외에 뒤의 음절의 영향으로 앞의 음절에 변이가 생기는 예도 있다. 예를 들어 연속하는 두 음절 사이에 앞음절의 운미 '[-n]'은 뒤의 음절 이 '[b-], [m-], [p-]' 등 입술소리로 시작하는 음절이 오면 '[-m]'으로 변한다. 面包([miànbao]→[miàmbao]), 南面([nánmiàn]→[námmiàn]), 南浦([nánpǔ]→[námpǔ]). 그러나 중국어에서 이러한 음운 변이("音变")현상은 매우 희귀하여 또 다른 예를 찾기 어렵다.

◆ 감탄사 표

감탄사의 음	감탄사의 종류
[a] 및 그 변체	啊, 阿, 嗬, 呀, 啊呀
[ai], [ei] 및 그 변체	哎, 嗳, 唉, 哎呀, 哎哟
[o] 및 그 변체	噢, 喔, 哦, 呕
[wei]	喂
[yi]	咦
[yo] 및 그 변체	哟, 呦
[ha]	哈
[hai], [hei] 및 그 변체	嗨, 咳, 嗐, 嘿
[he] 및 그 변체	嗬, 喝, 吓, 嚄
[hng]	哼
[ng]	嗯
[pei]	呸

3) 기타 표현요소

(1) 부사

현대중국어 부사 가운데 특히 "어기부사(语气副词)"는 어투를 나타내는 기능을 한다. 어기부사는 일정한 언어 환경 가운데 단독 혹은 "어기조사" 및 관련 어구들과 호응하여 '일정한 어투'를 나타낸다. 다음 표를 보자.

◆ 어기부사에 의한 어투표현과 어기조사와의 호응

어기부사의 어투		어기부사	호응하는 어기조사
추측 어투		大概, 也许, 说不定, 恐怕	吧
과장 어투	확대	才, 还, 可	呢
	축소	不过, 只是	罢了
반문 어투		难道	吗
감탄 어투		可, 多么	啊

이외에 어기조사와 호응하지 않으면서도 각종 어투를 나타내는 '어기부사'가 있다. (어기부사 → 4장 8.1 참고)

(2) 어순

어순도 어투를 표현하는 하나의 수단이 되며, 주로 '감탄'이나 '과장'의 어투를 나타낸다. 일정한 어투를 표현하는 '어순형식'에 대해 살펴보자.

a. 那儿这个冷啊，就甭提了！〈과장어투, “这(/那)个＋VP＋啊”〉
Nàr zhè ge lěng a, jiù béng tí le!
(그곳의 그 추위 말이야, 말도 말아라!)

b. 你给我少说一句吧。〈명령어투, “给我＋VP”〉 (너는 나에게 잔소리 좀 적게 해라.)
Nǐ gěi wǒ shǎo shuō yí jù ba.

c. 你随你的便！〈명령어투, “你＋V＋你的(＋N)”[68]〉 (네 마음대로 하여라!)
Nǐ suí nǐ de biàn!

d. 不去就不去吧！〈(억지로) 동의어투, “VP＋就＋VP”〉 (가기 싫으면 안 가도 돼!)
Bú qù jiù bú qù ba!

이상과 같은 여러 표현요소에 의해 표현되는 어투는 대체로 ‘진술, 의문, 명령, 감탄’의 어투로 나뉜다.[69] 이들은 다시 여러 가지 구체적인 어투로 세분된다. 구체적인 어투에 대하여 살펴보자.

4.4.3 진술어투

먼저 다음 도표를 보자.

◆ 진술어투의 분류와 표현 요소

<table>
<tr><th colspan="2">진술 어투</th><th>예문</th></tr>
<tr><td rowspan="6">확인, 확정</td><td rowspan="3">的</td><td>ⓐ 他是不会生气的。Tā shì bú huì shēngqì de. (그는 화내지 않는다.)</td></tr>
<tr><td>ⓑ 我会尽我的力量来帮助你的。(나는 내 힘이 닿는 대로 너를 도와줄 거야.)
Wǒ huì jìn wǒ de lìliang lái bāngzhù nǐ de.</td></tr>
<tr><td>ⓒ 是啊，那是一点儿也不错的。(맞아요, 조금도 틀림없다니까요.)
Shì a, nà shì yìdiǎnr yě búcùo de.</td></tr>
<tr><td rowspan="3">“了”와 변체</td><td>ⓓ 准是发生什么事了。Zhǔnshì fāshēng shénme shì le.
(틀림없이 무슨 일이 일어난 것이야.)</td></tr>
<tr><td>ⓔ 好了，我们是一条船上的人啦。(됐어요, 우리는 한 배에 탄 사람이잖아요.)
Hǎo le, wǒmen shì yì tiáo chuán shang de rén la.</td></tr>
<tr><td>ⓕ 柴够一年烧的了。(땔감은 일 년 동안 때기에 충분해졌다.)
Chái gòu yì nián shāo de le.</td></tr>
</table>

---

68) 이 어순구조는 “的”와 밀접한 관련이 있으며, 다양한 명령의 어투를 나타낸다. 예를 더보자.
您坐着您的！(당신은 당신자리에 앉으세요!)
没什么的，你走你的吧！(아무 것도 아니니, 네 갈 길을 가거라.)
你去你的，你这是骗谁？(집어치워, 당신 이거 누굴 속이는 거야?)

69) 이는 표현기능에 따른 문장의 네 종류와 같다. 이에 대해서는 6장의 3.2를 참조하라.

이치적으로 그러함	嘛	ⓖ 这很简单嘛，发什么愁。(이거 아주 간단한데, 무슨 걱정을 하니.) Zhè hěn jiǎndān ma, fā shénme chóu.
		ⓗ 这简直是开玩笑嘛。Zhè jiǎnzhí shì kāiwánxiào ma. (이거 정말로 농담이잖아.)
	呗	ⓘ 有困难就克服呗。Yǒu kùnnán jiù kèfú bei. (어려움이 있으면 극복하는 거지.)
		ⓙ 个人有个人的心事呗! Gèrén yǒu gèrén de xīnshì bei! (각각 자신의 고민이 있는 거지.)
설명, 변명	啊	ⓚ 是啊，谁不想参加活动，就是没工夫啊! Shì a, shéi bù xiǎng cānjiā huódòng, jiùshì méi gōngfu a!(그래, 누가 활동에 참가하고 싶지 않겠어, 다만 시간이 없을 뿐이잖아!)
		ⓛ 我从前也并不小气呀! (나는 이전에도 결코 째째하지 않았다구!) Wǒ cóngqián yě bìng bù xiǎoqi ya!
깨닫게 함	"啊" 및 변체 "哟", "呕", "噢", "喽"	ⓜ 你们可别介意啊! Nǐmen kě bié jièyì a! (여러분 개의치 말아요!)
		ⓝ 不哭喽! 得商量商量怎么办事哟! (울지 말아요! 어떻게 일을 처리할 지 의논해야죠!) Bù kū lou! Děi shāngliáng shāngliáng zěnme bàn shì yo!
		ⓞ 王大妈，看新衣裳呕! Wáng dàmā, kàn xīn yīshang ou! (왕 아주머니, 새 옷 보세요!)
		ⓟ 开会去喽! 快到时间啦! (회의에 가야지! 시간이 다 되가!) Kāihuì qù lou! Kuài dào shíjiān la!
불만	啊	ⓠ 你倒生气了，唉，你呀! Nǐ dào shēngqì le, āi, nǐ ya! (네가 도리어 화를 내, 에이, 너!)
	了	ⓡ 你疯了! Nǐ fēng le!(너 미쳤구나!)
	算了(吧)	ⓢ 算了算了! 气话不要说了! (그만두자! 화나는 말은 하지 말아라!) Suàn le suàn le! Qìhuà bú yào shuō le.
		ⓣ 你老人家算了吧!Nǐ lǎorénjiā suàn le ba! (어르신 됐어요, 그만두세요!)
과장	확대 呢	ⓤ 三里路呢，够远的。Sān lǐ lù ne, gòu yuǎn de. (3 리 길이나 되니, 아주 멀다.)
	확대 哩	ⓥ 那时候做百姓才难哩。(그때는 백성노릇하기 정말 어려웠어.) Nà shíhour zuò bǎixìng cái nán li.
	확대 着呢	ⓦ 别看人小，自尊心可强着呢!(사람 어리게 보지 마라, 자존심이 정말 강해요!) Bié kàn rén xiǎo, zìzūnxīn kě qiáng zhe ne!
	축소 罢了	ⓧ 三里路罢了，还坐什么车! (3 리 길일뿐인데, 무슨 차를 타느냐!) Sān lǐ lù bà le, hái zuò shénme chē!
		ⓨ 不过是梦罢了，这些事都是梦。(꿈에 불과해, 이 일들은 모두가 꿈이야.) Búguò shì mèng bà le, Zhèxiē shì dōu shì mèng.

가정	呢	ⓩ 若有呢，拿出来，若没有呢，叫人去买。(만약에 있으면 내놓고, 없으면 다른 사람을 시켜 사 오도록 해.)Ruò yǒu ne, ná chūlai, ruò méiyǒu ne, jiào rén qù mǎi.
	吧	㉮ 说话吧，没的可说；不说话吧，又解决不了问题.(말하자니, 말할만한 것이 없고; 말하지 않자니, 문제를 해결할 수 없다.)Shuō huà ba, méi de kě shuō; bù shuō huà ba, yòu jiějuébuliǎo wèntí.
추측	大概…吧	㉯ 大概是没有人吧。Dàgài shì méiyǒu rén ba. (아마 아무도 없나 보다.)
	一定…吧	㉰ 咱们不一定急在这一两天吧。(우리는 이 며칠만 바쁘지는 않겠지.) Zánmen bù yídìng jí zài zhè yì liǎng tiān ba.
	了吧	㉱ 你现在觉得好一点儿了吧? Nǐ xiànzài juéde hǎo yìdiǎnr le ba? (너는 지금 좀 괜찮아졌겠지?)

설명

'진술'이라는 큰 범주의 '어투' 속에는 여러 가지 하위 어투를 가진다. 하나하나 살펴보자.

1) '확인' 이나 '확정' 의 어투

예 ⓐ-ⓒ를 보자. 확인의 어투에는 "的"가 많이 쓰인다. 또 예 ⓓ-ⓕ를 보자. "了" 및 그 변체도 자주 쓰인다. 인간의 인식이 '사태변화 → 확인 혹은 인식'이라는 사유 과정을 밟기 때문일 것이다.

2) '이치적으로 그러함' 의 어투

예 ⓖ-ⓙ를 보자. 이러한 어투에는 "嘛"와 "呗"가 상용된다.

3) '설명이나 변명' 의 어투

예 ⓚ-ⓛ을 보자. 상황이 어떠하다고 '설명하거나 변명'하는 어투로 "啊"가 주로 쓰인다.

4) '깨닫게 함' 의 어투

상대방으로 하여금 깨닫게 하고자하는 어투이다.

예 ⓜ-ⓟ를 보자. 이러한 어투는 어기조사 "啊" 및 그 변체 "哟", "呕", "噢", "喽" 등에 의해 표현된다.

5) '불만' 의 어투

예 ⓠ-ⓣ를 보자. '불만'의 어투는 주로 "啊", "了", "算了" 등에 의해 표현된다. 특히 "算了"는 "吧"와 호응하여 실망이나 불만의 어투를 나타낸다.

6) '과장' 의 어투

과장에는 '확대과장'과 '축소과장'이 있다.[70]

예 ⓤ-ⓦ를 보자. 어기조사 "呢"는 주로 확대과장의 어투를 나타낸다. 확대과장의 어투는 부사 "才", "还", "可", "好" 등이 "呢"와 호응하는 경우가 대부분이다.

예 ⓧ-ⓨ를 보자. 축소과장의 어투는 "상관없음, 매우 쉬움" 따위의 어투를 표현한다. "不过", "只是" 등이 "罢了", "而已" 등과 호응하여 표현한다.

7) '가정' 의 어투

가정의 어투에는 어기조사 주로 "呢"나 "吧"의 호응이 이루어진다.

예 ⓩ와 ㉮를 보자. 가정의 어투는 의미적으로 '대응'되는 것을 연용시켜 '이렇게 한다 해도 어떠하고, 저렇게 한다 해도 어떠하다'는 어투를 나타내기도 한다.

8) '추측' 어투

예 ㉯-㉱를 보자. 추측어투는 어기부사 "大概, 大约, 也许, 恐怕" 및 "说不定" 등 어구와 역시 추측의 어투를 표시하는 어기조사 "吧"를 호응시켜 표현한다.

4.4.4 의문어투

의문어투는 '예/아니오'를 요구하는 의문어투와 이것을 요구하지 않고 '구체적인 의문점'을 묻는 의문어투 그리고 '반문'의 어투로 나뉜다. 먼저 도표를 보자.

◆ 의문 어투와 그 표현법

의문 어투		예문
'예/아니오'를 요구하는 의문어투	어기조사만 쓰는 경우	ⓐ 昨天夜里没下雪吗? Zuótiān yèli méi xià xuě ma? (어제 밤에 눈이 내리지 않았습니까?)
		ⓑ 还没起来呀? Hái méi qǐlái ya? (아직 안 일어났어?)
		ⓒ 天亮了吧? Tiān liàng le ba? (날이 밝았겠지?)
		ⓓ 那么你一定是李小龙了? Nàme nǐ yídìng shì Lǐ Xiǎolóng le? (그렇다면 당신은 틀림없이 리샤오롱이었겠군요?)

---

70) 한편 "就是了"는 과대도 축소도 아닌 '긍정'의 어투를 나타낸다.
姐姐们说的, 我记着就是了。(언니들이 말한 것은 내가 기억하고만 있으면 돼.)

	"의문대체사+吗"인 경우	ⓔ A: 你想吃什么吗? Nǐ xiǎng chī shénme ma? (뭘 '먹고 싶니'?) B: 是，我很想吃。Shì, wǒ hěn xiǎng chī. (네, 무척 먹고 싶어요.)
		不，我不想吃。Bù wǒ bù xiǎng chī. (아니요, 먹고 싶지 않아요.)
구체적인 '의문점'을 묻는 의문 어투	의문대체사+각종 어기조사	ⓕ 你父母在哪里呢? Nǐ fùmǔ zài nǎlǐ ne? (네 부모님은 어디에 계시니?)
		ⓖ 妹妹几岁了? Mèimei jǐ suì le? (여동생은 몇 살이니?)
		ⓗ 你上哪儿去喽? Nǐ shàng nǎr qù lou? (어디 가니?)
		ⓘ 他们什么时候走的? Tāmen shénme shíhou zǒu de? (그들은 언제 떠난 겁니까?)
'반문' 어투	难道…吗	ⓙ 难道我怕吗? Nándào wǒ pà ma? (내가 두려워하겠어?=나는 전혀 두렵지 않다.)
		ⓚ 难道我会不帮忙吗? (설마 내가 도와주지 않겠어?=나는 반드시 도와 줄 것이다.) Nándào wǒ huì bù bāngmáng ma?
	谁…呀	ⓛ 谁怕呀? Shéi pà ya? (누가 겁나랴?=아무도 겁나지 않다.)
		ⓜ 谁会不帮忙呢? Shéi huì bù bāngmáng ne? (누가 돕지 않겠는가?=모두 도울 것이다.)

설명

1) '예/아니오'를 요구하는 의문어투

이는 화자가 청자에게 '긍정이나 부정의 대답'을 원하는 의문어투이다.

(1) 문미에 어기조사만 있는 경우

먼저 예 ⓐ-ⓓ를 보자. 어기조사 "吗" "啊" "吧" "了" 등이 자주 쓰인다. 특히 예 ⓒ-ⓓ에서 보듯 '추측'의 어투를 나타내는 어기조사 "吧"와 "了"도 "예/아니오"의 답을 요구하는 의문어투를 나타낼 수 있다.

(2) "의문대체사+吗"인 경우

의문대체사가 있는 의문문에는 일반적으로 "吗"를 쓸 수 없다. 이는 의문대체사가 어떤 '한정성이 있는 대상에 대하여 구체적으로 묻는 성질'이 있기 때문이다. 따라서 "예/아니오"를 묻는데 초점이 있는 "吗"와는 의미적으로 충돌된다. 그러나 예 ⓔ를 보자. 의문대체사가 있음에도 불구하고 "吗"가 쓰였다면 이때의 의문대체사는 구체적인 의문점을 묻는 경우가 아니다. 이때 의문의 초점은 '예/아니오'로 바뀐다.

기타 "是…还是…"의 '선택식의문문' 및 '정반식의문문'에는 "吗"를 쓸 수 없다.

2) '예/아니오'를 요구하지 않는 의문어투

이는 바로 의문대체사를 쓰는 의문어투이다(의문대체사→ 4장의 2.3 참조). 이때는 구체적인 내용에 대한 '지정성 의문'을 한다. 따라서 '예/아니오'의 답이 아니라 질문에 따른 구체적인 답을 요구하는 어투이다.

예 ⓕ-ⓘ를 보자. "吗"를 제외한 "呢", "啊", "了", "的" 등 여러 어기조사가 의문대체사와 호응할 수 있다.

3) '반문' 의 어투

반문(反问)은 어기조사를 쓰거나 의문대체사를 쓰는 등 문장의 형식은 질문의 형식이나 그 목적은 '질문'에 있지 않다. 즉, 질문형식과 정반대가 되는 의미를 강조하여 표현하고자 하는 의도에서 의문형식을 띠고 나온 표현법이다. 따라서 문의 형식과 그 의미는 정반대이다.

예 ⓙ, ⓛ처럼 '긍정형식'이면 '부정'의 의미를 나타내며, ⓚ와 ⓜ처럼 '부정형식'이면 '긍정'의 의미를 표시한다. 반문(反问) 형식은 어기부사 "难道", 의문대체사 "谁"와 각종 의문어기조사 등의 호응으로 표현된다.

4.4.5 명령어투

'명령' 뿐만 아니라 '요청', '건의', '재촉', '금지' 등의 어투를 모두 포함한다. 먼저 도표를 보자.

◆ 명령 어투와 그 표현법

명령 어투		예문
요청	吧	ⓐ 你少说闲话吧! Nǐ shǎo shuō xiánhuà ba! (잡담 좀 말아 주세요!)
		ⓑ 你回来吧, 我告诉你一句话。Nǐ huílái ba, wǒ gàosu nǐ yí jù huà. (돌아오세요, 내가 당신에게 한 마디 하겠어요.)
	啊	ⓒ 你千万记住, 不能失信, 要等我啊。Nǐ qiānwàn jìzhù, bù néng shīxìn, yào děng wǒ a. (제발 기억해, 약속을 저버리면 안 돼, 나를 기다려야 해.)
건의	吧	ⓓ 我们还是回去吧。Wǒmen háishi huíqù ba. (우리 역시 돌아갑시다.)
		ⓔ 快坐下吧! Kuài zuò xià ba!(빨리 좀 앉으시죠!)
	了	ⓕ 天也不早了, 你也该歇了。Tiān yě bù zǎo le, nǐ yě gāi xiē le. (시간도 늦었으니 당신도 쉬어야만 해요.)
재촉	快	ⓖ 妈! 快拿来呀! Mā! Kuài ná lái ya! (엄마! 빨리 좀 가져다주세요!)
		ⓗ 快一点嘛! 你们快一点嘛! Kuài yìdiǎnr ma! Nǐmen kuài yìdiǎnr ma! (좀 더 빨리요! 여러분 좀 더 빨리요!)
금지	别…了	ⓘ 你别说话了。Nǐ bié shuō huà le. (말하지 마시오.)
	别那么…哪	ⓙ 我说, 别那么办哪! Wǒ shuō, bié nàme bàn na!(그렇게 하지 말라니까요!)

	不得	ⓚ 闲人不得进入。Xiánrén bùdé jìnrù. (관계자 외에 출입 금합니다.)
	不许	ⓛ 你们不许在这儿玩。Nǐmen bùxǔ zài zhèr wánr. (너희들 여기서 놀면 안 돼.)
	不要	ⓜ 你不要生气，他不是那个意思。Nǐ búyào shēngqì, tā bú shì nà ge yìsi. (너 화내지 마. 그 애의 뜻은 그런 게 아니야.)

설명

1) '요청'의 어투

예 ⓐ-ⓑ를 보자. 어기조사 "吧"를 더하면 어투가 부드러워진다. 반면, 예 ⓒ처럼 "啊"를 부가하면 어투가 더욱 강해진다.

2) '건의'나 '재촉'의 어투

예 ⓓ-ⓗ를 보자. '건의'나 '재촉'의 어투도 어기조사 "吧", "啊(呀)" 및 "了", "嘛" 등의 호응으로 표현된다. 예 ⓔ, ⓗ 등에서 보듯 재촉의 어투를 강조할 때는 부사어 "快"와 호응한다.

3) '금지'나 '명령'의 어투

'금지'의 어투는 '부정+조동사' 구조 및 이와 유사한 의미의 어구 "别", "不得", "不要", "不许", "不准" 등과 일부 어기조사의 호응에 의해 표시된다.

예 ⓚ-ⓜ을 보자. 어기조사는 '어투를 완화시키는 기능'이 있으므로 '금지'나 '명령'의 어투에는 잘 쓰이지 않는다. '금지'나 '명령'에는 뜻이 분명하게 전달되길 바라는 화자의 심리가 개입되어 있기 때문이다.

4.4.6 감탄어투

감탄어투는 주로 감탄사에 의해 표현되며, 어기조사 및 '정도성'의 부사들과의 호응이 이루어진다. 다음 예문을 보자.

a. 啊! 我亲爱的祖国! (아! 나의 사랑하는 조국!)
Ā! Wǒ qīn'ài de zǔguó.

b. 啊啊! 何等壮丽的景色! (아! 얼마나 아름다운 경치인가!)
ĀĀ! Héděng zhuànglì de jǐngsè!

c. 天大的喜事儿啊! (굉장히 기쁜 일이다!)
Tiān dà de xǐshìr a!

d. 多么好啊, 多么好! (얼마나 좋은가, 얼마나 좋아!)
Duōme hǎo a, duōme hǎo!

예 a-b는 '감탄사' "啊" 및 그 변체가 문장의 앞에 쓰인 경우이고, c-d는 어기조사 "啊"가 문미에서 '감탄'의 어투를 표시하는 경우이다. 이 때 일반적으로 "可, 多, 何等, 多么, 好, 真" 등의 어기부사와 호응된다.

이상 어투표현에 관한 내용을 총괄하여 표로 요약한다.

◆ 어투 표현요소와 유형 표

<table>
<tr><th colspan="5">어투 표현요소와 유형</th><th>예 문</th></tr>
<tr><td rowspan="26">어투</td><td rowspan="9">표현
요소</td><td colspan="3" rowspan="3">어기조사</td><td>ⓐ 你很忙的。</td></tr>
<tr><td>ⓑ 你很忙吧?</td></tr>
<tr><td>ⓒ 你很忙吗?</td></tr>
<tr><td colspan="3">감탄사</td><td>ⓓ 啊啊! 何等壮丽的景色!</td></tr>
<tr><td colspan="3">부사</td><td>ⓔ 这简直是开玩笑嘛。</td></tr>
<tr><td rowspan="4">어순</td><td colspan="2">"这(/那)个+VP+啊" (과장)</td><td>ⓕ 那儿这个冷啊, 就甭提了!</td></tr>
<tr><td colspan="2">"给我+VP" (명령)</td><td>ⓖ 你给我少说一句吧。</td></tr>
<tr><td colspan="2">"你+V+你的(+N)" (명령)</td><td>ⓗ 你随你的便!</td></tr>
<tr><td colspan="2">"VP+就+VP"
(억지로 동의 어투)</td><td>ⓘ 不去就不去吧!</td></tr>
<tr><td rowspan="17">유형과
표현</td><td rowspan="9">진술</td><td colspan="2">'확인', '확정'</td><td>ⓙ 我会尽我的力量来帮助你的。</td></tr>
<tr><td colspan="2">'이치상 그러함'</td><td>ⓚ 个人有个人的心事呗!</td></tr>
<tr><td colspan="2">'설명이나 변명'</td><td>ⓛ 我从前也并不小气呀!</td></tr>
<tr><td colspan="2">'깨닫게 함'</td><td>ⓜ 开会去喽! 快到时间啦!</td></tr>
<tr><td colspan="2">'불만'</td><td>ⓝ 你老人家算了吧!</td></tr>
<tr><td rowspan="2">과장</td><td>확대과장</td><td>ⓞ 三里路呢, 够远的。</td></tr>
<tr><td>축소과장</td><td>ⓟ 三里路罢了, 还坐什么车!</td></tr>
<tr><td colspan="2">가정</td><td>ⓤ 浪漫吧, 怕危险, 老实吧, 又无聊。</td></tr>
<tr><td colspan="2">추측</td><td>ⓥ 大概是没有人吧。</td></tr>
<tr><td rowspan="4">의문</td><td colspan="2" rowspan="2">'예, 아니오' 요구 의문</td><td>ⓠ 昨天夜里没下雪吗?</td></tr>
<tr><td>ⓡ 你想吃什么吗?</td></tr>
<tr><td colspan="2">'예, 아니오' 요구 아닌 의문</td><td>ⓢ 你父母在哪里呢?</td></tr>
<tr><td colspan="2">반문</td><td>ⓣ 难道我会不帮忙吗?</td></tr>
<tr><td rowspan="3">명령</td><td colspan="2">'요청'</td><td>ⓦ 你少说闲话吧!</td></tr>
<tr><td colspan="2">'건의'나 '재촉'</td><td>ⓧ 妈! 快拿来呀!</td></tr>
<tr><td colspan="2">'금지'나 '명령'</td><td>ⓨ 你们不许在这儿玩。</td></tr>
<tr><td colspan="3">감탄</td><td>ⓩ 啊! 我亲爱的祖国!</td></tr>
</table>

(예문의 해석과 한어병음은 본문에서 제시되었으므로 생략함)

MEMO

연습 24

1. 다음 주어진 단어를 적합한 위치에 넣으시오.

(1) _A_我_B_玩游戏机_C_是学习之余的休息_D_罢了，并没有瘾。

不过

(2) _A_这哪里_B_是一份小学生的作业呀，_C_是一篇_D_硕士论文!

简直

(3) _A_先_B_把结果告诉其他_C_人，等等_D_再说。

别

2. 다음 보기에서 적당한 단어를 골라 문장의 빈칸을 채우시오.

<보 기>

嘛 / 啊 / 呢 / 吧 / 罢了 / 算了

(1) 他今年都37岁了，大概早有对象了__________!

(2) 做饭太麻烦了，我们干脆去买几个面包__________。

(3) 路上一定要注意 安全__________!

(4) 你喜欢这件衣服就穿__________，别管别人说什么。

(5) 我不过开个玩笑__________，千万别当真。

3. 다음 두 문장 중에서 틀린 문장을 고르시오.

(1) A. 冰箱里的面包已经坏了，别吃了。 (　　)
B. 冰箱里的面包已经坏了，别吃呗。 (　　)

(2) A. 她上班还不到一年，可能不太适应吧。 (　　)
B. 她上班还不到一年，可能不太适应啊。 (　　)

(3) A. 你猜对了，我就是韩国人嘛! (　　)
B. 你猜对了，我就是韩国人呢! (　　)

4. 다음 그림에 알맞는 문장을 찾아 연결하시오.

(1)  · 　　· (a) 对不起，我错了。

(2)  · 　　· (b) 太漂亮了！谢谢你！

(3)  · 　　· (c) 我现在很忙，你五分钟后再打，好吗？

(4)  · 　　· (d) 今天还是阴天，这天气多么冷啊!

(5)  · 　　· (e) 这个药一天吃几次呢？

MEMO

연습문제 정답

1장 서론

1. ① 普通话 ② 国语 ③ 华语
2. <생략>
3. 형태소(语素)<단어(词)<구(短语/词组)<문장(句子)<단락(句群)
4. (1) a: 그녀는 샤오리를 사랑한다;
   b: 샤오리는 그녀를 사랑한다
   (2) a: 노신이 쓴 문장
   b: 노신에 대해 쓴 문장
   (3) a: 그는 아는 게 완전히(/아주) 없다
   b 그는 완전히 아는 것은 아니다
   (4) a: 다시 좀 더 이야기하다;
   b: 조금 있다가 다시 이야기하다

2장 형태소

1. ⓐ 음 ⓑ 의미 ⓒ 문법단위
2. ⓐ 자음과 자의는 같으나 자형이 다른 경우의 글자
   ⓑ 자음과 자형은 같으나 의미가 다른 경우의 글자
   ⓒ 자음과 자형이 다르지만 자의가 같은 경우의 글자
3. 쌍성: 参差, 琉璃 첩운: 玫瑰, 蜻蜓
4. -夫, -家, -生, -手, -士, -员, -匠, -长, -汉, -工, -迷, -族, -星, -翁, -鬼
5. ⓐ [-们]: 我们, 你们, 他们
   ⓑ [-儿]: 画儿, 尖儿, 小孩儿
   ⓒ [-子]: 孩子, 桌子, 杯子

3장 단어

1. ① 외래어: 逻辑, 咖啡
   ② 의성어: 丁当 , 扑通
   ③ 太太 , 猩猩
2.

<table>
<tr><td colspan="3">병렬식</td><td>人民, 开关, 手足</td></tr>
<tr><td rowspan="3">수식식</td><td rowspan="3">중심형태소</td><td>명사성</td><td>马路, 黑板, 来信, 纸张</td></tr>
<tr><td>동사성</td><td>云集, 重视, 互助, 流动</td></tr>
<tr><td>형용사성</td><td>雪白, 鲜红, 透明</td></tr>
<tr><td colspan="3">술목식</td><td>出席, 开幕, 注意</td></tr>
<tr><td colspan="3">술보식</td><td>打倒, 改善, 促进</td></tr>
<tr><td colspan="3">주술식</td><td>头痛, 年轻, 胆小</td></tr>
<tr><td colspan="3">중첩식</td><td>妈妈, 哥哥, 常常</td></tr>
</table>

3. ① 红绿灯 → {(红 + 绿) + 灯}
   → {(병렬) + 수식}
   ② 计算机 → {(计 + 算) + 机}
   → {(병렬) + 수식}
   ③ 人行道 → {(人 + 行) + 道}
   → {(주술) + 수식}
   ④ 说明书 → {(说 + 明) + 书}
   → {(술보) + 수식}
   ⑤ 豆制品 → {豆 + (制 + 品)}
   → {수식 + (술목)}

4장 품사_명사

1. (1) A (2) D (3) C
2. (1) 上 (2) 会议室 (3) 衣服
   (4) 天天 (5) 现在
3. (1) A (2) A (3) B
4. <생략>

4장 품사_대체사

1. (1) D (2) D (3) C
2. (1) 那么 (2) 什么 (3) 怎么 (4) 这么 (5) 哪儿
3. (1) B (2) B (3) B
4. <생략>

4장 품사_수사, 양사

1. (1) B (2) D (3) C
2. (1) 段 (2) 场 (3) 条 (4) 股 (5) 所
3. (1) A (2) A (3) A
4. (1) ☞ 前天我去书店给女儿买了十多本书。
(2) ☞ 很快我们俩就成了一对好朋友。
(3) ☞ 我在中国学习了两年半左右的时间。

4장 품사_동사, 조동사

1. (1) B (2) A (3) C
2. (1) A (2) A (3) B
3. (1) ☞ 昨天我跟老公吵了一架。
(2) ☞ 他竟然问了我这样一个奇怪的问题。
(3) ☞ 他终于开始认真考虑自己的将来了。
4. <생략>

4장 품사_형용사

1. (1) A (2) B (3) D
2. (1) B (2) A (3) B
3. (1) ☞ 我真想现在就舒舒服服地躺在床睡一觉。
(2) ☞ 我有重要的事情想跟你商量。
(3) ☞ 他男朋友愉快的接受了我们的邀请。
4. (1)-(d) (2)-(e) (3)-(c) (4)-(b) (5)-(a)

4장 품사_부사

1. (1) B (2) C (3) C
2. (1) 又 (2) 就, 才 (3) 都 (4) 还, 再 (5) 也
3. (1) A (2) A (3) A
4. <생략>

4장 품사_전치사

1. (1) B (2) C (3) D
2. (1) B (2) B (3) B
3. (1) ☞ 我打算从明天早上起开始跑步。
(2) ☞ 你就按照老师说的去复习吧。
(3) ☞ 同学们从这件事中学到了不少经验。
4. <생략>

4장 품사_접속사

1. (1) C (2) B (3) D
2. (1) 即使 (2) 要是 (3) 然后 (4) 难免 (5) 就是
3. (1) A→C→B (2) A→B→C (3) B→C→A
4. <생략>

4장 품사_조사

1. (1) B (2) C (3) D
2. (1) A (2) A (3) A
3. (1) ☞ 李连杰是人们所喜爱的功夫演员。
(2) ☞ 妈妈好像知道我上网干什么似的。

(3) ☞ 我不过是把明明白白的事实讲出来罢了。

4. <생략>

5장 구_구란 무엇인가, 구의 분류와 문법기능

1. (1) A (2) B (3) C
2. A (1) B (3) C (2)
3. (1) B (2) A (3) B
4. <생략>

6장 문장_주어, 술어, 목적어

1. (1) B (2) D (3) C
2. A (2) B (1) C (3)
3. (1) ☞ 这件事我们今天不讨论。
   (2) ☞ 他这个人还就喜欢吃臭豆腐。
   (3) ☞ 这几天首尔的天气渐渐地冷起来了。
4. <생략>

6장 문장_보어

1. (1) A (2) B (3) C
2. (1) A (2) A (3) A
3. (1) 起来 (2) 得了 (3) 多了
   (4) 上来 (5) 得了
4. (1) ☞ 这件事我怎么也想不通。
   (2) ☞ 我把老师留的作业忘得一干二净。
   (3) ☞ 礼物应该在圣诞节的时候送出去。

6장 문장_관형어

1. (1) C (2) D (3) A
2. (1) 她是一个(_____)二十一二岁(_√_)藏族(_____)小(_____)姑娘。
   (2) 信(_____)封上写着他(_____)女(_____)朋友(_√_)地址。
   (3) 老师为同学们提供了大量(_____)很好(_√_)练习(_____)语法(_√_)机会。
   (4) 冰箱里(_____)我(_____)从超市买回来(_√_)那瓶(_____)啤酒喝了吗?
   (5) 你们(_____)自己(_____)对这个(_____)问题(_√_)看法是什么?
3. (1) A (2) B (3) D
4. (1) ☞ 首尔是韩国一个最大的文化城市。
   (2) ☞ 里面住着很多可爱的小动物。
   (3) ☞ 希望你长大以后能自己选择一个你喜欢的职业。

6장 문장_부사어

1. (1) C (2) B (3) A
2. (1) B (2) B (3) B
3. (1) 们非常(_____)高兴(_√_)接受了邀请。
   (2) 妈妈从座位上(_____)很快(_√_)站了起来。
   (3) 这件事我确实(_____)不(_____)知道。
   (4) 金老师一个字一个字(_√_)念(_____)给我们听。
   (5) 小张不(_____)高兴(_√_)走了。
4. (1) ☞ 阿明已经安全地来到了新加坡。
   (2) ☞ 哥哥从来也不乱花一分钱。
   (3) ☞ 香港到处都很容易看到了新建的高楼大厦。

6장 문장_구조에 따른 문장의 분류

1. (1) D (2) B (3)A
2. (1) 何况 (2) 然后 (3) 只要 (4) 原来 (5) 而是

3. (1) B (2) A (3) B
4. (1) C→B→A (2) A→C→B
(3) A→B→C

6장 문장_표현기능에 따른 문장의 분류

1. (1) C (2) A (3) B
2. (1) A (2) B (3) B
3. (1) 吧 (2) 呢 (3) 嘛 (4) 吗 (5) 了
4. (1) ☞ 我儿子是去年冬天出生的!
(2) ☞ 你把窗户关了吗?
(3) ☞ 难道你连这个事情都不知道?

6장 문장_특수문형

1. (1) A (2) D (3) D
2. (1) A (2) A (3) C
3. (1) 在 / 有 / 是 (2) 比 (3) 把
4. (1) ☞ 他们把聚会时间定在5月中旬。
(2) ☞ 他被那所名牌大学录取了。
(3) ☞ 请您去柜台前登记一下。

6장 문장_문장의 시제

1. (1) C (2) C (3) A
2. (1) B (2) B (3) B
3. (1) 马上 (2) 早就 (3) 在 (4) 正 (5) 着
4. (1) ☞ 我吃了饭就去图书馆了。
(2) ☞ 你下了班就去买票肯定晚不了。
(3) ☞ 他常常吃了饭去散步。

6장 문장_문장의 동태

1. (1) D (2) A (3) B
2. (1) A (2) B (3) A
3. (1) 起来 (2) 下去 (3) 过去
(4) 过来 (5) 下来

4. (1) ☞ 你们怎么看着答案做题呢?
(2) ☞ 艰难的日子总算熬过来了。
(3) ☞ 我终于把这个问题弄明白了。

6장 문장_문장의 부정

1. (1) B (2) B (3) D
2. (1) B (2) A (3) B
3. (1) 没 (2) 不 (3) 非 (4) 不, 没
(5) 不
4. (1) ☞ 你没学过用电脑处理文件吗?
(2) ☞ 你这不是故意让人吃亏吗?
(3) ☞ 我们班没有一个同学不喜欢金老师。

6장 문장_문장의 어투

1. (1) C (2) C (3) B
2. (1) 吧 (2) 算了 (3) 啊 (4) 嘛 (5) 罢了
3. (1) B (2) B (3) B
4. (1)-(b) (2)-(e) (3)-(c) (4)-(a) (5)-(d)

부록

한·중 문법용어 대조표

(1. 이 표는 1991년 6월 한국중국언어학회에서 심의하여 통과시킨 "중국어문법용어 통일 试案"에 근거하여 일부 첨삭하여 작성된 것임 2. 본서의 용어는 이 대조표의 원칙을 따랐음)

<table>
<tr><th>분류근거</th><th colspan="3">한국 용어</th><th colspan="2">중국 용어</th><th>생략 명칭</th></tr>
<tr><td rowspan="7">형태소에 관한 것</td><td colspan="3">형태소</td><td colspan="2">语素, 词素</td><td></td></tr>
<tr><td colspan="3">단음절 형태소</td><td colspan="2">单音节语素</td><td></td></tr>
<tr><td colspan="3">복음절 형태소</td><td colspan="2">复音节语素</td><td></td></tr>
<tr><td colspan="3">자립형태소</td><td colspan="2">自由语素</td><td></td></tr>
<tr><td colspan="3">비자립형태소, 의존형태소</td><td colspan="2">不自由语素</td><td></td></tr>
<tr><td colspan="3">실질형태소</td><td colspan="2">实(语)素</td><td></td></tr>
<tr><td colspan="3">형식형태소, 문법형태소</td><td colspan="2">虚(语)素</td><td></td></tr>
<tr><td rowspan="19">단어에 관한 것</td><td colspan="3">어근</td><td colspan="2">词根</td><td></td></tr>
<tr><td colspan="2" rowspan="3">접사</td><td>접두사</td><td rowspan="3">词缀</td><td>前缀</td><td></td></tr>
<tr><td>접요사</td><td>中缀</td><td></td></tr>
<tr><td>접미사</td><td>后缀</td><td></td></tr>
<tr><td colspan="3">단어</td><td colspan="2">词</td><td></td></tr>
<tr><td colspan="3">단일어</td><td colspan="2">单纯词</td><td></td></tr>
<tr><td rowspan="8">복합어</td><td rowspan="7">합성어</td><td>연합식</td><td rowspan="7">合成词</td><td>联合式, 并列式</td><td></td></tr>
<tr><td>수식식</td><td>偏正式</td><td></td></tr>
<tr><td>술목식</td><td>述宾式, 支配式</td><td></td></tr>
<tr><td>술보식</td><td>述补式</td><td></td></tr>
<tr><td>주술식</td><td>主谓式</td><td></td></tr>
<tr><td>중첩식</td><td>重叠式</td><td></td></tr>
<tr><td>종합식</td><td>综合式</td><td></td></tr>
<tr><td>파생어</td><td>파생식</td><td>(派生词)</td><td>附加式</td><td></td></tr>
<tr><td colspan="3">실사</td><td colspan="2">实词</td><td></td></tr>
<tr><td colspan="3">허사</td><td colspan="2">虚词</td><td></td></tr>
<tr><td colspan="3">체언</td><td colspan="2">体词</td><td></td></tr>
<tr><td colspan="3">용언</td><td colspan="2">用词</td><td></td></tr>
</table>

<table>
<tr><td rowspan="16">단어에
관한 것</td><td rowspan="13">품사</td><td>명사</td><td rowspan="13">词类</td><td>名词</td><td>名</td></tr>
<tr><td>대체사</td><td>代词</td><td>代</td></tr>
<tr><td>수사</td><td>数词</td><td>数</td></tr>
<tr><td>양사</td><td>量词</td><td>量</td></tr>
<tr><td>동사</td><td>动词</td><td>动</td></tr>
<tr><td>조동사</td><td>助动词, 能愿动词</td><td>助动</td></tr>
<tr><td>형용사</td><td>形容词</td><td>形</td></tr>
<tr><td>부사</td><td>副词</td><td>副</td></tr>
<tr><td>전치사</td><td>介词</td><td>介</td></tr>
<tr><td>조사</td><td>助词</td><td></td></tr>
<tr><td>접속사</td><td>连词</td><td></td></tr>
<tr><td>감탄사</td><td>叹词</td><td></td></tr>
<tr><td>의성사</td><td>象声词, 拟声词</td><td></td></tr>
<tr><td rowspan="3">기타</td><td>단음절어</td><td colspan="2">单音节词</td><td rowspan="3"></td></tr>
<tr><td>두음절어</td><td colspan="2">双音节词</td></tr>
<tr><td>복음절어</td><td colspan="2">复音节词</td></tr>
<tr><td rowspan="18">구에
관한 것</td><td rowspan="18">구</td><td>연합식</td><td rowspan="14">短语,
词组,
仂语</td><td>联合</td><td rowspan="14"></td></tr>
<tr><td>수식식</td><td>偏正</td></tr>
<tr><td>술목식</td><td>述宾</td></tr>
<tr><td>술보식</td><td>述补</td></tr>
<tr><td>주술식</td><td>主谓</td></tr>
<tr><td>연동식</td><td>联动</td></tr>
<tr><td>겸어식</td><td>兼语</td></tr>
<tr><td>부가식</td><td>附加式</td></tr>
<tr><td>동위식</td><td>同位短语, 复指词组</td></tr>
<tr><td>중첩식</td><td>重叠式短语</td></tr>
<tr><td>고정식</td><td>四字语, 熟语性短语</td></tr>
<tr><td>명사구</td><td>名词短语</td></tr>
<tr><td>동사구</td><td>动词短语</td></tr>
<tr><td>형용사구</td><td>形容词短语</td></tr>
<tr><td>부사구</td><td rowspan="4"></td><td>副词短语</td><td rowspan="4"></td></tr>
<tr><td>수량구</td><td>数量短语</td></tr>
<tr><td>방위사구</td><td>方位短语</td></tr>
<tr><td>전치사구</td><td>介词短语, 介宾短语</td></tr>
</table>

<table>
<tr><td rowspan="34">문장에 관한 것</td><td rowspan="9">문장 성분</td><td colspan="2">주어(부)</td><td rowspan="9">句子成分</td><td colspan="2">主语</td><td>主</td></tr>
<tr><td colspan="2">술어(부)</td><td colspan="2">谓语</td><td>谓</td></tr>
<tr><td colspan="2">술어</td><td colspan="2">述语</td><td>述</td></tr>
<tr><td colspan="2">목적어</td><td colspan="2">宾语</td><td>贫</td></tr>
<tr><td colspan="2">보어</td><td colspan="2">补语</td><td>补</td></tr>
<tr><td colspan="2">관형어</td><td colspan="2">定语</td><td>定</td></tr>
<tr><td colspan="2">부사어</td><td colspan="2">状语</td><td>状</td></tr>
<tr><td rowspan="2">특수 성분</td><td>독립어</td><td rowspan="2">特殊 成分</td><td>独立成分</td><td rowspan="2"></td></tr>
<tr><td>관련어</td><td>关联成分</td></tr>
<tr><td colspan="3">단문</td><td colspan="3">单句</td><td></td></tr>
<tr><td colspan="3">복문</td><td colspan="3">复句</td><td></td></tr>
<tr><td colspan="3">축약문</td><td colspan="3">紧缩句</td><td></td></tr>
<tr><td colspan="3">못갖춘문장</td><td colspan="3">非主谓句,
零句, 独词句</td><td></td></tr>
<tr><td rowspan="8">갖춘 문장</td><td rowspan="4">어투에 따른 분류</td><td>진술문</td><td rowspan="8">主谓句
整句</td><td rowspan="4">按语气分类</td><td>陈述句</td><td></td></tr>
<tr><td>의문문</td><td>疑问句</td><td></td></tr>
<tr><td>명령문</td><td>祈使句</td><td></td></tr>
<tr><td>감탄문</td><td>感叹句</td><td></td></tr>
<tr><td rowspan="4">구조에 따른 분류</td><td>명사술어문</td><td rowspan="4">按述语的结构分类</td><td>名词谓语句</td><td></td></tr>
<tr><td>동사술어문</td><td>动词谓语句</td><td></td></tr>
<tr><td>형용사술어문</td><td>形容词谓语句</td><td></td></tr>
<tr><td>주술술어문</td><td>主谓谓语句</td><td></td></tr>
<tr><td rowspan="8">특수 문형</td><td colspan="2">“是”자 구문</td><td rowspan="8">特殊句</td><td colspan="2">是字句</td><td></td></tr>
<tr><td colspan="2">“有”자 구문</td><td colspan="2">有字句</td><td></td></tr>
<tr><td colspan="2">“把”자 구문</td><td colspan="2">把字句</td><td></td></tr>
<tr><td colspan="2">“被”자 구문, (피동문)</td><td colspan="2">被字句, (被动句)</td><td></td></tr>
<tr><td colspan="2">연동구문</td><td colspan="2">连动句</td><td></td></tr>
<tr><td colspan="2">겸어구문</td><td colspan="2">兼语句</td><td></td></tr>
<tr><td colspan="2">존현구문</td><td colspan="2">存现句</td><td></td></tr>
<tr><td colspan="2">비교구문</td><td colspan="2">比字句</td><td></td></tr>
<tr><td rowspan="6">기타</td><td colspan="2">절</td><td colspan="3">分句, 小句</td><td></td></tr>
<tr><td colspan="2">주절</td><td colspan="3">主句</td><td></td></tr>
<tr><td colspan="2">종속절, 수식절</td><td colspan="3">从句</td><td></td></tr>
<tr><td colspan="2">‘예/아니오’의문문</td><td colspan="3">是非疑问句</td><td></td></tr>
<tr><td colspan="2">지정의문문</td><td colspan="3">特指疑问句</td><td></td></tr>
<tr><td colspan="2">정반의문문</td><td colspan="3">正反疑问句</td><td></td></tr>
</table>

<table>
<tr><td rowspan="12">구조
(방식)
에 관한
것</td><td rowspan="12">구
조</td><td colspan="2">연합,
병렬</td><td rowspan="12">结构</td><td colspan="2">联合, 并列</td><td rowspan="12"></td></tr>
<tr><td colspan="2">수식</td><td colspan="2">偏正</td></tr>
<tr><td colspan="2">술목</td><td colspan="2">述宾, 支配</td></tr>
<tr><td colspan="2">술보</td><td colspan="2">述补</td></tr>
<tr><td colspan="2">주술</td><td colspan="2">主谓</td></tr>
<tr><td colspan="2">전치사구</td><td colspan="2">介宾</td></tr>
<tr><td colspan="2">수량</td><td colspan="2">数量</td></tr>
<tr><td colspan="2">중첩</td><td colspan="2">重叠</td></tr>
<tr><td colspan="2">동위</td><td colspan="2">同位, 复指</td></tr>
<tr><td colspan="2">연동</td><td colspan="2">连动</td></tr>
<tr><td colspan="2">겸어</td><td colspan="2">兼语</td></tr>
<tr></tr>
<tr><td rowspan="13">논리
및
기타</td><td rowspan="10">관
계</td><td rowspan="4">연합</td><td>병렬</td><td rowspan="10">关系</td><td rowspan="4">联
合</td><td>并列</td><td rowspan="13"></td></tr>
<tr><td>승접</td><td>承接</td></tr>
<tr><td>선택</td><td>选择</td></tr>
<tr><td>점층</td><td>递进</td></tr>
<tr><td rowspan="6">수식</td><td>인과</td><td rowspan="6">偏
正</td><td>因果</td></tr>
<tr><td>가정</td><td>假设</td></tr>
<tr><td>조건</td><td>条件</td></tr>
<tr><td>목적</td><td>目的</td></tr>
<tr><td>역접</td><td>转折, 逆反</td></tr>
<tr><td>양보</td><td>让步</td></tr>
<tr><td colspan="3">문장분석</td><td colspan="3">句子分析</td></tr>
<tr><td colspan="3">층차분석</td><td colspan="3">层次分析</td></tr>
<tr><td colspan="3">태(aspect)</td><td colspan="3">动态, 时态, 时相, 时貌</td></tr>
</table>

참고자료

Chu, Chauncy Cheng-hsi, 『A discourse grammar of Mandarin Chinese』, Berkeley models of grammar; Vol.6, (New York: Peter Lang publishing Inc. 1998)

Li & Sandra A, Thompson, 『Mandarin Chinese A Functional Reference Grammar』, (University of California Press. 1981)

Li and Thompson, 黄宣范译, 『Mandarin Chinese』, 台北, 民国 72年

Mingliang Hu, 「DEFINITENESS AND WORD ODER IN MANDARIN CHINESE」『JCLTA.Voume ⅩⅩⅤⅢ:No.2』, 1993

Wu Guo, 『INFORMATIONAL STRUCTURE IN MANDARIN CHINESE』(Beijing: Peking University Press. 1998)

Yuan Ren Chao(赵元任), 『A GRAMMAR OF SPOKEN CHINESE』, 台北, 敦煌书局, 1981[1968]

『中国语言学大辞典』编委会, 『中国语言学大辞典』, 江西教育出版社, 1991

贾甫田, 「现代汉语中形式上的否定和语义上的否定不一致的几种情况」『汉语研究(第1辑)』, 天津, 南开大学出版社, 1986

顾钢, 「话题和焦点分析」『天津师范大学学报(社会科学版)』第1期, 2001

高大民族文化研究所中国语大辞典编纂室, 『中韩辞典』, 서울, 高大民族文化研究所, 1989

高名凯,『汉语语法论』, 北京, 科学出版社, 1957

高全顺, 『三个平面的语法研究』, 上海, 学林出版社, 2004

金立鑫, 『语法的多时角研究』, 上海, 上海外语教育出版社, 2000

김방한외, 『언어학개론』, 서울, 한국방송통신대학출판부, 1990

김종호, 『현대중국어 화제화 이중 명사구문 연구』, 서울, 한국문화사, 2011

김종호, 『현대중국어 10문형 50구문』, 서울, 한국외국어대학교 출판부, 2011

김종호, 『중국어 쉬운 문법』, 서울, 다락원, 2011

김종호, 「"很"和韩国语"매우"的句法功能对比」『汉语学习(第3期)』, 延吉, 汉语学习编辑部, 2006

김종호, 「현대 중국어 NP+NP+VP 구조와 정보배열」『中国学研究28집』, 서울, 중국학연구회, 2004a

김종호, 「고등학교 중국어교과서 '본문(text)'의 素材 분석」『中国语文学论集27호』, 서울, 中国语文学研究会, 2004b

김종호, 「현대 중국어의 화제 표현 요소에 관하여」, 『中国学研究30집』, 서울, 중국학연구회, 2004c

김종호, 「중국어 补语에 상응하는 한국성분의 위치 문제」『中国语文学论集22호』, 서울, 中国语文学研究会, 2003a

김종호, 「현대 중국어의 화제에 관한 화용론적 연구」『中国学研究25집』, 서울, 중국학연구회, 2003b

김종호, 「현대한어 NP1{NP2+...(NPn+VP)} 구문에서 'NP1'과 술어의 관계」『中国言语究21집』, 서울, 한국중국언어학회, 2005

김종호,「현대 중국어 文章修饰副词의 敍法性考」, 『中语中文学제17집』, 韩国中语中文学会, 1995

김종호,「현대중국어 "动词+动词" 구에 관하여」, 『中语中文学제20집』, 韩国中语中文学会, 1997

김종호,『现代汉语 副词에 관한 统辞・意味论的 研究』, 연세대학교대학원 박사학위논문, 1994

남궁양석, 『现代汉语의 语顺 研究』, 서울, 고려대학교 박사학위논문, 2001

남기심・이정민・이홍배, 『언어학개론』, 서울, 탑출판사, 1992

卢东善, 『现代 中国语 动体에 관한 研究』, 成均馆大学校 博士学位论文, 1981

雷莉, 「汉语话题的辖域与层级」『中央民族大学学报(哲学社会科学版)』第2期, 2002

雷莉,「汉语话题标记研究」『西南民族学院学报』第12期, 2001
雷莉,「话题与话题的生成」『西南民族学院学报(哲学社会科学版)』 第1期, 2002
戴维・克里斯特尔编、沈家煊译,『现代语言学词典』, 北京, 商务印书馆, 2004
渡边丽玲,「“差一点”句的逻辑关系和语义结构」『语言教学与研究(第3期)』, 北京, 北京语言大学出版社, 1994
马建忠,『马氏文通读本』, 上海, 上海教育出版社, 1987
马真,『简明实用汉语语法』, 北京, 北京大学出版社,1988
马真,『现代汉语虚词研究方法论』, 北京, 常务印书馆, 2001
孟琮・蔡文兰等,『动词用法词典』, 上海, 上海辞书出版社, 1987
맹주억,『현대중국어문법』, 서울, 청년사, 1992
武惠华译注,『白话论语』, 北京, 北京大学出版社, 1998
박영순,『국어문법 교육론』, 서울, 박영사, 2006
박종한,『现代中国语 动词 类义语의 分析方法에 관한 研究』, 서울대학교 대학원 박사학위논문, 1994
박홍수,『중국의 언어와 문자』, 한국외국어대학교출판부, 2004
房玉清,『实用汉语语法』, 北京, 北京语言学院出版社, 1992
백림・최건,『중조양어대조와 오류분석』, 北京, 教育科学出版社, 1991
范开泰・张亚军,『现代汉语语法分析』, 上海, 华东师范大学出版社, 2000
范继淹,『范继淹语言学论文集』, 北京, 语文出版社, 1986
范晓,『汉语的句子类型』, 上海, 书海出版社, 2000
范晓・张豫峰,『语法理论纲要』, 上海, 译文出版社, 2003
范晓,『三个平面的语法观』, 北京, 北京外国语学院出版社, 1996
傅雨贤,「副词在句中的位置分布」『汉语学习』, 1983年 第3期
傅雨贤・刘街生,『现代汉语语法学』, 广州, 中山大学出版社, 2002
符淮青,『现代汉语词汇』, 北京, 北京大学出版社, 1985
北京大中文系现代汉语教研室,『现代汉语』, 北京, 商务印书馆, 1993
弗朗西斯科・瓦罗, 姚小平・马又清,『Arte de la Lengua Mandarina(华语官话语法)』, 北京, 外语教学与研究出版社, 2003[1703]
史锡尧・杨庆蕙主编,『现代汉语』, 北京, 北京师范大学出版社, 1986
徐杰主编,『汉语研究的语类型学的视觉』, 北京, 北京语言文化大学出版社, 2005
徐杰・李英哲,「焦点和两个非线性语法范畴: “否定”“疑问”」,『中国语文』, 第2期, 1993
徐烈炯・刘丹青,『话题与焦点新论』, 上海, 上海教育出版社, 2003
徐烈炯・刘丹青,『话题的结构与功能』, 上海, 上海教育出版社, 1998
石毓智,「汉语的主语与话题之辨」『语言研究』第2期, 2001
石毓智,『语法的认知语义基础』, 南昌, 江西教育出版社, 2000
石毓智,『现代汉语语法系统的建立』, 北京, 北京语言文化大学出版社, 2003
石毓智,「对‘差点儿’类 羡余否定句式的分化」『汉语学习(第4期总第76期)』, 延吉, 汉语学习编辑部, 1993
税昌锡,『焦点、语义联项与“不”的语义指向』, 杭州, 西华师范大学学报, 第二期, 2004
邵敬敏主编・刘丹青,「语义优先还是语用优先」『句法结构中的语义研究』, 北京, 北京语言文化大学出版社, 1998
송경숙,『담화화용론』, 서울, 한국문화사, 2003
신기철・신용철,『새 우리말 큰 사전』, 서울, 삼성출판사, 1980[1974]

沈家煊,『不对称和标记论』, 南昌, 江西教育出版社, 1999
杨明,「话题与译文的连贯」『外语研究』第6期, 2002
黎锦熙,『新著国语文法』, 台北, 台湾商务印书馆, 民国 57年版[1924]
吕淑湘主编,『现代汉语八百词』, 北京, 常务印书馆, 1999
吕叔湘,『吕叔湘文集(2)』, 北京, 商务印书馆, 1990[1942]
吕香云,『汉语语法学方法』, 北京, 书目出版社, 1985
吴应天,『文章结句学』, 北京, 中国人民大学出版社, 1990
吴中伟,『现代汉语句子的主题研究』, 北京, 北京大学出版社, 2004
王道英, 汉语语用研究概述,『汉语学习(第4期)』, 延吉, 汉语学习编辑部, 2003
王力,『王力文集 第一~三卷』, 济南, 山东教育出版社, 1984-5[1943]
王力,『中国语言学史』, Hongkong, 中国图书刊行社, 1984
王松茂主编,『汉语语法研究参考资料』, 北京, 社会科学出版社, 1983
王砚农外编,『汉语动词-结果补语搭配词典』, 北京, 北京语言学院出版社, 1987
王维贤主编,『语法学词典』, 浙江教育出版社, 1992
王还主编,『语法大纲』, 北京, 北京语言学院出版社, 1995
王还主编,『现代汉语频率词典』, 北京, 北京语言学院出版社, 1986
袁毓林,「话题化及相关的语法过程」『中国语文』第4期, 1996
刘丹青,『语序类型学与介词理论』, 北京, 商务印书馆, 2003
刘丹青・徐烈炯,「焦点与背景、话题及汉语“连”字句」『中国语文』第4期, 1998
刘叔新,『汉语描写词汇学』, 北京, 商务印书馆, 1990
刘顺,「现代汉语语用平面的焦点表达」『南京林业大学学报』, 2003
刘焱,『现代汉语比较范畴的语义认知基础』, 上海, 学林出版社, 2004
柳英绿,『朝汉语法对比』, 延吉, 延边大学出版社, 1999
刘月华等著,『实用现代汉语语法』, 北京, 外国语教学与研究出版社, 1983
刘鑫民,「焦点、焦点的分布和焦点化」『宁夏大学学报』第1期, 1995
陆俭明,「周遍性主语及其他」『陆俭明自选集』, 长春, 东北师范大学出版社, 2001[1986]
陆俭明,「汉语句法成分特有的套叠现象」『中国语文(2期)』, 1990
陆俭明,「语义特徵分析在汉语语法研究中的运用」『汉语学习』, 1991年 第1期
陆俭明・马真,『现代汉语虚词散论』, 北京, 北京大学出版社, 1985
陆俭明・沈阳,『汉语和汉语研究十五讲』, 北京, 北京大学出版社, 2003
陆志韦,『陆志韦语言学著作集一.三』, 北京, 中华书局, 1990
陆志韦等著,『汉语的构词法』, 香港, 中华书局香港分局, 1975
李德津・程美珍,『外国人实用汉语语法』, 北京, 华语教学出版社, 1988
李赓钧,「“突然”的词性」『汉语学习』, 1983年 第5期
이상도,『중국어문법』, 서울, 동방미디어, 1997
이성하,『문법화의 이해』, 서울, 한국문화사, 1998
李英哲・Larry Foster等编著,『实用汉语参考语法』, 北京, 语言学院出版社, 1990
이을환・이철수,『한국어문법론』, 서울, 개문사, 1983
李临定,『句型和动词』, 北京, 语文出版社, 1987
李临定,『现代汉语句型』, 北京, 商务印书馆, 1986
李临定,『现代汉语动词』, 北京, 社会科学出版社, 1990
이정모・김문수・김영진・이재호 외,『인지심리학』, 서울, 학지사, 1999

이정민·배영남, 『언어학사전』, 서울, 박영사, 1990
李珠, 「现代汉语中副词用法的三性问题」『语言教学与研究』, 1980年 第4期
李臻仪, 「国语中主题名词组之语义研究」『第六届世界华语教学研讨会』, 台北, 世界华文出版社, 2000
李晋荃, 「句法成分的话题化」『三个平面:汉语语法研究的多维视野』, 北京, 语文出版社, 1998
이창호, 『현대한어 주제에 관한 담화 화용론적 연구』, 고려대학교 박사학위논문, 1996
李忠星, 「关于"差一点+Jw"的思考」, 『武汉大学学报(哲学社会科学板)(第5期)』, 1999
李行健主编, 『现代汉语规范词典』, 外语教学与研究出版社 · 语文出版社, 2004
林行光, 『汉语句型』, 北京, 中国国除广播出版社, 1990
张东华, 「评注性副词'差点儿'的蕴含和预设」『滨州师专学报(第20卷第1期)』, 2004a
张东华, 「差点儿+没+VP'格式辨析」『柳州职业技术学院学报(第4卷第2期)』, 2004b
张伯江 · 方梅, 『汉语功能语法研究』, 南昌, 江西教育出版社, 1996
张斌主编, 范开泰 · 张亚军著, 『现代汉语语法分析』, 上海, 华东师范大出版社, 2000
张斌主编, 陈昌来著, 『现代汉语句子』, 上海, 华东师范大出版社, 2000
张斌主编, 『现代汉语虚词词典』, 北京, 常务印书馆, 2001
张松林, 『现代汉语语法表解』, 成都, 四川科学技术出版社, 1985
张谊生, 『现代汉语副词探索』, 上海, 学林出版社, 2004
张洪宇主编, 『海外小学中文课本(二年级第一册17』, 北京, 北京语言学院出版社, 1999
장홍권, 『현대언어학』, 연길, 연변인민출판사, 1989
钱冠连, 『汉语文化语用学』, 北京, 清华大学出版社, 1997
齐沪扬, 『现代汉语空间问题研究』上海, 学林出版社, 1998
齐沪扬主编, 『对外汉语教学语法』上海, 复旦大学出版社, 2005
조명한, 『언어심리학』, 서울, 민음사, 1985
曹逢甫, 『A FUNCTIONAL STUDY OF TOPIC IN CHINESE(主题在汉语中的功能研究)』, 台北, 学生书局, 1995[1979]
조성식 외, 『英语学辞典』, 서울, 신아사, 1990
赵永新, 『汉语语法概要』, 北京, 北京语言学院出版社, 1992
赵元任著, 吕叔湘译, 『汉语口语语法』, 北京, 商务印书馆, 1979[1968]
赵元任著 · 吕叔湘译, 『汉语口语语法』, 北京, 商务印书馆, 1979[1968]
赵恩芳 · 唐雪凝, 『现代汉语复句研究』, 济南, 山东 教育出版社, 1998
朱德熙, 『语法讲义』, 北京, 商务印书馆, 1982
朱德熙, 「汉语句法里的歧义现象」, 『中国语文(第2期)』, 1980
朱德熙, 『现代汉语语法研究』, 北京, 商务印书馆, 1985
周小兵 · 李海鸥, 『对外汉语教学入门』, 广州, 中山大学出版社, 2004
周一民, 「北京话里的"差点儿没VP"句式」, 『语言教学与研究(第6期)』, 北京, 北京语言大学出版社, 2003
朱一之编, 『现代汉语语法述语词典』, 北京, 华语教育出版社, 1990
中国社会科学院语言研究所词典编纂室, 『现代汉语词典』, 北京, 商务印书馆, 2005[1960]
中国语文杂志社, 『汉语析句方法讨论集』, 上海, 上海教育出版社, 1984
陈高春主编,『实用汉语语法大词典』, 北京, 职工教育出版社, 1989
陈光磊, 『汉语词法论』, 上海, 学林出版社, 1994
陈乃荣, 『汉语语言学』, 北京, 北京语言学院出版社, 1995
陈昌来, 『现代汉语句子』』, 上海, 华东师范大学出版社, 2000

陈昌来,『现代汉语语义平面问题研究』, 上海, 学林出版社, 2003
陈平,「试论汉语中三种句子成分与语义成分的配位原则」, 北京, 中国语文第3期(总240期), 1994
詹开第,「有字句」『中国语文』, 1981年 第1期
최길원,『현대한어허사』, 서울, 학고방, 1991
汤廷池・郑良伟・李英哲编,『汉语句法・语义学论集』, 台北, 学生书局, 1983
汤廷池著, 박종한 역,『中国语变形生成文法』, 서울, 학고방, 1990[1977]
许国璋外编,『汉语语义结句和补语形式』, 上海, 上海外语教育出版社, 1990
허분적,『현대한어속성실용문법』, 沈阳, 辽宁民族出版社, 1986
邢福义・汪国胜主编,『现代汉语』, 华中师范大学出版社, 2003
胡裕树,『现代汉语(增订本)』, 上海, 上海教育出版社, 1985
黄伯荣・廖序东,『现代汉语(增订版)上・下』, 北京, 高等教育出版社, 1991

도표로 보는
정통 중국어 문법

초 판 발행 2007년 3월 20일
개정판 1쇄 발행 2012년 9월 20일

지 은 이 김종호
발 행 인 박 철
발 행 처 한국외국어대학교 출판부
130-791 서울시 동대문구 이문로 107
전화 (02)2173-2495~7
팩스 (02)2173-3363
홈페이지 http://press.hufs.ac.kr
전자우편 press@hufs.ac.kr
출판등록 제6-6호(1969. 4. 30)
디자인·편집 디자인퍼브 02)2254-4308
인쇄·제본 SM C&P 02)468-6100

ISBN 978-89-7464-762-9 13720 정가 18,000원

* 잘못된 책은 교환하여 드립니다.

HUEBOOKs는 한국외국어대학교출판부의 인문학도서 Sub Brand이다. 한국외대의 영문명인 HUFS, 사람을 위하는 Humanism, 교육의 Education, 색조의 Hue의 다의적인 뜻으로 해석할 수 있으며, 인문학도서 출판에 대한 의지가 담겨있다.